Matthias Schellenberg
Überall ist die Mitte

Matthias Schellenberg
Überall ist die Mitte

NOT*schriften* - Verlag

Covergestaltung & Graphiken: Conny Klemm

Impressum:
1. Auflage 2003
© **NOT**schriften Verlag Radebeul
(Tel.: 0351/8386989   e-mail: info@notschriften.de)

Satz/Layout: Verlag
Druck/Bindung: Sächsisches Digitaldruckzentrum GmbH

ISBN 3 - 933753 - 41 - 4

Freilich können wir von der Natur nicht a priori Einfach-
heit fordern, noch auch urteilen, was in ihrem Sinne
einfach sei. Aber den Bildern, welche wir uns von ihr
machen, können wir als unseren eigenen Schöpfungen
Vorschriften machen.

Wir urteilen nun mit Recht, daß, wenn unsere Bilder den
Dingen gut angepaßt sind, daß dann die wirklichen
Beziehungen der Dinge durch einfache Beziehungen
zwischen den Bildern müssen wiedergegeben werden.
Wenn aber die wirklichen Beziehungen zwischen den
Dingen nur durch verwickelte, ja dem unvorbereiteten
Geiste sogar unverständliche Beziehungen zwischen den
Bildern sich wiedergeben lassen, so urteilen wir, daß diese
Bilder den Dingen nur ungenügend angepaßt sind. (S. 105)

Heinrich Hertz, Einleitung zur Mechanik, aus /2/

Einleitung

Verstehen, was die Welt zusammenhält ist ein ebenso selbstverständlicher wie maßloser Wunsch. Das Wissen, das Goethes Dr. Faust zur Verfügung stand, nimmt im heutigen Wissensfundus nur einen verschwindend geringen Anteil ein. Zum einen sind seither die Erkenntnisse in den Sparten der Wissenschaften enorm vertieft worden, zum anderen ist eine schier unüberschaubare Menge ganz neuer Wissenschaftszweige erst im Verlauf des letzten Jahrhunderts entstanden.

Doch trotz aller Fortschritte in der Physik scheint die 'Supertheorie', mit der das Geschehen im Universum einheitlich beschrieben werden kann, nach wie vor unerreichbar zu sein. Selbst wenn eines Tages das letzte Bindeglied zur Vereinheitlichung der Vier Wechselwirkungen gefunden sein sollte, so wird auch diese neue Theorie nur einen Teil der Wirklichkeit korrekt widerspiegeln. Auch sie wird unvollständig sein, weil Theorie niemals mehr als ein Abbild der Wirklichkeit sein kann.

Eine erschöpfende Antwort auf Fausts Frage wird immer ein Wunschtraum bleiben. Doch dies wird Menschen nicht daran hindern die gleichen uralten Fragen ständig erneut zu stellen. Der Weg ist das Ziel.

Wissenschaftshistoriker verweisen auf viele markante Stationen auf diesem Weg. Die Meilensteine werden von den Bestätigungen der jeweils neuesten Theorien im Experiment gesetzt. Die Historiker verweisen aber auch auf lange Epochen ohne Umbrüche. Dies waren oft Phasen, in denen sich die jeweilige geistige Elite sehr sicher war das endgültige Bild der Welt bereits zu haben.

Das Neue beginnt mit dem Zweifel

München im Jahre 1875. Ein junger Mann ist im Begriff sich an der Universität für theoretische Physik einzuschreiben.

Professor Jolly ist verwundert und versucht den jungen Herrn umzustimmen. Physik, so meint er, ist eine praktisch abgeschlossene Wissenschaftsrichtung, in der es nun wirklich nichts Wesentliches mehr zu entdecken gäbe.

Tatsächlich schien Newtons Werk komplett zu sein. Man konnte die

Planetenbahnen vorhersagen; die Optik gestattete die Lichtwellen-ausbreitung zu berechnen. Seine - oder Leibnitz - Differentialmathematik war das beste Werkzeug, daß man zur quantitativen Beschreibung der Vorgänge in der Natur je hatte.

Doch *Max Planck,* wie der angehende Student hieß, beharrte auf seinem Wunsch. Er wollte partout dieser längst ausgeloteten Physik noch einmal auf den so bekannten Grund gehen.

Und das war gut so. Newtons Weltbild war zwar rund und obendrein plausibel, dennoch - oder gerade deshalb? - war es unvollständig.

Massendefekt, Zeitdilatation, Längenkontraktion, Quanteneffekte, ... das sind nur einige Schlagworte aus dem Repertoire der Nach-Newtonschen Theorien, deren Veröffentlichung nun auch schon wieder drei Generationen zurück liegt.

In den letzten 100 Jahren ist unsere Umgebung von der Technik erobert worden. Gern haben wir uns diese Technik zu Nutze gemacht, haben uns an sie gewöhnt. Die meisten von uns glauben das Geschehen in den uns umgebenden Maschinen zu verstehen.

Seltsamerweise liegen aber die Aussagen der neuen Physik, die zu Beginn des 20. Jahrhunderts für Furore gesorgt haben, immer noch weit jenseits unserer heutigen, von moderner Technik durchsetzten Alltags-erfahrung. Wir betreiben einen wesentlichen Teil unserer Geräte mit „ATOM"-Strom. Trotzdem geht die spezielle Physik, die diese Art der Stromerzeugung erst möglich gemacht hat, einfach über unseren Horizont.

Zwar sind Atomkraftwerke heute fast allerorts zu finden - sie gehören zum Alltag - doch die ihrer Funktion zu Grunde liegende Masse-Energie-Äquivalenz kann niemand im klassisch-mechanischen Sinne verstehen.

Was nicht zu verstehen ist bleibt auch trotz gegenteiliger Beteuerungen unverstanden und wird deshalb nur zu gern bezweifelt und in Frage gestellt. Ob Quantenfeldtheorie, Neutrinophysik, Gravitationsphysik: für die Vertreter der heutigen Grundlagenforschung ist es unerhört schwer, den Vorwurf der unnützen Geldausgabe zu entkräften. Der ökonomische Nutzen von Grundlagenforschung ist tatsächlich sehr schwer abzuschätzen. Eine Bilanz ist - wenn überhaupt - nur in der ferneren Zukunft möglich. Ebenso kann man die philosophischen Dimensionen von Formeln nur schwer plausibel machen. Und obendrein glauben die

Wissenschaftler zwar an den Wahrheitsgehalt ihrer Theorien, doch sie geben im gleichen Atemzug zu, daß es auch ihnen schwerfällt die von diesen Theorien beschriebene Welt im klassischen Sinne zu *verstehen.*

> *„Der Student lernt zunächst die Kunstgriffe... dann wird er unruhig, da er nicht versteht, was er eigentlich tut. Dieser Zustand dauert oft sechs Monate und länger und ist anstrengend und unerfreulich.*
> *Höchst unerwartet meint der Student aber dann schließlich zu sich: ‚Ich verstehe die Quantenmechanik!'*
> *Oder vielleicht eher: ‚Ich verstehe nun, daß gar nichts zu verstehen ist'...*
> *Für jede neue Studentengeneration muß weniger Widerstand gebrochen werden, bevor sie sich an die Ideen der Quantenmechanik gewöhnt haben"*
>
> Roman Sexl, /1/

Was heißt: Verstehen ?

Sicherlich erinnern Sie sich an eine ähnliche Situation:

Sie stehen im Zoo vor einem Primatenkäfig. Es ist warm, die Menschenaffen haben sich in den Außenkäfig gewagt. Sie beobachten neugierig die Affen und diese tun genau das Gleiche. Nur in anderer Richtung.

Im Käfig ist an einem Baumstamm ein Fäßchen befestigt. In seinem Deckel ist ein Loch. Das Loch ist jedoch für die Hände der Affen zu klein. Sie müssen einen Stock benutzen, ein Werkzeug, um an den Honig im Fäßchen heran zu kommen. Ein Affe stochert gerade mit Genuß. Die anderen Affen sitzen geduldig und in gehörigem Abstand. Sie warten bis der begehrte Platz frei wird. Die Rangfolge bestimmt die Reihenfolge und damit die Wartezeit. Uns Menschen sind derartige Verhaltensmuster geläufig - aus dem Tierreich natürlich.

Den Affen sind auch Mißerfolge beim Angeln bekannt, denn manchmal war das Fäßchen leer. Es ist dann einfach nichts dran, am Stock. Das Fäßchen hängt dann verlassen in der Ecke.

Die Affen wissen, daß es lohnt nach dem Erscheinen des Pflegers die Angelversuche zu wiederholen. Ein besonders *schlauer* Affe könnte nun behaupten, daß er *verstanden* hätte: *Ist der Pfleger am Fäßchen gewesen - ist der Honig wieder am Stock.*

Die Frage ist nun, ob der Affe damit lediglich eine Erfahrung formuliert oder ob er tatsächlich etwas verstanden hat ?

Wir können dies Frage nicht so leicht beantworten und wenden uns deshalb einfach an die Spezialisten. Hören wir zuerst was der Pfleger dazu meint.

„Der oberschlaue Affe da", sagt uns der Pfleger und zeigt auf den Boß, „hat gar nichts verstanden. Er hat keine Ahnung davon, daß der Zoodirektor mir die Anweisung gegeben hat, das Fäßchen in der Woche täglich zweimal und am Sonntag sogar dreimal nachzufüllen ..."

Die Affen haben also nach der Meinung des Pflegers eine *Erfahrung* - aber sie haben deshalb noch lange nichts *verstanden*.

„Man könnte es so sehen", meint nun der Zoodirektor gönnerhaft, als er gerade des Weges kommt. Doch hinter vorgehaltener Hand fügt er hinzu: „Doch nicht nur der Affe, sondern auch der Pfleger hat nicht alles verstanden! Dieser hat nämlich keine Ahnung von den Motiven des Oberbürgermeisters, der mich laufend drängt, die Anlage populärer zu gestalten, da er den Zoo mit Steuergeldern am Leben zu erhalten trachtet ..."

Den Oberbürgermeister befragen wir nicht mehr zu diesem Thema, denn es wird auch ohne diesen Zeugen klar, daß die Kette fortgesetzt werden könnte ...

Und damit bekommt die einfache Frage, ob denn überhaupt jemand *versteht,* weshalb die Affen Honig bekommen, eine nicht erahnte Dimension.

Möglicherweise wirkt dieses affige Beispiel auf Sie ähnlich, wie das Studium der Quantenmechanik auf Dysons Studenten. Es soll nicht den Unterschied zwischen Erfahrung und Verstehen definieren, sondern nur den Zusammenhang veranschaulichen, der zwischen dem uns geläufigen Verstehen und der Länge der dabei durchschauten Kausalkette besteht.

Im Alltag pflegen wir „Verstanden!" zu sagen, wenn wir glauben das betreffende Geschehen gedanklich bis an seine Wurzeln zurück verfolgen zu können.

Den Begriff Erfahrung benutzen wir dagegen, wenn unser Wissen um die Hintergründe für das Zustandekommen eines Ereignisses eher oberflächlich ist.

Es ist schwer zu sagen weshalb, aber wir setzen nun einmal voraus, daß jedes Ereignis nachvollziehbare Wurzeln hat. Die unterste Spitze der Wurzel wäre somit der Anfang der Kette, das erste Glied, die *auf nichts anderes zurück zu führende Erfahrung.*

Die Physiker nennen diese erste Position der Kausalkette - genauer gesagt das, was sie für die erste Position der Kausalkette halten - *Prinzip.* Da die Physik eine exakte Wissenschaft ist, strebt sie danach, die Ursache-Wirkungsbeziehungen möglichst tief, also auf möglichst wenige, dafür aber elementare Erfahrungen zu gründen. Und tatsächlich liegen den neuen Theorien nur noch wenige Prinzipien zu Grunde.

Diese einleuchtende Methode auf dem Weg zu des Pudels Kern führt aber leider nicht zum Ziel, wie man seit einigen Jahren weiß: Eines der zwar wenigen, den erfolgreichsten neuen Theorien aber nun einmal zu Grunde liegenden Prinzipien lehnt nämlich die Annahme ab, daß das Geschehen in der Welt kausal ‚organisiert‘ wäre.

Doch ohne Kausalität gibt es natürlich erst recht keine Kausalkette. Und der Versuch unter diesen Umständen den Ursprung einer nichtexistierenden Kette zu orten, erinnert sehr an ein bekanntes schwäbisches Unternehmen, bei dem man Licht in‘s Rathaus tragen wollte.

Tatsächlich verläuft für einen Quantenmechaniker das Geschehen in der Welt akausal. Er lehnt es sozusagen ab, nach der konkreten Ursache zu forschen, welche beispielsweise einen Nagel dazu bringt, sich in seinen Autoreifen zu bohren. Seine Theorie und die Erfahrung sagen ihm, daß z.B. von 100.000 Nägeln im Durchschnitt einer senkrecht steht. Punkt.

Jenseits dieser Interpretation der Schrödingergleichung gibt es für ihn nichts zu forschen. Diese Aussage ist schwer zu verstehen. Doch es ist eine Tatsache, daß die Quantenmechanik die Beschaffenheit der Welt besser widerspiegelt, als all die anderen Theorien, welche die Menschheit bisher hatte.

Im Alltag sind Gesetze etwas 100%iges. Selbst in den Fällen, in denen wir trotz ihrer peinlichen Beachtung das erstrebte Ziel verfehlen, glauben wir, daß diesem Versagen eine Ursache zu Grunde lag.

Wir kennen zwar auch statistische Prognosen über mögliches Geschehen, doch diese pseudokausalen Aussagen sind in unseren Augen

eher etwas für Politiker oder Spieler. Die durchschnittliche Verkehrs-
dichte ist für einen vernünftig denkenden Menschen nun einmal keine
Rechtfertigung für einen eingeleiteten Überholvorgang. Selbst wenn
man ihn überlebt.

Newtons Kraftfeld Gravitation

*Auf die Frage „Warum fällt ein Stein, den wir emporheben
und darauf loslassen, zur Erde?" antwortet man
gewöhnlich: „Weil er von der Erde angezogen wird."
Die moderne Physik formuliert die Antwort etwas anders
aus folgendem Grunde. Durch genaueres Studium der
elektromagnetischen Erscheinungen ist man zu der
Erkenntnis gekommen, daß es eine unvermittelte Wirkung
in die Ferne nicht gebe. Zieht zum Beispiel ein Magnet ein
Stück Eisen an, so darf man sich nicht mit der Auffassung
zufrieden geben, daß der Magnet durch den leeren
Zwischenraum hindurch auf das Eisen direkt einwirke,
sondern man stellt sich nach Faraday vor, daß der Magnet
in den ihn umgebenden Raum etwas physikalisch reales stets
hervorrufe, was man als magnetisches Feld bezeichnet. Dies
magnetische Feld wirkt einerseits wieder auf das Eisenstück
ein, so daß es sich zum Magneten zu bewegen strebt. Die
Berechtigung dieses an sich willkürlichen Zwischenbegriffes
wollen wir hier nicht erörtern. Es sei nur bemerkt, daß man
mit seiner Hilfe die elektromagnetischen Erscheinungen,
insbesondere die Ausbreitung der elektromagnetischen
Wellen, viel befriedigender theoretisch darstellen kann, als
ohne denselben. Analog faßt man auch die Wirkung der
Gravitation auf.*

Albert Einstein in /14/ Das Gravitationsfeld

„Ja, die klassischen Mechanik! Die war noch anschaulich, war noch
verstehbar!" schwärmen die meisten Physiklehrer und sie glauben diese Behauptung belegen zu können.
Doch bei genauerem Hinschauen zeigt sich, daß in puncto An-

schaulichkeit auch hier die Ausnahmen die Regel bestätigen. Im Fall Newtons ist diese Ausnahme das Newtonsche Gravitations-Kraftfeld.

Newton läßt aus jeder Masse ein ETWAS hervorquellen, das er FELD nennt und über dessen Beschaffenheit sich -erstaunlicherweise- kaum jemand wundert.

Das ETWAS wirkt anziehend auf andere Massen und es wirkt instantan. Es breitet sich also nicht im Raum aus, sondern es ist einfach da. Man kann auch sagen, es breitet sich mit einer unendlich großen Geschwindigkeit im Raum aus - das bleibt sich gleich. Das ETWAS ist eine Eigenschaft der Masse und sonst nichts. Sagt Newton.

Ersparen wir den Physiklehrern ihre Erfahrungen vor uns auszubreiten, die sie bei der Vermittlung des Wissens zum Newtonschen Gravitationsfeld sammeln mußten. Sie hatten es schwer genug sich selbst ein Bild davon zu machen. Und sie stehen auch heute noch allein an der Staffelei.

Einige Zeit nach Newton entwickelte Michael Faraday sein Feld-Bild. Es war ein mechanisch anmutendes Modell der sich im Äther ausbreitenden elektromagnetischen Wirkungen.

Im Gegensatz zu Newtons Gravitationsfeld ist sein Feld nicht instantan ‚da‘, sondern bei ihm breiten sich Veränderungen der Feldstärke im Raum aus. Doch obwohl Faradays mechanisches Feldmodell relativ gut die in der Wirklichkeit beobachteten Phänomene beschreiben konnte, ist es inzwischen längst wieder vergessen. Nicht einmal Physiklehrer geben sich noch damit ab.

Heute sind sowohl die Gravitations- als auch die elektromagnetischen Felder nichts weiter als ‚Spannungen im Raum‘.

Wir modernen Menschen haben uns an Newtons Kraftfeld und das elektromagnetische Feld gewöhnt. Es umgibt uns, es ist alltäglich, obwohl wir nicht genau sagen können, was ‚Feld‘ eigentlich ist.

Etwas zu verstehen ist zweifellos befriedigender als es akzeptieren zu müssen. Ein Reisender, der wiederholt mit Erfahrungen konfrontiert wird, die er nicht verstehen kann, wird irgendwann unzufrieden.

Ähnlich ergeht es jedem, mit ‚gesundem‘ Menschenverstand gesegneten Touristen im Reiche der modernen Wissenschaften. Die Aussagen der Relativitätstheorien und der Quantenmechanik scheinen im ersten Moment nichts ‚sooo‘ Besonderes zu sein. Doch bei näherer Betrachtung stellt sich Befremden ein. Es gelingt einfach nicht dieses neue

Weltbild zu verstehen. Es ist zu fremd, zu abstrakt, fußt nicht auf Anschaulichem.

Paul - so heißt einer dieser Touristen - rast in einem fast lichtschnellen Raumschiff durch das All. Im Bemühen seine Reiseerfahrungen zu ordnen, gerät er zuerst in eine Phase klassischer Verwirrung. Seiner Zeit gemäß ist er natürlich der Überzeugung, daß dieser ganze relativistische Kram, - da ja schon zu Zeiten seiner Ur-Ur-großväter entdeckt, - für ihn kein Problem sein dürfte.

Doch Paul findet schnell wieder mit den Füßen auf die Erde, sprich: den Boden des Raumschiffes - und *fragt*.

Er quält die Spezialisten - deren Antworten ihm nichts sagen. Er fragt die Nichtspezialisten, deren Antworten ihm nicht ausreichen. Er zweifelt.

Schließlich findet Paul Unterstützung bei einem anderer Zweifler, der als Spezialist für Navigation auf dem Weg zur Erde offenbar zeitliche Reserven hat.

Er kann Pauls Unbehagen nachvollziehen. Er stellt ihm scheinbar zusammenhanglose Fragen zur Gravitation; erwähnt ein geheimnisvolles Manuskript und fordert Paul auf, mit seiner Phantasie spazieren zu gehen.

Und tatsächlich scheinen sich für den jungen Forscher erste Einblikke zu ergeben. Zum Beispiel glaubt er hinter die Kulissen der Allgemeinen Relativitätstheorie schauen zu können.

Im Interesse der Anschaulichkeit haben Paul und Co. die Prinzipien der Physik einfach tiefer gelegt. Sofern sie nicht gegen die Erfahrung verstößt, lassen sie jede geeignet erscheinende Spekulation zu.

Doch natürlich teilen nicht alle an Bord diese Auffassung. Es kommt zu Diskussionen und Auseinandersetzungen ...

Doch soweit ist es noch nicht.

Schauen wir zunächst in das Raumschiff, das fast lichtschnell irgendwo zwischen Proxima Centauri und Erde unterwegs ist. In einer der vielen Kabinen befindet sich unser junger Held. Doch er scheint nicht gerade bester Stimmung zu sein ...

Erfahrung und ihre Interpretation

Zeitdilatation

... denn er liegt flach.

Paul hängt an Marys Analyser, einem Apparat, der ihm ständig ein bißchen Blut abzapft und dies auf ganz bestimmte Gene überprüft. Das tat nicht weh, aber es dauerte! Irgendwo in der Nähe von Proxima Centauri hatte Paul einen seltsamen Schnupfen aufgelesen. Nach Mary's Meinung waren genau diese Gene dafür verantwortlich. Mary - sie ist der Mediziner an Bord - hatte ein unmögliches Wort für seine tropfende Nase genannt. Der Schnupfen war längst nicht mehr zu spüren und auch sonst schienen die fraglichen Gene keinen Schaden anzurichten. Doch Mary bestand darauf sie vollständig auszurotten, bevor Paul wieder einen Fuß auf die Erde setzt. Obwohl Mary im Grunde sehr sanft war, in diesem Fall ließ sie nicht mit sich reden.

Paul streckt sich, gähnt gelangweilt und schielt nach der Uhr.

Die Reise in der Heidelberg dauerte nun schon über drei Jahre. Knapp zwei Jahre hatte es zunächst gedauert, bis sie das Sonnensystem des PROXIMA CENTAURI erreichten. Nahezu ein ganzes Jahr lang untersuchten sie dann die Planeten des PROXIMA.

Kurz vor dem Start zurück zur Erde hatte sich Paul von seinen Eltern verabschiedet. Sie wollten unbedingt mit einem andern Schiff noch einmal zu einem benachbarten roten Riesen. Wenn alles nach Plan lief, dann würde er sie in zwei Jahren auf der Erde wieder empfangen können.

Er hätte natürlich auch mit zu diesem Roten Riesen fliegen können. Ihm war jedoch schon die Gegend um PROXIMA CENTAURI zu langweilig. Was sollte er also bei einem Roten Riesen?

Paul hatte sich ohnehin die ganze Expedition viel aufregender und spektakulärer vorgestellt.

Die Sonne PROXIMA CENTAURI ist von der Erde mehr als 4 Lichtjahre entfernt. Sie besitzt 12 Planeten und diese wiederum haben eine Menge Monde. Alle 12 Planeten hatten sie der Reihe nach abgeklappert, enorme Datenmengen gesammelt - aber Sensationen gab es keine. Zumindest sah er das so.

Eli, der Biologe hatte ein paar amöbenartige auf dem 4. Planeten entdeckt. Sein Kommentar dazu: „Entweder sind wir drei Milliarden Jahren zu früh hier oder ein paar hunderttausend Jahre zu spät. Auf alle Fälle ist es nicht die richtige Zeit, um sich mit **dem** hier," er hielt die Schale hoch, „zu unterhalten."

In wenigen Wochen werden sie nun die Neptunbahn, sozusagen die Grenze des Sonnensystems, erreichen. Das Raumschiff Heidelberg wird dann in den vier Jahren der Reise eine Entfernung von mehr als 8 Lichtjahren zurückgelegt haben. Dabei war das Raumschiff zu keinem Zeitpunkt der Reise schneller als das Licht.

„Unmöglich!" widersprach Paul seiner Mutter, als diese ihm zum ersten Mal mit dieser Rechnung konfrontierte. Doch inzwischen fragt er nicht mehr auf welche Weise es der Heidelberg gelingt, in nur zwei Jahren Bordzeit eine Entfernung zurückzulegen, für die das Licht 4 Jahre Erdzeit benötigt.

Schon 1905 hatte Einstein in seiner Speziellen Relativitätstheorie die Zeitdilatation und die Längenkontraktion für diese Situationen vorausgesagt. Wenn man seine Gleichungen kennt, dann löst sich der scheinbare Widerspruch auf. Das sagt jedenfalls Sylvia, die Navigatorin.

Die Bordzeit der schnell dahin rasenden Heidelberg verläuft langsamer als die Zeit auf der Erde. Das ist die *Zeitdilatation. Zeitdehnung.*

Zum Zweiten schrumpfen aus der Sicht der bewegten Heidelberg die Entfernungen, die früher einmal von der Erde aus gemessen wurden.

Das nennt man *Längenkontraktion. Längenverkürzung*

Paul kennt sich nicht in der komplizierten Mathematik der Relativitätstheorien aus, aber er hat oft gehört, daß diese Kontraktionen und Dilatationen alle auf eine zentrale Gleichung zurückgehen - die *Lorentztransformation.*

Eli von der Bioanalyse, Pauls Zimmernachbar, hat zwar viele Interessen, ist aber nun wirklich kein Spezialist in Sachen Lorentztransformation. Er meint, daß die Relativitätstheorie zwar sehr viel, aber eben nicht alles erklären kann. Auch wäre einiges an der Theorie nicht so leicht zu verstehen. Jedenfalls nicht für ihn, den Biologen.

„Obwohl wir in unserem Raumschiff mit unerhörter Geschwindigkeit durchs All rasen", sagte er einmal, „wissen wir immer noch nicht, was die Welt im Innersten zusammenhält."

Paul hat bis heute nicht wirklich verstanden, was Eli damit sagen wollte. „Vielleicht hängt das auch wieder mit der Zeitdilatation zusammen," flüstert er gähnend, „oder mit der Längenkontraktion. Oder mit beiden ..." und schläft ein.

Kurz darauf kommt Mary in's Zimmer. Sie wirft einen Blick auf den Analyser und nickt zufrieden.

Zeitdilatation

ein Effekt, der durch die Relativitätstheorie vorausgesagt wird: Eine Uhr geht für einen relativ zu ihr bewegten Beobachter langsamer als für einen ruhenden Beobachter. Experimentell bestätigt worden ist die Z. beim Zerfall sehr schneller η- Mesonen, die durch die Höhenstrahlung in der Erdatmosphäre erzeugt werden. Diese Mesonen haben ruhend eine mittlere Lebensdauer von 2,2 • 10^{-6} s; Licht durchläuft in dieser Zeit 660 m, die Mesonen durchlaufen tatsächlich die hundert- bis tausendfache Strecke, bis sie zerfallen.

aus: Bertelsmann Universallexikon 1995

Im Halbschlaf hört Paul wie jemand die Kabinentür schließt. Er öffnet die Augen. Ein Blick auf die Uhr zeigt ihm, daß er ein paar Minuten geschlafen hatte. Und er glaubte die ganze Zeit über Zeitdilatation und Elis Thesen nachgedacht zu haben ...

Spontan fallen ihm die Möglichkeiten der Bordkommunikation ein. Er ruft: „Infokanal! Erde - Europa - Heidelberg." Nach einem Augenblick erscheinen Bilder von Heidelberg, einer Universitätsstadt in Europa, von der das Raumschiff seinen Namen erhalten hatte.

„Direkte Wiedergabe in Bordzeit!" ruft Paul nun. Der Computer reagiert prompt. Die Figuren in Heidelberg *rasen* auf einmal in einer enormen Geschwindigkeit über die Bildfläche.

„Das ist's!" knurrt Paul zufrieden. „Das ist die Geschwindigkeit der Zeit auf der Erde." Die von der Erde gerade empfangenen Funksignale wurden nun vom Computer unverzögert wiedergegeben. Paul glaubt die Zeitdilatation sehen zu können. Ein bißchen Dopplereffekt wäre auch dabei, sagte Eli zwar. Für die extrem flotten Bewegungen der Erdenbewohner ist jedoch in erster Linie die Zeitdilatation der Heidelberg verantwortlich. Davon ist Paul überzeugt.

Doppler-Effekt
die von dem östr. Physiker C. Doppler (* 1803, † 1853)
1842 entdeckte Wellenlängenänderung einer Licht- oder
Schallwelle bei einer relativen Bewegung von Quelle u.
Empfänger. Nähert sich die Quelle dem Beobachter, so
erhöht sich die Zahl der in 1 s ankommenden Licht- bzw.
Schallwellen, die Linien im Spektrum verlagern sich nach
dem Violetten, der Ton wird höher (z.B. beim Signalhorn
eines vorbeifahrenden Rettungswagens). Das Umgekehrte
gilt, wenn sich die Quelle entfernt. Der D. erlaubt u. a.
die Messung der Geschwindigkeit von Sternen u. die
bordeigene Geschwindigkeitsmessung von Flugzeugen
gegenüber dem Erdboden.
aus: Bertelsmann Universallexikon 1995

Ein Katalysator für die Zeit?

„Zeitdilatation, Zeit*dehnung*!" wiederholt Paul und plötzlich muß er
kichern. Ihm ist eingefallen, wie der Biologe ihm einmal seine ganz persönliche Version vom Zustandekommen der Zeitdilatation darstellte.

„Zeit ist die Dauer eines Prozesses." sagte Eli damals. „Zeit*dehnung*
ist die Verlangsamung des Ablaufes dieses Prozesses. In der Chemie ist
es längst üblich, z.b. Lösungen zum Steuern der Reaktionsgeschwin-
digkeit bestimmter Stoffe zuzusetzen. Diese Stoffe werden *Katalysatoren* genannt.

Wenn man zwei nebeneinander stehende, mit Lösungen gefüllte Behälter betrachtet, von denen eine einen solchen Katalysator enthält, dann
benötigt der gleiche Prozeß in den beiden Behältern unterschiedlich viel
Zeit. Wenn wir im Glas der langsamen Lösung sitzen würden, dann würden wir sehen, wie die Zeit in der benachbarten Katalysator-Lösung rast!
Und umgedreht erscheint uns vom Katalysator-Glas aus gesehen die Zeit
im benachbarten Glas im Schneckengang zu schleichen."

Paul war damals begeistert. „Die Zeit auf der Erde läuft schneller als
die Bordzeit hier in der bewegten Heidelberg. Na klar, Eli, wir hier an
Bord haben eben weniger Katalysator *in uns*, als die auf der Erde ..."

Paul ist aber sehr schnell darauf gekommen, daß dieser Katalysator eine besondere Beziehung zur Geschwindigkeit der Heidelberg unterhielt. „Was den Zeitfortschritt auf der Heideberg bremst, das ist unsere *Geschwindigkeit* gegenüber dem **Raum**!" stellte er staunend fest.

Eli lächelte daraufhin nur säuerlich. „Wenn du meinst", antwortete er vage, „dann ist es eben die Geschwindigkeit gegenüber *dem Raum*." Paul erinnert sich genau, daß er das Wort *Raum* dabei besonders betonte.

Eli schärfte ihm dann noch ein, daß er dieses Zeit-Modell möglichst nicht im Beisein eines Physikers erläutern sollte. Paul wollte natürlich wissen was daran denn so fürchterlich falsch wäre.

„Ich weiß es auch nicht genau", wand sich Eli. „Ich weiß nur, daß alle behaupten diese Eselsbrücke wäre vollkommener Quatsch! Ich habe aber bis heute nicht wirklich begriffen, weshalb."

Danach hatte Paul Elis Katalysator-Modell im Gedankenversuch noch mehrfach getestet. Es stellte sich heraus, daß es tatsächlich nicht ganz 'astrein' war. So versagte es schon beim zweiten Schlagwort der Relativitätstheorie, der *Längenkontraktion*. Mit Elis Modell konnte man sie jedenfalls nicht erklären. Katalysatoren wirkten zwar auf die Dauer von chemischen Prozessen - aber daß sie nebenher auch noch die Abmessungen von Reagenzgläsern veränderten, das hielt Paul für sehr, sehr unwahrscheinlich!

Es wäre ja auch zu schön gewesen, wenn die Eselsbrücke zur Zeitdilatation auch noch zur Längenkontraktion geführt hätte.

Doch ganz bestimmt gab es viel bessere Modelle dafür. Paul beschließt gleich nach der Analyse seinen Computer zu Längenkontraktion und Zeitdilatation zu befragen. Im Bordarchiv war sicher mehr zu finden, als Elis Katalysator-Modell hergab. Schließlich war die Relativitätstheorie uralt. Als sie von Einstein entdeckt wurde, gab es noch nicht einmal ein vernünftiges Flugzeug - geschweige denn ein Raumschiff!

„Das war's für heute." hört Paul plötzlich Marys Stimme hinter sich. Sie war unbemerkt ins Zimmer getreten, stand hinter ihm und begann schon die Apparaturen zu lösen.

„Endlich abgeschnallt!" ruft Paul und springt erleichtert auf. „Ich muß gleich fort, Mary. Ich sollte dringend was am *Alten* nachsehen!"

Mary weiß nicht welchen *Alten* Paul meint. Doch sie weiß, daß in seinen Augen alle jenseits der dreißig, der Kategorie *alt* angehören.

Die Relativität

Recherchen im Archiv

Der *Alte* - das ist Pauls Bezeichnung für den Computer. In seiner Kabine läßt Paul sich von diesem Alten unverzüglich die unter dem Stichwort **Zeitdilatation, Spezielle Relativitätstheorie** enthaltenen Informationen anzeigen.

Zu Beginn des 20. Jahrhundert wurden durch die Spezielle Relativitätstheorie (SRT) und etwas später durch die Allgemeine Relativitätstheorie (ART) die klassischen Vorstellungen von Materie, Raum und Zeit revidiert.

1. Die Spezielle Relativitätstheorie (1905) beruht auf zwei Prinzipien:
a. Dem Relativitätsprinzip
b. Dem Prinzip der Konstanz der Lichtgeschwindigkeit

Von diesen Prinzipien und vom Inertialsystem ausgehend schließt die spezielle Relativitätstheorie auf den untrennbaren Zusammenhang zwischen Raum, Zeit und Materie. Lorentztransformation und Masse-Energiegleichung sind die bekanntesten Aussagen der SRT. Zueinander gleichförmig bewegte Bezugssysteme sind demnach vollkommen gleichberechtigt. Die Physik in ihnen ist nicht voneinander unterscheidbar.

2. Die Allgemeine Relativitätstheorie (1915) ist eine Theorie der Gravitation. Sie baut auf den Prinzipien der SRT auf und kombiniert diese mit dem Äquivalenzprinzip. Nach dem Äquivalenzprinzip sind träge Masse und schwere Masse einander äquivalent. Die Beschleunigung infolge eines wirkenden Gravitationsfeldes (schwere Masse) ist der Beschleunigung infolge einer klassischen Krafteinwirkung (träge Masse) danach vollkommen gleich. Die Bahnen der schweren Materie und die Metrik des vierdimensionalen Raumes bilden in der ART eine untrennbare Einheit, die von den Einsteinschen Gleichungen beschrieben wird. In der ART gibt es kein Bezugssystem welches sich in irgendeiner Weise vor anderen Bezugssystemen auszeichnet. Alle Bezugssysteme sind gleichwertig - die Physik läuft in allen Bezugssystemen nach den gleichen Gesetzen ab.

„Typisch Nachschlagewerk!" knurrt Paul enttäuscht. Wie von ihm befürchtet, ‚sagen' ihm die Stichworterklärungen reinweg gar nichts. Ganz im Gegenteil, sie verwirren ihn. Besonders diese ‚gleichberechtigten' Bezugssysteme sind ihm suspekt. Danach müßten sich ja die Verhältnisse von der Erde aus gesehen in der Heidelberg genauso darstellen, wie sie von der Heidelberg aus auf der Erde zu sehen sind. Paul kratzt sich zweifelnd am Kinn.

Er kann nicht genau sagen weshalb, doch ihm schien die Erde zweifellos bevorzugt zu sein. Die Zeit der Heidelberg lief doch langsamer ab, als die Erdzeit. Und nicht umgedreht ! Oder??

Das Archiv sagte ihm auch nichts über die Ursachen, die der Zeitdilatation zu Grunde liegen. Es nennt lediglich Prinzipien, deren wesentlicher Inhalt wohl in dieser ‚Gleichberechtigung' der Bezugsysteme besteht.

Paul zieht unwillig die Brauen zusammen und fragt mit fester Stimme in den Raum: „Was ist ein Bezugssystem?"

„Ein Bezugssystem ist ein Koordinatensystem", ertönt leidenschaftslos die Anwort, „welches ein Beobachter durch gedankliche Projektion der am Beobachtungsstandort vorzufindenden Maßstäbe für Länge und Zeit in die Umgebung aufbaut. Vorgänge und Bewegungen werden in Bezug auf ein derartiges Bezugssystem beschrieben. Ist ein Bezugssystem als Inertialsystem identifiziert, so sind auch alle zu ihm gleichförmig bewegten Bezugssysteme Inertialsysteme. Die Physik in Inertialsystemen läuft nach den gleichen Gesetzen ab."

Schon wieder dieser Hinweis auf die Gleichberechtigung! Paul glaubt einfach nicht, daß ein von der Erde aus aufgebautes System dem von der Heidelberg aus aufgebauten Bezugssystem gleichwertig sein soll. Die Uhren in beiden gehen doch ganz offenbar unterschiedlich schnell!

„Irgend etwas stimmt hier nicht!" knurrt er mißmutig.

In diesem Moment wird die Kabinentür aufgerissen und Eli stürmt in's Zimmer. Der Biologe hat es zweifellos sehr eilig und es interessiert ihn überhaupt nicht, welchen Problemen Paul vor dem Rechner brütend nachgeht.

„Mach dich bereit!" ruft Eli knapp. „In ein paar Minuten beginnen wir auf 2 g zu erhöhen. Räum' schon mal deine Klamotten auf. Ich bin gleich zurück!"
Und schon ist er wieder raus.

Simulierte Gravitation

Elis rasches Auftauchen und sein noch rascheres Verschwinden hat Paul verwirrt. Er nickt Eli irritiert mit dem Kopf nach, doch erst nachdem die Tür hinter Eli zuklappt, erinnert er sich: Eine Schubkrafterhöhung war fällig um die Geschwindigkeit der Heidelberg noch schneller zu verringern. Schließlich wollte man demnächst in einer Erdumlaufbahn parken.

Den weitaus größten Teil der Reise bewegte sich die Heidelberg mit einer Beschleunigung von 1 g. Jedermann im Schiff fühlt sich bei 1 g genauso schwer wie auf der Erde. Es spielt dabei keine Rolle, ob sich die Geschwindigkeit der Heidelberg vor dem Welthintergrund erhöht oder verringert.

Ein „g" ist ein „g" - und es bedeutet nichts anderes, als eine Veränderung der Geschwindigkeit um 9,81 m/s in einer Sekunde.

Kein Mensch und auch keine Apparatur kann unterscheiden ob die empfundene Beschleunigung zu einer Erhöhung oder Verminderung der Geschwindigkeit vor dem Welthintergrund führt. Oder ob sie von einem Gravitationsfeld herrührt, gegen das die Antriebe des Raumschiffes ankämpfen.

Wenn sich die Heidelberg im freien Raum und bei abgeschalteten Antrieben vor dem Welthintergrund bewegt, dann empfinden die Insassen dieses „unbeschleunigt Sein" als „schwerelos".

Paul kennt dies eigenartige Gefühl. Man hat den Eindruck, daß einem der Boden unter den Füßen weggezogen wird und man in's Leere fällt. Man gewöhnt sich zwar nach einer Weile daran, trotzdem ist Schwerelosigkeit immer irgendwie unangenehm. Angenehm ist dagegen - weil dem gewohnten Zustand nahe kommend - die simulierte

Erdbeschleunigung von 1 g, welche durch die ununterbrochen laufenden Antriebe des Schiffes erzeugt werden kann.

Eine ähnliche ‚Schwere' wurde auch simuliert, als sich die Heidel-
berg vor ein paar Monaten auf verschiedenen Parkbahnen des Systems
Proxima Centauri befand. Man ließ dort aber nicht ununterbrochen die
Antriebe arbeiten, sondern man versetzte das Raumschiff in Rotation.
Ein kurzer, neben dem Schwerpunkt angesetzter Schubimpuls der An-
triebe - und schon rotierte die Heidelberg ununterbrochen um ihren
Schwerpunkt. Diese Methode war jedoch kein perfekter Gravitations-
ersatz. Die dabei auftretenden Fliehkräfte sind nämlich nicht überall im
Schiff gleich groß. Sie werden um so schwächer, je näher man sich an
der Drehachse befindet.

Doch selbst dieser unvollkommene Gravitationsersatz half bei der
Orientierung im Schiff sehr. Nicht nur Paul fand sich in einem derartig
rotierenden Schiff viel besser zurecht, als in der vollständigen Schwerelosigkeit.

Die von Eli soeben angekündigte Erhöhung der Schubkraft wird in
mehreren Stufen erfolgen. Paul kennt die Prozedur.

Elis Forderung im Zimmer „aufzuräumen" war nicht so ernst gemeint. Alle Dinge - ob sie nun auf dem Tisch oder auf dem Fußboden
herumlagen - blieben auch nach der Schubkrafterhöhung auf ihrem
Platz. Nur waren sie eben hinterher schwerer als vorher.

Trotzdem verstaut Paul die herumliegenden Sachen rasch im Schrank.
Er nimmt sich vor aufzupassen, wenn er das nächste Mal die Schranktür
öffnet. Es könnte durchaus sein, daß das höhere Gewicht dann den nicht
sehr ordentlich gestapelten Klamottenberg schief drückt. Und dann könnte
Bewegung in die Dinge kommen, wenn man rasch die Tür öffnet ...

Als Eli einen Moment später wieder hereinkommt findet er das Zim-
mer tatsächlich leidlich aufgeräumt vor. Er hat aber keine Chance seine
Überraschung zu zeigen, denn er wird sogleich von Paul bestürmt:
„Kannst du mir sagen nach welchem Bezugssystem wir uns hier an
Bord richten?"

Eli steht unschlüssig im Zimmer und sucht mit den Augen nach einer geeigneten Sitzgelegenheit.

„Für uns ist doch die Erde der Anker im Kosmos, nicht wahr?" drängt
Paul. „Die Erdzeit ist der Maßstab, an dem wir unsere Zeit orientieren. Aber
wo bleibt dann die Gleichberechtigung, Eli? Was hat Einstein damit gemeint?"

„War wohl doch kein Computerspiel!" stellt Eli nüchtern fest und hebt beschwichtigend die Hände. Dann richtet er bedächtig und mit konzentriertem, ja pedantischem Gesichtsausdruck die Lehne des großen Sessels und plaziert sich umständlich. Schließlich wendet er sich Paul wieder zu und schaut ihn prüfend an. „Ich habe den Eindruck du glaubst, daß es für dich an der Zeit ist diese uralte Relativitätstheorie zu verstehen ..."

Eli korrigiert nochmals seine Sitzposition und murmelt dabei zweideutig: „Diese Einstellung finde ich lobenswert."

„Hmmm??" Paul stutzt.

„Ich meine deine Einstellung zur Relativitätstheorie", präzisiert Eli lächelnd. „Wenn du sie beibehalten möchtest, dann plane vorsichtshalber eine größere Portion Willenskraft ein. Ich empfehle das, weil ich mich noch gut an meinen Kampf mit dieser Theorie erinnern kann."

Und immer die gleiche Physik

„So schwierig kann das doch gar nicht sein!" widerspricht Paul. „Als die Heidelberg gestartet ist, war ich 14 Jahre alt. Nun kehre ich mit 18 Jahren zur Erde zurück. Meine früheren Schulfreunde sind aber inzwischen nicht vier, sondern 22 Jahre älter geworden. Sie sind heute nicht 18 sondern 36! Die Zeit der Erde ist also eindeutig schneller gelaufen als die der Heidelberg!"

Eli winkt besänftigend mit der Hand. „Du hast ja recht, Paul. Auch die Funkaufzeichnungen an Bord zeigen, daß wir im Verlauf unserer 4 Bordjahre die Erdzeit um fast 20 Jahre vorangeschritten ist. Daran gibt es nichts zu rütteln. Kein Physiker wird dem widersprechen, aber ..."

Eli schweigt einen Moment. „Es ist weniger die Tatsache der Zeitdilatation, die in unseren Köpfen Verwirrung stiftet, sondern es ist eher diese Gleichberechtigung der Bezugssysteme, die all unserer Erfahrung zu widersprechen scheint. Wir alle gehen intuitiv davon aus, daß die Erdzeit der Maßstab für alle Zeiten in unserem Universum ist. Das ist sehr bequem und auch ich persönlich hätte nichts dagegen. Aber es hat auf der anderen Seite keinen Sinn, sich den Argumenten der Physiker zu verschließen:

Es ist nun einmal so, daß die Natur keinen Anhaltspunkt dafür liefert, ein bestimmtes Bezugssystem den vielen anderen, auch möglichen Bezugssystemen vorzuziehen. Ob du auf dem 3. Planeten des PROXIMA CENTAURI, oder auf der Erde oder in der Heidelberg Billard spielst: Du weißt es selbst, Paul: überall gelten die gleichen physikalischen Gesetze. Überall brauchst du die gleiche Kraft, um die Billardkugel in eine bestimmte Bewegung zu versetzen."

„Die gleiche Physik", wiederholt Paul langsam. Elis Argumentation ist ihm bekannt, aber sie löst den von ihm empfundenen Widerspruch nicht auf. Paul ändert seine Strategie.

„Die Uhren auf den verschiedenen Planeten und Sternen ticken also nicht gleich schnell, Mir scheint aber, daß die zum Welthintergrund kaum oder nur langsam bewegten Planetensysteme sehr ähnliche Zeiten haben, während wir, in der zum Welthintergrund schnell bewegten Heidelberg einem viel langsameren Zeitfortschritt unterliegen."

Eli verzieht keine Miene. Er schaut stur auf einen Punkt in der Ferne.

Paul läßt nicht locker: „Wie paßt dieser Eindruck zu der geforderten Gleichberechtigung aller Bezugssysteme, Eli?"

„Weiß ich nicht." Eli lächelt mitfühlend. „Doch ich weiß, daß in der Allgemeinen Relativitätstheorie die Länge und die Zeit nicht nur von der Bewegung der Bezugssysteme zueinander abhängen, sondern auch von der Stärke des lokalen Gravitationspotentials bestimmt werden ..."

Ein Signal unterbricht Eli, dem eine Durchsage folgt. „Wir erhöhen nun die Beschleunigung um 20%. Bitte nehmen Sie geeignete Positionen ein."

Paul läßt sich in seinem Sitz zurückfallen und spürt bald, wie sein Körper stärker in die Polster gepreßt wird. Es ist ein Gefühl, als würde seine Liege in einem Aufzug stehen, der in ständig schneller werdender Fahrt nach oben strebt. Man fühlt sich schwerer.

Paul hat eine Masse von 68 kg. Bei Erdbeschleunigung würde der Zeiger der Federwaage auf 68 kg weisen. Umgangssprachlich sagt man: „Ich bin 68 kg schwer", obwohl das natürlich nicht ganz korrekt ist. Wenn er sich nämlich in diesem Moment auf eine Federwaage stellen würde, dann würde diese 82 kg anzeigen. Und wenn die Beschleunigung in ein paar Tagen 2 g betragen wird, dann wird die Waage 136 kg anzeigen. Pauls Masse bleibt während der ganzen Zeit unverändert. Das auf der Waage angezeigte ‚Gewicht' ist aber nicht seine Masse, sondern die Waage zeigt die Kraft an, die sein Körper der unterschiedlich hohen Beschleunigung durch die Raumschiffantriebe entgegensetzt. Wenn die Beschleunigung wächst, dann wird auch diese Kraft größer. Und umgekehrt.

Zum Beispiel wird es auf der Umlaufbahn um die Erde fast schwerelos zugehen. Wie auf den Parkbahnen um Proxima wird ihm dann lediglich die Fliehkraft infolge der leichten Rotation der Heidelberg ein schwaches Gefühl der Schwere vermitteln. Die dabei auftretende Schwere geht aber auf die Trägheit der Masse gegenüber einer Veränderung ihres Bewegungszustandes zurück und nicht auf das Wirken eines Gravitationsfeldes, wie z.b. auf der Erdoberfläche. Die Verhaltensvorschriften für den schwerelosen Zustand sind deutlich strenger. Man muß sich z.B. zum Schlafen festschnallen.

Paul schaut an die Decke. Ihm gehen Elis letzte Bemerkungen nicht aus dem Sinn: „Die *Längen* und die *Zeiten* hängen auch von der Stärke des lokalen Gravitationspotentials ab", wiederholt er leise.

Die Gravitationsfelder werden von den Sternen und Galaxien im Kosmos aufgespannt. Die Massen der nahen, aber auch die der fernen Körper gehen in dieses Gravitationspotential ein. Jeder Körper ist also der Wirkung der nahen, wie auch der fernen Massen ausgesetzt. Im Grunde bestimmen deshalb die Massen **aller** Planeten, Sonnen und Galaxien das lokale Gravitationspotential.

Und sie alle wären demnach auch an den *Längen* und *Zeiten* beteiligt, die auf einem beliebig herausgegriffenen Körper vorzufinden sind.

„Dann ist es doch naheliegend, Eli", setzt Paul seinen Gedankengang laut fort, „den Schwerpunkt der gesamten Materie des Universums als Bezugssystem zu benutzen! Wenn man an dem Gedanken festhält, daß es so etwas wie ein globales Bezugssystem überhaupt gibt, dann wäre dieser ‚Anker' doch der geeignetste!"

„So ist es wohl". antwortet Eli lakonisch. „Wenn man an dem Gedanken festhält, daß es ein ausgezeichnetes Bezugssystem gibt! Dann wäre das ein guter Ansatz. Doch auch dann sollte man dieses ‚ausgezeichnete System' irgendwie physikalisch identifizieren können, nicht wahr?"

Paul antwortet nicht.

„Das besondere an diesem Bezugssystems wirst aber auch du nicht beschreiben können", flüstert Eli. „Ob die Systeme sich nun gegenüber der Supergalaxis schnell bewegen oder nicht: Es gibt keinen Unterschied der Physik in den verschiedenen Bezugssystemen. In jedem System benötigt man die gleiche Energie um eine Kugel der Masse 100 g um einen bestimmten Betrag zu beschleunigen. Und dabei ist es gleichgültig, wie schnell sich das Billardzimmer vor dem Hintergrund bewegt. Es ist nun einmal eine unumstößliche, uralte Erfahrung, daß Bewegung relativ ist. Man nennt das auch: das *Galileisches Relativitätsprinzip*. Und auch die Geschwindigkeit der von den Sternen kommenden Lichtwellen ist unabhängig von der Raumschiffgeschwindigkeit. Diese Erfahrung ist zwar nicht ganz so alt, aber sie ist ebenso wahr.

Wir haben nicht den geringsten physikalisch verwertbaren Anhaltspunkt für eine ‚objektive' Bestimmung der eigenen Geschwindigkeit gegenüber der Supergalaxis. Aber", Eli macht eine hilflose Geste, „das alles hast du doch schon mehrfach gehört, Paul. Ich weiß, daß es nicht leicht ist, dies zu akzeptieren. Doch es gibt nun mal tatsächlich keine Möglichkeit, die eigene Geschwindigkeit von der des Gegenüber grundsätzlich zu unterscheiden.

Die Lichtgeschwindigkeit ist für uns immer konstant und die translatorische Bewegung ist relativ. Immer! Einstein hat sich diese beiden Punkte - man nennt sie *spezielles Relativitätsprinzip* - ja nicht aus den Fingern gesogen, um seine Spezielle Relativitätstheorie zu rechtfertigen. Ganz im Gegenteil, denn seine Theorie war die erste, in der die Erfahrungen der galileischen Relativität und der Konstanz der Lichtgeschwindigkeit vereinigt wurden.

Diese beiden Prinzipien führen jedoch geradewegs zu der Schlußfolgerung, daß wir kein physikalisch vor anderen ausgezeichnetes Bezugssystem finden werden."

Eli atmet tief durch. Nur selten verstieg er sich in die Fundamente der Speziellen Relativitätstheorie, ein Terrain, auf dem er sich nicht unbedingt wohl fühlte.

Paul dreht sich langsam auf die Seite. „Ich weiß schon Eli: Wir haben bei geschlossenen Fenstern keine Chance festzustellen, ob sich unser Raumschiff gegenüber dem Fixsternhimmel bewegt oder nicht. Das ist die Relativität der Bewegung. Und selbst wenn wir durch das Fenster Licht hereinlassen, so wird die Geschwindigkeit der ankommenden Lichtstrahlen immer nur ‚C' betragen. Gleichgültig, ob die betreffende Lichtwelle uns von der Erde entgegen weht oder uns vom PROXIMA CENTAURI hinterher eilt.

Wir an Bord finden ‚C' - und nichts anderes. Daran ist Michelson zwar nicht schuld, aber er hat's wohl als erster entdeckt." Eli lächelt dankbar die Kabinendecke an. Paul schien akzeptiert zu haben.

Copernicus' wahre Bewegung

Versöhnt fährt Eli fort: „Doch man kann die Sache aus einem anderen Blickwinkel betrachten, Paul. Wir benötigen zur Orientierung im Raum schließlich ein Bezugssystem. Und in der Praxis machen wir die Metagalaxis - oder den Fixsternhimmel - dazu.

Das spezielle Relativitätsprinzip ist zwar fundamental - das heißt aber nicht, daß darin die gesamte Erfahrung der Menschheit darin enthalten ist. Es gibt durchaus Aspekte, die für einen Bezug der Bewegung auf den Fixsternhimmel sprechen.

Zum Beispiel sagt das Copernicanische Prinzip, das alle Richtungen und gleichförmigen Bewegungen gegenüber *dem Raum* - also dem Fixsternhimmel - gleichberechtigt sind. Sie sind damit auch nicht voneinander unterscheidbar. Eine Rotation gegenüber diesem Raum führt aber zu Inertialkräften. Die dabei auftretenden Fliehkräfte sind physikalisch sehr leicht nachweisbar und sie weisen klar auf ein allgegenwärtiges Bezugssystem.

Man kann nun dieses offenkundige ‚Wissen' der Materie, diesen ‚Trägheitskompaß' benutzen, um z.b. die Bewegung eines Planeten um den Schwerpunkt seines Zentralsterns zu einer *wahren Bewegung* zu erklären. Während man im Gegenzug die vom Planeten aus in gleicher Weise ‚gesehene' Bewegung des Zentralsterns zu einer ‚scheinbaren' Bewegung stempelt.

Nach Copernicus' Prinzip ist also nur die zyklische Bewegung eines Körpers um seinen Zentralkörper eine ‚wahre' Bewegung.

Doch andererseits kennen wir weder einen Zentralstern noch eine Galaxis, die als ‚Nabel der Welt' auch nur in Frage kommt. Alle Sterne und Galaxien bewegen sich irgendwie umeinander. Es gibt keinen Schwerpunkt den man mit physikalischen Mitteln ‚erkennen' könnte. Trotzdem ‚spüren' alle Sterne und Galaxien Fliehkräfte, wenn sie gegenüber dem Rest der Welt rotieren.

Dies zeigt natürlich, daß diese Massen alle ‚voneinander wissen', daß sie sich irgendwie in einem ‚übergeordneten Raum' einbettet ‚fühlen.'"

Eli lacht leise. „Auch Einstein hatte wohl ursprünglich einen physikalischen Zusammenhang, ein ‚Wissen' der einzelnen, im Kosmos verteilten Massen voneinander, vermutet. Er ging nämlich beim Entwurf der Allgemeinen Relativitätstheorie von der Mach-Einstein-Doktrin aus, einer Vorstellung, nach der die Trägheit eines Körpers die Folge einer Wechselwirkung der *Fernen Massen* mit diesem Körper ist.

In der Arbeitshypothese für die Allgemeine Relativitätstheorie bestand also eine ‚Verbindung' zwischen allen Körpern des Universums, die sich wechselseitig ihre Trägheit induzieren sollten. Tatsächlich weisen ja das Foucaultsche Pendel, ein rotierender Planet, ein um den Zentralstern laufender Planet, die Gestalt einer Galaxis darauf hin, daß alle Materie bezüglich ihrer Rotationsbewegung gegenüber dem Rest der Welt sehr genau Bescheid weiß."

Eines der großen Rätsel der Physik ist die Eigenschaft der Trägheit, des Widerstandes, den ein Objekt nicht der Bewegung, aber einer Veränderung seiner Bewegung entgegensetzt. Im freien Raum bewegt sich ein Objekt mit konstanter Geschwindigkeit solange geradlinig, bis es von einer äußeren Kraft angestoßen wird - dies war eine der großen Entdeckungen Newtons. Wie stark der Stoß sein muß, damit das Objekt seine Bewegungsrichtung ändert, hängt davon ab, wieviel Materie es enthält. Aber woher »weiß« das Objekt, daß es sich mit konstanter Geschwindigkeit auf einer geraden Linie bewegt - woran mißt es seine Geschwindigkeit? Seit Newton ist den Philosophen bewußt, daß der Maßstab, an dem die Trägheit anscheinend gemessen wird, in dem Bezugsrahmen besteht, den man früher als „die Fixsterne" bezeichnete, während wir heute von fernen Galaxien sprechen würden. Die Erde, die sich rotierend durch den Raum bewegt, ein langes Foucault-Pendel, wie man es in vielen wissenschaftlichen Museen findet, ein Astronaut und ein Atom - sie alle „wissen", welche durchschnittliche Verteilung die Materie im Universum hat.

Wie oder warum der Effekt funktioniert, weiß niemand,
und es hat darüber schon faszinierende, wenn auch
fruchtlose Spekulationen gegeben. ... Das Rätsel ist heute
so ungelöst wie vor 300 Jahren.

/22/ Auf der Suche nach Schrödingers Katze von John
Gribbin;Piper Verlag GmbH München, 6. Auflage 2000

Paul hebt den Kopf. „Aber *wie* erfährt die Materie davon?"
Eli hebt vage die Hände. „**Das** kann ich dir nicht sagen, Paul. Aber
die Geschichte mit der Mach-Einstein-Doktrin ist noch nicht zu Ende.
Einsteins Hoffnung, die Trägheit auf ein wechselseitiges Wirken aller
Körper und Felder der Welt zurückzuführen, erfüllte sich nämlich nicht.
Er bezeichnete diesen Versuch später sogar als den größten Fehler sei-
nes Lebens. Ob wir das nun verstehen oder nicht: ich bin überzeugt, **er**
hatte gute Gründe sich so zu entscheiden.

Die Idee der Trägheitsinduktion ist schon deshalb angreifbar, weil
wir partout nicht sagen können auf welche Prozesse sie zurückgeht. Sie
ist mystisch, diese Verbindung zwischen den Massen. Sie wirkt über
riesige Entfernungen hinweg und außer der Trägheit der Masse nehmen wir offenbar nicht das Geringste von dieser allgegenwärtigen Wechselwirkung wahr.

Indem Einstein den Lambda-Term aus der Allgemeinen Relativitätstheorie strich, entfernte er auch den hypothetischen Zusammenhang
zwischen den Fernen Massen und der Trägheit. Und damit erübrigte
sich auch die Frage nach dem physikalischen Hintergrund der Verbindung der Massen untereinander. Der Trägheitskompaß ist seither in der
Geometrie des vierdimensionalen Raumes versenkt ..."

„Wie?" fragt Paul ungläubig. „Wird seitdem dieses Wissen der Massen voneinander ignoriert?"

„Nein!" windet sich Eli. „Der Trägheitskompaß steckt bei Einstein
in der Metrik des Raumes. Er ist also etwas ganz Fundamentales. Etwas, das sich auf nichts anderes zurückführen läßt, oder braucht, oder
was weiß ich!" Eli winkt ab.

„Ich weiß, Paul, das ist nicht unbedingt eine plausible Erklärung der
Trägheit. Doch die gibt es wohl ohnehin nicht. Ich glaube, kein Mensch
hat eine Vorstellung von den physikalischen Wurzeln der Trägheit. Wir

wissen an sich nur, daß die Fernen und die Nahen Massen in praxi mit Trägheit viel besser umgehen können, als wir in unseren Gedanken." Eli lehnt sich heftig zurück. Ganz offenbar ist er nicht gerade zufrieden mit seiner *Erklärung*,

Ein paar Sekunden später beschwert sich Paul leise: „Du kannst einem Mut machen."

Eli lächelt finster.„Warum soll's dir besser gehen als mir?" Er erhebt sich ächzend und testet die Festigkeit seiner Beine - bei 1,2 g.

„Ich klemm mich mal an deinen Alten", murmelt Eli über die Schulter und watschelt schwerfällig quer durch die Kabine.

Paul betrachtet Elis Rücken. Die Wege zum Verstehen der Relativitätstheorie hat er sich geradliniger und einfacher vorgestellt. Auf der einen Seite gibt es diesen ominösen Welthintergrund, den Fixsternhimmel, der zweifellos eine Anker-Rolle bei der Rotation von Körpern spielte.

Auf der anderen Seite steht die Relativität der Translation, die es selbst dem besten Gerät unmöglich macht, eine gradlinig-unbeschleunigte Bewegung vor dem Fixsternhimmel als wahre Bewegung zu erkennen.

„Warum nur???" murrt Paul Elis Rücken an. „Einsteins Theorie ist so alt! Weiß man denn inzwischen immer noch nicht, ob etwas an dieser Trägheitsinduktion dran ist? Weiß man immer noch nicht, woher die Wassermasse im Eimer erfährt, daß **sie** es ist, die sich gegenüber dem Welthintergrund dreht und nicht der Eimer?"

„Ja und Nein." Eli wendet sich langsam um. „Wir wissen, daß es einen Trägheitskompaß gibt, weil die Rotation gegenüber dem Raum eindeutig ist. Wir wissen, daß die Translationsbewegung eines Körpers nur relativ zu anderen Körpern angegeben werden kann, weil wir keinen absoluten Bezug dafür finden können. Und wir wissen auch, daß die Lichtgeschwindigkeit in jedem Bezugssystem gleich groß ist...

Wir wissen viel, Paul. Aber wir wissen nicht, warum das alles so ist, wie es ist! Die größten Physiker und die bekanntesten Philosophen zerbrechen sich seit der Antike die Köpfe darüber, aber." Eli winkt wieder mit der Hand ab.

„Ich kann dir jedenfalls nicht weiterhelfen. Vielleicht erfährst du in ein paar Wochen etwas Neues. Auf der Erde hatten sie immerhin 18 Jahre mehr Zeit zum Nachdenken ..."

Paul hebt den Kopf. Eli hatte recht! „Wir haben doch den Kommu-

Channel!" attackiert er den Biologen. „Damit können wir doch Einsicht in die Erdarchive nehmen!"

„Der Funkkontakt ist ausgelastet", wehrt Eli sofort ab. „Aber wir haben genügend gute Physiker an Bord. Quälen wir doch zuerst die!" Elis Blick fällt auf die Uhr. „Oh", knurrt er mit gespielter Überraschung, „meine Amöben rufen! Ich muß in's Labor." Er springt hastig auf, ächzt und tappt dann schwerfällig zur Tür. Paul sieht ihm zweifelnd hinterher.

Gerade Machs Prinzip und dessen relativitätstheoretische Deutung in der Mach-EINSTEIN-Doktrin erklären elementare naturwissenschaftliche Tatbestände, die wegen ihrer Allgemeingültigkeit von den Fachwissenschaften zunächst gar nicht mehr als Probleme erkannt worden waren. Auch hier beginnt die „Philosophie" mit dem „Sich-Wundern".

Die Abplattung der Erde, aber auch die Drehung der Zyklonen ... bestimmen Trägheitskräfte und damit eine Rotationsgeschwindigkeit der Erde „gegenüber dem Raum".

Die anscheinend exakte Übereinstimmung von „Himmel" und „Raum" zeigt, daß die „Himmelssphäre", das heißt tatsächlich der Kosmos, die terrestrische Dynamik determiniert.

Diese Trägheitsrelativität führt dann zu einer „gravodynamischen Induktion", welche nach EINSTEIN das Analogon zur elektro-dynamischen Induktion Faradays ist ...

/3/ H.J.Treder, Unitarisierung physikalischer Prinzipien

In Elis Labor

Eli hatte lediglich ein paar Proben zu wechseln, doch ihm kam diese Unterbrechung gerade recht. Paul hatte sich da ein wirklich anspruchsvolles Ziel gesetzt: die Relativitätstheorie *verstehen.*

Die Gleichungen der Speziellen Relativitätstheorie gestatten zwar die Zeiten und Längen in zueinander bewegten Bezugssystemen zu berechnen, doch mit der Anschaulichkeit der von diesen Gleichungen beschriebenen Welt hat nicht nur Eli Probleme. Die Natur, die mit der Relativitätstheorie so genau zu berechnen war, schien sich einfach nicht den menschlichen Denkgewohnheiten anpassen zu wollen. „Warum auch?" kichert Eli, während er die Probebehälter wechselt. Eli gefällt die kritische und unbefangene Art, mit der Paul sich dem Thema nähert. Natürlich ist der Fixsternhimmel praktisch „das" Bezugssystem für die Heidelberg. Eli weiß auch von anderen *besonderen* Bezugssystemen. Da wäre noch die 3-Kelvin-Strahlung, die sogenannte Reliktstrahlung des kosmischen Hintergrundes. Sie zeichnet ein Ruhsystem aus, das fast vollständig mit dem des Fixsternhimmels übereinstimmt. Die Reliktstrahlung soll vor ca. 15 Milliarden Jahren mit der ganzen Welt entstanden sein. In der Allgemeinen Relativitätstheorie erscheint diese 3K-Hintergrundstrahlung als der, ‚gedehnte Nachhall' des Urknalls. Eine Zeit lang fand Eli diese Interpretation sogar sehr anschaulich. Doch am Ende lehnte er sie ab, weil es ihm zu sehr widerstrebte, einen räumlichen und zeitlichen Anfang der Welt zu akzeptieren.

„Doch eines nach dem anderen", meint er halblaut zu seinen Amöben. „Und ihr seid die Nächsten!"

Gleich nach dem Wechseln der Proben, das beschließt Eli, wird er Vasco auf den Zahn fühlen. Vasco ist Navigator. Und Vasco hat - besonders wenn man berücksichtigt, daß er Physiker ist - erstaunlich viel Phantasie.

Von Euklid bis Riemann

Die Kontur des Vakuums

Unsicher öffnet Paul am folgenden morgen seine Augen. Irgendetwas ist anders! Er fühlt sich so matt. Im Normalfall springt Paul morgens mit einem Ruck aus dem Bett! Doch heute fällt er beim ersten Versuch wieder zurück. Da fällt ihm ein, daß wohl die 1,2 g, - oder die 80 kg ‚Gewicht‘, die er seit gestern Abend hatte - für diesen Zustand verantwortlich sind. Es wird noch ein paar Tage dauern bis er sich wirklich daran gewöhnt hat.

Er dreht den Kopf zur Seite und wirft einen Blick auf seinen Terminkalender. Heute gab es nur einen Eintrag: 9 Uhr. Eine Stunde Analyser in Marys Labor. Es war noch nicht 9 Uhr – doch irgendwann mußte er ohnehin aufstehen. Paul streckt sich nochmals ausgiebig und schafft es dann im zweiten Versuch hoch zu kommen. Noch verschlafen entnimmt er Sekunden später in der Messe eine Frühstücksportion. Wie immer, wenn er allein am Tisch sitzt, gehen seine Gedanken spazieren.

Eli hatte gestern gesagt, daß sich die Navigatoren der Heidelberg am Fixsternhimmel orientieren. Doch das Bezugssystem Fixsternhimmel zeichnete sich nicht wirklich vor anderen, dazu bewegten Bezugsystemen wie zum Beispiel der Heidelberg, aus. Wenn man die Rotation einmal ausschloß.

Eli hatte auch gesagt, daß der Kompaß für die Trägheit in der Allgemeinen Relativitätstheorie in der ‚Metrik des Raumes‘ eingewebt sei.

Paul kann sich das nicht vorstellen: Metrik. Was ist das: die Metrik eines leeren Raumes??

Paul kennt die Leere des Alls aus eigener Erfahrung. Es fällt ihm schwer sich vorzustellen, daß in diesem leeren Raum etwas Unsichtbares herum ‚strömen‘ sollte. Andererseits:So richtig leer war dieses Vakuum ja nun auch wieder nicht. Irgendwelche Felder waren selbst im leeren Raum immer zu finden.

„Felder im leeren Raum ...?" murmelt Paul und plötzlich wird ihm die Richtung seines Blickes bewußt:

Seine Frühstücksplatte war inzwischen ebenfalls leer. „Nun ist es aber genug!" schimpft er leise und räumt zusammen.

Bis zu seinem Termin bei Mary war noch mehr als eine Stunde Zeit.

Genau richtig, um schnell noch ein paar Bahnen zu schwimmen. Das Bord-Bad der Heidelberg war nicht gerade groß, doch wenn man im Malström gegen die Strömung ankämpfte, konnte man es darin schon eine Weile aushalten.

Als Paul Minuten später in das Bad kommt, bleibt er am Eingang überrascht stehen. Der Malström ist dicht belagert. Selbst in der Badewanne - eine flaches, warmes Ruhebecken - ist kaum noch Platz! Sylvia, die junge Navigatorin drängt sich an ihm vorbei und steigt sofort ins Wasser. Sie ist eine lustige Person und Paul unterhält sich sehr gern mit ihr. „Hallo Sylvia!" ruft er ihr nach. „Warum ist denn heute so voll hier?"

„Hallo Paul", antwortet sie und taucht kurz unter. „Vielleicht denkst du mal nach! Wenn es dir nicht gleich einfällt, dann kommst du am besten zu mir ins Wasser. Hier denkt es sich nämlich besser!"

Paul folgt der Aufforderung. Sylvia hatte recht! Etwas war anders im Wasser - Paul fühlte sich so leicht.

Natürlich! Die erhöhte Raumschiffbeschleunigung! Nicht nur er, sondern alle waren heute morgen „schwerer" erwacht. Doch im Wasser spürt man davon nichts.

„Hab's begriffen, Sylvi. Ich weiß nun, weshalb heut morgen so viele den gleichen Gedanken hatten wie ich. Du fühlst dich hoffentlich wohl mit deinen neuen Massen?"

„Soll ich dir jetzt eine Physikvorlesung halten?" entgegnet sie spöttisch. „Mit meinen Massen bin ich nach wie vor zufrieden. Nur mein Gewicht ist größer geworden." Doch dann neigt sie abwägend den Kopf und korrigiert sich: „Das ist nicht ganz korrekt! Denn mein Gewicht erscheint mir nur deshalb größer, weil die Beschleunigung der Raumschiffantriebe erhöht wurde." Doch Paul war schon abgetaucht und konnte es nicht mehr hören.

„Oder meinst du, ich hätte zugenommen?" fragt sie lauernd als er wieder auftaucht und schaut dabei prüfend an sich herab .

„Du siehst perfekt aus!" versichert ihr Paul hustend. Ihm ist eingefallen, daß Sylvia als Navigatorin einiges über Bezugssysteme wissen müßte. „Ich hätte da zwei kleine Fragen an dich, Sylvia. Kannst du mich dann drüben in der Badewanne mal kurz besuchen?"

Sylvia nickt. „In 10 Minuten." ruft sie ihm zu, dann taucht sie in das Gewimmel. Paul schlägt sich in die andere Richtung durch und findet einen Platz im Malström. Doch er hält es nicht lange darin aus. Selbst das Schwimmen scheint heute anstrengender als sonst zu sein.

Im Ruhebecken findet er Sylvia schon vor. „Wo drückt der Schuh?" fragt sie mit geschlossenen Augen, als sie spürt, wie es sich Paul neben ihr bequem macht. „Gibt es einen Platz in der Welt, Sylvia, von dem du sagen würdest, er ist in Ruhe?"

„Ich glaube nicht, Paul. Woran sollte ich ihn erkennen? Hat deine Frage mit unserem Navigationssystem zu tun?"

Paul antwortet mit einer Gegenfrage: „Bei der Navigation orientiert ihr euch an einem Bezugssystem, nicht wahr?"

„Wir verwenden verschiedene Bezugsobjekte. Wir ermitteln laufend deren Position. Und da wir die Entfernungen der Objekte zu den anderen Sternen oder Galaxien kennen, können wir ausrechnen wo wir uns befinden. Doch das ist nichts Neues, Paul. Das haben die Ägypter oder auch die Wikinger vor tausenden von Jahren schon ebenso gemacht. Sie verwendeten alle das gleiche Bezugssystem wie wir: den Fixsternhimmel."

„Was zeichnet ihn aus, den Fixsternhimmel?"

Sylvia zuckt verständnislos mit den Achseln: „Was soll ihn auszeichnen? Er verkörpert schließlich das Universum in dem wir uns bewegen."

Paul wiegt zweifelnd den Kopf. „Ich habe mich gestern lange mit Eli darüber unterhalten. Auch ich war überzeugt, daß der Fixsternhimmel das Bezugssystem für unsere Bewegung sein sollte. Doch Eli hat mir gezeigt, daß wir ja die verschiedenen, gleichförmig bewegten Bezugssysteme voneinander gar nicht unterscheiden können ..."

Paul dreht vorsichtig seinen Kopf zu Sylvia und schaut sie abwartend an. Doch sie liegt nach wie vor auf dem Rücken und hält die Augen geschlossen.

„Ich ahne, was du meinst", antwortet sie nach einer Weile und atmet tief durch. „Dieses Thema schaffen wir aber beim besten Willen nicht in fünf Minuten, Paul. Die Antwort bietet die Allgemeine Relativitätstheorie."

Sie hebt den Kopf und schaut Paul an. „Ich melde mich deswegen morgen nachmittag bei dir. Doch bitte mach dir vorher schon mal über zwei Dinge Gedanken:

1. Spürst du, daß wir uns in der Heidelberg gegenüber der Galaxis bewegen?

2. Wird ein Lichtstrahl im Vakuum einen krummen Weg zurück-legen?

Bis morgen, Paul. Ich muß jetzt wieder nach oben!" Sylvia war be-reits aufgestanden. Sie winkt Paul kurz zu und verläßt das Becken.

Paul hat noch etwas Zeit. Er schließt die Augen und das Plätzchen im Ruhebecken wird von ihm entsprechend genutzt. Es ruht sich herr-lich bei 36 Grad Celsius - und 1,2 g.

„Könnte man auch sagen, daß sich die Galaxis gegenüber der Erde bewegt?" Paul träumt - oder raunt da tatsächlich jemand etwas in sein Ohr?

Verschlafen und etwas trotzig widerspricht er: „Aber die Galaxis ist doch viel größer!" Dann öffnet er die Augen. Kein Traum. Eli liegt neben ihm und er scheint unverschämt munter zu sein.

„Trifft sich denn heute die ganze Mannschaft hier im Becken?" fragt Paul gähnend und legt den Kopf wieder zurück.

Eli macht es sich bequem: „Hier fühle ich mich am wohlsten, Paul. Mein Urururgroßvater muß ein Walroß gewesen sein. Ich glaube, ich habe etwas von ihm geerbt. Außerdem denkt es sich im warmen Wasser so leicht."

Eli liegt auf dem Rücken und läßt Arme und Beine vom Wasser tragen. Ohne den Kopf zu drehen setzt er die Unterhaltung fort:„Meinst du wirk-lich, daß die Masse eines kosmischen Objektes es rechtfertigt, große Ob-jekte als ruhend und kleinere Objekte als *bewegt* zu bezeichnen?"

Paul ist zwar noch nicht ganz munter, doch ihm ist klar worauf Eli hinaus will. „Soweit waren wir beide gestern doch schon einmal!" knurrt er unwillig. „Auch ich weiss im Moment nicht, woran man eine gerad-linige Bewegung vor dem Welthintergrund ´erkennen´ kann. Ich weiß aber, daß die Körper bei einer *Drehung* gegenüber dem gleichen Welt-hintergrund etws ´spüren´. Und deshalb sollte es eine Möglichkeit ge-ben, die geradlinige ..."

„So einfach wird das nicht werden", unterbricht ihn Eli. „Seit Ein-stein ist der *Raum* der Vermittler der Felder. In seine Metrik ist der Trägheitskompaß hineingewebt. Gravitation und Geometrie - das ist in der Allgemeinen Relativitätstheorie ein und dasselbe. Einsteins Raum hat zwar eine Struktur, aber er enthält kein physikalisches Medium, daß man für diese Struktur verantwortlich machen könnte. In der All-gemeinen Relativitätstheorie gibt es genau genommen gar keine Gravitationskräfte, Paul. Denn die Geometrie des Raumes übernimmt deren Rolle." Eli verstummt. Eine Wirkung des angenehm warmen Wassers - hofft Paul, denn er ist selbst noch etwas müde. Doch Eli war nicht müde. „Seit 1905 ist die Hypothese von einem, den leeren Raum füllenden *Äther* verbannt. Verpönt, sogar. Die Landschaft *Physik* wurde damals zwar ein bißchen nüchterner, dafür aber berechenbarer. Isaac Newton hatte diese Tendenz ein paar Jahrhunderte früher eingeleitet. Er meinte, daß es nicht die Aufgabe der Physik sei, die Art und Weise der Fortpflanzung von Kräften im Raum zu klären. Nach seiner Auffassung hätte Physik nur die Aufgabe, die Wirkungen mit geeigneten Mitteln zu beschreiben." Elis Blick fällt auf die Uhr.

„Oh je!" ruft er. „Ich sollte schon längst wieder oben sein." Hastig rudert er an den Rand des Beckens. „Bis morgen!" ruft er über die Schulter zurück.

Paul war nun doch munter geworden. Auch er wirft einen Blick auf die Uhr und erschrickt. „Verpennt!" flüstert er betroffen. Von der geplanten Stunde Analyzer waren schon 5 Minuten vorüber! „Was erzähle ich ihr nur heute??"

Die Bedeutung des Copernikanismus
In voller Allgemeinheit formuliert, ist daher das copernicanische Prinzip (Prinzip der „wahren" Bewegung) ein wesentlicher Bestandteil sowohl der klassischen als auch der allgemeinrelativistischen Dynamik. In der klassischen Dynamik bestimmt das copernicanische Prinzip diejenigen Bezugsysteme, in denen die Gleichungen der klassischen Physik gelten. In der allgemeinen Relativitätstheorie wählt das copernicanische Prinzip aus der Mannigfaltigkeit der auf Grund des Einsteinschen Relativitätsprinzipes mit der Raum-Zeit-Struktur verträglichen (isometrischen) Gravitations- und Trägheitsfelder gerade diejenigen aus, die der physikalischen Situation entsprechen.
Einsteins Konzeption der allgemeinen Relativitätstheorie ging wiederum von der Problematik der postulierten physikalischen Wirkungslosigkeit des Raumes an sich aus.

Tatsächlich hat in der klassischen Mechanik der physikalische Raum weitere Eigenschaften, als nur Träger einer Maßbestimmung zu sein.

Gerade der Begriff der wahren physikalischen Bewegung impliziert in Newtons Mechanik tatsächlich eine dynamische Wirkung des Raumes auf die sich in ihm bewegenden Körper. Einsteins Lösung dieses Problems war die Formulierung seines allgemeinen Relativitätsprinzips, das den Feldbegriff mit dem Raumbegriff verschmolz, wodurch die Trägheit mit der Gravitation vereinigt wurde. Da dieses Prinzip aber streng ist, und nur im Infinitesimalen gilt, blieb für alle dynamischen Probleme, wie gesagt, die Auszeichnung quasi- copernicanischer Bezugssysteme bestehen, aber auch die Frage eines von den Massen unabhängigen Einflusses des freien Raumes auf die Bewegung. Die Raumstruktur wird ja nach Einstein nicht vollständig durch die Materie bedingt, sondern durch sie nur deformiert ...

Alle grundlegenden kosmologischen Modelle ... fußen auf diesem copernicanischen Postulat, das durch die Forschung der extra-galaktischen Astronomie weitgehend bestätigt worden ist. Dieses Postulat ist nicht aus den Gravitationstheorien oder der Partikeldynamik herleitbar, ... Vielmehr wird das perfekte copernicanische Prinzip als Auswahlbedingung auf das Universum im großen zusätzlich eingeführt. "

Hans Jürgen Treder, /3/

Marys Mitschrift

„Ich war kurz davor, dich ausrufen zu lassen!" beschwert sich Mary, als Paul schließlich bei ihr auftaucht. „Wo hast du denn gesteckt?"

„Im Bad, Mary. Gleich nach dem Frühstück bin ich ins Bad gegangen. Dort hat mich Eli aufgehalten. Er ist mir extra nachgelaufen, um mir etwas Wichtiges zu sagen." Paul gehen die Worte ohne Zögern von den Lippen, waren sie doch zumindest *relativ* wahr.

Mit flinken Händen schließt Mary den Analyzer an. „Gestern abend war Eli auch kurz bei mir", erwähnt sie. „Er hatte Vasco nicht angetroffen und hat mich deshalb nach einer Mitschrift aus meiner Studienzeit gefragt. Er wollte etwas nachlesen ..."

„Eli hat bei dir Unterlagen geholt?" Paul wird neugierig.

„Warum nicht?" Sie weist auf das Regal. „Heute morgen hat er sie zurückgebracht."

„Worum ging es?" fragt Paul knapp.

„Um die Allgemeine Relativitätstheorie."

„Das hab ich mir fast gedacht!" Paul hebt den Kopf und schaut sie zweifelnd an. „Aber was hast du mit dieser Art Physik zu schaffen, Mary?"

Mary lacht. „Im Grunde gar nichts", gibt sie zu. „Wir Mediziner hatten -glücklicherweise- nur wenig Physik. In den Unterlagen ging es auch nur um ein paar Grundzüge der Relativitätstheorien. Da wir mit der speziellen Mathematik nicht vertraut waren, versuchte man uns die Theorien anschaulich darzustellen. Ich glaube nicht, daß der Erfolg besonders groß war. Ich kann mich jedenfalls nur vage daran erinnern ..." Sie überprüft die Anschlüsse.

„So, Paul. Es kann losgehen. Du liegst nun bitte wieder eine halbe Stunde ruhig. Wenn es dich interessiert, kann ich dir ja in der Zeit etwas aus meiner Mitschrift vorlesen."

„Gern!" Paul ist dankbar für den Vorschlag. „Geschlafen habe ich, ehrlich gesagt, in den letzten Stunden genug!" Mary lächelt, greift nach dem Manuskript und setzt sich neben Paul.

„Zur Einleitung erzählte unser Professor etwas über die Grundlagen der Newtonschen Gravitationstheorie", beginnt sie stockend und raschelt mit den Seiten. „Er sagte, daß sich Newtons Physik auf einer Bühne abspielt, die fest in einem ‚Weltenraum' eingebettet ist.

Die Masse hat bei Newton die Eigenschaft ein Gravitationsfeld zu erzeugen. Die Gravitationsfelder verschiedener Massen überlagern sich und in kosmischen Maßstäben kann dies zu einer Merkwürdigkeit führen, die man das Newtonsche Gravitationsparadoxon nennt."

Mary stockt und hebt ratlos die Schultern. Offenbar erinnerte sie sich nicht daran, was der Professor damit ausdrücken wollte.

„Weil die Sonne viel größer und schwerer ist als die Erde, wäre die Sonne der geeignete Bezugskörper zur Beschreibung der Bewegung der Erde. Im Fall des Mondes wäre dagegen die Erde das geeignetere Bezugssystem für die Beschreibung der Bewegung des Mondes. Doch all diese möglichen Bezugsysteme sind bei Newton in einem euklidischen Raum eingebettet, den man sich am Fixsternhimmel verankert vorstellte. Auf, gegenüber diesem Raum, rotierenden Körpern treten meßbare Inertialkräfte auf, wie zum Beispiel die Zentrifugalkraft. Nicolaus Copernicus leitete daraus den Begriff der wahren Bewegung ab. Das Copernicanische Prinzip beinhaltet die Erfahrung, daß es im Raum keine ausgezeichneten Punkte und Richtungen gibt, aber die Drehung eines massiven Körpers, gegenüber dem Raum, ein Bezugsystem auszeichnet. Heute versteht man unter wahrer Bewegung eines Himmelskörpers diejenige, welche er bezüglich des im Mittel ruhenden Fixsternhimmels ausführt."

Mary erhebt sich leise und läuft auf die andere Seite der Liege. Paul liegt mit geschlossenen Augen - doch sie erkennt schnell, daß er hellwach ist.

„Im zweiten Teil seiner Vorlesung ging unser Professor auf die Allgemeine Relativitätstheorie ein. Ich habe nicht alles mitgeschrieben. Hier steht nur, daß 1916 die Newtonsche Gravitationstheorie durch die Allgemeine Relativitätstheorie abgelöst wurde. Die mit der Allgemeinen Relativitätstheorie errechneten Prognosen waren viel genauer als die Prognosen der Newtonschen Theorie. Der enorme mathematische Apparat der Allgemeinen Relativitätstheorie steht auf einem schmalen Fundament - auf nur drei Prinzipien. Dies sind die Konstanz der Lichtgeschwindigkeit, das galileische Relativitätsprinzip und das Äquivalenzprinzip.

Die ersten beiden Prinzipien liegen schon der Speziellen Relativitätstheorie zu Grunde. Sie drücken aus, daß es keine Möglichkeit gibt, anhand physikalischer Experimente zu erkennen, ob sich ein Körper im Raum oder auch gegenüber dem Fixsternhimmel translatorisch bewegt.

Im Äquivalenzprinzip wird zusätzlich festgehalten, daß wir nicht unterscheiden können, ob ein Bezugssystem in einem Gravitationsfeld frei fällt oder ob es im gravitationsfreien Raum kräftefrei ‚driftet'. Träge Masse und schwere Masse sind gleich – das ist eine andere Formulierung dieses Prinzips.

Die Allgemeine Relativitätstheorie führt dann zu einem neuen Raumbegriff. Der ‚pseudo-euklidische' Raum der Speziellen Relativitätstheorie, in dem man den klassischen dreidimensionalen Newtonschen Raum noch erkennen kann, wird in der Allgemeinen Relativitätstheorie zu einem Sonderfall des Riemann-Raumes. Im Riemann-Raum sind ausnahmslos alle Trägheitsbahnen von Körpern *Riemannsche Geraden*. Wobei einige an euklidische Geraden erinnern: nämlich diejenigen, welche sich weit ab von schweren Körpern, also weitab von Gravitationsquellen ergeben .

Die bei Newton noch durch *Kräfte* veranschaulichten Wirkungen des Gravitationsfeldes werden in der Allgemeinen Relativitätstheorie zur *Geometrie des Raumes*. Die Trägheitsbahnen von Körpern sind geochronometrische Geraden des Riemann-Raumes. Auch die Dimensionen der Welt werden zu Funktionen der lokalen Metrik des Raumes. Zum Beispiel wird in der Nähe einer starken Raumkrümmung - Newton hätte gesagt, in der Nähe einer starken Gravitationsquelle - die Zeit langsamer laufen, als fern davon.

Im Gegensatz zu Newtons Annahme, nach der Gravitationswirkung den Raum instantan erfaßt, breiten sich in der Allgemeinen Relativitätstheorie Veränderungen der Gravitation mit Lichtgeschwindigkeit aus.

Da das Licht prinzipgemäß das Schnellste ist, was es in der Natur geben kann, zeichnen die Trägheitsbahnen des Lichts eine charakteristische, der euklidischen Geometrie noch am nächsten kommende Metrik: die Lichtmetrik. Die Geraden der klassischen euklidischen Metrik sind insofern unnatürlich, weil es etwas geraderes als Licht, etwas, das weniger krumme *Wege durch den Raum* nimmt als Licht, das gibt es in der Natur gar nicht.

Noch Jahre nach der Aufstellung der Allgemeinen Relativitätstheorie war Einstein der Überzeugung, daß die Gesamtheit der im All befindlichen Körper und Felder wechselseitig aufeinander wirken und sich daraus die Trägheit ergibt. Diese Vorstellung ging auf Ernst Mach zurück und sie ist mit einem Bild verknüpft: der ‚Trägheitsinduktion der Fernen Massen'.

Obwohl Einstein nichts über die physikalischen Hintergründe dieser Trägheitsinduktion sagen konnte, enthielten seine Formeln zunächst einen Hinweis darauf. Mit diesem FELD glaubte er die prinzipielle Antwort auf die uralte Frage der klassischen Physik nach den Wurzeln des Inertialsystems gefunden zu haben.

In den Einsteinschen Gleichungen für einen nahezu statischen Kosmos fand die Trägheitsinduktion im Term Lambda einen Platz. Lambda kann mannigfaltig interpretiert werden. Man kann es als Druck des Vakuums, als allgegenwärtige Repulsion, sogar als Antigravitation deuten. Doch dann entdeckte A. Friedman neue Lösungen von Einsteins Gleichungen, die das Lambda überflüssig erscheinen ließen. Edwin Hubble entdeckte am Teleskop, daß die Galaxien einander umsomehr fliehen, je weiter sie auseinander liegen. Die Welt expandierte also offenbar. Einstein distanzierte sich schließlich von seinem statischen Weltmodell - und damit auch von Lambda.

Man kann nur ahnen, wie schwer Einstein diese Entscheidung fiel, denn das ersatzlose Verschwinden von *Lambda* wirkte sich auf die Interpretation seiner ganzen Theorie aus; die Anschaulichkeit des Weltmodells der Allgemeinen Relativitätstheorie reduzierte sich drastisch , denn FELD und RAUM waren plötzlich zusammengeschmolzen zu reiner Geometrie."

Mary atmet tief ein. „Unser Professor hat dann noch gesagt, daß die Physiker durchaus in der Lage sind, auch ohne besondere physikalische Begründung geeignete Bezugssysteme auszuwählen. Sie hätten zum Beispiel die besten Erfahrungen mit dem Copernikanischen Prinzip. Dieses Prinzip und die Allgemeine Relativitätstheorie liefern die genaueste Beschreibung der Natur, die die Menschheit in diesen Dimensionen je hatte.

Wir sollten ihn jedoch nicht fragen, *warum* diese Kombination so erfolgreich wäre. Denn er könne uns auch keine Antwort darauf geben."

Mary schaut zuerst zu Paul und danach auf die Uhr. Die halbe Stunde war längst vorbei und sie beginnt deshalb, Paul von seinen Fesseln zu lösen.

Paul öffnet die Augen und lächelt sie provozierend an: „Hast du das alles verstanden?"

Mary lacht hell auf. „Nein, Paul. Ich habe damals nur brav mitgeschrieben! Aber vielleicht erklärst du es mir heute !"

Paul antwortet nicht gleich. „Das ‚Erklären' würde ich schon gern übernehmen", gesteht er zögernd. „Ich fürchte nur, daß ich mir vorher selbst noch über einiges ‚klar' werden muß. Deine Vorlesung könnte mir dabei vielleicht helfen. Kannst du mir sie leihen?"

„Natürlich, Paul. Du kannst sie behalten. Entweder du klärst mich eines Tages auf, oder ich werde es nie begreifen. Weshalb soll sie also bei mir herumliegen."

Die Wege des Lichtes

Paul klemmt die Zettel eilig unter den Arm, verabschiedet sich und hastet auf den Flur. Ihm ist nun klar, woher Eli seine Weisheiten vom morgendlichen Badetreff genommen hat.

Als Paul kurz darauf in sein Zimmer tritt, findet er eine Nachricht: *Wenn du Zeit hast, komm doch mal in Navigation 3; Sylvia.* Oha! Sylvia rief ihn in die Navigation! Paul hatte die Navigationsräume nur ganz am Anfang der Reise einmal kurz gesehen. Sie befinden sich zwar nur zwei Etagen höher, doch man kam nicht so leicht hinein. Nun war er sogar eingeladen!

Paul flitzt den Gang entlang und nimmt die Treppe in Doppelstufen - trotz seiner 80 Kilo. Dann klopft er atemlos an die Tür. „Altmodisches Getue", kommentiert er seine Klopferei und öffnet, denn das Türsignal steht auf grün.

Die Kabine ist doch enger als Paul sie in Erinnerung hat. Der größte Teil ist von Anzeigeinstrumenten ausgefüllt. Im Zentrum des freien Raumes stehen zwei Drehsessel.

Einer davon ist besetzt. „Hallo im Heiligtum!" begrüßt ihn Sylvia und weist mit der Hand auf den zweiten Sessel. „Setz dich bitte, Paul. Ich bin zwar allein, habe aber Aufnahmen zu machen und muß beide Schirme im Auge behalten." Gehorsam nimmt Paul Platz.

„Die Räume sind so eng, daß man bestenfalls zu zweit arbeiten kann. Das ist übrigens auch der Grund, weshalb wir keinen Besuch wünschen." Sylvia wendet sich dem zweiten Schirm zu.

„Hast du dir eigentlich schon meine Fragen durch den Kopf gehen lassen??"

Paul legt brav die Hände in den Schoß und schaut mit gelangweilter Miene an die Decke: „Natürlich, Sylvia. Ich glaube, daß du mit deiner ersten Frage auf das Relativitätsprinzip anspielst. Das Prinzip habe ich nun schon oft genug durchgekaut. Es besagt, daß man in allen gleichförmig zueinander bewegten Bezugssystemen die gleiche Physik registriert. Selbst das Licht ist in all diesen Systemen immer gleich schnell unterwegs."

Sylvia nickt zufrieden. „Ausgezeichnet, Paul. Auf diese Weise werden wir sehr schnell zum Ziel kommen."

„Da wäre ich nicht so sicher, Sylvia, denn genau *da* liegt mein Problem: Gerade weil mir diese Relativität einleuchtet, scheint mir die Tatsache, daß die Materie trotzdem von ihrem Bewegungszustand gegenüber den fernen Massen weiß, ein Widerspruch zu sein!" Sylvia hört nur halb zu. „Langsam, langsam Paul. Zuerst das Relativitätsprinzip." antwortet sie unkonzentriert. „Den scheinbaren Widerspruch können wir dann später immer noch klären ..." Sie spricht leiser und ist bald mit ihren Gedanken vollends abwesend.

Rasch schwenkt sie ihren Sessel und hantiert am Bedienungssatelliten. Dann ein Schwenk zurück.

„Das Spezielle Relativitätsprinzips ist dir also vertraut", setzt sie fort. „Einstein hat 1905 die Tatsachen so zusammengefügt, daß daraus eine neue Physik wurde. Und seither ist die Sache im Grunde klar ..."

„Mir ist überhaupt nichts klar, Sylvia!" widerspricht Paul energisch.

Sylvia stutzt. „Hast du nicht gerade selbst festgestellt, daß man mit physikalischen Mitteln kein besonderes Bezugssystem finden kann?"

„Bei einer Translation, Sylvia, einer gleichförmigen Bewegung sehe ich das ein. Doch wenn die Heidelberg gegenüber dem Fixsternhimmel rotiert, dann zeichnen die Fliehkräfte doch ganz offensichtlich ein Trägheitssystem aus - oder?"

Sylvia schüttelt abwehrend den Kopf. „Die Fliehkräfte der Rotation sind nicht unser Thema, Paul. Sowohl Einsteins spezielle Relativitätstheorie als auch Newtons Physik sind in einem übergeordneten Raum eingebettet, auf den jegliche Rotation bezogen werden muß ..."

Sylvia verstummt und schaut abwechselnd auf die Schirme. Paul schweigt ebenfalls, denn die Tendenz des Gespräches ist ihm klar. Auch Sylvia wird ihm nicht sagen können woher die Materie von ihrem Bewegungszustand gegenüber dem All erfährt. Sie versteht nicht einmal seine Frage.

Es ist wie verhext! Er kam und kam einfach nicht weiter!

„Und nun zum Zweiten, Paul." Sylvia wendet sich wieder an ihn. „Welcher Bahn wird nach deiner Meinung ein Lichtstrahl im Vakuum folgen?"

Paul zögert. Vakuum ist nichts weiter als leerer Raum. Vakuum ist die Verkörperung des NICHTS. Weshalb sollte sich das Licht von NICHTS beeinflussen lassen? Pauls kurze, entschlossene Antwort lautet: „Im Vakuum fliegt Licht auf einer geraden Bahn."

Sylvia lächelt zufrieden. „Davon war ich früher auch überzeugt," murmelt sie und hantiert am Bedienungssatelliten. In diesem Moment erinnert sich Paul an Marys Mitschrift. „Vielleicht fliegt Licht doch auf krummen Bahnen!" revidiert er sich. „Der Professor hat zwar gesagt, daß die Bahn des Lichtes das Geradeste ist, was es in der Physik gibt, doch würde Licht im Gravitationsfeld ‚krumme' Wege gehen. In der Allgemeinen Relativitätstheorie beschreibt die ‚Lichtmetrik' die Geometrie des Raumes ..."

Sylvia atmet heftig aus und dreht sich sehr langsam um. „Lichtmetrik?" wiederholt sie leise. „Geometrie des Raumes?? Gerade noch pflegte es sich auf euklidisch geraden Bahnen auszubreiten, Paul! Und nun reitet es plötzlich auf einer *Metrik*?"

„Entschuldige, Sylvia", spielt Paul den Geknickten. „Mir ist gerade die Vorlesung von Marys Professor eingefallen. Darin habe ich das erstemal von Lichtmetrik gehört. Ich bin aber ziemlich sicher, daß er in seiner Vorlesung kein Wort darüber verloren hat, was denn eigentlich das Licht im Vakuum ablenkt ..."

Forschend schaut Sylvia ihn von der Seite an. Schließlich schüttelt sie energisch den Kopf.

„*Was* das Licht ablenkt, Paul, das kann ich dir auch nicht sagen. Zumindest würde dich meine Antwort nicht zufriedenstellen. Aber ich kann dir zeigen, daß es so ist!

Gleich siehst du sie nämlich, die Lichtablenkung im Vakuum. Eigentlich habe ich dich ja nur deshalb gerufen. Es paßt gerade so gut ..."

Mit diesen Worten schwenkt Sylvia Pauls Sessel in Richtung des großen Bildschirms.

Paul erkennt darauf einen Stern und daneben einen kleinen, verwaschenen länglichen Fleck.

„ Wieviel Sterne siehst du?" fragt ihn Sylvia.

„Einen oder zwei. Das eine da, der Fleck, ist jedenfalls ziemlich verschwommen."

Sylvia hantiert erneut am Bedienungssatelliten. „Dies ist der gleiche Ausschnitt vor einigen Minuten. Ich habe ihn aufgezeichnet, als wir uns unterhalten haben. Man sieht nur einen Stern, wie du unschwer feststellen kannst."

Sylvia hatte recht. In der Aufzeichnung gab es den Fleck nicht. Doch Paul ist der Hintergrund der ganzen Prozedur nicht klar. Gleichmütig zuckt er mit den Schultern.

„Gestern abend bekamen wir eine Warnung des Autonavigators,"
klärt ihn Sylvia auf. „Einer von 156 Bezugssternen zeigte eine Abwei-
chung. Wir ließen eine Analyse machen und ahnten bald, was wir davon zu halten haben.

Die Kombination von Stern und Fleck, wie du es nennst, ist in Wirklichkeit nur ein Stern, der aber weit hinter einem uns bisher unbekannten schweren Dunklen liegt. Seine Lichtstrahlen werden durch das enorme Gravitationsfeld des Dunklen so stark abgelenkt, daß sie zeitweilig
auf der anderen Seite des Dunklen noch einmal auftauchen. Deshalb
sieht man den weit dahinter liegenden Stern ein zweites Mal.

Die Lichtablenkung in der Nähe schwerer Massen ist 1916 von Einstein vorhergesagt worden und sie wurde schon bald darauf - bei einer
Sonnenfinsternis - bestätigt.

Die Bahnen des Lichts zeichnen die Metrik des Raumes, die Geometrie des Raumes. Seit es die Allgemeine Relativitätstheorie gibt, sucht
man den Kosmos nach solchen Raumdeformationen zielgerichtet ab.
Richtige Gravitationslinsen hat man inzwischen schon gefunden. Sie
wirken wie eine Lupe, die dahinter liegenden Sterne und Galaxien erscheinen uns vergrößert ...

Der dicht bestückte Galaxienhaufen mit der Bezeichnung
Abell 2218 ist in dem etwa ein bis zwei
Milliarden Lichtjahre entfernten
Sternbild Drache zu finden. Alle Objekte
in diesem Bild sind Galaxien. Die
ungewöhnlichen Lichtbögen in dem
Galaxienhaufen sind durch
Gravitationslinsen verzerrte Bilder von
Galaxien, die zehnmal weiter von uns
entfernt sind als Abell 2218. In sieben
Fällen wurden Mehrfachbilder
gefunden, alle anderen sind Einzelbilder,
entstanden durch die gewaltige Masse
von Abell 2218. Die „abgebildeten"
Galaxien sind so weit von uns entfernt,
daß sie ohne den gravitativen Einfluß
von Abell 2218, der sie abbildet, für uns

nicht zu sehen wären. Die Spektren der Galaxienbilder können
uns Aufschluß über ihre Rotverschiebung und die Vorgänge
in ihnen geben. Dieser Linseneffekt versetzt uns in die Lage,
in Zeiten zurück zu sehen, in denen das Universum erst ein
Viertel seines jetzigen Alters erreicht hatte.
Aus: Mission Hubble /18/ Bildtafel 50

Auch Schwarze Löcher müßten sich auf diese Weise verraten, denn
direkt können wir sie ja prinzipiell nicht sehen. Leider haben sich die
meisten vermuteten schwarzen Löcher bisher als mehr oder weniger
normale Himmelskörper entpuppt. Zumindest als das, was man in
astrophysikalischen Kreisen normal nennt."

Sylvia lacht glucksend. „Du hast vielleicht schon von den Eigenschaften des Pulsars im Krebsnebel gehört, dieses schnell rotierenden
Neutronensterns. Für einen Astrophysiker ist das immer noch ein nor-
males Objekt, ist weit davon entfernt, ein schwarzes Loch zu sein. Trotzdem ist seine Materie so enorm *dicht*, daß wir sie uns einfach nicht
vorstellen können. Sie ist gar nicht mit der uns bekannten schweren
Materie vergleichbar. Bestenfalls kann man diesen Pulsar als einen gi-
gantisch großen Atomkern ..."

„Pulsare und Schwarze Löcher sind wirklich interessant", unterbricht
sie Paul, „doch im Moment interessiert mich, wie es dem Vakuum gelingt, die Lichtstrahlen eines fernen Sternes abzulenken."

„Du hast ja recht." Sylvia dreht sich vergnügt im Sessel. „Ich kenne
meine Neigung von einem Thema ins andere abzuschweifen. Aber ich
habe ja dich. Zum Aufpassen."

Sie schaut Paul forschend von der Seite an. „Was lenkt das Licht
ab?" wiederholt sie seine Frage. „Gar nichts lenkt die Lichtstrahlen ab,
Paul. Zumindest ist das die gebräuchlichste Antwort auf deine Frage.
Die Lichtstrahlen werden nicht abgelenkt, sondern sie zeigen uns die
Geometrie des Raumes, seine Metrik. Doch ich könnte auch sagen, daß
der gekrümmte Raum die Lichtstrahlen ablenkt. Ich könnte auch sagen,
daß diese gekrümmten Lichtstrahlen das Geradeste sind, was es in der
Natur gibt. Alle diese Antworten sind auf ihre Weise richtig.

Sicher ist aber, daß Licht den kürzest möglichen Weg zwischen zwei
Punkten im Raum nimmt. In einer dreidimensionalen euklidischen Geometrie ist dies natürlich eine GERADE. In Einsteins vierdimensiona-

lem Raum heißt diese Verbindung aber nicht GERADE, sondern GEOCHRONOMETRISCHE.

Licht folgt also den *Geochronometrischen* des Riemann-Raumes, und diese würde Euklid wohl in der Regel als krumm bezeichnen. In einigen Fällen sogar als sehr krumm. In der Nähe eines schwarzen Loches ist die Metrik des Riemann-Raumes zum Beispiel so gekrümmt, daß die Lichtbahnen aufgewickelt werden! Sie können dem *Black Hole* nicht entrinnen. Doch selbst in diesem Loch nehmen die Lichtstrahlen zwischen zwei Punkten den kürzesten Weg, den es gibt."

Paul ist hartnäckig. „Das mit dem Schwarzen Loch und der Metrik des Riemann-Raumes hat mir bisher noch niemand so anschaulich erläutert, Sylvia. Trotzdem weiß ich immer noch nicht, was denn nun eigentlich das Licht dazu bringt, krumme Bahnen zu fliegen. Lenken die Gravitationskräfte das Licht ab?"

Sylvia stöhnt: „Das Licht wird von nichts und niemandem ‚abgelenkt!' Das Licht folgt zwanglos der Metrik des Raumes. Es ist in der Allgemeinen Relativitätstheorie sinnlos zu fragen, **was** das Licht ablenkt, denn die Metrik des Raumes ist es, auf der das Licht unterwegs ist.

Die Wege des Lichtes sind sozusagen vierdimensionale „Geraden" des Einstein-Raumes. Und das sind nun mal keine euklidischen Geraden. Diese Lichtablenkung", Sylvia weist theatralisch auf den Schirm, „ist der Beweis dafür, daß unsere Welt nicht euklidisch ist, sondern, daß wir ‚Raum' mit einer allgemeineren Geometrie beschreiben müssen, eben der Riemannschen Geometrie."

Hilflos hebt Sylvia beide Arme und läßt sie kurz darauf wieder herabfallen.

„Wie erklär´ ich Metrik ?" murmelt sie verzweifelt und startet einen letzten Versuch.

„Im euklidischen Raum identifizieren wir einen Ort mit drei Zahlen, Paul. Zur Beschreibung eines Ereignisses, daß ja irgend*wann* und irgend*wo* stattfand, müssen wir drei Ortskoordinaten und eine Zeitkoordinate nennen. Physik betrachtet das Ereignisgeschehen der Welt, also setzen die Physiker neben den dreidimensionalen Ort immer auch die Zeit. Wegen der Ähnlichkeit zum dreidimensionalen euklidischen Raum wird der so entstandene, vierdimensionale Ereignis-*Raum* auch *pseudoeuklidisch* genannt.

In die Metrik eines solchen vierdimensionalen Raumes kann ein

Mathematiker relativ leicht die ‚Konstanz' der Lichtgeschwindigkeit hineinweben; der so entstehende Raum ist nach seinem Erfinder benannt, es ist der Minkowski-Raum.

Dieser Minkowski-Raum ist nun ein Sonderfall des Riemann-Raumes. Die Minkowski-Metrik stimmt nämlich genau dann mit der Einstein-Riemann-Metrik überein, wenn keine Masse den Raum deformiert. Unendlich weit entfernt von allen Massen und Feldern stimmt also die Riemann-Metrik mit der Minkowski- Metrik überein! Doch das ist im Grunde nirgends."

Pauls Gesicht ist ein einziges Fragezeichen.

„Raum. Gekrümmter Raum!" murmelt er und seine Stimme wird lauter: „Was ist da gekrümmt, Sylvia? Was ist das überhaupt bei Einstein: **Raum?** Ein Vakuum mit Metrik??"

„Soooo könnte man es nennen." Zögernd versucht Sylvia ein *Bild* zu entwerfen. „Du kannst die Metrik des Einstein-Raumes mit dem Spannungsbild eines Gummiblockes vergleichen. Wobei dieser Gummi aber unendlich flexibel ist, also beliebig weit gedehnt oder zusammengedrückt werden kann.

Auch das Strömungsbild eines beliebig kompressiblen Mediums wäre vielleicht ein Anhaltspunkt. Unser Professor sagte, daß die Minkowski-Metrik zum Beispiel Strömungen oder Spannungen in inkompressiblen Medien - wie um Steine, die im Wasser liegen oder das fließende Wasser in Flußbiegungen – darstellen kann. Doch man ist mit ihr nicht in der Lage die Strömungs- oder Spannungsverhältnisse in einem kompressiblen Medium darzustellen. Dies kann Minkowskis Geometrie einfach nicht, dazu benötigt man eine allgemeinere Geometrie.

Jahrzehnte bevor sich Einstein um eine relativistische Gravitationstheorie bemühte, hatte der Mathematiker Riemann diese allgemeinere Geometrie gefunden. Aber zu diesem Zeitpunkt ahnte niemand, daß diese komplizierte Geometrie eine Entsprechung in der Realität haben könnte."

„Aha!" Paul schaut Sylvia sehr aufmerksam an. „Ich dachte immer, es gäbe in der Allgemeinen Relativitätstheorie nichts ‚hinter' der Metrik des Raumes, keine Strömungen und so weiter?"

„Sehr richtig, Paul!" beeilt sich Sylvia mit der Antwort. „Die von mir genannten Strömungs- oder Spannungsbilder dienen ausschließlich zur Veranschaulichung der Metrik, Paul. Keinesfalls darfst du sie als Hinweis dafür nehmen, daß irgend etwas den leeren Raum füllt oder gar darin herumfließt!"

„Also doch ein Vakuum mit Metrik", nuschelt Paul enttäuscht. „Schade!"

„Warum?"

„Ja, stört es dich denn gar nicht, Sylvia, daß du keinerlei Vorstellung davon hast, was das Licht auf seinem Weg ablenkt?" Sylvia wirft einen verzweifelten Blick an die Decke. Doch Paul kennt keine Gnade.

„Mich stört das, Sylvia! Und das ist noch nicht alles: es stört mich auch, daß die Materie von ihrer Rotation gegenüber dem Rest der Welt weiß, ich aber keine Ahnung habe, auf welche Weise sie davon erfährt.

Weshalb ist die Rotation eines Körpers gegenüber dem Raum eindeutig zu erkennen, während die Translation des gleichen Körpers gegenüber dem gleichen Raum partout nicht nachzuweisen ist?

Ich weiß, Sylvia, beides sind einfach Tatsachen, aber gerade deshalb frage ich ja nach den Gründen dafür. Wenn ein Schubimpuls am Schwerpunkt des Schiffes angreift, dann spüren wir Insassen den Impuls, wir fühlen uns davon beschleunigt - sobald er aber vorüber ist, fühlen wir uns genauso wie vorher. Der gleiche Schubimpuls führt dagegen zu einer ganz anderen Situation, wenn er nicht den Schwerpunkt der Heidelberg trifft. Wir spüren den Impuls dann zwar ebenfalls, fühlen uns kurzzeitig beschleunigt, doch danach rotiert das gesamte Raumschiff um sich selbst.

Und solange sich das Raumschiff dreht, sind alle darin mit rotierenden Körper ununterbrochen beschleunigt. Kein Quentchen Energie wird dabei verbraucht - trotzdem wird jede Masse im Raumschiff unablässig beschleunigt!

Die Fliehkräfte, die an den Massen ‚ziehen‘, orientieren sich dabei am Rest der Welt. Am ´Raum´, Sylvia. Doch dieser Raum ist leer, sagst du!

Ich kann mir aber einfach nicht vorstellen, wie ein leerer Raum überhaupt auf einen Körper wirken kann. Irgend etwas muß doch in dieser Leere sein! Die Verbindung zwischen den rotierenden Molekülen der Heidelberg und dem Rest der Welt kann doch nicht durch ‚nichts‘ zu Stande kommen ...“

Wir schwingen einen Stein an einer Schnur im Kreise herum; wir üben dabei bewußtermaßen eine Kraft auf den Stein aus; diese Kraft lenkt den Stein beständig von der geraden Bahn ab, und wenn wir diese Kraft, die Masse des Steines und die Länge der Schnur verändern, so finden wir, daß die Bewegung des Steins in der Tat stets in Übereinstimmung mit dem zweiten Newtonschen Gesetze erfolgt. Nun aber verlangt das dritte Gesetz eine Gegenkraft zu der Kraft, welche von unserer Hand auf den Stein ausgeübt wird. ... Ist das, was wir jetzt Schwungkraft oder Zentrifugalkraft nennen etwas anderes als die Trägheit des Steines? Dürfen wir, ohne die Klarheit unserer Vorstellungen zu zerstören, die Wirkung der Trägheit doppelt in Rechnung stellen, nämlich einmal als Masse und zweitens als Kraft? In unseren Bewegungsgesetzen war die Kraft die vor der Bewegung vorhandene Ursache der Bewegung. Dürfen wir, ohne unsere Begriffe zu verwirren, jetzt auf einmal von Kräften reden, welche erst durch die Bewegung entstehen, welche eine Folge der Bewegung sind ? ...Alle diese Fragen sind offenbar zu verneinen;
Heinrich Hertz *in /2/; Erstes Bild der Mechanik*

„Fundamentale Probleme?" Mitfühlend,vielleicht auch ein bißchen ironisch meldet sich Vasco mit tiefer Stimme von der Tür. Er bleibt im Rahmen stehen und lächelt Sylvia und Paul augenzwinkernd zu.

„Ich habe zwangsläufig ein bißchen mithören müssen. Ihr wälzt da wirklich interessante Probleme. Manchmal, wenn ich Lust habe, kann ich ganze Nächte mit solchen Diskussionen füllen..."

Es ist unverkennbar. Vasco hat Lust.

Doch Sylvia blockt ab: „Das schaffen wir heute sowieso nicht mehr. Paul, lies doch bitte mal unter ‚Michelsonversuch' nach. Wir unterhalten uns dann morgen darüber. Ich melde mich bei dir." Sie verwindet auffällig ihren Oberkörper, um an Vasco vorbei den kleinen Schirm zu sehen. Doch Vasco steht mitten im Weg.

„Ich muß dich leider rausschmeißen, Paul. Vasco muß schnellstens in seinem Sessel abtauchen - mir fehlt sonst der nötige Überblick!"

„Sofort!" Paul versteht, erhebt sich prompt und geht zur Tür. Auf dem Weg hört er noch Bruchstücke von Vascos Antwort. „... wirst du auch morgen nicht lösen können, Sylvia! Der Lümmel hat nämlich die richtigen Fragen ..." Paul kann sie zwar nicht verstehen, doch Sylvias Antwort klingt gereizt.

„Diesen Vasco", beschließt er, „werde ich bei nächster Gelegenheit auf den Zahn fühlen!"

Der springende Punkt

„... und darauf hast du keine Antwort!" mit diesen Worten läßt sich Vasco geräuschvoll in den zweiten Sessel der Navigation 3 plumpsen. Sylvia faucht ihn an: „Aber **du** hast das natürlich alles schon vorher gewußt!

Du weißt natürlich, wie man Paul den Zusammenhang zwischen Raum, Zeit und Masse begreiflich macht. Sicherlich hast du dafür ein Sandkastenbeispiel und ein paar dumme Witze auf Lager!" Sie winkt gereizt ab. Mit einem knurrenden Laut wendet sie sich den ersten Interpolationsrechnungen für die neuen Aufnahmen des Dunklen zu.

Vasco schweigt betroffen.

Er versteht überhaupt nicht weshalb Sylvia sich so aufregt. Er dreht seinen Sessel ebenfalls und bereitet die verschiedenen Simulationsszenarien vor. Beide wissen, daß es bis zu den ersten, halbwegs zuverlässigen Ergebnissen etliche Minuten dauern wird.

„Der Kerl hat wirklich eine enorme Masse", raunt Vasco schließlich. „Ich verstehe nicht, weshalb er uns nicht schon früher aufgefallen ist."

Sylvia wiegt zweifelnd den Kopf: „Sechs Sonnenmassen - das ist nicht allzuviel; außerdem ist er klein und dunkel. Es war pures Glück, ihn über die Lichtablenkung zu finden. Mich beunruhigt nur, daß wir keine Signale von ihm empfangen. Selbst ein alter Pulsar müßte doch wenigstens ab und zu Piepsen. Sollte er tatsächlich schon seine gesamte Rotationsenergie verbraucht haben?"

Vasco antwortet mit einem knurrenden Laut.

„Werden es schon noch sehen", brummt er schließlich und lehnt sich im Sessel weit zurück. „Wir haben ihn ja jetzt im Fokus. Es würde mich sehr wundern, wenn wir nicht doch bald etwas von ihm hören." Mit einem unauffälligen Blick prüft er Sylvias Stimmungslage. Von Gereiztheit ist im Moment nichts mehr zu spüren. Nur ein bißchen abwesend wirkt sie.

„Sylvia?" flötet er scheinheilig, „Darf ich vielleicht noch einmal ganz ernsthaft und diszipliniert auf das Thema von vorhin zurückkommen?"
„Welches Thema?" Sylvia ist tatsächlich nicht bei der Sache.
„Ich meine die Relativitätstheorien und Paul ..."
„Ich habe auch gerade darüber nachgedacht." Sie stöhnt. „Irgendwie ist das doch sehr seltsam, Vasco. Wir erleben die Zeitdilatation persönlich. Wir benutzen die Lorentztransformation täglich; sie ist uns in Fleisch und Blut übergegangen. Doch wenn wir nach dem Warum gefragt werden, dann kommen wir ins Stottern. Wir kennen zwar die Prinzipien und die mathematischen Ableitungen, die zu den Gleichungen führen - aber wir können unser Wissen einem Laien einfach nicht plausibel machen."
„Wir wissen viel, Sylvia. Sicherlich. Wir können die Relativitätstheorie rechnen; auch Quantenmechanik können wir rechnen. Und die errechneten Prognosen sind nahezu perfekt. Doch im Grunde haben wir keine Vorstellung von dem Geschehen das wir mit unseren relativistischen oder quantenmechanischen Methoden beschreiben. Wir haben kein plausibles Bild von dieser Welt. Und da wir kein Bild haben, Sylvia, können wir natürlich auch kein Bild vermitteln."
„Uns fehlt ein ‚Bild'?" Sylvia zweifelt. „Ich glaube nicht, daß wir Paul die Relativitätstheorie mit einem ‚Bild' nahe bringen können. Hatte vielleicht Einstein ein Bild von der relativistischen Welt bevor er die Relativitätstheorie erfand?"
Sylvia schüttelt ablehnend den Kopf. „Wenn er Einstein verstehen möchte, dann wird Paul nichts anderes übrig bleiben, als gedanklich das nachzuvollziehen, was Einstein am Beginn des 20. Jahrhunderts für uns vorgedacht hat."
„Selbst wenn ihm das gelingt, Sylvia: Er stünde am Ende auch nicht anders da, als wir jetzt", entgegnet Vasco trocken.
„Mag sein." Sylvias Widerstand scheint zu erwachen. „Aber du meinst doch nicht ernstlich, du könntest das Verfahren abzukürzen, indem du ein ‚Bild', ein anschauliches Modell der Welt entwirfst? Wenn es so etwas geben würde, dann würden wir alle doch längst davon wissen!"

„Ich würde wenigstens die Möglichkeit nicht von vorn herein ausschließen." Vasco lächelt geheimnisvoll. Doch Sylvia hält das für einen seiner üblichen Späße. „Dieses Bild gibt es doch gar nicht!" spottet sie. „Schon vor 100 Jahren hätte man zu gern den Hintergrund der Relativitätstheorien an einem ‚Modell' erläutert; im Film oder im Roman, mit allen Elementen der Spannung, des Widerspruchs und vor allem - mit einem Happy End in Form des **AHA** - Effektes!

Ich **hätte** auch heute nichts gegen ein solches Modell, Vasco, doch ich kenne keines."

Sylvia schaut Vasco provozierend an. „Doch wie ich dich kenne, erledigst **du** dieses Problem mit links ."

„Ich würde tatsächlich gern ein paar verrückte Ideen beisteuern", entgegnet Vasco nachdenklich. Den Spott scheint er nicht zu merken, zumindest geht er nicht darauf ein. „Ich könnte ein solches Bild im groben vorzeichnen. Doch interessanter wäre es für mich zu sehen, wie Paul es selbst entwickelt. Ich bezweifle nur, daß dir dieses Bild zusagt, denn ..."

„Du hast ein Bild??" Sylvia hat nun einen sehr besorgten Gesichtsausdruck.

„Natürlich kannst du versuchen", Vasco ringt nach Worten, „kannst du versuchen, Paul auf Einsteins Spuren wandeln zu lassen. Doch dieser Weg ist mit Mathematik förmlich gepflastert. Einstein hat sich selbst vielfach zum Vorwurf gemacht: ‚Ach, wenn ich doch nur mehr Mathematik könnte!' Diese Klage eines Genies wirft doch ein klares Licht auf die Chancen eines Laien, jemals sagen zu können: ‚Ich habe die Relativitätstheorie verstanden!'

Mach dir nichts vor, Sylvia: Wenn wir Paul während unserer Reise auch nur ein bißchen vom Wesen dieser Theorien vermitteln möchten, dann kann uns das nur mit Hilfe eines plausiblen, intuitiv einleuchtenden Bildes gelingen.

Selbstverständlich **muß** dieses Bild zulässig sein! Es muß also zumindest alle Erfahrungen, auf denen diese Theorien aufbauen, korrekt widerspiegeln. Das ist klar!"

Sylvia rümpft die Nase. Sie ahnt: In Vascos Kopf ist der Entwurf des ominösen Bildes längst fertig. „Du hast doch da etwas auf der Pfanne, Vasco. Raus damit!"

Vasco wirft einen kurzen Blick auf die Bildschirme. Die Datenaus-
wertung für den Black Bull wird noch eine ganze Zeit lang laufen ...
Entschlossen rückt er sich in seinem Sessel zurecht. Die Geste erinnert Sylvia an eine Vorlesung. Wieder liegt warnender Spott in ihrer
Stimme, als sie einer unsichtbaren Zuhörerschaft ankündigt:
„Bitte um Aufmerksamkeit! Es folgt Vascos Vorlesung zu den anschaulichen Hintergründen der Relativitätstheorien!"
Danach geht sie rasch zum Bedientableau. Von Vasco unbemerkt und
ohne ein Wort darüber zu verlieren, schaltet sie Pauls Kommuschirm zu.

Michelson, Morley

Nachdem er die Navigation 3 verlassen hat, schlendert Paul langsam und in Gedanken versunken zu seiner Kabine.
„Die Bahnen des Lichtes charakterisieren die Metrik des Raumes",
murmelt er vor sich hin. „Sie sind das ‚Geradeste', was es in der Natur
gibt!"
So gesehen, fand Paul, war seine ursprüngliche Antwort auf Sylvias
Frage sogar korrekt: Das Licht wählte ja immer den kürzesten Weg
zwischen zwei Punkten. ‚Euklidisch gerade' war der Weg jedoch nur
dort, wo kein, aber auch gar kein Newtonsches Gravitationsfeld den
Raum durchdrang.
In den Gegenden also, deren Metrik nicht durch die Anwesenheit
von Massen gekrümmt war.
Unbewußt nickt Paul mit dem Kopf. Er ist sich nun sicher, daß man
sich die ganze Sache bedeutend erleichtern könnte, indem man den geraden Raum zum Bezugsraum machte und sich im zweiten Schritt um
die physikalische Ursache kümmerte, welche die Lichtstrahlen im Bereich einer Masse von ihrer euklidisch geraden Bahn ablenkt.
Doch vielleicht wäre das auch **zu** einfach ....
Paul ist in seinem Zimmer angekommen. Sylvia hatte ihm empfohlen sich noch einmal mit dem Michelsonversuch zu beschäftigen. Natürlich hatte er schon oft von dem Versuch gehört. Er wußte, daß sein
Ausgang ein entscheidendes Argument gegen die bis dahin übliche
Ätherhypothese war.
Vor dem Michelsonversuch waren die Wissenschaftler davon überzeugt,

daß der ansonsten leere Raum des Universums von einem Äther gefüllt ist. Es gab die verschiedensten Ideen zur Beschaffenheit dieses Äthers - aber keine von ihnen war widerspruchsfrei. Trotzdem glaubte man, daß sich die elektromagnetischen Wellen in einem Äthermeer ausbreiteten. „Wie war das damals??" fragt Paul seinen Bildschirm, und nennt das Stichwort ‚Michelsonversuch'. Dann verknüpft er es mit *Einstein, Albert*. Prompt bietet ihm der Rechner einen Auszug aus einem Buch Einsteins. „Einstein original!" murmelt Paul anerkennend. „Das kann ja heiter werden ..."

Der Michelsonversuch

Dieses Experimentum cruxis setzt uns in den Stand, die Theorie von der Bewegung durch das Äthermeer auf ihre Richtigkeit zu prüfen. Nun hat uns die Natur ja in ein Koordinatensystem hineingestellt, das sich mit erheblicher Geschwindigkeit bewegt. Gemeint ist natürlich die Erde in ihrem alljährlichen Umlauf um die Sonne. Wenn unsere Annahme zutrifft, dann müßte das Licht sich in der Bewegungsrichtung der Erde schneller ausbreiten, als nach der anderen Seite. Die zu erwartende Differenz läßt sich berechnen und das Resultat kann experimentell nachgeprüft werden. Mit Rücksicht auf die kleinen Zeitdifferenzen, um die es dabei geht, muß der Versuchsapparat ganz besonders raffiniert gebaut sein. In diesem Sinne wurde der berühmte Michelson-Morley-Versuch durchgeführt, dessen Ergebnis einem Todesurteil für die Hypothese von dem ruhenden Äthermeer gleichkommt, in dem die ganze Materie umhertreiben soll. Es konnte keinerlei Zusammenhang zwischen Licht-geschwindigkeit und Strahlrichtung festgestellt werden ...
Alle unsere Bemühungen, dem Äther Realität zu verleihen, sind gescheitert. Wir haben weder seine mechanische Konstruktion ergründen noch eine durch ihn bedingte absolute Bewegung nachweisen können. Von allen Eigenschaften des Äthers blieb nur die eine erhalten, die auch der Anlaß zu seiner Einführung gewesen ist, nämlich seine Fähigkeit, elektromagnetische Wellen weiterzuleiten.

Bei allen Versuchen, weitere Eigenschaften heraus-
zufinden, verstrickten wir uns in immer mehr Schwierig-
keiten und Widersprüche. Angesichts derart schlechter
Erfahrungen ist es das Beste, wir entschließen uns den
Begriff Äther überhaupt fallenzulassen und dieses Wort
gar nicht mehr in den Mund zu nehmen. Wir sagen statt
dessen einfach: Der Raum hat die physikalische
Eigenschaft, Wellen weiterzuleiten.
Einstein / Infeld in /4/, Kapitel Äther und Bewegung

Paul ist überrascht. Er hatte unter ‚*Einstein original*' abstrakteres vermutet. Doch dies hier fand er durchaus lesbar. Nur die, von Einstein mit strenger Logik und wenigen Worten begründete Verbannung des Äthers, hinterließ bei ihm das Gefühl einer unangenehmen ‚Leere' ...

Das Unbehagen hatte nicht einmal etwas mit Einsteins Argumenten zu tun, denn die erscheinen Paul astrein. Das Unbehagen kroch aus der Schlußfolgerung, die Einstein am Ende seiner Argumentation zog: Der Raum hat die physikalische Eigenschaft, Wellen weiterzuleiten.

Paul versucht den Sinn der ‚Metamorphose' des raumerfüllenden Etwas, das kurz zuvor noch Äther hieß, zu ergründen. Er rekapituliert: „Um sich vorstellen zu können, *wie* und worin sich Licht fortpflanzt, erfinden die Mechaniker den raumerfüllenden Äther. Punkt. Das war vor Einstein.

Dann suchen die Mechaniker nach dem Äthersystem - stellen im Michelsonversuch aber überrascht fest, daß dieses hypothetische Äthersystem nicht nachzuweisen ist. Punkt. Das war nach Michelson – aber vor Einsteins neuer Theorie.

Einstein bereinigt schließlich etwas später die unklare Situation, indem er den Äther aus dem Raum wieder hinaus wirft. Punkt.

Der nun übrig bleibende Raum ohne Äther kann aber so leer nicht sein." Pauls Stimme wird kräftiger. „Denn er hat ganz genau die gleiche Funktion, die der alte, äthererfüllte Raum auch schon hatte: er ist das Medium, in dem sich Licht fortpflanzt!"

Paul hält den Kopf schief. „Entweder ich bin einfach zu blöd, oder...," ihm fällt keine passende Alternative ein.

Weshalb sich Licht in einem wirklich leeren Raum auf krummen Wegen fortpflanzen sollte, war ihm nach wie vor unklar. Und er sah auch keine Hoffnung, daß sich dies jemals ändert.

Schließlich würde ja ein jegliches ETWAS, das man zur Veranschaulichung der Lichtfortpflanzung im Raum wieder einzuführen trachtete,
den soeben als leer postulierten Raum wieder füllen.

Dieses ETWAS wäre aber nichts anderes, als der gerade verbannte
Äther und ... Paul stöhnt verzweifelt und ist kurz davor laut zu schimp-
fen, als ein leises Klicken vom Kommuschirm ihn unterbricht. Er schaut
sich um und blickt überrascht in das Innere der Navigation 3!

Sylvia ging gerade zu ihrem Platz zurück und signalisiert ihm mit
einer Geste zu schweigen. Offenbar hatte sie den Schirm soeben erst
zugeschaltet.

Paul sah Vasco in seinem Sessel sitzend, den Blick starr an die
Kabinendecke gerichtet, referieren „... denn Ende des 19. Jahrhunderts
glaubte man mit der Newtonschen Mechanik die universelle Antwort
auf alle möglichen Fragen zu haben. Newtons Physiker betrachten das
Weltgeschehen so, wie die Kritiker aus dem Zuschauerraum heraus die
Geschehnisse auf der Theaterbühne betrachten.

Zuschauerraum und Bühne sind Bestandteil des Theatergebäudes,
welches fest in einer Landschaft, sozusagen in einem übergeordneten,
absoluten Raum verankert ist.

Diesen absoluten Raum dachte man sich zu Newtons Zeiten erfüllt
von einem Äther. Ähnlich, wie Schallwellen in der Luft, sollten sich
die Lichtwellen im Äther ausbreiten. Auch die Sonnen und Planeten
schwammen im Äthermeer.

Doch schon damals erschien manches an diesem multifunktionellen
Äther rätselhaft: Einerseits sollte er den leeren Raum sehr dicht ausfül-
len, denn nur so konnte er die enorme Geschwindigkeit der Licht-
ausbreitung ermöglichen. Andererseits mußte der Äther sehr dünn, zumindest sehr fluid sein, denn die Äthersubstanz hatte offenbar nicht die
geringste bremsende Wirkung auf die in ihr herum schwimmenden Planeten und Sonnen.

Trotz der mysteriösen Substanz des Äthers, stand dessen Existenz
bis zum Ende des 19. Jahrhunderts nicht zur Debatte. Die Experimen-
tatoren machten sich ganz im Gegenteil daran, nun endlich das
Ruhsystem des Äthers zu orten. Michelson und Morley fanden eine
Methode, mit der dies zweifelsfrei gelingen sollte. Aus der Sicht der
Veranstalter schlug der Versuch jedoch vollkommen fehl.

Keine Spur einer Relativgeschwindigkeit der Erde bezüglich des Äthermeeres war zu finden. Einem bewegten Körper erscheint das aus allen Richtungen auf ihn einströmende Licht als gleich schnell. Diese Tatsache und ..." Vasco hatte den Kopf gesenkt und stockt nun abrupt seinem Vortrag. Er blickt Sylvia vorwurfsvoll in die Augen und winkt mit dem Kopf in Richtung des Kommuschirmes. Doch Sylvia zuckt unbeeindruckt die Achseln. „Hast du tatsächlich geglaubt, ich schreibe alles brav mit?" fragt sie ihn schnippisch. Vasco ist die Situation peinlich. Natürlich hätte sich auch jeder andere seinen Vortrag anschauen können. Doch was sollte er machen. Paul blickt ihn erwartungsvoll an und auch Sylvia ermuntert ihn auf ihre Art fortzufahren: „Geht´s nicht weiter, Herr Professor?"

Vasco überlegt einen Moment, dann hat er den Faden wieder.

„Die gefundene Konstanz der Lichtgeschwindigkeit war nun eine Erfahrung, die mit der klassischen Mechanik und ihrer Methode, die Relativgeschwindigkeiten einfach zu addieren, nicht mehr abzubilden war.

Nun geht aber diese Konstanz der Lichtgeschwindigkeit ganz zwanglos aus einer anderen kinematischen Gruppe hervor, die A. Lorentz schon lange vor Einstein aus den Maxwellschen Gleichungssystem abgeleitet hatte. Da dies noch zu Ätherzeiten geschah, hatten Lorentz und Fiz Gerald auch eine Interpretation ihrer Transformationsvorschrift entwickelt, die zu einem äthererfüllten Raum paßte. Nach dieser Interpretation breiteten sich die Lichtwellen nur in einem Bezugsystem, dem Äthersystem wirklich isotrop aus. Doch dafür mußten Lorentz und Fiz Gerald für alle, gegenüber diesem Ruhsystem bewegten Körpern, eigene Zeit- und eigene Längendimensionen einführen. Nach Lorentz und Fiz Gerald führt also die Bewegung eines Körpers gegenüber dem Äthersystem zu einer Veränderung der vierdimensionalen Gestalt dieses Körpers ..."

„Fiz Gerald und Lorentz", flüstert Sylvia. „Ich erinnere mich, Vasco. Ich glaube sogar Einstein hat ihrer Interpretation zugebilligt, die Konstanz der Lichtgeschwindigkeit zu ergeben. Doch da gab es noch andere, schwerwiegende Nachteile."

Vasco nickt zufrieden. „Du hast hat ja sooo recht!" antwortet er und lächelt verräterisch.

„Lorentz und Fiz Gerald nahmen einen äthererfüllten Raum an, und

dafür einige haarsträubende Effekte in Kauf. Zum Beispiel wurde die
Form der Körper zu einer Funktion ihres Bewegungszustandes gegenüber dem Äthersystem. Natürlich verlor mit dieser Interpretation
ein weiteres, fundamentales Prinzip seine Bedeutung - die galileische
Relativität. Die Bewegung von Körpern zueinander konnte nicht wirklich relativ sein, wenn sich jeder der Körper an einem allen gemeinsamen Äthersystem orientieren mußte. Wie den Körpern dies gelingen sollte, das war eine Frage, die Lorentz und Fiz Gerald nicht beantworten konnten."

„... weil sie sie gar nicht mehr zu beantworten brauchten!" nutzt
Sylvia die Gelegenheit.

„Im Jahre 1905 entstand nämlich die andere, die Einsteinsche Interpretation der Lorentztransformation. Einstein behielt die galileische
Relativität der Bewegung bei, fügte die Konstanz der Lichtgeschwindigkeit ‚C' als Prinzip dazu und schaffte den nun überflüssigen Äther
ab. Damit verlor aber auch die Newtonsche Vorstellung vom übergeordneten Raum und der allgemeingültigen Zeit ihre Grundlage. Theaterbühne und Zuschauerraum - bisher gemeinsam in einem übergeordneten Raum verankert – verloren ihren Bezug. Und ohne diese, zwar lang-
gediente, aber zu allen Zeiten hypothetische Orientierungsmöglichkeit,
wird die Bewegung von Körpern zueinander zu einer unausweichlich
relativen Angelegenheit." Sylvia ist mit sich zufrieden und schaut erwartungsvoll zu Paul.

Mit einer Reaktion von Vascos Seite rechnet sie in diesem Moment
überhaupt nicht. Doch gerade Vasco ist von ihrer Zusammenfassung
förmlich begeistert.

„Das hast du wunderbar gesagt, Sylvia! Hier liegt **der springende
Punkt!**" wiederholt Vasco ihre Worte: „*Mit der Abschaffung des Äthers
verlor die Newtonsche Vorstellung vom übergeordneten Raum und der
allgemeingültigen Zeit ihre Grundlage!* Hast du das gehört, Paul?"

Paul bedauert: „Gehört schon, Vasco. Aber der *springende Punkt*,
der hat mich noch nicht angesprungen. Was meinst du damit?"

„Hier liegt der springende Punkt." wiederholt Vasco eindringlich.
„Vor Einsteins neuer Theorie ging man davon aus, daß das Universum
vom Weltäther erfüllt ist.

Die Inertialsysteme und der Trägheitskompaß hatten ihren Anker in
diesem Äthersystem. Auch in der Lorentz/Fiz-Geraldschen Interpreta-

tion blieb dieser physikalische Hintergrund der Trägheit erhalten. Einstein schaffte dann aus bekannten Gründen den Äther ab. Doch das Trägheitsempfinden rotierender ausgedehnter Körper mußte auch ohne Äther irgendwo *verankert* werden. Einstein blieb dazu nur das Inertialsystem der alten Physik - das aber nun - ohne Äther- im Leeren hing." Vasco nickt Paul und Sylvia eindringlich zu.

„So ist es, Sylvia. Seit der Speziellen Relativitätsthorie orientiert sich die Trägheit der Masse am Inertialsystem. Und ein Inertialsystem erkennt man an der Abwesenheit von Trägheitskräften. In der Speziellen Relativitätstheorie läßt sich die Trägheit nur aus sich selbst heraus definieren - eine relativ wenig bekannte Tatsache, die aber Einstein sehr bewußt war, und die er als äußerst unbefriedigend empfand."

Allgemeines
Die eigentliche Leistung der (allgemeinen) Relativitäts-
theorie liegt darin, daß sie die Physik von der Not-
wendigkeit der Einführung des Inertialsystems (bzw. der
Inertialsysteme) befreit hat. Das Unbefriedigende an
diesem Begriff liegt darin: Er wählt ohne Begründung
unter allen denkbaren Koordinatensystemen gewisse
Systeme aus. Es wird dann angenommen, daß die Gesetze
der Physik nur in bezug auf solche Inertialsysteme gelten
(z. B. der Trägheits-Satz und das Gesetz von der Konstanz
der Lichtgeschwindigkeit). Dadurch wird dem Raum als
solchem eine Rolle im System der Physik zuerteilt, die ihn
vor den übrigen Elementen der physikalischen Beschrei-
bung auszeichnet: Er wirkt bestimmend auf alle Vorgänge,
ohne daß diese auf ihn zurückwirken; eine solche Theorie
ist zwar logisch möglich, aber andererseits doch recht
unbefriedigend ...   *Albert Einstein in /5/*

„Ich verstehe", murmelt Paul. „Vor Einsteins spezieller Relativitätstheorie wurden die Fliehkräfte eines rotierenden Körpers auf dessen Rotation gegenüber dem ätthererfüllten Raum zurückgeführt. Da es aber nach 1905 aber keinen Äther mehr gab, war natürlich auch der plausible Trägheitshintergrund der Rotation - weg!"

Auch Paul nickt heftig mit dem Kopf. „Sagt mir doch bitte", wendet er sich an beide, „könnte man die Interpretation von Lorentz und Fiz Gerald nicht irgendwie in der speziellen Relativitätstheorie unterbringen?" An dieser Frage scheiden sich die Positionen von Vasco und Sylvia endgültig. Während Sylvia energisch den Kopf schüttelt, nickt Vasco - etwas zaghaft zwar, aber doch eindeutig *zustimmend*.

„Du nickst?" ruft Sylvia und schaut Vasco vollkommen entgeistert an. „Ja, willst du etwa eine Relativitätstheorie ohne Relativität kreieren?" Vasco druckst herum. Das Thema ist heikel, er weiß es. Vorsichtig beginnt er zu erläutern: „Einsteins Spezielles Relativitätsprinzip besagt, daß es unmöglich ist, einen Unterschied in den Gesetzen der Physik innerhalb von zueinander gleichförmig bewegten Bezugssystemen zu finden. Daran werde ich nicht rütteln, Sylvia. Das ist Erfahrung, das ist tabu! Mit der Allgemeinen Relativitätstheorie glaubte Einstein das Ankerproblem behoben zu haben. In seiner ursprünglichen Interpretation hatte er das Inertialsystem in der GESAMTHEIT der materiellen Welt verankert. Doch als er Jahre später das *Lambda* wieder aus seinen Gleichungen entfernte, beseitigte er diesen Zusammenhang wieder.

Und seither, Sylvia, ist die Frage wieder offen, woher das Wasser im Eimer weiß, daß es sich ..."

Sylvia hat nun genug. „Danke, Vasco!" unterbricht sie rigoros und wendet sich an Paul. „Wenn ich Holz hätte, würde ich klopfen." Mit ihrem Finger weist sie demonstrativ auf den Leitrechner. „Wir müssen den Rest der Vorlesung leider vertagen, Paul. Die ersten Zwischenergebnisse sind rein. Gehen wir an die Arbeit, Vasco!"

Vasco blickt zuerst Sylvia an, dann schaut er irritiert zum Schirm.

„Ich glaube du hattest Recht", murmelt Sylvia, die offenbar schon mit den Auswertungsergebnissen beschäftigt ist. „Mit einer Wahrscheinlichkeit von 89 % haben wir ein periodisches Signal von unserem Dunklen empfangen. Sehr schwach, aber regelmäßig. Gehst du mit mir die Variationen an, Vasco?"

Vasco nickt unkonzentriert und betrachtet mißtrauisch den Rechner. Es standen tatsächlich ein paar neue Zahlen auf dem Bildschirm.

„Bis bald, Paul", ruft Sylvia über die Schulter zum Schirm. „Bei der Analyse lassen wir uns nicht so gern beobachten. Wir melden uns, sobald es etwas Interessantes gibt."

Wortlos nickt Paul und noch bevor Sylvia abschalten kann, hat er schon selbst abgeblendet.

Zweifellos hat die Relativitätstheorie die Selbständigkeit des Feldbegriffs zur Voraussetzung. Die mathematischen Erkenntnisse, welche die Aufstellung der allgemeinen Relativitätstheorie ermöglicht haben, verdanken wir den geometrischen Untersuchungen von GAUSS und RIEMANN. Diese ... Entwicklung ... brachte es mit sich, daß die RIEMANN-Metrik zunächst als der fundamentale Begriff angesehen wurde, auf dem die allgemeine Relativitätstheorie und damit die Vermeidung des Inertialsystems beruhe. Später hat jedoch LEVI-CIVITA mit Recht darauf hingewiesen, daß das Element der Theorie, welches unmittelbar die Vermeidung des Inertialsystems ermöglicht, das infinitesimale Verschiebungsfeld ist. ... Das Verschiebungsfeld ersetzt insofern das Inertialsystem, als es diese Verknüpfung herstellt, die sonst durch das Inertialsystem geleistet wird ...
Albert Einstein in /14/ Anhang II. Relativistische Feldtheorie

Kaum ist Paul vom Bildschirm verschwunden, verschwendet Sylvia an den Puls des Dunklen keinen Gedanken mehr.

„Was versuchst du großer Lümmel da Paul einzureden?" attackiert sie Vasco. „Willst du in deinem Bild tatsächlich wieder einen Äther einführen?"

Doch Vasco ist sauer. „Was ist nun?" gibt er mürrisch zur Antwort und wendet sich nicht von seinem Rechner ab. „Machen wir unsere Arbeit oder diskutieren wir über die Urgründe der Relativität?"

Er hat inzwischen durchschaut, daß Sylvia die Zwischenergebnisse am Rechner nur als Vorwand benutzt hatte. Hätte er noch ein Weilchen braver Relativist gespielt, so würde Paul jetzt noch zuhören.

Sylvia blickt nachdenklich in Vascos Rücken. „Hab dich nicht so!" versucht sie ihn zu versöhnen. „Du weißt doch selbst, daß deine Thesen -vorsichtig ausgedrückt- ungewöhnlich sind. Es sträubt sich eben etwas in mir, wenn ich wie ein bestätigender Zeuge neben dir sitzen soll, und du Sachen erzählst, von denen nicht nur ich, son-

dern praktisch der Rest der Welt eine ganz andere Auffassung haben!"
Vasco brütet vor sich hin und schweigt.

„Zumindest sollten wir Paul **vorher** erklären", fährt Sylvia eindringlich fort, „daß es hier und da eine besondere Ansicht von Vasco gibt -
die nicht unbedingt mit Sylvias Meinung übereinstimmt."
Vasco hebt nun doch den Kopf. „Besondere Ansicht...", echot er
gereizt. „Ich versuche Paul das Inertialsystem und die mit ihm verbundenen Widersprüche plausibel zu machen. Doch du tust so, als wolle
ich die Relativitätstheorien in Frage stellen, Sylvia. Das ist doch Quatsch!
Ich weiß genau, daß die Spezielle Relativitätstheorie eine Basis der
Physik ist. Auch die Allgemeine Relativitätstheorie ist es, und auch die
Quantenmechanik. Doch dies sind alles Theorien! Keine von ihnen ist
vollkommen!

Niemals wird es eine Theorie geben, Sylvia, welche die Wirklichkeit vollkommen widerspiegelt Und die besondere Ansicht Vascos bezüglich des Raumbegriffes bei Einstein - ist erstens nicht vollkommen,
zweitens nicht seine und drittens auch nichts wirklich Besonderes! Sie
ist bestenfalls anders!

Und das, weil ich die Anschaulichkeit in den Vordergrund stellen
möchte. Ich will auch herausfinden, ob Paul auf diese Weise einiges
bisher Unvorstellbare nahegebracht werden kann. Leider scheinen dir
aber die damit verbundenen Gedankenspiele zu ketzerisch zu sein. Zu
ketzerisch, um überhaupt gedacht zu werden. Doch du urteilst voreilig,
Sylvia. Du kennst schließlich den Inhalt dieser Gedankenspiele noch
gar nicht!"

Sylvia hatte nun ihr Fett weg und Vasco sich etwas beruhigt.

„Könnte es sein", pickt Sylvia eine Information heraus, „daß du Paul
als Testperson für Anschaulichkeit und Plausibilität eines mir nicht bekannten Welt-Bildes brauchst?"

Nach kurzem Zögern nickt Vasco mit dem Kopf. „So könnte man es
nennen, Sylvia. Er soll jedoch weniger testen, sondern in erster Linie
entwerfen. Es wäre schön, wenn du mitspielen würdest."

„Zuerst die Karten auf den Tisch!" fordert Sylvia entschlossen.
„Wenn du in mir einen Komplizen für dein Experiment gewinnen möchtest, dann solltest du es mir wenigstens in groben Zügen erläutern. Ich
kaufe keine Katze im Sack!" Sie lacht glucksend.

„Zumal ich ernstlich befürchten muß, daß da gar keine Katze im

Sack ist, sondern ein Hund! Wahrscheinlich sogar ein Dicker!" Das war eindeutig.

„Ich sage alles was ich weiß, Sylvia!" Vasco hebt wie zum Schwur die rechte Hand. „Doch vorher gehen wir in die Messe. Ich würde gern etwas Essen." Sylvia blickt auf die Uhr, danach auf die Auswertungstabellen am kleinen Schirm und steht schließlich energisch auf. „Ich gehe schon vor!" sagt sie und steuert zur Tür hinaus.

Vasco kennt diesen Abgang. Ab und zu mußte man Sylvia regelrecht an's Essen erinnern. Er selbst dagegen vergaß Essen nie.

Während der Mahlzeit plagt Sylvia die Neugier. „Kannst du mir etwas über dein anschauliches Bild berichten?" fragt sie und legt demonstrativ das Besteck zur Seite. „Worauf baust du es auf? Und auf welche Weise willst du es Paul beibringen?"

Vasco nimmt sich Zeit. Genüßlich steckt er eine weitere halbe Birne in den Mund. „Zuerst würde ich dem ‚Raum' wieder einen anschaulichen Inhalt geben. Paul wird ihn dazu einfach mit einem Medium auffüllen." Sylvias Augenbrauen zucken nach oben - doch sie schweigt.

„Ich sehe darin kein grundsätzliches Problem, Sylvia. Es ist doch eigentlich unwichtig ob man sagt, daß der Raum ein Medium enthält oder nicht. Wesentlich ist, daß das Bild des Raumes zusammen mit dem seines eventuellen Inhaltes zum Speziellen Relativitätsprinzip führt."

„Du glaubst also Anschaulichkeit zu erzeugen, indem du den Raum mit einem Medium füllst?"

„Richtig", entgegnet Vasco trocken. „Aus dem gleichen Grund werde ich auch Poincaires Raumdefinition reaktivieren:

RAUM IST DIE GEDANKLICHE ANEINANDERREIHUNG VON KÖRPERN.

Ich weiß, daß es in verschiedenen Fällen zweckmäßig ist, von der Vorstellung raumerfüllender Körper Abstand zu nehmen. Die Punktmechanik der Speziellen Relativitätstheorie ist erfolgreich und in ihr sind Körper nichts anderes, als Aneinanderreihungen von ausdehnungslosen Punkten. Diese Punkte werden durch Kräfte in bestimmten räumlichen Abständen so miteinander verkettet, daß sie als Körper mit drei Dimensionen erscheinen.

Doch eigentlich gibt es in der Speziellen Relativitätstheorie überhaupt keine klassischen dreidimensionalen Körper. Selbst eine noch so große oder noch so dichte Ansammlung von eindimensionalen Objekten wird je zu einem dreidimensionalen Objekt werden. Die Abstände zwischen den Punkten der Körper der Speziellen Relativitätstheorie sind rein räumliche Abstände. Da sich aber weder Paul noch sonst jemand leere Räume mit unterschiedlicher Maßbestimmung vorstellen kann, muß meines Erachtens Poincaires Raumdefinition wieder her."

Vasco kommt nun langsam in Fahrt und nickt Sylvia auffordernd zu.

„Auch wir können uns dies nicht vorstellen, Sylvia. Nur fällt uns das nicht besonders auf, weil wir uns an den Umstand einfach gewöhnt haben. Du kannst natürlich gern versuchen Paul im Gegenzug eine Vorstellung davon zu vermitteln, was bei Einstein 'Raum' ist.

Ich befürchte nur, er wird bald fragen, ob wir in der Speziellen Relativitätstheorie die Ausdehnung der Elementarteilchen nur ignorieren, um deren Verhalten besser beschreiben zu können. Und es könnte durchaus passieren, daß er dich fragt, wieso ein ETWAS ohne Ausdehnung überhaupt Eigenschaften entwickeln kann."

Sylvia legt warnend den Finger an die Lippen. Es ist zwar kaum jemand in der Messe, doch Vasco spricht ihr zu laut. Etwas leiser setzt er grinsend hinzu: „Mich stören solche Fragen nicht, Sylvia. Denn er stellt sie schließlich dir!"

„Entschuldige Vasco. Aber kommt dir dein Vorhaben nicht irgendwie maßlos vor?" fragt Sylvia offen. „Du möchtest Paul die Relativitätstheorie erklären und glaubst dazu genau die klassischen Begriffe und Vorstellungen verwenden zu können, die von der Relativitätstheorie als unvollständig, als falsch gebrandmarkt wurden? Wie soll das gehen?"

„Das weiß ich doch auch noch nicht genau!" jammert Vasco theatralisch. „Aber es wird schon irgendwie gelingen. Mit etwas Phantasie bekommen wir die Anschaulichkeit und die Wirklichkeit unter einen Hut. Meinst du nicht?"

Vasco wartet die Antwort nicht ab und erhebt sich. „Wir müssen es nur versuchen, Sylvia. Von mir aus kann es morgen schon losgehen. Ich habe Zeit."

Silvia wirkt abwesend, steht dann aber auch vom Tisch auf und schaut Vasco prüfend an. „Das muß ich erst verdauen", flüstert sie. „Ich geh schon mal vor ..." Vasco sieht ihr nach.

Er war nicht ganz sicher, was sie meinte: Das Essen oder seine Rede. Er hofft jedenfalls, daß sie keine Verdauungsprobleme bekommt - und hält Ausschau nach einem zweiten Nachtisch.

Einsteins allgemeine Relativitätstheorie scheint den großräumigen Aufbau des Universums zu erfassen. Sie ist eine sogenannte «klassische Theorie», das heißt, sie berücksichtigt nicht die Unschärferelation der Quantenmechanik, wie sie es tun müßte, um nicht in Widerspruch zu anderen Theorien zu geraten. In Übereinstimmung mit den Beobachtungsdaten befindet sie sich nur deshalb, weil die Gravitationsfelder in unserem gewohnten Erfahrungsbereich alle sehr schwach sind.

Doch die oben erörterter Singularitätstheoreme weisen darauf hin, daß zumindest in zwei Situationen, den Schwarzen Löchern und dem Urknall, das Gravitationsfeld sehr stark werden müßte. In solchen starken Feldern sollten die Auswirkungen der Quantenmechanik erheblich sein. Indem also die klassische allgemeine Relativitätstheorie Punkte von unendlicher Dichte voraussagt, prognostiziert sie in gewissen Sinne zugleich ihr eigenes Versagen, genauso wie die klassisch Mechanik ihr eigenes Versagen vorwegnahm, indem sie erklärte, daß die Atome zu unendlicher Dichte zusammenstürzen würden.

Wir haben noch keine vollständige, widerspruchsfreie Theorie, welche die allgemeine Relativität und die Quantenmechanik vereinigte, aber wir kennen eine Reihe von Eigenschaften, die sie aufweisen müßte.

Stephen W.Hawking in /6/

Sylvia's Weg von der Messe führt sie bei Paul vorbei. Sie entschließt sich spontan zu einem Abstecher, klopft nachlässig an Pauls Kabinentür und öffnet.

„Entschuldige mein plötzliches Auftauchen, Paul, aber ich habe mich im Vorbeigehen entschlossen, kurz herein zu schauen."

Paul ist tatsächlich überrascht, schließlich glaubte er, die beiden säßen schwer beschäftigt in der Navi 3.

Sylvia streicht sich nervös über die Stirn. „Ich hoffe du bist nicht sauer, weil ich dich vorhin so abrupt rausgeworfen habe. Ich war dabei nicht ganz ehrlich, denn nicht die Zwischenergebnisse, sondern Vascos seltsame Interpretationen waren der Hauptgrund dafür", gesteht sie.

„Ich habe morgen in der Luke Dienst - aber du kannst gern mit Vasco über die Relativitätstheorien reden. Ich bitte dich nur vorsichtig zu sein. Vasco hat eine besondere Idee. Worum es im Detail geht, das wird er dir selbst sagen. Bleibe aber besser skeptisch. Seine Interpretationen mögen anschaulich sein, sie sind aber sehr wahrscheinlich nur falsch. Oder überflüssig. So überflüssig, wie die von mir zur Veranschaulichung der Metrik erwähnten Strömungs- oder Spannungsbilder. Sie sind mathematisch gesehen eine Analogie zu klassischen Strömungs- oder Spannungsverhältnissen, doch du wirst derartige ‚Inhalte‘ in Einsteins Raum vergeblich suchen. Dieser Raum ist leer - ist Feld, ist Geometrie ..."

Paul ist begeistert! Vasco wollte sich mit ihm unterhalten - und Sylvia warnte ihn sogar davor!

„Wann soll es losgehen?" fragt er mit gespieltem Gleichmut.

„Vielleicht schon morgen früh. Aber er wird dir selbst Bescheid geben. Wie ich ihn kenne, ist er im Moment noch in der Messe und fahndet nach weiteren Desserts."

„Was ist an seinen Hypothesen so gefährlich?"

„Das weiß ich auch nicht genau", weicht Sylvia aus. „Er möchte das Wesen der Relativitätstheorien anschaulich darstellen. Es geht dabei um die Relativität der Bewegung, die Konstanz der Lichtgeschwindigkeit und um Bezugssysteme ..."

„Das mit den Bezugssystemen sehe ich gar nicht mehr so verbissen", entgegnet Paul locker.

„Einerseits richten wir uns nach dem speziellen Relativitätsprinzip und andererseits wählen wir ja ohnehin das geeignete Bezugsystem mit dem Copernikanischen Prinzip aus! Wenn wir das beachten - sagt Marys Professor, dann klappt alles bestens.

Und irgendwie, Sylvia, werde ich auch noch in Erfahrung bringen woran die Materie auf der Heidelberg erkennt, daß sie es ist, die sich vor dem Hintergrund der fernen Massen bewegt und nicht die Erde ..."

Sylvia blickt Paul entgeistert an. „Wieso, Paul. Woran soll die Materie der Heidelberg erkennen, daß sie sich bewegt??"

„Na, Sylvia, die Materie an Bord **weiß** doch offenbar, daß die Uhr bei uns langsamer ticken muß als auf der Erde. Kannst du mir sagen, weshalb?"

„Mit wenigen Worten kann ich das nicht erklären, Paul. Später, vielleicht ..." entgegnet sie abwesend und geht zur Tür. Paul schaut ihr nach.

Rasch läuft Sylvia zurück in die Navigation. Vasco ist noch nicht da. Sie wirft einen Blick auf den Rechner - noch ca. 2 Minuten bis zum Ende der zweiten Simulation. Beruhigt setzt sie sich in ihren Sessel und lehnt sich zurück. Wenige Minuten später bemerkt sie den Lichtschein, der durch die geöffnete Tür fällt. „Hast du schon lange gewartet?" fragt Vasco scheinheilig und tappt zu seinem Sessel. „Hauptsache es hat dir geschmeckt!" kommt sie seinen üblichen Erklärungsversuchen zuvor. Vasco winkt nur ab und läßt sich stöhnend in seinen Sessel fallen.

„Muß unbedingt wieder mal auf die Rennstrecke", knurrt er und schaut Sylvia dann abwartend von der Seite an. „Wie sieht es bei dir aus, Sylvia. Ich hätte morgen früh für Paul ein paar Stunden Zeit."

Sylvia lächelt grimmig und mimt die Empörte. „Das könnte dir so passen! Zuerst bekommt Paul von dir die Flausen eingeblasen und ich soll sie ihm dann hinterher wieder austreiben?"

Vasco schreckt hoch. Doch bevor er reagieren kann, lacht sie ihn aus. „Einverstanden, Vasco. Nur habe ich morgen keine Zeit. Ich bin fast den ganzen Tag in der ‚Luke'. Vielleicht klappt´s übermorgen. Wir werden sehen."

Mit leichtem Kopfschütteln lehnt sich Vasco wieder zurück. ‚Ein verrücktes Luder', denkt er. ‚Macht mich auch immer wieder verrückt.' Dann gibt er sich einen Ruck.

„Auf geht's Sylvia. Du variierst die Parameter, ich setze Randbedingungen ..."

Sylvia nickt nur dazu und beugt sich über das Pult. Beide sind sie sehr routiniert in der Lenkung von Simulationen. Es dauert nicht lange und die Maschine hat wieder eine Weile zu tun, wie Vasco es immer umschreibt.

Die Substanz der Metrik

> *H.Hertz: Wollen wir ein abgerundetes, in sich geschlos-*
> *senes, gesetzmäßiges Weltbild erhalten, so müssen wir*
> *hinter den Dingen, welche wir sehen, noch andere,*
> *unsichtbare Dinge vermuten, hinter den Schranken unserer*
> *Sinne noch heimliche Mitspieler suchen ...*
> *Wir können zugeben, daß ein verborgenes Etwas mitwirke,*
> *und doch leugnen, daß dieses etwas einer besonderen*
> *Kategorie angehöre. Es steht uns frei anzunehmen, daß*
> *auch das Verborgene nichts anderes sei als wiederum*
> *Bewegung und Masse, und zwar solche Bewegung und*
> *Masse, welche sich von der sichtbaren nicht an sich*
> *unterscheidet, sondern nur in Beziehung auf uns, auf*
> *unsere gewöhnlichen Mittel der Wahrnehmung.*
>
> *Heinrich Hertz in /2/*

Attraktion und Repulsion

Der Computer in der Navigation 3 ist schwer beschäftigt. Sylvia hat sich entspannt in ihrem Sessel zurückgelehnt und erwartet die nächsten Zahlen. Sie ist allein.

Vasco hatte vor ein paar Minuten die Navi verlassen. Kurzfristig war er für den Nachtdienst in der Luke, der Navigationszentrale der Heidelberg benannt worden, und nun bereitete er sich in seiner Kabine darauf vor. Über den Kommuschirm versucht er schnell noch Paul zu erreichen, doch der ist nicht in seinem Zimmer. Er hinterläßt ihm eine kurze Nachricht und öffnet einige Bereiche seines Privatarchivs für Pauls ‚Alten'.

Danach macht er sich auf den Weg zum Schrebergarten, wie er den kleinen Pflanzengarten des Raumschiffs getauft hatte.

Der Garten ist wahrlich nicht groß, doch geschickt angelegt. Problemlos konnte man darin eine halbe Stunde vertrödeln. Doch schon am ersten Kreuzweg erblickt er Paul.

Ein Dutzend Meter vor ihm hockt er am Wegesrand und betrachtet eingehend eine Pflanzengruppe. Vasco erinnert sich, daß Paul schon

einmal von seinen *Pflanzen* sprach. Auf leisen Sohlen schleicht sich
Vasco näher. „Geht's deinen Orchideen nicht gut?"
Paul schreckt hoch. „Ach du bist es! Wie kommst du eigentlich auf
Orchideen, Vasco?? Das sind doch keine Orchideen, du botanisches,"
Paul zögert, „Genie!"
Da es sich um sein botanisches Wissen handelt, nimmt Vasco den
Vorwurf gelassen hin. Paul betrachtet wieder seine Pflanzen.
„Was ihr Befinden betrifft, Vasco, da könntest du sogar recht haben.
Ich glaube, den Pflanzen geht's tatsächlich nicht besonders gut. Vorge-
stern standen die Blätter viel straffer. Sieh nur, sie hängen alle traurig
herunter!"
Vasco wirft ebenfalls einen Blick darauf, rümpft aber nur bedauernd
die Nase. „Ich kann nichts besonderes erkennen Paul. Die sehen aus,
wie ganz normale Gummibäume. Vielleicht sind sie zu trocken?"
Paul stöhnt leise: „Gummibäume!" er verkneift sich mit dem latei-
nischen Namen zu prahlen. „Zu trocken sind sie nicht!" entgegnet er
bestimmt. „Ich denke eher an etwas physikalisches ..."
Paul lächelt spitzbübisch, immerhin hatte er einen Physiker vor sich.
„Was hat sich denn im Raumschiff seit vorgestern physikalisch geän-
dert?"
Vasco zuckt gleichmütig mit den Schultern. „Wir sind alle zwei Tage
älter geworden. Die Leute auf der Erde vielleicht 'ne Woche. Doch an-
sonsten ist nichts Besonderes vorgefallen."
„Stimmt **nicht**", belehrt ihn Paul. „Denn wir haben nun 1,2 g!"
„Na klar!" Theatralisch schlägt sich Vasco an die Stirn. „Daran habe
ich nicht gedacht. Wenn die höhere Beschleunigung verantwortlich für
die hängenden Ohren ist, dann werden sich die Pflanzen sicher bald
erholen. Diese Prozedur sollten sie doch kennen, oder?"
Paul schüttelt resignierend den Kopf und zieht es vor, die hängenden
Ohren zu überhören.
Er wechselt das Thema. „Was hat denn eure Auswertung am Black
Bull vorhin ergeben, Vasco? Ist es nun ein Pulsar?"

Pulsare - Stationen im Kreislauf der Stoffe

„Wahrscheinlich", antwortet Vasco zögernd. „Zuverlässige Ergebnisse haben wir zwar noch nicht, doch ich glaube schon, daß es ein alter Pulsar ist. Ich schätze, so vor fünf- bis siebenhundert Millionen Jahren wird er bei einem große Knall entstanden sein. Es läßt sich aber nur ungefähr sagen, wie viele Jahre es her sind."

„Ein Pulsar – das ist doch der Rest einer Supernovae", stellt Paul fachmännisch fest. „Was wird eigentlich aus so einem Pulsar, Vasco? Wird er irgendwann noch einmal explodieren?"

Vasco kratzt sich verlegen am Kopf: „So, wie eine Supernovae, kann er nicht noch einmal explodieren. Schließlich hat er schon die Dichte eines Atomkerns. Doch sicherlich wird auch er eines Tages von irgendwem eingefangen. Und wenn es ihn dann in die Mitte einer aktiven Galaxis verschlägt, dann wird das sogar für einen Kerl wie ihn eine ernste Angelegenheit.

Die Bedingungen in diesen Gegenden sind so extrem, daß es selbst einem stabilen Atomkern an den Kragen gehen kann. Es werden dort ununterbrochen riesige Mengen Energie freigesetzt. Bei welchen Prozessen dies geschieht, das wissen wir auch heute noch nicht genau. Doch wir wissen, daß gigantische Mengen von Masse und Energie in Form von Strahlung und von ionisierten, fast vollständig zertrümmerten Atomen aus der Mitte der aktiven Galaxien ununterbrochen in's All strömen.

Diese Materie-*Jets* sehen aus wie riesige Fahnen, sie stehen üblicherweise senkrecht zur Galaxisebene. Im Materiestrom eines solchen *Jets* würde die Masse eines Black Bull gar keine Rolle spielen.

Wenn es den Dunklen also eines Tages in eine solche Region verschlägt, dann wird der kompakte Rest einer Supernovae einfach zerstäubt. Sein Staub wird zum Rohstoff für andere, noch gar nicht geborene Sterne ...

M87 - oder auch NGC 4486 - sieht auf den ersten Blick wie eine ganz gewöhnliche elliptische Riesengalaxie aus, von denen es viele im rund 50 Millionen Lichtjahre entfernten Virgo-Galaxienhaufen gibt. Doch schon im Jahr 1918 bemerkte ein Astronom einen ungewöhnlichen gebündelten Strahl, der aus dem Zentrum der Galaxie zu kommen schien. Mit Hilfe von Radioteleskopen konnte man in den 50er Jahren feststellen, daß dieser sogenannte Jet mit einer extrem starken Radioquelle, nämlich Virgo A, und eben M87 zusammenhing.

http://www.astronews.com/ news/artikel/2000/07/0007 -005.shtml

Doch nicht nur aus den Kernen aktiver Galaxien, sondern auch bei der Explosion von Supernovae wird eine enorme Menge Materiestaub und Energie in den Raum geblasen. Die ‚Asche'-Sorten dieser kosmischen Katastrophen sind uns bestens bekannt. Ohne diese Elemente würde es zum Beispiel uns Menschen gar nicht geben, denn alle chemischen Stoffe jenseits der Ordnungszahl von Eisen sind in solchen Prozessen entstanden. Nur der Kollaps ausgebrannter Sonnen oder die Glut aktiver Galaxienkerne hat die Kraft, diese Stoffe aus leichteren Elementen zusammen zu *schmieden.*

Wenn es auch schwerfällt sich dies vorzustellen, Paul, doch im Verlauf von Milliarden Jahren ist alles Kupfer, Gold, Silber, Platin - kurz: sind alle schweren Stoffe unseres Universums Atom für Atom bei derartigen Katastrophen entstanden."

Paul kratzt sich nachdenklich am Ohr. „Sylvia hat mir einmal gesagt, daß ein ganz normaler Stern die Energie für sein Leuchten aus den Prozessen in seinem Inneren bezieht. Dort würden unter hohem Druck und bei hoher Temperatur Kernfusionen stattfinden. Zum Beispiel könnten mehrere Wasserstoffkerne zu einem Heliumatom fusionieren. Dabei wird Energie frei.

Mehrere Heliumatome können wiederum zu einem Lithiumatom fusionieren. Das Lithiumatom wiegt weniger als die Heliumatome vorher zusammen gewogen haben. Die nun scheinbar fehlende Masse ist bei der Fusion zu Energie geworden. Sylvia sagte, das wäre der Massendefekt ..." Paul lacht leise. „Der Zusammenhang zwischen Masse und

Energie, Vasco, das ist auch so eine Aussage der Speziellen Relativitätstheorie, die ich mir nicht vorstellen kann.

Wenn Masse und Energie das Gleiche sind, dann müßte jeder Stern beim Leuchten immer leichter werden! Am Ende seines Lebens dürfte von dem Stern nur eine Menge großer, schwerer Atome übrig bleiben, die leichter sein müßten, als der ursprüngliche Stern."

„Grundsätzlich ist das richtig." Vasco nickt anerkennend. „Doch wahrscheinlich nehmen die Sterne in ihrem Leben durch ihre Gravitation viel mehr Masse in Form von kosmischen Staub auf, als sie in Form von Strahlung und Sonnenwind wieder in den Raum abgeben.

Doch das Elementespektrum eines Sternes verändert sich tatsächlich im Laufe seines Lebens zu Gunsten der schwereren Elemente. Jeder Stern wird deshalb einmal instabil. Eines Tages wird das Gleichgewicht der Kräfte, die dem Stern seine regelmäßige und stabile Form geben, wanken. Manche Sterne beginnen schon frühzeitig in ihrem Leben zu schwingen. Wenn sie gleichmäßig schwingen, bleiben sie sogar über lange Zeit stabil.

Andere Sterne leben Jahrmilliarden sehr ruhig, strahlen gleichmäßig vor sich hin, doch am Ende werden auch sie *unruhig*, beginnen zu schwingen. Meist blähen sich solche Exemplare zunächst enorm auf, werden zu einem roten Riesen. Am Ende aber fallen sie alle in einem mehr oder weniger heftigen Gravitationskollaps in sich zusammen.

Relativ leichte Sterne, wie unsere Sonne, haben eine große Lebenserwartung. Doch auch sie wird sich eines Tages zuerst zu einem roten Riesen aufblähen, um danach zu einem weißen Zwerg zu schrumpfen. Die Materie weißer Zwerge ist schon sehr dicht - aber sie ist längst nicht so dicht, wie die Materie eines Neutronensternes, eines Pulsars.

Je schwerer die Sterne sind, desto geringer ist ihre Lebenserwartung, denn schwere Sterne fusionieren die in ihnen vorhanden Vorräte an leichten Elemente viel schneller. Das Ende vieler schwerer Sterne besteht darin, daß sie zu einer Novae oder sogar zu einer Supernovae werden, daß sie hell aufleuchten.

Novae ist lateinisch und heißt neu. Für einen Erdbeobachter tauchen Sterne scheinbar neu am Himmel auf, wenn sie vorher zu schwach leuchteten, um überhaupt gesehen zu werden. Supernovae nennt man manche von ihnen, aber nicht etwa wegen ihrer exklusiven Neuheit, sondern weil sie besonders hell aufleuchten, weil bei ihnen die Energiefreisetzung noch vielfach intensiver ist."

„Sylvia sagte, daß bei Novaes das Gleichgewicht der Kräfte nicht mehr ..."

„... gegeben ist. Das ist richtig, Paul. Neben der Festigkeit der Sternenmaterie - denn dort, wo sich schon ein Atom befindet, kann kein Zweites sein - wirkt die nach Außen durch die Sternenmaterie wandernde Fusionsenergie wie ein Innen-*Druck,* der den Gravitationskräften des Sternes entgegensteht. Das Gleichgewicht zwischen diesen beiden Kräften kann Milliarden Jahre halten. Doch eines Tages werden im Stern die Fusionsrohstoffe zur Neige gehen.

Und auch der Rohstoff zum Brennen von Kohlenstoff wird eines Tages erschöpft sein. Je schwerer der zu brennende Stoff ist, desto gigantischer sind die Drücke und Temperaturen, die für das ‚Zünden' dieser Fusionen erforderlich sind. Die bei den fusionierten Atomen freigesetzte Energie wird umso geringer, je schwerer diese Atome sind. Die Zahl der schweren Atome wächst also, und so kommt es, daß der von innen nach außen gerichtete Energiestrom eines Tages nicht mehr ausreicht, um das Gleichgewicht der Kräfte aufrecht zu erhalten. Die Gravitation bekommt die Übermacht und der Stern fällt in sich zusammen ..."

„... fällt zusammen?" wundert sich Paul. „Ich denke diese Supernovaes explodieren?"

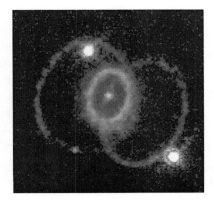

SUPERNOVA 1987A Im Februar 1987 explodierte in der Großen Magellanschen Wolke ein Stern von 20- bis 25facher Sonnenmasse und bot mit seinem Ende eines der seltensten und spektakulärsten Schauspiele: eine Supernovae. Bei einer Supernovae stößt ein Riesenstern binnen einiger Sekunden mit unvorstellbarer Gewalt den größten Teil seiner Materie ins All.

*Während dieser kurzen Zeit wird das Zehnfache der
Energiemenge freigesetzt, die unsere Sonne während ihrer
gesamten Lebensdauer produziert. Verständlicherweise
sind Supernovae sehr hell: In kleinen Galaxien kann eine
Supernova so hell wie die restliche Galaxie als Ganzes
erscheinen. SN 1987A ist die nächstgelegene Supernova
seit der Erfindung des Fernrohres. Seitdem wurden erst
fünf Supernovae in unserer Galaxie beobachtet; und die
letzte besonders auffällige fand im Jahre 1054 im Sternbild
Stier statt (ihre Reste bilden heute den Krabben-Nebel).
... Die beiden hellen weißen Lichtpunkte sind andere
Sterne im Blickfeld.*

/15/ Mission Hubble, Bildtafel 32

„Ja, Paul, das ist richtig. Doch der Explosion geht eine Kontraktion
voraus. Sobald der von innen kommende, die Sternenoberfläche tra-
gende Energiestrom nachläßt, beginnt der äußere Bereich des Sterns
zusammenzufallen. Der Stern wird insgesamt kleiner, seine Masse bleibt
aber dabei konstant. Zwangsläufig steigt die Dichte der Materie an.

Der Abstand der Sternenoberfläche zu seinem Schwerpunkt wird immer geringer, dementsprechend wächst das Gravitationspotential, dem
die äußersten Materieschichten ausgesetzt sind. Sie werden also immer
stärker nach innen beschleunigt. Die wachsende kinetische Energie der
fallenden Materie führt zu einem extremen Zustand, wobei man nicht
mehr von einzelnen Atomen sprechen kann.

Nur das Zentrum des Sternes kollabiert nicht mit - wohin denn. Die dort
befindliche Materie läßt sich nicht beliebig zusammenpressen. Sie setzt den
anströmenden Materiemengen Widerstand entgegen. Die kinetische Energie
der aufprallenden Materie setzt Wärme frei - und in einem kugelschalenförmigen
Bereich rund um das Zentrum des Sternes herrschen plötzlich Bedingungen,
die es vorher nie gegeben hat - die Fusion springt erneut an.

Von dieser aktiven Kugelschale ausgehend, breitet sich nun eine enorme Druckwelle in alle Richtungen aus. Die nach außen laufende Druckfront bläst mit unerhörter Intensität die äußeren Teile des Sternes weg.
Wir sehen ihn explodieren, denn er wird dabei heller - sehr viel heller!

Für uns unsichtbar läuft aber eine gleich starke Druckfront in Richtung des Sternenzentrums. Die Energie dieser Welle kann sich jedoch

nicht in den Raum entladen, sondern sie muß sich im Gegenteil mit kleiner und kleiner werdenden Raumbereichen begnügen. Die nach Innen laufende Druckfront prallt mit unvorstellbarer Wucht auf die im Zentrum des Sternes befindliche Materie,..."

Vasco schaut gedankenverloren in die Ferne, „und dann schmiedet sie dieses mit einem Schlag zu einem einzigen, riesigen, rotierenden Atomkern zusammen."

Vasco schaut Paul abwartend von der Seite an. „So entsteht ein *Neutronenstern*, Paul. Zumindest stellen wir uns das so vor.

Aus der Nähe gesehen hat das noch niemand. Zumindest konnte keiner mehr darüber berichten, denn eine Supernovae schafft in ihrer engeren und weiteren Umgebung eine kosmische Wüste.

Der eigentliche Ausbruch einer Supernovae dauert jedoch nur kurze Zeit. Wir können ihr Aufleuchten in den verschiedenen Spektralbereichen registrieren, erst viel später können wir sehen, wie die Reste der Sternenhülle in alle Richtungen davon fliegen und, wie in der Mitte der Wüste ein kleiner, sehr dichter und rasend schnell rotierender Neutronenstern pulsiert."

„Die Pulsare sind so dicht wie ein Atomkern, sagst du. Sylvia sagte, daß es noch dichtere Objekte gibt."

„Geben sollte!" korrigiert Vasco und verzieht warnend das Gesicht. „Das ist ein kleiner, aber feiner Unterschied. Sylvia meint die schwarzen Löcher, die Singularitäten der Allgemeinen Relativitätstheorie. Nach ihnen wird schon ein Jahrhundert lang gesucht.

Schwarze Löcher sollten entstehen, wenn die Dichte der Materie einen gewissen Grenzwert übersteigt. Wenn die Gravitation so stark wird, daß selbst die festeste Materie eines Sternenzentrums dieser Kraft nichts entgegenzusetzen hat. Die äußere Sternenmaterie wird ununterbrochen schneller werdend nach innen fallen, sie würde ewig fallen, denn sie dürfte niemals irgendwo aufschlagen oder zur Ruhe kommen können.

Die Existenz dieser Schwarzen Löcher, dieser Enklaven in der Raum-Zeit ist nach wie vor umstritten. Einstein selbst hat diese Singularitäten mit ausgesprochener Skepsis betrachtet. Doch das ist ein sehr weites Feld, Paul. Sogar die Quantenmechanik spielt dabei eine wichtige Rolle. Und es gibt die verschiedensten Interpretationen."

„Verschiedene Interpretationen", wiederholt Paul und lacht leise in sich hinein. „Auch deshalb war Sylvia vorhin bei mir. Sie hat mich eindringlich auf deine Gefährlichkeit hingewiesen: Deine *Interpreta-tionen,* Vasco, die wären **zu** spekulativ."

„Zu spekulativ", wiederholt Vasco kichernd. „Ja, ich weiß." Doch ich hab' mein Fett für heute schon weg. Hat sie sonst noch was gesagt?"

„Sie hatte es eilig. Ich habe sie nur kurz gefragt, ob sie weiß, woran die Materie erkennt, wie schnell sie sich gegenüber dem Rest der Welt bewegt. Doch sie konnte mir dazu nichts sagen. Ist diese Frage denn wirklich so schwer zu beantworten?"

„Ja", antwortet Vasco trocken und schaut auf die Uhr. „Und im Moment geht das sowieso nicht, denn gleich beginnt mein Dienst in der Luke. Ich habe in meinem Archiv für dich unter dem Stichwort *Jonas* etwas vorbereitet. Sieh dir die Fragen einmal an. Morgen früh können wir uns dann gern über alles unterhalten. Komm einfach bei mir vorbei. Nur bitte nicht zu früh! Am besten, so um 8 Uhr. Tschüß!"

Paul schaut Vasco hinterher. „Jonas. Und nicht vor 8 Uhr", wiederholt er und beschließt umgehend, seinen Pflanzen nun Zeit zur Erholung zu gönnen. Sich selbst gönnt er Vascos Archiv. Das Paßwort ist *Jonas.* Er wiederholt es zur Sicherheit, bis er vor seinem Rechner steht. „Jonas, Jonas ..."

Auf die Eingabe von Jonas erscheint eine Frage:

Woher kommt die Gravitationsenergie?

Paul werden drei mögliche Antworten zur Auswahl angeboten.

1. Die Gravitationswirkung ist eine Attraktionswirkung, die von allen massebehafteten Körpern ausgeht. Jeder massebehaftete Körper entwickelt danach ein, an Intensität seiner Masse entsprechendes Gravitationsfeld. Das Feld wirkt mit einer Kraft auf andere massebehafteten Körper. Alle schweren Körper wirken wechselseitig aufeinander ein. Die Gravitationsenergie ist die Energie, die zur Ablenkung eines Probekörpers von der Bahn erforderlich ist, die der Körper ohne Anwesenheit eines Gravitationsfeldes nehmen würde - der euklidischen Geraden. Die Quelle der Gravitationsenergie ist der gravitierende Körper.

2. Die Anwesenheit von schwerer Materie verändert die Metrik des Raumes. Die beobachteten Bahnkurven von Himmelskörpern sind nichts anderes als Ausdruck der Metrik des Raumes.

3. Gravitation ist eine von vielen Erscheinungen, die aus der Wechselwirkung zwischen einer Impulsströmung aus dem Welthintergrund und darin eingebetteten, resonanten Objekten erwächst. Gravitation beruht auf der Eigenschaft der Materie, den Impuls der Hintergrundstrahlung zu modifizieren. Die Attraktion zwischen ponderablen Körpern ist das Resultat des - im Vergleich zu den anderen Richtungen des Welthintergrundes - geringeren Impulsdruckes zwischen gravitierenden Massen.

Paul hat die Antwortvorschläge überflogen und fragt sich nun seinerseits, was dieses Fragespiel mit seinem Problem zu tun haben könnte. Er sieht noch keinen Zusammenhang zwischen der Herkunft der Gravitationsenergie und dem Trägheitskompaß, dem Wissen der bewegten Materie um ihre Bewegung gegenüber dem Welthintergrund.

Kurz entschlossen wuchtet er seinen Sessel herum und schaltet über den Kommuschirm eine Verbindung zu Elis Zimmer. Es klappt. Eli sitzt auf seiner Liege und liest konzentriert in einem Buch oder einer Broschüre.

„Hallo Eli", flötet Paul samtweich, „darf ich dich einmal stören?"

Eli schreckt auf und schaut sich suchend um. Erst im zweiten Anlauf entdeckt er Paul auf dem Schirm. „Hallo Paul!" murmelt er wenig begeistert. „Hab dich gar nicht gehört. Was gibt's?"

„Vasco hat mir eine Frage gestellt. Ich komme nicht richtig damit klar, kann aber nicht an ihn heran. Er hat im Moment Dienst, er sitzt in der Luke..."

Eli ist unkonzentriert: „Wo ist das Problem, Paul?"

Paul macht es kurz: „Die Frage lautet: *Woher kommt die Gravitationsenergie?"*

Ei kratzt sich am Kopf. „Im Moment habe ich noch zu tun", antwortet er. „Komm in 20 Minuten vorbei. Bis dahin habe ich meinen Artikel hier vielleicht auch geschafft!" und damit wird Pauls Kommuschirm dunkel. Einen Moment betrachtet Paul noch irritiert den abgeblendeten Schirm, dann wendet er seinen Sessel wieder um. *Woher kommt die Gravitationsenergie?* - steht nach wie vor auf dem anderen Bildschirm. Was meinte Vasco mit Woher? Woher kommt überhaupt Energie?

Paul weiß, daß Energie nicht aus dem Nichts heraus entstehen und auch nicht im Nichts verschwinden kann. Das sagt der Energieerhaltungssatz.

Die Beschleunigung einer Masse kostet Energie, sagt man umgangssprachlich. Obwohl das nicht ganz korrekt ist. In die Heidelberg wurde vor dem Flug eine riesige Menge Energie - in Form von Treibstoff - eingelagert. Um das Schiff zu beschleunigen wurden diese Energiekonserven in den Antrieben des Raumschiffes zielgerichtet freigesetzt.

Die Energiereserven waren aber nach der Beschleunigungsphase nicht wirklich ‚verbraucht'. Denn genaugenommen steckten sie zu 50 Prozent im nun bewegten Raumschiff und die anderen 50 % steckten in der, gemäß dem Rückstoßprinzip von den Antrieben der Heidelberg nach ‚hinten' geschleuderten Materie.

Man konnte derart eingefrorene Energiereserven in Bewegung umwandeln. Also ist Bewegung im Grunde auch nur eine Erscheinungsform von Energie. Paul kennt noch andere Erscheinungsformen von Energie. Zum Beispiel die Temperatur, die Wärmeenergie.

Doch auch Wärme ist nichts anderes, als eine besondere innere Bewegung der Atome des warmen Stoffes. Der Zusammenhang zwischen Energie und Bewegung ist auch hier eindeutig.

Paul sucht nach Erscheinungsformen von Energie, die **nicht** an Bewegung erinnern. Da war zum Beispiel die chemische Energie eines Stoffes. Ein chemisch aktiver Stoff enthielt zumindest die Potenz zur Bewegung in sich - denn bei seiner Verbrennung entstand üblicherweise Wärme. Die chemische Energie ist also geschickt im Stoff versteckt. Denn - sofern er nicht gerade brennt - kann man ihm diese Potenz zur Energiefreisetzung nicht auf den ersten Blick ansehen.

Sylvia hatte ihm einmal gesagt, daß auch beim Verbrennen ein winziger Anteil der Masse der beteiligten Stoffe in Wärme übergeht. Genausoviel Masse, wie Einsteins Formel $E = m \cdot c^2$ vorhersagt.

Im Verhältnis zu den beteiligten Atom- oder Molekülmassen ist aber der bei chemischen Prozessen umgesetzte Masseanteil verschwindend gering. Paul hat damals einfach hingenommen, daß es der Natur gelingt, chemische Energiereserven im Inneren der Atome zu ‚verstecken‘.

Aus der speziellen Relativitätstheorie, die der deutsche Physiker Albert Einstein 1905 aufstellte, ergibt sich, daß Masse und Energie zwei verschiedene Ausprägungen einer und derselben Sache sind. Die Masse der Materie ist jedoch eine sehr konzentrierte Energieform. Man würde die Energie brauchen, die beim Verbrennen von 2.670. 405 Litern Benzin entsteht, um ein Gramm Materie zu erzeugen. Das Herauslösen eines Mesons aus einem Atomkern ist dem Herstellen der in einem Meson enthaltenen Materie vergleichbar ...

> Isaac Asimov in /16/ Bausteine der Materie

Die Masse-Energie-Gleichung wäre immer irgendwie *richtig* - meinte Sylvia. Paul kichert spontan. Wenn jede Masse gravitiert, müßte sie beim Gravitieren ständig ein bißchen Masse ‚verdunsten‘. Sie würde sich also langsam und stetig in Gravitation umwandeln, um eines Tages gänzlich zu Gravitation geworden zu sein ... Doch diesen Gedanken legt er schnell zu den Akten.

Als nächstes versucht er, die Größenordnung der im Universum laufend umgesetzten Gravitationsenergie abzuschätzen. Die in den Antrieben zur Beschleunigung der Heidelberg freigesetzten Energiemengen sollten ihm den Anhaltspunkt dazu liefern.

Vergleicht man die Beschleunigung schwerer Körper damit, so sollte er ungefähr abschätzen können, welche Energiemengen ein ganz normaler Planet für seine Gravitation laufend benötigt.

Paul hebt überrascht die Augenbrauen. Die Heidelberg hatte wirklich enorme Treibstoffmengen benötigt, um nur zwei Jahre lang mit durchschnittlich 1,0 g zu beschleunigen.

Die Erde beschleunigte aber alle schweren Objekte an ihrer Oberfläche ununterbrochen mit 1 g. Seit Milliarden von Jahren!

Und wie groß muß die Energiemenge sein, die die Erde verpulvert, um nur den Mond ständig so zu beschleunigen, daß er ihr nicht geradewegs ins All entwischt! Dagegen konnte man die zur Beschleunigung der Heidelberg erforderlichen Energien getrost vergessen!

Von welchen Energiereserven zehrte gar die Sonne, die ununterbrochen die Planeten zusammen hielt? Paul zieht in Gedanken die Kreise weiter, und schüttelt schließlich den Kopf.

Die Milchstraße rotiert ebenso wie die Planeten um einen Zentralkörper: um das Galaxis-Zentrum. Die beteiligten Massen und auch die Geschwindigkeiten mit der diese Massen um das Zentrum der Galaxis rotieren, übertreffen wieder um das Milliardenfache das Beispiel des Planetensystems.

Trotzdem hielt die enorme Gravitation des Galaxiskerns offenbar alles zusammen. Sonst wäre dies rotierende, von außen wie ein schlecht gerührtes Spiegelei erscheinende Gebilde, ja längst auseinander geflogen!

Und erst die Metagalaxis!

„Diese Gravitationsfrage macht einen ja verrückt!" schimpft Paul endlich und beschließt zu handeln. „Ich werde einfach der Reihe nach anschauen, was der Computer dazu sagt!" Zunächst wählt er Variante *eins*.

1. Diese Darstellung entspricht der Newtonschen Gravitationstheorie, welche die Wirklichkeit mit guter Genauigkeit beschreibt. Die tatsächlichen Planetenbahnen weichen nur in sehr geringem Maße von den theoretischen Vorhersagen ab.

Die Frage nach der Herkunft der Gravitationsenergie ist innerhalb der Theorie nicht zu beantworten.

Paul überfliegt den Text ein zweites Mal, schüttelt kurz den Kopf und wendet sich dann Antwort *zwei* zu.

2. Diese Darstellung entspricht der Allgemeinen Relativitätstheorie (ART)
Sie liefert genauere Vorhersagen als Newtons Theorie. In der ART ist Gravitation keine Kraft. Die Körper folgen zwanglos der Metrik des Raumes. Die Frage nach der Herkunft der Gravitationsenergie ist damit gegenstandslos.

Paul hat langsam den Verdacht, daß Vasco ihn mit diesen Fragen nur verwirren wollte. „Die Nummer Eins ist Newton. Die Nummer Zwei ist Einsteins Allgemeine Relativitätstheorie. Aber was ist nun die Nummer Drei für ein Exot?"

*3. Diese Antwort ist **verrückt***
Sehr wahrscheinlich aber nicht verrückt genug.
Doch, da sie den Weg zu einem vorstellbaren Bild der 4-dimensionalen Raumzeit und dem darin Befindlichen weisen soll, wäre es gut, wenn wir uns darüber unterhalten würden. Vasco.

Paul schaut sich nochmals die verrückte dritte Antwort an:

3. Gravitation ist eine von vielen Erscheinungen, die aus der Wechselwirkung zwischen einer Impulsströmung aus dem Welthintergrund und darin eingebetteten, resonanten Objekten erwächst. Gravitation beruht auf der Eigenschaft der schweren Materie, den Impuls der Hintergrund-strahlung zu modifizieren. Die Attraktion zwischen ponderablen Körpern ist das Resultat des - im Vergleich zu den anderen Richtungen des Welthintergrundes - geringeren Impulsdruckes zwischen gravitierenden Massen.

Paul wiederholt zweifelnd : „Gravitierende Körper modifizieren Impuls??"
Davon hatte er nun ganz bestimmt noch nicht gehört! Er schiebt seinen Sessel langsam zurück und wirft einen Blick auf die Uhr. Die 20 Minuten waren längst vorbei! Möglicherweise wartete Eli schon.
Doch Paul kam nicht zu spät. Ganz im Gegenteil. Eli hebt nicht einmal den Blick von seiner Lektüre, als er ihn empfängt: „Einen Moment, bitte." Paul setzt sich wortlos an den Rechner und stellt eine Verbindung zu seinem Alten her. Das Jonas-Fragespiel erscheint.
Eli legt in diesem Moment die Seiten seines Artikels zusammen. „Wo drückt der Schuh, Paul?"
Paul weist auf den Rechner. „Das hier hat mir Vasco als Hausaufgabe geschickt. Kannst du etwas damit anfangen?" Eli kommt näher und liest. Danach geht er wortlos wieder zurück und läßt sich in seinen

Sessel fallen. „Mir scheint", orakelt er, „Vasco möchte eine ‚Eier le-
gende Wollmilchsau' erfinden."
Paul zieht verstört die Augenbrauen zusammen. Von diesem Vieh
hatte er noch nie gehört.

„Mein Großvater", erklärt Eli grinsend, „pflegte dieses hypothetische Tier gelegentlich als Beispiel zu nennen, wenn ich mir etwas Un-
realistisches wünschte. Vasco's Vorhaben erinnert mich daran. Mit Hilfe deiner Unvoreingenommenheit möchte er sozusagen dem genetischen
Bauplan dieser *Wollmilchsau* näher kommen. Du sollst ihm helfen, ein
vor Jahren erstmals skizziertes Weltbild nachzuzeichnen. Er selbst ist
sich nicht sicher bei der Interpretation dieses *Jonas*-Modells. Erstens
ist es auch ihm nur in Ansätzen bekannt und zweitens vermutet er bei
sich selbst eine gewisse Betriebsblindheit, welche er natürlich seiner
physikalischen Vorbildung in die Schuhe schiebt.

Für die Entwicklung dieses Jonas-Modells zählt er jedenfalls auf
dich. Genauer gesagt, auf deine Phantasie und deinen gesunden Menschenverstand. "

„Jonas", murmelt Paul langsam, „Jonas! Das ist das Paßwort für seinen Archivteil!" ruft er plötzlich und weist auf den Rechner.

„Etwas in der Art habe ich vermutet", meint Eli trocken und schaut
nachdenklich auf die Blätter in seiner Hand. „Du bist mir aber nicht
böse, Paul, wenn ich in dieser Situation nichts zu Vascos Gravitations-
fragen sagen möchte. Nicht wahr?"

„Versteh ich." Paul zuckt gleichmütig die Achseln. „Und ich werd's
auch überleben. Gehst du wenigstens mit mir Essen?"

Die ominöse Dritte

Am anderen Morgen, pünktlich 8 Uhr, klopft Paul an Vascos Zimmer-
tür. Keine Antwort. Kurz schaut er hinein, denn Vasco hatte gelegentlich einen sehr gesunden Schlaf. Doch die Kabine ist leer.

Paul macht auf dem Absatz kehrt und geht rasch den Flur entlang.
Er glaubt zu wissen, wo er Vasco finden kann. Und richtig, am Ecktisch
in der Messe, hat er Erfolg. „Guten Morgen und gut geschlafen?" begrüßt er ihn.

„Danke der Nachfrage", antwortet Vasco gut gelaunt. „Ich habe wenig, aber gut geschlafen. ‚Kurz und gut', sozusagen. Hast du eigentlich schon gegessen?"

„Ich habe längst gefrühstückt", provoziert Paul ein bißchen.

„Sehr gut!" Vasco räumt zusammen und erhebt sich.

„Wie hält´s du es nun mit der Gravitationsenergie?" kommt Vasco, noch auf dem Weg zu seinem Zimmer, auf die Gretchenfrage.

„Wie ich den Text verstanden habe, können die beiden anerkannten Theorien gar keine Antwort auf diese Frage geben." Paul läßt sich in einen Sessel plumpsen. „In der Newtonschen Gravitationstheorie ist die Gravitation eine Eigenschaft der Masse, die sich nicht in irgend einer Weise im Laufe der Zeit aufbrauchen kann. Und in der Allgemeinen Relativitätstheorie ist Gravitation nichts anderes, als die Geometrie des Raumes. Es bleibt also nur die dritte Antwort. Aber mit dieser kann ich nichts anfangen!" Vasco kichert leise und tut geheimnisvoll: „Die verrückte dritte Antwort steht für ein Gedankenmodell, das vor Jahren einmal von einem Jonas skizziert wurde und mit dem er Aussagen der Quantenmechanik und der Relativitätstheorie anschaulich machen wollte.

Dieses anschaulich machen - klingt zwar harmlos, aber es hat es in sich. Ich wäre froh, wenn wir wenigstens Ansätze von Anschaulichkeit erreichen könnten." Vasco blickt Paul erwartungsvoll an.

„Mein Vorwort wird knapp ausfallen, weil ich dir nicht viel zu diesem Modell von Jonas sagen kann. Außerdem glaube ich, daß du selbst am besten in der Lage bist, dieses Bild zu entwickeln."

Paul hebt vage die Schultern.

„Als Einstieg in die Gedankenwelt von Jonas habe ich das Problem der Gravitation gewählt. Deshalb auch meine Frage: *Woher kommt die Gravitationsenergie?*" Vasco ruft den Text der dritten Antwort nochmals auf.

Paul kennt die Zeilen inzwischen fast auswendig. „Ich habe von dieser Impulsströmung aus dem Welthintergrund und den resonanten Objekten noch nie etwas gehört, Vasco. Was soll das sein?"

Vasco weicht aus: „Diese Impulsströmung ist ein hypothetisches Bild in Jonas' Modell, welches er wohl in erster Linie zur Veranschaulichung eingeführt hat. Manche Menschen, die sehr viel Abstraktionsvermögen haben, können sich die Welt auch ohne Inhalt denken. Sie könnten auf dieses Bild verzichten. Doch ich glaube, das sind nur wenige. Ich zähle mich selbst auch nicht dazu. Es wird am besten sein,

Paul, du bastelst dir aus dem wenigen, was vorgegeben ist, das Bild selbst. Wenn du dir diesen allseitigen Impulsstrom veranschaulichst, dann wirst du ganz von allein hinter die Probleme kommen, die damit verbunden sind. Und - hoffentlich - auch Möglichkeiten finden, diese zu umgehen."

„Impulsstrahlung", wiederholt Paul unsicher. „Impuls, das ist eine Bewegungsgröße. Es ist das Produkt aus Masse und Geschwindigkeit. Eine bewegte Billardkugel hat zum Beispiel einen Impuls. Ein bewegtes Teilchen hat auch Impuls, ein rasendes Partikelchen auch.

Ein ‚allseitiger Impulsstrom' wäre demnach ein Strom von vielen Teilchen, welche aus allen Richtungen über den Billardtisch strömen." Paul schüttelt spontan den Kopf.

„Ein Billardtisch ist eben, ist zweidimensional", korrigiert er sich, „Die Welt aber ist räumlich, ist dreidimensional. Eine allseitige Impulsstrahlung wäre demnach eine aus allen Richtungen des Raumes kommender Strom von impulstragenden Partikelchen."

Von Paul unbemerkt, reibt sich Vasco zufrieden die Hände.

„Jeder Planet würde sich demnach inmitten eines aus allen Richtungen kommenden Partikelstroms befinden. Manche dieser Partikel werden an ihm vorbeifliegen, andere stoßen mit ihm zusammen. Sie stoßen mit den Atomen zusammen, aus denen der Planet besteht.

Bei diesen Zusammenstößen werden die Partikel so, wie die bewegte Billardkugel, Impuls an die Atome des Planeten vermitteln ..."

Paul stockt einen Moment und schaut Vasco zweifelnd an: „Wenn das man gut geht ..."

Doch Vasco geht nicht darauf ein. „Weiter Paul. Der grobe Rahmen für das Bild der Gravitation bei Jonas ist gleich fertig."

Paul schaut an die Decke und konzentriert sich. „Die Partikelchen kommen also von allen Seiten, stoßen mit den Atomen des Planeten zusammen, übermitteln dabei Impuls und werden danach wieder in das All zurück fliegen.

Da die Partikel gleichmäßig von allen Seiten kommen, werden sie am Planeten auch keinen resultierenden Impuls hinterlassen. Im Schnitt werden die Partikel genau soviel Impuls wieder vom Planeten davontragen, wie sie vorher mitgebracht haben." Paul hebt den Kopf und schaut Vasco offen an: „Mir ist unklar, Vasco, wie auf diese Weise eine Gravitation entstehen soll!"

Wortlos weist Vasco auf die Zeilen:

Gravitation beruht auf der Eigenschaft der schweren Materie, den Impuls der Hintergrundstrahlung zu modifizieren. Die Attraktion zwischen ponderablen Körpern ist das Resultat des - im Vergleich zu den anderen Richtungen des Welthintergrundes - geringeren Impulsdruckes zwischen gravitierenden Massen.

„Du meinst", flüstert Paul gedehnt, „daß die Materie der Planeten den Impuls der Partikelchen modifiziert, ihn umwandelt oder akkumuliert?" Er kratzt sich am Kopf. „Hmmm. Dann könnten die vom Planeten wegstrebenden Partikel natürlich weniger Impuls tragen, als die Partikelchen, die zu ihm hin fliegen. Der Planet strahlt dann nicht mehr genau das Gleiche ab, was er aus dem Hintergrund empfängt. Die von ihm ausgehende Impulsstrahlung wäre schwächer und ..."

Paul nickt. „Wenn ich neben einen solchen, schwächer strahlenden Planeten einen weiteren, ebenfalls schwächer strahlenden Planeten lege, ..."

Er greift sich rasch Vasco's Skizzenblock, „... dann werfen die Massen jeweils einen Schatten von geschwächter Impulsstrahlung aufeinander. Beide Massen wirken aufeinander, indem sie sich gegenseitig vor dem ungeschwächten Impulsen aus dem Welthintergrund abschirmen. An beiden Massen wird sich ein resultierender Impuls herausbilden! Beide Masse würden auf einander zu getrieben, sie würden sich scheinbar anziehen."

Paul nimmt den Kopf zurück und betrachtet zweifelnd seine Skizze.

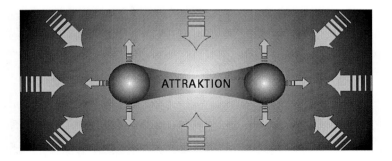

„Soll das schon alles gewesen sein?" fragt er ungläubig.

„Alles nicht", entgegnet Vasco gelassen. „Aber es ist ein erster Schritt in die Welt von Jonas. Und dieser erste Schritt ist einfach! Natürlich ist damit das Bild der Gravitation noch lange nicht vollständig. Zum Beispiel liegt die Herkunft der Impulse und auch die Art und Weise ihrer Modifizierung an schwerer Masse noch vollkommen im Dunklen. Ja, die schwere Masse selbst ist noch ein Buch mit sieben Siegeln. Trotzdem vermittelt dieser erste Schritt eine Vorstellung vom Zustandekommen der attraktiven Wirkung schwerer Masse. Als ich an dieser Stelle des Gedankenversuches angelangt war, Paul, da schöpfte ich wieder Hoffnung, Gravitation anschaulich abbilden zu können. Zumindest anschaulicher, als es mit reiner Geometrie oder dem Hinweis auf eine Eigenschaft der Masse möglich ist."

Im Stillen gibt Paul Vasco recht. Verglichen mit der Metrik der Allgemeinen Relativitätstheorie oder dem inhaltsleeren Kraftfeld Newtons, ist die Jonas-Gravitation vorstellbar. Überhaupt nicht vorstellen kann Paul sich dagegen, wie aus solch einem trivialen Bild heraus die relativistischen Zusammenhänge erwachsen sollten.

Die Zeitdilatation im Gravitationsfeld zum Beispiel, oder die Längenkontraktion. Doch diese Befürchtung behält er noch für sich.

„Wenn die Planeten geschwächten Impuls ausstrahlen, Vasco, dann wird die Dichte der von ihnen modifiziertem Partikel natürlich mit zunehmender Entfernung immer geringer werden. Die Stärke des am schweren Körper resultierenden Impulses - die Gravitationskraft - müßte entsprechend dem Strahlensatz mit dem Quadrat der Entfernung abnehmen?"

„Das sollte sie", bestätigt Vasco, ohne jedoch besonders beeindruckt zu sein.

„Du kennst ja sicherlich Newtons Gravitationsgleichung?"

„Ungefähr, Vasco. Die Gravitationskraft nimmt mit dem Quadrat des Abstandes ab. Außerdem ist sie von der Größe der jeweils gegenüberliegenden Masse abhängig - und einer Konstante."

„Newtons Formel", übernimmt Vasco, „lautet: $F = \dfrac{m_1 \, m_2}{a^2} \cdot \gamma$

Das F steht für die Kraft, das a im Nenner steht für den Abstand zwischen den Körpern und die beiden m stehen für die Massen, welche sich gegenseitig anziehen.

Das Gamma ist die Gravitationskonstante. Gamma entspräche bei

Jonas dem Grad der Abschwächung der Hintergrundimpulse bei ihrer Wechselwirkung mit schweren, also gravitierenden Objekten." Vasco schaut Paul lange an.

Dann atmet er tief durch und nickt anerkennend. „Auch auf diesen Zusammenhang bist du sehr schnell gekommen, Paul. Ich möchte dich aber trotzdem warnen: es wird so nicht weiter gehen. Die wirklich dikken Brocken stehen alle noch aus. Als nächstes wäre zu klären, was der gravitierende Planet eigentlich mit den Impulstragenden Partikeln anfängt, wenn er sie schwächt ..."

Was Masse attraktiv macht

Paul hat zwar Vascos Aufforderung akustisch vernommen, doch in Gedanken ist er noch mit dem neu kreierten Bild der Gravitation beschäftigt. Nachdenklich schaut er auf seinen erhobenen Arm. Niemals vorher hatte er die Empfindung der Schwere seines Armes mit einem von oben auf den Arm einwirkenden Impulsstrom verbunden. Und doch ist diese Vision sehr anschaulich. Ja, es scheint nichts näher zu liegen, als das Empfinden der Schwere auf einen ständigen Strom von kleinen Stößen, von Impulsen zurückzuführen, die jedes Atom seines Armes, seines ganzen Körpers ununterbrochen nach unten treiben.

Unten, das ist dabei die Richtung aus der die Kraft der Impulse am schwächsten ist: der gravitierende Massenschwerpunkt, der Erdmittelpunkt.

Plötzlich senken sich Pauls Mundwinkel. Er schüttelt unwirsch den Kopf und betrachtet seinen erhobenen Arm mit dem Ausdruck unverhohlenem Mißtrauens.

„Ich bin doch in der Heidelberg", murrt er. „Hier gibt's doch gar keine Schwerkraft!"

Tatsächlich kann das, was er im Moment empfindet, gar nichts mit Gravitation zu tun haben. Pauls Körper ist im Moment nicht schwer, sondern träge! Denn Paul ist ja keinem Gravitationsfeld ausgesetzt sondern der gleichmäßigen Beschleunigung durch die Raumschiffantriebe mit 1,2 g.

Vasco verfolgt Pauls Aktionen mit wachsender Genugtuung.

„Du bist etwas zu schnell!" warnt er verhalten. „Deine Schlußfolge-

rung ist ein echter Volltreffer, Paul. Sie läuft auf Einsteins Äquivalenzprinzip hinaus. Leider sind wir noch lange nicht in dieser Region!"
Enttäuscht läßt Paul seinen Arm sinken. „Ich weiß schon." entgegnet er und läßt sich in seinem Sessel fallen. „Du möchtest von mir wissen, was der Planet mit dem Impuls tut, wenn er ihn schwächt." Vasco
nickt schweigend.
„Das bequemste wäre zu sagen, daß die schwere Materie Impuls in
sich bindet. Dann wäre es logisch, daß der vom gravitierenden Körper
ausgehende Impulsstrom schwächer ausfällt, als der zu ihm strömende
Impuls." Paul kratzt sich am Kopf. „Doch ich vermute, daß wir auf
diese Weise früher oder später mit dem Energiesatz Probleme bekommen. Mir ist die Idee, daß schwere Materie Impuls umwandelt wesentlich sympathischer. Der Haken dabei ist nur, daß der von der schweren
Materie so umgewandelte Impuls auf andere Körper nicht genauso
abstoßend wirken darf, wie der originale, der unmodifizierte Hintergrundimpuls."
Vasco hebt beschwörend die Hände und stoppt Paul. Offenbar hat er
Probleme ihm zu folgen. „Du glaubst, die Hintergrundstrahlung wird
von den schweren Atomen des Planeten so umgewandelt", wiederholt
er langsam, „daß sie auf andere schwere Körper eine weniger abstoßende Wirkung hat."
Vasco hebt anerkennend die Augenbrauen. „Das geht, Paul. So könnte
man es beschreiben!"
„Die schwere Materie kann vielleicht sogar zeitweilig Impuls bin-
den. " meint Paul selbstbewußt. „Dabei wird sich der aufgesogene Impuls in irgendeiner Form in der Materie niederlassen, sie wird sich mit
Impuls ‚füllen'. Doch funktionieren kann dieses Verfahren nur kurze
Zeit, denn die Impuls bindende Materie ist zweifellos irgendwann einmal voll! Doch das muß ich mir noch einmal genauer durchdenken",
bricht Paul seine Spekulationen ab.
„Zunächst halte ich fest, daß bei Jonas die Gravitation auf Impulsumwandlung beruht, Vasco. Wie die gravitierende Materie dies macht,
das weiß ich noch nicht. Ich bin aber sicher, daß ich einen Mechanismus erfinden kann, der dies veranschaulicht. Der Mechanismus wird
zeigen, wie die schwere Materie den Impuls der Hintergrundpartikel
schwächt- ohne dabei die Gesamtenergie der Hintergrundpartikel zu
verändern. Ich glaube," Paul spekuliert nun vielleicht etwas voreilig

mit erhobenen Zeigefinger. „Ich glaube das Ergebnis dieser Umwandlung, das ist Wärme."

„Wie kommst du so plötzlich auf Wärme?" fragt Vasco verblüfft.

„Das kannst du an jedem größeren Mond sehen, Vasco! Außerdem weiß das jedes Kind: Die Gravitation preßt Materie zusammen. Durch diesen Druck wird sie warm. Selbst sogenannte kalte Himmelskörper- wie die Monde - strahlen im Infrarotbereich laufend Wärme in den Raum. Außerdem hast du selbst mir erklärt, daß die für die Fusion in den Sonnen erforderliche Anschub-Energie aus der Gravitation kommt. Auch die enorme Temperatur in der Mitte der Sonnen ist eine Folge des Druckes der übereinander liegenden, schweren Massen. Also ist die Temperatur im Inneren ein Ergebnis der Impulsumwandlung ..."

Vasco lächelt wie eine Sphinx. „Den Druck und die Temperatur für das erstmalige Zustandekommen der Fusionsbedingungen, denn kannst du durchaus der Gravitation in die Schuhe schieben, Paul. Doch, wenn die Fusion einmal in Gang gekommen ist, dann ist sie kein Energiefresser mehr, sondern im Gegenteil ein Prozeß, der enorm viel Energie freisetzt. Du erinnerst dich: Der Massendefekt."

„Ja, ich erinnere mich." Paul winkt beschwichtigend mit der Hand. „Die Kernfusionen vom Helium bis zum Eisen setzen Energie frei. Die Sonnen und Planeten geben also nicht nur die bei der Impulsumwandlung anfallende Energie in den Raum ab, sondern auch die bei den Fusionen anfallende Energie. Sie strahlen einfach Wärme in den Raum."

„Oha!" wirft Vasco ein. „Dann müßte die Infrarotstrahlung die Erscheinungsform von Impuls sein, die weniger abstoßend als der unmodifzierte Hintergrundimpuls ist, nicht wahr??"

Paul ist sich nicht ganz so sicher. Er hebt unentschlossen die Schultern und schweigt.

Vasco lächelt hintergründig, winkt ihm dann aber beruhigend zu. „Wir kommen später darauf zurück, Paul. Die Wärmestrahlung als Umwandlungsprodukt halte ich jedenfalls für eine sehr gute Idee.

Du siehst: Jonas stellt die Gravitation als das Ergebnis eines Impulsumwandlungsprozesses dar, der an schwerer Materie immer stattfindet. Die Erscheinung Gravitation geht damit bei ihm auf einen tiefer liegenden Zusammenhang zurück. Und das genau ist der Trick: Auf diese Weise macht er das Zustandekommen der Gravitation nachvollziehbar. Sie wird dadurch plausibel."

Vasco hüstelt. „Doch zurück zur Herkunft der Gravitationsenergie. Es ist natürlich klar, daß selbst bei Jonas die impulstragenden Partikelchen irgendwoher kommen müssen ...“

Ein Kreis - hat keinen Anfang

Paul überlegt. „Das wird wohl nicht so einfach werden, Vasco. Von normalen Sternen und Planeten können die ungeschwächten Partikel der Hintergrundstrahlung nicht kommen. Denn alles, was schwer ist, gravitiert ja in der gleichen Weise. Da Masse schwer ist, ist sie grundsätzlich Verbraucher und niemals Erzeuger ungeschwächter Impulse.“

Vasco kratzt sich unsicher am Ohr, nickt schließlich aber doch mit dem Kopf. „Wenn man den Begriff ‚Hintergrundstrahlung‘ wörtlich nimmt“, spekuliert Paul weiter, „dann kommen die ungeschwächten Impulse vom Welthintergrund.

Unser Sonnensystem enthält Masse, es gravitiert. Also wird von ihm aus ein Strom geschwächter Partikel in den Raum strömen. Von draußen wird man die Gravitation des Sonnensystems registrieren. Klar.

Noch weiter Draußen, also außerhalb unserer Galaxis, werden sich die impulsschwächenden Wirkungen aller Sonnensysteme der Milchstraße summieren.

Noch weiter draußen, außerhalb des lokalen Haufens ...“ Paul verstummt und kratzt sich mit bedenklicher Miene am Ohr.

„Und noch weiter draußen, in der Region der Supergalaxis ...“

Paul hat auf eine ähnliche Situation schon einmal mit der Bemerkung Wahnsinn reagiert. Diesmal resümiert er grimmig: „An den Impulspartikeln des Hintergrundes ist was faul, Vasco!“

Vasco bricht in grölendes Gelächter aus. Es dauert einige Sekunden bis er prustend hervorbringt: „Warum was **faul**?“

„Vasco!“ kommt es vorwurfsvoll zurück, „Die Dinger können nicht irgendwo außerhalb, hinter dem Rand der Welt entstehen! Sie müssen irgendwo *in* unserer Welt entstehen! Der *Welthintergrund“*, wiederholt Paul erregt. „Der Welthintergrund, der ist für mich so unbegreiflich wie der Rand der Welt, den schon Lukrez´ Speer niemals finden konnte!“

Vasco wischt sich die Tränen aus den Augen. „Das verstehe ich, Paul.

Aber dann müssen wir eben die Frage anders stellen: Bei welcher Gelegenheit wird dann innerhalb unserer Welt der Impuls erneuert?"

Paul hofft nun im Lebensweg des Black Bull einen Hinweis zu finden: „Wie wäre es, Vasco, wenn der Impuls in den Jets der Galaxienkerne oder den Supernovaes erneuert wird?"

Vasco wiegt halb zustimmend den Kopf und lehnt sich dann abwartend zurück.

„Wenn der Impuls des Hintergrundes", entwickelt Paul zögernd seine Idee, „bei einer Wechselwirkung mit Masse geschwächt oder gar darin akkumuliert werden kann, so sollte er durch eine entgegengesetzten Prozeß auch wieder daraus entstehen können."

„Hmmm." Vascos Miene ist nun zuversichtlicher, doch er schweigt nach wie vor.

Paul wird präziser: „Der frische Impuls entsteht beim Zerfall von den Objekten, welche irgendwann einmal in der Vergangenheit durch die Akkumulation von Impuls entstanden sind!"

Eine Minute herrscht Schweigen.

„Das könnte gehen!" gibt Vasco schließlich zu. „Prinzipiell kann überall dort Impuls frei werden, wo Produkte einer vormaligen Akkumulation von Impuls zu finden sind. Aus Impuls Entstandenes kann logischerweise auch wieder in Impuls zerfallen."

„Ja!" Paul nickt bekräftigend. Vasco schaut nachdenklich in die Ferne. „Testen wir deine These im Gedankenversuch, Paul: Auf die Gretchenfrage: Woher kommt die Gravitationsenergie? lautet deine Antwort: Aus einem Kreislauf - der Impulse. Im Grunde heißt das aber: Nirgendwoher – denn ein Kreis hat keinen Anfang!"

Paul nickt. Er hat dies zwar nicht so vorhergesehen, aber an Vascos Schlußfolgerung war nichts auszusetzen.

Auch Vasco ist zufrieden. „Vergleichen wir diese Antwort mit der Auffassung der Allgemeinen Relativitätstheorie, dann bekommen wir keine Probleme. Bei ihr gibt es schließlich gar keine Gravitationsenergie - also wird ihre Quelle auch nicht vermißt.

Bei Newton ist die Lage nicht ganz so klar. Für ihn ist Gravitation eine Eigenschaft der Masse. Genau genommen, steht bei Newton jeder schwere Körper im Verdacht, ein perpetuum mobile zu sein. Alle Massen gravitieren schließlich ununterbrochen - ihr ganzes Leben lang. Ohne Energie zu verbrauchen, nimmt jede Masse jede Gelegenheit wahr, eine andere Masse von deren gerader Trägheitsbahn abzulenken. Und die gravitierende Masse wird nicht einmal leichter dabei, wie es nach der Speziellen Relativitätstheorie zu erwarten wäre." Vasco schaut Paul lächelnd an: „Newton's Gravitation wirkte instantan. Bei Jonas sind die geschwächten Partikel dagegen ,im Raum *unterwegs*'. Vielleicht sind sie dabei schnell, aber auf alle Fälle sind sie nicht unendlich schnell wie bei Newton. Sie können nicht instantan vom Ort ihrer Entstehung an den Ort ihrer Wirkung gelangen. Veränderungen des Gravitationsfeldes breiten sich deshalb im Kosmos von Jonas immer mit einer Geschwindigkeit aus. Und das entspricht unserer Erfahrung viel eher, als das Newtonsche Bild. Und es paßt auch zur Allgemeinen Relativitätstheorie.

Bei Jonas ist die wechselseitige Attraktion der Massen ein Impulsgradient, der sich zwischen dem lokal ,sichtbaren' Welthintergrund und der jeweils gegenüber liegenden schweren Masse laufend neu herausbildet."

„Und dieser lokale Welthintergrund", ergänzt Paul, „holt sich wiederum seinen energetischen Nachschub, indem er die Objekte zerfallen läßt, die früher einmal aus Impuls entstanden sind!" Paul schaut Vasco groß an. „Der lokale Welthintergrund!" Er zwinkert ganz aufgeregt. „Das ist es - das von mir gesuchte Bezugssystem der Bewegung, Vasco! Bei Jonas verkörpert der lokale Welthintergrund das Bezugssystem. Und natürlich erfährt jedes Teilchen davon, wenn es sich vor diesem Hintergrund bewegt! Nur," Paul wirft einen hilflosen Blick zu Vasco. „Woran erkennt dies das Teilchen?"

„Das ist das nächste Thema", entgegnet Vasco trocken.

„Schritt für Schritt: Der nächste Schritt ist die Relativität. Diese unumstößliche Erfahrung sagt uns, daß jede Translationsbewegung relativ ist. Rotation hat dagegen einen absoluten Charakter. Ergeben sich bei Jonas diese beiden Aussagen auch ?" Vasco schaut auf die Uhr. „Einen Moment, Paul. Ich lauf schnell mal in die Messe und hol mir etwas zu Trinken. Möchtest du auch ?"

„Nein danke, Vasco. Ich hab keinen Durst", antwortet Paul leise, denn in Gedanken ist er schon weit weg.

Ohne Bugwelle

Zunächst versucht Paul im Gedankenversuch die Relativität der translatorischen Bewegung darzustellen. Diese wäre dann mit dem absoluten Charakter der Rotation zu verbinden - und das entstehende Bild sollte natürlich auch anschaulich und - vor allem - widerspruchsfrei sein.

Paul wird bald klar, daß die von Vasco gestellte Aufgabe nicht so leicht zu lösen ist. „Die Botschaft hör ich wohl..." fällt Paul dazu nur ein. Schon ein erstes Gedankenexperiment legt ein fundamentales Problem in Jonas' Kosmos offen: Jeder gleichförmig gegenüber dem Ruhsystem bewegte Körper würde von diesem System - gebremst!

Die Impulse der Hintergrundpartikel werden zwar auch einen bewegten Körper von allen Seiten treffen - aber sie würden nicht von allen Seiten gleich stark sein! An jedem, gegenüber dem Ruhsystem bewegten Körper wird sich ein bremsend wirkender Impuls herausbilden! Wie ein bewegtes, aber antriebsloses Boot im ruhigen Wasser, würde der Körper mehr und mehr an Fahrt verlieren.

Paul fallen nun die alten Argumente wieder ein, die gegen einen *medium-erfüllten* Raum sprachen. Exakt dieser Punkt hatte am endgültigen Begräbnis der klassischer Äthermodelle den wesentlichen Anteil.

Paul erkennt, daß auch eine extrem gute Windschlüpfrigkeit der den Äther durchpflügenden massiven Objekte nichts grundsätzliches ändern kann. Um am Jonas-Modell festhalten zu können, muß er eine Antwort auf die Frage finden: *Wie bringen es bewegte Atome fertig, im Strahlungsstrom der Partikel **widerstandslos** zu driften?*

Um der Erfahrung der Relativität zu entsprechen, müssen Körper ohne auch nur im geringsten gebremst zu werden, ohne jegliche Bugwelle durch den Kosmos driften können. Nicht einmal spüren dürfen die Moleküle etwas von ihrer Bewegung gegenüber dem Ruhsystem der Hintergrundstrahlung.

„Eine wirklich harte Nuß!" flüstert Paul mit sehr bedenklicher Miene.

Andererseits bot das Jonas-Modell einen wirklich verlockenden Ansatz für - zumindest lokal - bevorzugte Bezugssysteme. Zum Beispiel hätten darin die zum Hintergrund bewegten Moleküle und Atome danach einen anderen Energiegehalt, als die zum Hintergrund ruhenden.

Paul denkt an die enormen Energiereserven, mit denen das ehemals ruhende Raumschiff aufgetankt wurde und die inzwischen verbraucht waren. Genau die Hälfte der verbrauchten Energie steckte nun in den Molekülen und Atomen des Schiffes.

„Andererseits spüre ich nicht, wie schnell sich die Heidelberg gegenüber der Galaxis bewegt", flüstert Paul. „Die Physik an Bord läuft immer noch nach den gleichen Gesetzen ab."

Paul sucht angestrengt, wie man die Relativität aus dem Modell von Jonas heraus entstehen lassen kann. Was wäre wenn? Er kratzt sich lange am Kopf und spielt mit verschiedenen Ideen.

Was wäre, wenn der höhere Energiegehalt eines bewegten Teilchens dieses irgendwie verändern würde. Damit es zum Beispiel fähig wäre, ohne Bugwelle und ohne Bremswirkung durch den Jonas-Kosmos zu driften.

Paul erinnert sich: Immer dann, wenn die Heidelberg beschleunigt wurde, pumpten die Antriebe Impuls in die Materie des Schiffes hinein. Dieser Impuls müßte sich auf die Elementarteilchen irgendwie auswirken. Diese wähnen sich schließlich sowohl vor, wie auch nach dem Beschleunigungsvorgang vor dem Hintergrund in Ruhe.

Paul ahnt einen Zusammenhang und er versucht diesem nun vorsichtig, Schritt für Schritt, näher zu kommen: Der Hintergrund - das ist bei Jonas der allseitige Strom von Impulsen. Vor diesem Hintergrund ruhende Teilchen werden sich auch als *ruhend* empfinden. Sie werden von der Hintergrundstrahlung weder beschleunigt noch gebremst, denn die Wirkungen, der von allen Seiten gleichmäßig einströmenden Partikel, heben einander auf. Und genau dieser Umstand ist das Wesentliche am Empfinden der Ruhe.

Paul rekapituliert präziser: Ein Teilchen fühlt sich zum Hintergrund in Ruhe, wenn an seiner Oberfläche ein Impulsgleichgewicht zur Hintergrundstrahlung besteht. Um ein Teilchen in Bewegung zu versetzen, muß man es beschleunigen. Die bei der Beschleunigung in das Teilchen hineingesteckte Energie muß darin irgendwie 'untergebracht' werden. Und sie muß im Teilchen so untergebracht werden, daß das 'Ruhe suggerierende' Impulsgleichgewicht zum Hintergrund erhalten blieb. „Das wäre eine Möglichkeit ...", murmelt Paul.

„Eine ausgeglichene Impulsbilanz! Wenn auch an bewegten Teilchen eine ausgeglichene Impulsbilanz herrschen würde, dann würde es einerseits nicht gebremst – andererseits würde es exakt das gleiche Empfinden der *RUHE* haben, wie ein wirklich ruhendes Teilchen!" Doch Paul weiß: selbst die genialste Formänderung, selbst die windschlüpfrigste Figur würde doch immer ein kleines bißchen gebremst. Und dieses bißchen wäre zuviel. Paul glaubt zwar der Lösung im Prinzip näher gekommen zu sein, doch im Moment kam er nicht weiter. Also legt er das Problem im Unterbewußtsein ab. Sollte es dort schmoren, bis es gar wäre.

Im Zusammenhang mit dem Jonas-Modell standen ja noch genügend andere Fragen offen, denen er sich während Vascos Abwesenheit widmen konnte. Zum Beispiel die Frage nach den Produkten der Akkumulation von Impuls. Paul hat noch keine Vorstellung, welche Produkte Vasco hier meinte. Doch, daß sie eine Schlüsselrolle im Weltbild von Jonas spielen, das ist ihm klar. Bei diesen Produkten muß es sich um etwas ganz alltägliches handeln. Zum Beispiel kann bei Jonas schon ganz normale schwere Masse Impuls akkumulieren. Schließlich wird ja bei jedem Beschleunigen Impuls in sie ,hineingesteckt'.

Paul vermutet hinter den Akkumulations-Produkten von Impuls etwas so profanes wie Schwere Masse. Doch zunächst möchte er mehr über die Modifizierung von Impuls an schweren Teilchen in Erfahrung bringen.

Die Prozesse, die zwischen schwerer Materie und der Hintergrundstrahlung bei Jonas abliefen, mußten der Schlüssel für alles weitere sein. Sie sorgten schließlich dafür, daß eine schwere Masse auf die andere attraktiv wirkt, daß Massen sich gegenseitig anziehen, daß Masse gravitiert.

Repulsion schafft Raum

Paul kratzt sich erneut am Kopf. Da war noch etwas: Das Rückumwandeln von akkumuliertem Impuls in frischen Hintergrundimpuls. Auch dies war ein noch vollkommen unklarer Prozeß, den er ja selbst zum Schließen des Impulskreislaufes vorgeschlagen hatte.

Verblüfft stellt Paul fest, daß dieses Freisetzen von Impuls auf schwere Körper eine der Gravitation genau entgegengesetzte Wirkung haben müßte. Da ein schwerer Körper - wegen der in ihm ununterbrochen

ablaufenden Impulsumwandlung - auf andere Körper attraktiv wirkt,
muß der entgegengesetzte Prozeß auf andere Körper abstoßend wirken.
Es schien zwingend: das Spiegelbild der *Attraktion* ist *Repulsion*.
Unter der Wirkung der Gravitation verringern sich die Abstände
zwischen zwei Körpern - denn sie fallen frei aufeinander zu. Unter dem
Einfluß der Repulsion, also der Antigravitation, wird sich genau das
Gegenteil abspielen müssen.
So, wie es sich für einen braven anti gehört, werden die Abstände
zwischen den Körpern wachsen. Die Körper fliehen einander.
Paul erinnert sich an eine Bemerkung von Sylvia. Sie hat ihm
einmal von Supernovaes berichtet, die ihre unmittelbare Sternen-
umgebung leer geblasen hätten. Paul hatte sie damals gefragt, wohin denn die Sterne der Umgebung durch die Supernovaeexplosion
getrieben würden. Doch Sylvia meinte, daß diese Sterne nirgend-
wohin getrieben würden. Nur vergrößerte sich die Entfernungen zu
allen Nachbarsternen. Die Supernovae fällt sozusagen in ein Loch
im Raum. Ein Loch, das vorher noch nicht da war, daß sie selbst
erschafft.
Sie ‚generiert‘ sozusagen Raum, sagte Sylvia. Und auch, daß sich um die
Supernovae herum nur das abspielt, was ohnehin im ganze Kosmos stattfindet. Der expandiere ja bekanntermaßen auch. Nur eben nicht so explosiv.
Paul unternahm seinerzeit keinen weiteren Versuch, diese besondere Fähigkeit der Supernovae zu verstehen.
„Sie generiert Raum!" wiederholt er nun langsam. Und ihm kommt
die Raumgenese nun nicht mehr ganz so spanisch vor, wie damals.
Wenn bei der Explosion einer Supernovae eine wesentliche Menge
Impuls frei gesetzt würde, dann wäre das Anwachsen der Abstände zu
allen Nachbarsternen vielleicht eine Folge der Antigravitation?
Dumm war nur, daß Supernovaes nun einmal zu explodieren pfleg-
ten und nicht etwa schön stetig und gleichmäßig ‚Raum‘ verdunsteten!
Die Erfahrung zeigte schließlich, daß Gravitation in schier stoische
Stetigkeit auf allen Sternen und Planeten gleichermaßen vorzufinden
war.
Um den unstetigen Gravitationsstürmen der Supernovaes aus dem
Wege zu gehen, mußte der weit überwiegende Teil des Hintergrundimpulses in einem ganz anderen, stetigen und wahrscheinlich ganz
unspektakulären Prozeß entstehen.

Die Antigravitationswellen der Novaes wären dann nur unwesentliche Ausreißer, kleine auseinanderlaufende Wellenringe, die sich rasch im Meer des stetigen Hintergrundimpulses verlieren würden.

„Das alles ist ziemlich komplex", murmelt Paul. Er versucht sich die Konsequenzen einer stetigen Raumgenese vorzustellen. Doch schon nach wenigen Sekunden schüttelt er unwillig den Kopf. Die Fortführung dieses Gedankenversuch schien nicht nur den Raum, sondern auch seinen Kopf zu sprengen ...

Paul macht eine wischende Handbewegung ins Leere und schaut sich in Vascos Kabine um. Sein Blick fällt auf die Liege, genauer gesagt auf einige Zettel, welche nur nachlässig versteckt unter dem Kissen hervorlugen.

Vasco hatte seine Notizen vielleicht absichtlich zugedeckt. Paul dreht also den Kopf auf die andere Seite. Er schließt die Augen und überdenkt die Situation.

Die Gravitation bei Jonas war anschaulich. Ansonsten hätte er dessen Modell nicht einmal durchschauen, geschweige denn etwas aus ihm heraus entwickeln können.

Sylvia hatte ihn gewarnt. Es stecke **zu viel** in diesem Modell drin. Doch gerade dieses **zu viel** schien der Grund für dessen Anschaulichkeit zu sein. Jonas' Strahlungskosmos ist inhaltsreicher als Newtons Raum. Bei ihm fliegen pausenlos impulstragende Partikel umher. Immer in Bewegung befindlich und immer wild durcheinander. Alle Körper wurden von diesem allseitigen Strom umspült.

Das einfachste Strömungsbild in einem solchen Kosmos wäre eine isotrope, aus allen Richtungen kommende und auch aus allen Richtungen gleich kräftige Partikelströmung. Ein von einer solchen Strahlung erfüllter Raumabschnitt könnte getrost als Ruhsystem gelten. Die Bahnen von darin bewegten Körpern würden genau euklidischen Geraden entsprechen.

Ein gravitierende Planet würde diese Isotropie aber stören. Die in den Sog dieses Planeten kommende Massen würden von ihrer euklidischen Geraden abgelenkt. Sie würden einer Bahnkurve folgen, welche ihnen ein Maximum an Bequemlichkeit oder ein Minimum an Zwang - das kam auf das gleiche heraus - bietet.

Paul erinnert sich, wie Sylvia einmal betonte, daß die Metrik des Einstein-Raumes in weitem Abstand von störenden Massen pseudoeuklidisch wäre. Sie entspräche dann weitgehend der euklidischen Geometrie. Nur wäre sie vierdimensional. Auch in Marys Mitschrift stand, daß die Anwesenheit von Massen die lokale Metrik deformiert. „Interessant!" flüstert Paul und richtet sich auf. Jonas' isotrope Hintergrundstrahlung wurde schließlich ebenso von den lokalen gravitierenden Massen gestört.

„Die Metrik des Einstein-Raumes und das Strömungsbild von Jonas - die werden doch nicht irgendwie miteinander verwandt sein??"

Einsteins Konzeption der allgemeinen Relativitätstheorie ging wiederum von der Problematik der postulierten physikalischen Wirkungslosigkeit des Raumes an sich aus. Tatsächlich hat in der klassischen Mechanik der physikalische Raum weitere Eigenschaften, als nur Träger einer Maßbestimmung zu sein. Gerade der Begriff der wahren physikalischen Bewegung impliziert in NEWTONS Mechanik tatsächlich eine dynamische Wirkung des Raumes auf die sich in ihm bewegenden Körper. Das GALILEI-NEWTONsche Trägheitsgesetz sagt aus, daß sich kräftefreie Körper mit konstanter Geschwindigkeit längs euklidischer Geraden bewegen. Bezugssysteme, in bezug auf die dieses Gesetz nicht gilt, unterscheiden sich von den wahren physikalischen Bezugssystemen (den Inertialsystemen) durch das zusätzliche Auftreten von Trägheitsgesetzen, für die keine Massen als Quelle der Kraftfelder angegeben werden können (und die somit das copernicanische Prinzip nicht erfüllen). HERTZ sah hierin die größte Schwäche der klassischen Mechanik. Einsteins Lösung dieses Problems war die Formulierung seines allgemeinen Relativitätsprinzips, das den Feldbegriff mit dem Raumbegriff verschmolz, wodurch die Trägheit mit der Gravitation vereinigt wurde. Da dieses Prinzip aber streng ist und im Infinitesimalen gilt, blieb für alle dynamischen Probleme, wie gesagt, die Auszeichnung quasi-copernicanischer Bezugssysteme bestehen, aber auch die Frage eines von den Massen unabhängigen

Einflusses des freien Raumes auf die Bewegung. Die Raumstruktur wird ja nach EINSTEIN nicht vollständig durch die Materie bedingt, sondern durch sie nur deformiert.

Ein impliziter Ansatz zur Auflösung dieser Schwierigkeit enthält nun die oben angemerkte copernicanische Erkenntnis, die Identität des durch den Fixsternhimmel definierten Bezugssystems mit einem inertialen dynamischen Bezugssystem.

H.Jürgen Treder, /3/S.155 Copernicanismus und Weltbild der Gegenwart

Der Dimensionen Kern

Der Artikel

Pauls Blick streift erneut Vascos Liege. Die Notizen lagen natürlich immer noch am gleichen Ort. Sie schienen ihn förmlich zu rufen. Es sind nur zwei oder drei Blättchen. Paul ist einen Moment unschlüssig und schaut zur Tür.

„Selber schuld", brummt er schließlich trotzig, beugt sich weit nach vorn und angelt sich die eng beschriebenen Seiten. Nur kurz überfliegen wollte er die Zeilen, doch schnell ist er konzentriert bei der Sache.

...Jonas stellt seinen Thesen voran, daß die Welt unbegrenzt ist und sich alle darin ablaufenden Prozesse wechselseitig beeinflussen. Es gibt kein abgeschlossenes System darin. Er geht davon aus, daß es kleinste Objekte in der Natur gibt, jedoch vermutet er sie mindestens eine Ebene unter den klassischen Elementarteilchen. Diese, in seinen Augen wirklich elementaren Objekte nennt er UROBJEKTE. Sie sollen alle von einem Typ sein und sich im weiteren lediglich durch die Fähigkeit auszeichnen, untereinander Impuls und Drehimpuls vermitteln zu können. Wie bei den griechischen Naturphilosophen die atomos, so füllen bei Jonas diese Urobjekte den leeren, dimensionslosen Raum, welchen sie in allen Richtungen und ununterbrochen in Bewegung befindlich, durchströmen.
Jegliche Bewegung der Urobjekte, sowohl Translationen als auch Rotationen, können nur relativ zu anderen Urobjekten beschrieben werden. Obwohl logisch nachvollziehbar, so verblüfft diese Forderung im ersten Moment, denn eine derart radikale Trennung vom leeren Raum und darin Befindlichem liegt weit außerhalb unserer alltäglichen Erfahrung.
Die Dimensionen Länge und Zeit existieren in dieser Ebene der Elementarität noch nicht.
Um das Wesen der ponderablen Materie zu beschreiben, bedient sich Jonas möglichst anschaulicher Bilder. Die

klassischen Elementarteilchen sollen wir uns danach als stehende Wellen, als Resonanzschwingungen oder auch als Solitonen vorstellen. Alle uns umgebenden materiellen Gegenstände setzen sich danach aus schwingenden, raumeinnehmenden Gebilden zusammen ...

Die Gebilde zeichnen sich im wesentlichen dadurch aus, daß in ihrem Bereich das Strömungsbild der Urobjekte geordneter erscheint als weit außerhalb ihrer Ausdehnung. Die verschiedenen Jonas'schen Resonanzen sind jedoch alle nur zeitweilig existierende Objekte. Sie können so, wie auch die uns geläufigen klassischen Elementarteilchen bei geeigneten Umgebungsbedingungen entstehen und vergehen bzw. zerfallen.

Die Zeit und die Unumkehrbarkeit der Zeitrichtung ergibt sich bei ihm aus der untrennbaren Verknüpfung des lokalen Geschehens mit dem Geschehen im gesamten Welthintergrund. Der Verlauf eines jeden Prozesses ist bei ihm von einem unendlich komplexen Ursachengeflecht determiniert. Die den Ausgang eines Vorgangs bestimmenden Einflüsse sind andererseits grundsätzlich nicht alle vorhersagbar. Deshalb gibt es bei Jonas auch keine sichere Prognose für irgendetwas. Das Jonas-Modell steht für die grundsätzliche Unvorhersagbarkeit von Prozessen ebenso, wie für die Annahme, daß alles, was in der Welt passiert, eine Ursache hat. Philosophisch ist diese Position sehr delikat, denn in der Welt von Jonas läuft zwar alles kausal und determiniert ab, aber nichts läßt sich wirklich sicher prognostizieren. Alles ist determiniert, doch über die Wahrscheinlichkeitsprognose kommt niemand hinaus.

Wir überlassen den Philosophen die Diskussion darüber, ob man ein solches Weltbild nun in die Schublade der kausalen Weltmodelle einordnet, oder ob man es unter den akausalen Weltbildern ablegt ...

Ausreichend Diskussionsstoff bieten Jonas' Thesen auf alle Fälle, zumal sie auch weit in die unendliche Geschichte um die Interpretation der Quantenmechanik hinein reichen.

Wie in allen Äthermodellen, so würden auch in seinem mediumerfüllten Raum feste, klassische Teilchen, niemals dem klassischen Relativitätsprinzip genügen. Die Elementarteilchenresonanzen von Jonas sind aber nicht fest und unveränderlich; die Relativität der Translation ist für sie kein Problem - sondern Existenzkriterium. Zu jedem **denkbaren** *Bewegungszustand eines Elementarteilchens bezüglich des lokalen Strahlungsbildes gibt es eine Resonanzgestalt, eine energieneutrale Schwebung zwischen dem oszillierenden Teilchenurobjekt und den mit ihm wechselwirkenden Hintergrundobjekten. Gibt es diesen Resonanzzustand nicht, so gibt es auch kein Teilchen ...*

Auf diese Weise stellt Jonas die Relativität der translatorischen Bewegung dar - aber auch den absoluten Charakter der Rotation. Die Dimensionen führt Jonas auf die Wechselwirkung seiner raumerfüllenden Elementarteilchen mit ihrer Umgebung zurück. Deren eigene, bezüglich der lokalen Umgebung regelmäßige Schwingungsgestalt bilden die Basis für räumliche und zeitliche Bewertung des Geschehens in ihrer Umwelt. Diese subjektiven Maßstäbe für Längen und Zeit sind aber ebenso Funktionen der unmittelbaren Umgebungsverhältnisse.

Die träge Masse ist nach Jonas nichts anderes, als der in Energieeinheiten bezifferbare Aufwand, der erforderlich ist um die Resonanzgestalt eines schweren Elementarteilchens von außen so zu modifizieren, daß sie einem neuen Bewegungszustand bezüglich des Welthintergrundes entspricht. Die Menge der dafür erforderlichen Energie steht im Verhältnis zur Menge der im Elementarteilchen enthaltenen Energie - dessen träger Masse.

Trotz der scheinbar eindeutigen Auszeichnung von lokal bestimmenden Bezugssystemen zeigt Jonas, daß alle Bezugssysteme eine räumlich und zeitlich begrenzte Existenz haben; ein wirklich bevorzugtes, von nichts anderem abhängiges Bezugssystem gibt es auch in seiner Welt nicht.

Aus den vielfältigen Wechselwirkungsmöglichkeiten zwischen Elementarteilchen und ihrer engeren und weiteren Umgebung entwirft Jonas die Grundzüge der **Vier Wechselwirkungen,** *auf die aber in diesem Rahmen nicht eingegangen werden kann. Seine Veröffentlichung stellt nach unserer Überzeugung eine interessante Bereicherung der schon vor Jahrtausenden begonnenen Diskussion zu diesem Themenkreis dar. In den einzelnen Punkten bezieht sich Jonas praktisch immer auf Vordenker, die ihre Ideen z.T. schon vor der Zeitenwende skizziert haben.*
Redaktion Wissenschaft; Reihe: Verrückte Ideen

Paul hat den Artikel nun doch gänzlich gelesen. Eine Hauch von schlechtem Gewissen beschleicht ihn, doch der Anfall ist schnell wieder vorüber. Er wird Vasco seine Sünde beichten, nimmt er sich vor. Warum ließ der ihn auch so lange warten. Paul versucht über den Kommuschirm Eli zu erreichen, doch der war nicht in seinem Zimmer. „Sylvia ist in der Luke", murmelt er, „und Vasco ist *verschollen*. Dann geh´ ich eben in den Garten!"

Während des halben Heidelbergtages hatte sich das Aussehen seiner Pflanzen natürlich nicht verändert. Paul hockt sich vor ihnen nieder, schaut aber gedankenverloren in die Ferne. Er möchte endlich ‚sehen‘, wie es den bewegten Teilchen im partikeldurchströmten Kosmos von Jonas gelingt, sich relativ zu diesem zu bewegen - und sich trotzdem in Ruhe zu wähnen.

Inseln im Meer der Bewegung

Paul geht ein bestimmter Satz des Artikels nicht aus dem Kopf:
Alle uns umgebenden materiellen Gegenstände setzen sich aus schwingenden, raumeinnehmenden Gebilden zusammen ...
Die Urobjekte des Artikels erinnerten ihn natürlich sehr an die Partikel der Hintergrundstrahlung. In einem allseitigen Strom von Urobjekten sollten sich stabile, *raumeinnehmende Resonanzen* herausbilden. Paul schliesst die Augen und versucht sich eine solche *raumeinnehmende Schwingung* vorzustellen.

Es klappt nicht auf Anhieb, doch dann hat er eine Idee. Wenn sich nun ein einzelnes Urobjekt immer wieder auf einer ‚geschlossenen Bahn‘ bewegen würde, dann könnte man dies als eine Schwingungsfigur bezeichnen. Schnell erkennt er, daß ein solches Bild jedoch **zu** einfach ist. Inmitten der chaotisch von allen Seiten einströmenden Hintergrundpartikel wäre mit einer zyklisch wiederkehrenden, wirklich regelmäßigen Bahn eines Urobjektes nicht zu rechnen. Doch um den Begriff *raumeinnehmende Schwingung* einen Inhalt zu geben, war nicht unbedingt eine streng regelmäßige Bahn erforderlich. Es reichte schließlich schon, wenn ein einzelnes Urobjekt ‚oszillierend‘ einen winzigen Abschnitt im Raum ‚ausfüllte‘. Ob es dabei streng regelmäßig oder vorwiegend chaotisch zuging, das war weniger wichtig.

Paul stellt sich vor, daß dieses Urobjekt wieder und wieder mit Partikeln der Hintergrundstrahlung zusammenstößt, daß es von diesen dabei immer wieder in den Innenraum seiner Schwingungsfigur zurückgestoßen wird. Jede einzelne dieser Kollisionen zwischen Innerem und äußeren Urobjekten wäre zwar vom Zufall bestimmt, doch über einen längeren Zeitraum hinweg könnte sich durchaus eine dreidimensionale Kontur entwickeln; wie eine Wolke ...

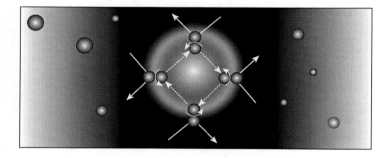

Paul zeichnet seine Vorstellung stark vereinfacht und mit wenigen Strichen in den Sand. Danach betrachtet er sein Werk mit ‚Abstand‘. Seine Miene wird zunehmend skeptischer.

Atome, so hat er bisher immer geglaubt, seien feste, harte Objekte, die eine äußere Kontur haben und aus irgendeiner festen, homogenen ‚Materie-Masse‘ bestehen. Das neue Teilchen aber hatte weder eine klare Kontur, noch bestand es aus einer ‚homogenen Materie-Masse‘. Jonas´ Elementarteilchen war nicht fest und hart. Ganz im Gegenteil: sie waren molluskenhaft, anpassungsfähig und nebulös. Sie erschienen Paul wie die weiche Verkörperung von *eingesperrter Bewegung*. Es waren flirrende Wolken, in derem Inneren es vorwiegend chaotisch zuging. Trotzdem hatten diese neuen Teilchen eine ‚Innere Struktur‘ - und sie hatten damit etwas, das die ‚alten Teilchen‘ nicht hatten.

Jonas-Teilchen waren grundsätzlich anders als klassische Teilchen. Deshalb schöpfte Paul Hoffnung, an ihnen die ausgeglichene Impulsbilanz eines sich ´im Raum bewegenden´ Teilchens veranschaulichen zu können.

Das neue Teilchenbild weckte bei Paul noch andere Assoziationen: „Innere Struktur,“ gedehnt wiederholt Paul ein Stichwort, das ihn an die so schwer zu erklärenden *Masse-Energie-Äquivalenz* erinnerte.

Die Masse-Energie-Äquivalenz der Speziellen Relativitätstheorie verlangte förmlich nach einer ‚Inneren Struktur‘ der Elementarteilchen!

In den Antrieben der Heidelberg wurde die Energie durch Anihilation von schwerer Materie - also der vollständigen Umwandlung von schwerer Masse in Energie - freigesetzt.

$E = m \cdot c^2$ - die Gleichung kannte schließlich jeder.

Paul hatte längst aufgegeben zu fragen, wie denn die Energie in den Materieblöcken der bordeigenen Energiereserven gespeichert ist.

‚Die Energie ist sozusagen in der schweren Materie eingefroren‘, das war noch das Plausibelste, was er auf diese Frage von den Physikern zu hören bekam. Er hatte damals natürlich das klassische Elementarteilchenbild im Kopf, und deshalb war es ihm schier nicht möglich, sich die Energie in diese festen Kugeln hineinzudenken. Zumal diese Energie dann später einmal - bei Bedarf -wieder aus ihnen herauskriechen können mußte und die Kugeln sich dabei auflösten.

Bei den flirrenden Elementarteilchenwolken von Jonas dagegen lag der Zusammenhang zwischen schwerer Masse und Energie auf der Hand.

Das flirrende innere Urobjekt der Jonas´-Teilchen war die Verkörperung von eingesperrter Bewegungsenergie. Es oszillierte wild in der Ausdehnung der Teilchenwolke hin und her. Wenn man die Wolke in Ruhe ließ, dann blieb sie äußerlich unverändert. Die in ihr steckende Energie trat nicht in Erscheinung, sie schien tatsächlich eingefroren.

Doch es war klar, daß ein auf diese Weise eingesperrtes, rasendes Urobjekt ständig auf seine Freilassung wartete. Eine wirkliche Befreiung würde das Ende der Existenz der Elementarteilchenwolke bedeuten – auch das war klar.

Von dem schweren Elementarteilchen bliebe dann nichts weiter übrig, als ein paar freie Urobjekte, die mit besonders hohem Impuls davon rasten ...

„Da bist du ja!" hört Paul plötzlich hinter sich jemanden rufen. Er schaut sich um und sieht Vasco mit ausgebreiteten Armen den Gang herab kommen.

„Tut mir leid!" entschuldigt sich Vasco von weitem. „Ich bin aufgehalten worden."

„Macht nichts", antwortet Paul abwesend. „So hatte ich eine Stunde mehr Zeit zum Nachdenken." Er nickt Vasco kurz zu und weist mit dem Finger auf seine Skizze. „Kann ich mir ein Jonas-Elementarteilchen **so** vorstellen?"

Vasco betrachtet die Skizze, weicht dann aber aus. „Wie kommst du darauf?"

Paul fällt ein, daß er nur mit Hilfe des Artikels zu diesem Bild gekommen ist und ärgert sich nun etwas. Ursprünglich wollte er Vasco ja sofort beichten.

„Daran bist du selbst schuld, Vasco." entgegnet er. „Warum hast du deine Jonas-Zettel vorhin nicht mitgenommen?"

„Aaaa-Ja!" Vasco begreift. „Die Neugier war stärker. Hmm. Ist schon richtig so. Ich hätte dir den Artikel ohnehin jetzt gegeben", antwortet er und schaut auf die Uhr. „Wir sollten in mein Zimmer gehen, Paul. Ich muß in den nächsten Stunden dort erreichbar sein. Außerdem diskutiert es sich sowieso besser da."

Vasco schaut sich trotzdem nochmals Pauls Skizze an.

„Dein Entwurf für das Jonas-Elementarteilchen möchte ich noch einen Moment zurückstellen, Paul. Wir sollten vorher noch einmal den Kreislauf der Impulse im Großen, sozusagen im kosmologischen Maßstab durchdenken."

Rotverschiebung

Paul ist von diesem ‚Rückschritt' zunächst enttäuscht. Er glaubte das Wechselspiel von Attraktion und Repulsion im Kosmos längst für ‚abgehakt'. „Die kosmologischen Aspekte ...?" wiederholt er gelangweilt, erntet aber nur ein bestätigendes Knurren. Also versucht er es schnell hinter sich zu bringen:

„Ich stelle mir dazu eine Gegend im Kosmos vor, in der sich Gas, vielleicht auch ein bißchen Staub befindet. Es soll dort eine isotrope, von allen Seiten gleich intensive Hintergrundstrahlung herrschen. Der Staub ist schwer - jedes Staubkörnchen wandelt deshalb zwar wenig, aber doch immer ein bißchen Hintergrundimpuls um. Es wirkt damit gravitierend auf seine Nachbarn. Und diese wiederum auf ihre Nachbarn. Und alle zusammen wiederum, ..." Paul gähnt.

„Jedenfalls würden sich die gleich verteilten schweren Teilchen zu dichteren Staubinseln formieren. Dementsprechend werden staubarme Regionen zurückbleiben. Die Inseln werden wachsen und zu riesigen, durch die eigene Gravitation zusammenhängenden Staub- und Gasnebeln.

Die in den Nebeln versammelten Massen rotieren mehr oder weniger um ihren Schwerpunkt. Eines Tages wird sich die Materie hier und da stärker zusammen klumpen. Innerhalb dieser dann relativ schnell rotierenden Bälle aus Staub und Gas, wird der Gravitationsdruck viel Wärme erzeugen. Wenn der Druck im Innern des Balls groß genug ist, können leichte Atomkerne zu schwereren Kernen fusionieren. Der Gasball wird dann zu einem hell leuchtenden Stern. Zuerst wird Helium gebrannt, danach Lithium und so weiter ...

Sollte die Masse des Balls für das Anstoßen der Fusionsprozesse zu gering sein, dann wird sich der Ball zwar auch verdichten, er kann auch flüssig und schließlich fest werden: doch eine wirklich große Energieabgabe ist von derartigen Objekten nicht zu erwarten. Sie werden zu kalten braunen Zwergen, zu Planeten oder Monden.

Aber auch die größten und heftig strahlenden Sterne werden eines Tages ihren Fusionsbrennstoff verbraucht haben. Sie fallen dann in sich zusammen. Manche von ihnen werden zu weißen Zwergen, andere explodieren und blasen dabei einen großen Teil ihrer Masse als elektromagnetische Strahlung, als schwere Elemente oder auch nur als Partikel mit großem Impuls in den Raum hinaus. Supernovaes pflegen bei derartigen Explosionen ihre lokale Umgebung scheinbar leer zu blasen. Von weitem ergibt sich der Eindruck, als würden sich die Abstände zwischen der Supernovae und den benachbarten Sternen vergrößern. Sylvia sagte einmal, Supernovae scheinen manchmal in ein Loch im Raum zu fallen, das sie selbst erzeugen ..." Vasco hört interessiert zu und bemüht sich, Paul nicht zu stören.

„Dieses *Vergrößern der Abstände im Raum*", Paul hebt unschlüssig die Hände, „das habe ich nie verstehen können, Vasco. Mir kam das immer wie ein unerklärliches Erschaffen, ein Generieren von Raum vor. Und das wäre dann ja das Gegenstück zur Gravitation.

Bei Jonas dagegen könnte ich mir vorstellen, daß sich bei einer Supernovae ein Teil der schweren Materie wieder zu freiem Impuls verwandelt. Wenn schwere Elementarteilchen aus einem besonderen Impuls heraus *entstehen*, dann sollten sie schließlich auch wieder in diesen Impuls zerfallen können." Paul schweigt einen Moment. „Dies wäre meine Kurzvariante des kosmischen Kreislaufes der Impulse, Vasco."

Man sieht Paul jedoch an, daß er mit seinen Erklärungen nicht wirklich zufrieden ist. „Das Dumme ist nur, Vasco, daß die uns bekannte Gravitation einen ausgesprochen stetigen Entstehungsprozeß von Hintergrundimpuls erfordert. Nur ganz selten - wie vielleicht bei Supernovae - wird diese Ausgeglichenheit im All gestört. Ich halte es für sehr unwahrscheinlich, daß sich die einzelnen Antigravitationsstürme der Supernovaes im Universum so geschickt gegenseitig überlagern, daß sich ihre Wirkungen zu einer isotropen, aus allen Weltrichtungen gleichförmig erscheinenden Strömung summieren."

Vasco lauscht gespannt und nickt unmerklich.

„Wenn aber Supernovaes und aktive Galaxien nicht die wesentlichen Quellen des Hintergrundimpulses sind, dann müßte es im Kosmos unzählig viele andere, am besten fein verteilte und stetig produzierende Quellen der Antigravitation geben."

Paul hebt hilflos die Schultern. „Ich kann mir nicht helfen, Vasco, aber um zu einer solch stetigen Gravitation zu kommen, wie wir sie erleben, müßte an praktisch allen Orten im Kosmos ununterbrochen ein bißchen Supernovae stattfinden." Paul schaut Vasco fragend an.

„Diese überall verteilten, winzig kleinen Supernovaes würden dann natürlich das gleiche tun, was ihre großen Schwestern tun: Sie müßten unablässig Raum generieren! Bei den großen Schwestern glauben wir diese Raumgenese zu sehen. Doch von einer stetigen Raumgenese der vielen fein verteilten kleinen Schwestern der Novaes habe ich bisher noch nichts gesehen."

„An allen Orten im Kosmos", wiederholt Vasco und schiebt seine Unterlippe bedeutungsvoll nach vorn und betont. „Das heißt: Überall im Raum, Paul. Überall würde ständig ein kleines bißchen neuer Raum entstehen..." Paul hebt ratlos die Schultern und nickt vage.

Vasco reibt sich vergnügt die Hände. „Dein kosmischer Kreislauf ist also ein wechselseitiges Spiel von Attraktion und Repulsion. Auf der einen Seite wird Impuls gebunden - auf der anderen Seite wird er wieder freigesetzt. Unter dem Einfluß der Gravitation verringern sich die Abstände benachbarter Körper, wir könnten auch sagen: die Gravitation läßt ‚Raum verschwinden'. Unter dem Einfluß der Antigravitation vergrößern sich die Abstände benachbarter Körper, wir könnten auch sagen: die Antigravitation läßt ‚Raum entstehen'.

Die Gegenspieler Attraktion und Repulsion könnten uns, im Großen und über lange Zeiträume gesehen, sogar als ungefähr gleich stark erscheinen. Der Kosmos würde dann statisch wirken. Tatsächlich war die Beschreibung eines solchen statischen Kosmos Einsteins Absicht, als er das Lambda in seine Gleichungen einführte.

Doch dann passierte etwas, das er nicht vorhergesehen hatte. Und ich glaube, daß auch du davon schon gehört hast!"

Vasco blinzelt Paul auffordernd an: „Der Begriff Rotverschiebung sagt dir doch etwas, oder?"

Edwin Hubble, US-amerik. Astronom u. Astrophysiker; erkannte die bisher als Spiralnebel bezeichneten Galaxien als selbst. Sternsysteme u. bestimmte aus der Rotverschiebung der Spektrallinien von Spiralnebeln deren Radialgeschwindigkeit.
Hubble-Effekt, die Beziehung zw. Entfernung u. Fluchtgeschwindigkeit der Galaxien infolge der Expansion des Weltalls. Nach neuen Forschungen beträgt der H.-Effekt 115 ± 12 km/s pro 1 Mio. Parsec (= 3,26 Mio. Lichtjahre) Abstand. *aus: Bertelsmann Universallexikon 1995*

„Raumgenese - Rotverschiebung!" flüstert Paul und faßt sich mit der Hand an die Stirn. „Habe ich tatsächlich den Wald vor lauter Bäumen nicht gesehen?"

Vasco hatte recht! Die von ihm gerade noch so mißtrauisch beäugte Raumgenese war ihm unter dem Begriff Rotverschiebung längst bekannt.

Seit Edwin Hubble wußte man, daß die Galaxien einander um so schneller fliehen, je größer der Abstand zwischen ihnen ist, je mehr leerer Raum sich zwischen ihnen befindet.

„Whow!" ist alles, was Paul in diesem Moment dazu einfällt. Und dabei hielt er Vascos Drängen nach einer Wiederholung des kosmischen Kreislaufes für total überflüssig!

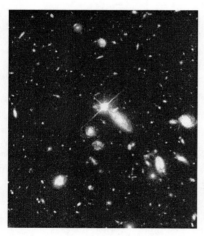

QUASAR PKS 2349
Als Quasare 1963 das erstemal entdeckt wurden, sahen sie wie helle Lichtpunkte - den Sternen ähnlich - aus. Deswegen wurden sie zuerst quasistellare Objekte (QSOs) oder Quasare genannt. Der Astronom Maarten Schmidt fand heraus, daß das Spektrum von Quasaren durch die Ausdehnung des Universums wesentlich weiter zum roten Ende des Spektrums verschoben ist, als es jemals vorher gesehen wurde. Das machte die Quasare zu den am weitesten entfernten Objekten im Universum. Viele Quasare sind so weit von uns entfernt, daß sie sich anscheinend mit 90 Prozent der Lichtgeschwindigkeit (270 000 Kilometer pro Sekunde) bewegen. Dem entspricht eine Entfernung von 10 Milliarden Lichtjahren...

BILDTAFEL 45 aus /18/

„Was meinst du, Paul", fragt Vasco leise. „Gibt es eine Mitte im Universum?"

„Nein", antwortet Paul bestimmt und schüttelt nachdrücklich den Kopf.

„Überall im Kosmos ist man von diesem *Raum generierenden Raum* umgeben. Überall kann man nur registrieren, daß sich der Rest der Welt von einem entfernt. Es ist gleichgültig, wo man als Beobachter sitzt: Die Galaxien fliehen um so schneller je weiter sie entfernt sind. Das heißt: Es gibt keine Mitte. Oder: Überall ist die Mitte."

Vasco reibt sich zufrieden die Hände. „Die Galaxienflucht kann man natürlich auch aus den Differentialgleichungen der Allgemeinen Relativitätstheorie ‚herauslesen', Paul. Doch das ist bei weitem nicht so anschaulich.

Ich sagte schon, daß Einstein ursprünglich in seiner Allgemeinen Relativitätstheorie einen stationären Kosmos abbilden wollte. Mit dem von ihm eingeführten Lambda schien dies auch möglich zu sein.

In den 20-er Jahren des letzten Jahrhunderts fand aber Edwin Hubble am Teleskop, daß die Welt expandierte. Zum anderen fand A. Friedman, ein Meteorologe und Mathematiker, daß die Gleichungen der Allgemeinen Relativitätstheorie auch mit dem Term Lambda keinen stationären Kosmos garantierten.

Schon die kleinste Störung des angenommenen Gleichgewichtszustandes trieb nämlich auch die Lambda-Welt unweigerlich in eine ewige Expansion - oder eine ewige Kontraktion. Je nachdem, wieviel Masse in dieser Welt enthalten ist.

Einstein war nicht gerade glücklich über diese Entwicklung, denn Hubbles und Friedmanns Entdeckungen machten das Lambda in seinen Augen zu einem überflüssigen Term. Also strich er es - ersatzlos. Er erklärte sogar, daß die Einführung von Lambda in seine Gleichung eine der größten Eseleien seines Lebens gewesen wäre.

Heute teilen aber viele Wissenschaftler Einsteins Auffassung dazu nicht mehr. Viele Beobachtungen deuten darauf hin, daß die Weltgleichung mit Lambda die Wirklichkeit genauer widerspiegelt, als die Gleichungen ohne Lambda. In den meisten Kosmologischen Theorien ist Lambda jedenfalls wieder drin.

Doch ob nun mit oder ohne Lambda: Wir zweifeln heute nicht daran, daß die von uns erkennbare Welt seit ca. 15 Milliarden Jahren expandiert. Die zunehmende Rotverschiebung der Spektrallinien der fernen Galaxien können wir nicht anders erklären, als durch diese Genese von Raum. Und da diese Beobachtungen bestens zu den Vorhersagen der Allgemeinen Relativitätstheorie passen, sind sie für uns eine Bestätigung.

Doch genauso, wie die Expansion des Reiches von Alexander dem Großen, hat auch die Expansion der Welt in der Allgemeinen Relativitätstheorie einen Ausgangspunkt, einen ‚Anfang'. Sie ist demnach vor ca. 15 Milliarden Jahren aus dem Ei geschlüpft. Sie ist aus einer Singularität heraus in einem gigantischen Urknall entstanden ..."

Paul verdreht genervt die Augen - schließlich kennt er dieses Thema zur Genüge: Der Kosmos expandierte eben - und er tat das seit dem Urknall!

Auch das war wieder eine von diesen Tatsachen, die man nur akzeptieren konnte. Paul hatte anfangs nichts gegen dieses Expansionsmodell. Bis er eines Tages erkannte, daß selbst einer sehr langen Expansion in der Vergangenheit einmal ein Urknall vorausgegangen sein muß. Dieser Urknall aber, der ist Paul weder plausibel noch sympathisch. Weniger wegen des Knalls, sondern mehr wegen dem Davor...

Vasco hatte Pauls Mienenspiel genau beobachtet.

„Der Anfang der Welt ist nach der Allgemeinen Relativitätstheorie der Urknall, die Singularität", wiederholt Vasco hartnäckig und betont die ‚Singularität' besonders. „Die Allgemeine Relativitätstheorie beschreibt die dann folgende Entwicklung der Welt als eine Funktion der gesamten Masse des Universums. Sollte sie einen bestimmten Wert nicht erreichen, so bleibt es bei der ewigen Expansion. Sollte die kritische Masse erreicht oder gar überschritten sein, so erfolgt eines Tages die Umkehr der Expansion in die Kontraktion. Dann geht's einfach wieder zurück in die Singularität, in das raum- und zeitlose Etwas, das die Welt schon vor dem Urknall war."

Voller Genugtuung betrachtet Vasco die Spuren seines Kurzlehrganges in relativistischer Kosmologie.

Paul hat ihn: Den dafür charakteristischen Gesichtsausdruck.

Enklaven in der Metrik

Vasco lächelt still vor sich hin und überläßt Paul eine kurze Zeit lang seinen Gedanken.

„Du hast mir vorhin im Garten diese Skizze gezeigt, Paul. Ein oszillierendes Urobjekt ..."

„Richtig." Paul kehrt vom Urknall zurück. „Das Gekrakel im Garten war natürlich nur eine Prinzipskizze", erklärt er und greift nach einem Zettel.

„Ich wollte mir damit nur die wesentlichen Bewegungsabläufe veranschaulichen, die ein einzelnes Urobjekt dazu veranlassen könnte in einem scheinbar abgeschlossenen Raumbereich zu oszillieren.

Ich glaube, daß das richtige Verhältnis von Impuls und Drehimpuls

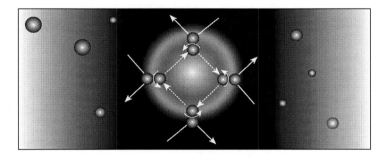

des inneren Urobjektes dabei eine wichtige Rolle spielt. Im Interesse einer möglichst einfachen Darstellung habe ich die Teilchenwolke zunächst in eine isotrope Hintergrundstrahlung eingebettet. In diesem Hintergrund soll sie ruhen. Also streben von allen Seiten gleich viele und auch gleich schnelle Partikel auf die Teilchenwolke zu ..."

„Gelöffelt!" vermeldet Vasco: „Die Mutter aller Inertialsysteme läßt grüßen, nicht wahr?"

Doch Paul geht nicht darauf ein. „Vasco, in deinem Artikel steht, daß wir uns ein Elementarteilchen als ein *raum-einnehmend oszillierendes Urobjekt* vorstellen sollen. Die Gestalt meiner Teilchenwolke ergibt sich aus den einzelnen Kollisionspunkten, an denen das innere Urobjekt mit äußeren Urobjekten zusammenstößt. Zuerst befürchtete ich, daß das so schwingende Urobjekt mit der Zeit Energie verlieren

könnte. Doch dann habe ich mir einen Zyklus lang dieses innere
Urobjekt sozusagen ‚angesehen'. Und ich glaube, daß der im Inneren
enthaltene Gesamtimpuls nach dem Zyklus genauso groß sein kann
wie davor. Und das bedeutet, daß das Gebilde ohne Verluste schwingt -
daß die Wolke unbeschleunigt im Raum schwebt."
Paul schaut Vasco abwartend an. „Jonas schwebten doch derartige,
räumlich schwingende Teilchenwolken vor, als er die Elementarteilchen mit: Resonanzzustand oder stehende Welle umschrieb. Oder?"
Vasco senkt zustimmend den Kopf. „Das innere Urobjekt deiner
Skizze ist so eine Art ‚rotierende Billardkugel', welche mit ihresglei-
chen elastisch kommuniziert." Paul nickt vage.
„Die innere Kugel bewegt sich immer ein Stück und sie dreht sich
dabei. Sie hat also Impuls und Drehimpuls. Und da sie sich inmitten
eines allseitigen Stromes von Kugeln befindet, die zwar ungeordnet,
aber im Durchschnitt von allen Seiten gleich stark strömen ..."
„... stößt sie immer wieder mit diesen Hintergrundpartikeln zusammen", ergänzt Paul. „Das eine Partikel wird dabei immer wieder in das
Innere der Wolke zurückgestoßen. Die äußeren Partikel, die von der
gleichen Beschaffenheit sind wie das Innere, werden an der Wolken-
oberfläche reflektiert. Wir finden eine ähnliche Situation in jedem Sonnensystem, Vasco. Nur wird hier der Planet von der Gravitation seines
Zentralsterns - seinem Attraktor - auf der Umlaufbahn gehalten.
Doch im Inneren der Elementarteilchenwolke steckt natürlich kein
Zentralstern - denn da steckt gar nichts. Das schnell oszillierende
Urobjekt schafft sich sozusagen selbst seinen Attraktor, indem es das
Kerngebiet des Oszillationsbereiches von äußeren Urobjekten abschirmt.
Dieser innere Raum ist dann ‚leerer' Raum – und der ist im Prinzip
ebenso attraktiv wie ein Zentralstern. Schließlich kommen aus dem
Kernbereich der Oszillationswolke gar keine Stöße, während die vom
Zentralstern kommenden nur geschwächt sind."
Paul schließt die Augen und wiederholt: „Indem es oszilliert, erschafft
sich das innere Urobjekt ständig seinen eigenen virtuellen Attraktor ..."
Vasco möchte etwas einwenden, doch Paul kommt ihm zuvor.
„Ich weiß schon, Vasco. Mein Beispiel auf dem Billardtisch ist nur
zweidimensional. Ein wirkliches Elementarteilchen existiert im Raum.
Also wird das innere Urobjekt in einer dreidimensionalen Wolke oszil-
lieren. Die Oszillationsfigur wird also sehr viel komplizierter sein, als

ich es hier darstellen kann. Auch wird es bei den Oszillationen viel chaotischer zugehen. Zudem habe ich die Bahn des inneren Urobjektes idealisiert. Im Grunde müßte man mit einer Unzahl im Detail unvorhersehbarer, also chaotischen Wechselwirkungen rechnen. Da sich die Wirkungen dieser chaotischen Ereignisse aber gegenseitig aufheben können, habe ich sie einfach ignoriert. Ich denke es reicht, wenn man sich auf diejenigen konzentriert, die man für charakteristisch hält."

Vasco war schon vor einiger Zeit aufgestanden und unruhig hin- und hergelaufen. Nun bleibt er stehen.

„Du hast sicher bemerkt, Paul, daß ein Jonas-Teilchen ganz anders ist, als man sich gemeinhin ein Elementarteilchen - z.B. einem Elektron - vorstellt.

Jonas-Teilchen sind ‚Schwingungsfiguren‘. Zumindest sind es keine massiven ‚Etwas‘, die man als winzige Billardkugel auffassen könnte.

Nun ist es aber seit mehr als einhundert Jahren klar, daß dieses klassische Billardkugel-Teilchenbild in wesentlichen Punkten grundsätzlich falsch ist. Es spiegelt die Wirklichkeit nur sehr, sehr unvollständig wider.

Leider hat die Quantenmechanik gar kein plausibles Teilchenbild. Nicht einmal so eine ‚Krücke‘, wie es die klassische Mechanik mit ihren Billardteilchen hatte. Deshalb spukt das alte Teilchenbild nach wie vor in den Köpfen der Menschen - auch in den Köpfen vieler Physiker.

Ich hoffe, Paul, daß es uns später noch gelingt, einige Aussagen der Quantenmechanik mit Hilfe der Jonas-Teilchen zu beschreiben. Ich glaube nämlich, daß dieses Teilchenbild ganz neue Möglichkeiten bietet."

Vasco atmet tief durch. „Doch zunächst prüfen wir es. Schließlich muß es auch die Erfahrungen widerspiegeln. Du kennst die Aufgabe, Paul: Eine dieser uralten Erfahrungen ist die *Relativität der Bewegung*.

Alle schweren Körper, auch die HEIDELBERG, können wir als bewegt oder als in Ruhe bezeichnen. Im Sinne des galileischen Relativitätsprinzips bleibt sich das gleich. Wir wissen, daß das kosmische Vakuum die Bewegung von Körpern nicht im geringsten beeinflußt.

In einem von Urobjekten durchströmten Jonas-Kosmos jedoch würde einem klassischen Teilchen der Partikelwind nur so um die Ohren wehen. Die Teilchen würden von diesen Wind zwangsläufig abgebremst."

Ungebremst

„Nicht die Teilchenmolluske von Jonas!" entgegnet Paul. „Jonas-Teilchen würden von diesem Wind eben **nicht** abgebremst! Schau her", Paul weist auf seine Skizze, „Dies hier soll ein ruhendes Teilchen darstellen. Es ist in eine isotrope Hintergrundstrahlung eingebettet - es hat eine runde Form. Es wird jetzt auch nicht beschleunigt, da die aus dem Hintergrund einwirkenden Impulse einander aufheben." Paul wirft einen prüfenden Blick auf Vasco.

„Um ein solches Elementarteilchen in Bewegung zu versetzen, muß man es beschleunigen. Wir verpassen ihm dazu einen Impuls: Ich stoße es einfach an. Nach dem Stoß bewegt sich das Elementarteilchen gegenüber dem Strahlungshintergrund - außerdem hat es die Stoßenergie in sich akkumuliert."

Vasco trifft der zweite prüfende Blick.

„Ich glaube nun, daß der vermittelte Impuls sich im inneren Urobjekt, genauer gesagt, in der von ihm gezeichneten Figur, ‚widerspiegelt'. Und dies verändert die Schwingungsfigur derart, daß auch an der bewegten Teilchenwolke kein Bremsimpuls resultiert!

Sowohl vor als auch nach dem Stoß herrscht eine ausgeglichene Impulsbilanz. Und dieser Umstand, Vasco, der sorgt dafür, daß sich Jonas-Teilchen genau so benehmen, wie wir es nach Galileis Prinzip erwarten: sie driften ungebremst durch Jonas' Raum!"

Vasco hält den Kopf gesenkt. Paul kann sein Gesicht nicht sehen. „Ich ahne, was du meinst", antwortet er dumpf.

„Ist das so schwer zu verstehen?" wundert sich Paul. „Die im inneren Urobjekt enthaltene Energie prägt die Gestalt der Elementarteilchenwolke. Zu jedem Bewegungszustand bezüglich des Hintergrundes paßt nun genau eine Schwingungsfigur, Vasco! Diese, und nur diese garantiert," mit einer großzügigen Geste übergeht Paul die Untiefe in seiner Ausführung, „daß sich sowohl bewegte als auch ruhende Elementarteilchenwolken zu den Partikelströmen des Hintergrundes im Gleichgewicht befinden. Dieser Umstand, Vasco, der ist schließlich die ‚EXISTENZBEDINGUNG' von Jonas-Teilchen! Sie müssen sich immer ‚in Ruhe' fühlen! Und deshalb sind sie immer vollkommen ungebremst unterwegs!

„Mächtig gewaltig!" durchaus ironisch, aber verhalten und mit ernster Miene bricht Vasco schließlich das Schweigen. „Doch ich bin etwas schwer von Begriff, Paul. Sicher kannst du es für mich aufzeichnen ..."

Das Ei des Kolumbus ?

Paul hat den Stift schon in der Hand. „Das Teilchen hier links, Vasco, das ist zum Hintergrundsystem ruhend. Es ist rund. Stoßen wir es in Gedanken von links an, so wird es sich danach gleichförmig nach rechts bewegen. Die Stoßenergie wandert in das innere Urobjekt und verändert dessen Oszillationsverhalten. Die Schwingungsfigur des nun bewegten Teilchens hat sich verändert. Ich zeichne nun das bewegte Teilchen so, wie man es sehen müßte, wenn man als Beobachter unmittelbar neben ihm herfliegen könnte. Das ist natürlich in Wirklichkeit gar nicht möglich ..."

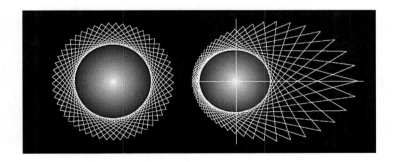

Gespannt schaut Vasco über Pauls Schulter. „Wird wohl das Ei des Kolumbus?" flüstert er grinsend .

„Quatsch!" Paul ist nicht nach Scherzen. „Oder vielleicht doch? Jedenfalls wird ein Stoß - ein Impuls - die Oszillationsfigur verändern.

Das rechte Bild zeigt das bewegte Teilchen, wie es von einem exakt neben ihm her schwebenden *neutralen* Beobachter gesehen würde. Doch auch der könnte die Oszillationsfigur des Teilchens nur ahnen. Wenn er unnatürlich gute Augen hätte, dann würde ihn die Fortpflanzungslinie des inneren Urobjektes vielleicht an eine Spirale erinnern..." Paul schnauft unwillig.

„Ich SEHE ES, Vasco! Aber ich kann dieses, sich oszillierend im Raum fortpflanzende Urobjekt in einer Skizze einfach nicht darstellen!

Du kannst es dir vielleicht vorstellen, Vasco, wenn du dir den im Zentrum des Teilchens sich laufend neu herausbildenden Hohlraum durch den Raum *wandern* läßt ..." Paul schaut Vasco erwartungsvoll an.

„Doch du hast recht, Vasco. Die Gestalt des bewegten Teilchens erinnert tatsächlich an ein Ei. Und das hängt mit meiner Forderung nach einer ausgeglichenen Impulsbilanz zusammen.

Gegenüber einem von ‚Vorn' kommenden Hintergrundpartikel, übt ein von ‚Hinten' kommendes Partikel nämlich viel weniger Impuls auf die Schwingungsfigur aus. Schließlich ist das von hinten kommende, in der Bewegungsrichtung der Teilchenwolke unterwegs, muß ihr nacheilen. Um zu einer insgesamt ausgeglichen Bilanz zu kommen, muß also einer bestimmten Anzahl starker Impulse **von vorn** eine dementsprechend größere Anzahl schwacher Impulse **von hinten** gegenüber stehen.

Der Bewegungszustand einer Teilchenwolke spiegelt sich also nicht nur in der räumlichen Gestalt der Oszillationswolke wider, sondern auch in der Dichte und Verteilung der Wechselwirkungspunkte mit der Umgebung."

Vasco nickt billigend. Wortlos drückt er Paul eine Seite des Artikels in die Hand:

Wie in allen Äthermodellen, so würden auch in seinem mediumerfüllten Raum feste, klassische Teilchen niemals dem klassischen Relativitätsprinzip genügen. Die Elementarteilchenresonanzen von Jonas sind nicht fest und unveränderlich; die Relativität der Translation ist für sie kein Problem - sondern Existenzkriterium. Zu jedem **denkbaren** *Bewegungszustand eines Elementarteilchens bezüglich des lokalen Strahlungsbildes gibt es eine Resonanzgestalt, eine energieneutrale Schwebung zwischen dem Teilchenurobjekt und den Hintergrundurobjekten. Gibt es diesen Resonanzzustand nicht, so gibt es auch kein Teilchen ...*

So glaubt Jonas die Relativität der translatorischen Bewegung darstellen zu können - aber auch den absoluten Charakter der Rotation.

„Das paßt doch wunderbar!" freut sich Paul. Sofort beginnt er ein weiteres Elementarteilchen zu zeichnen.

„Wenn ich neben der Bahn des inneren Urobjektes nun noch die Impulskraft der beteiligten äußeren Urobjekte eintrage, dann", er kratzt sich kurz am Ohr. „Dann erklärt sich fast von selbst, was ich mit *ausgeglichener Impulsbilanz* meine. Sie ist dann gegeben, wenn sich die Vektoren aller Impulse gegenseitig aufheben. Diese Elementarteilchen, Vasco, die werden sich im Jonas-Kosmos solange ungebremst und euklidisch gerade bewegen, bis sie in eine Störung geraten. Oder, bis sie von einem anderen Teilchen getroffen werden. Und wie die einzelnen Teilchen, so wird sich auch jeder aus ihnen zusammengesetzte Körper verhalten. Er wird sich immer im Zustand der *Ruhe* wähnen. Sofern ihn nicht gerade ein massiver Stoß trifft. Alle gleichförmigen Bewegungen gegenüber dem Hintergrund können diese Teilchen nicht erkennen!"

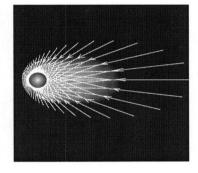

„Das wär's dann wohl." Vasco nickt zufrieden und läßt sich in seine Liege zurück fallen. „Das wäre das Galileische Relativitätsprinzip."

Paul kann es gar nicht richtig fassen. Noch vor wenigen Minuten erschien ihm die Darstellung der Relativität im Jonas-Kosmos wie ein Buch mit Sieben Siegeln!

US-Forscher schüttelten sandkorngroße Kügelchen in einem luftleerem Gefäß und stießen auf ungewöhnliche Phänomene.

Läßt man einen mit Sand oder Zucker gefüllten Behälter vibrieren, so bilden sich spontan Haufen oder rotierende Strudel ... Um die Reibung in dem Behälter auf ein Minimum zu reduzieren, wählten sie ein zylindrisches Gefäß und als Testsubstanz einheitlich große Bronzekugeln mit einem Durchmesser von 0,2 Millimetern und hofften auf Ergebnisse unabhängig von der unterschiedlichen Form und Größe natürlicher Körner. Zunächst „stapelten" die Wissenschaftler acht Kugelschichten übereinander. Nachdem das Gefäß oben verschlossen wurde und luftleer gepumpt war, wurde es in senkrechte Vibrationen mit unterschiedlicher Frequenz und Stärke versetzt. Zur Überraschung der Forscher bildeten sich geometrische Muster, deren Form von den Eigenschaften der Schwingungen abhing: Bei niedriger Frequenz unterhalb von 25 Schwingungen pro Sekunde entstanden quadratische Gitter, bei hoher hingegen Streifen. Wachsende Schwingungsstärke führte zu Spiralen und reißverschlußähnlichen Mustern.

Noch verblüffter waren die Forscher, als sie die Zahl der Kugelschichten erhöhten. Spontan formten sich einzelne, rund 30 Kugeldurchmesser große Gebilde, die entweder mit der Vibration des Behälters oder gegen sie auf und abschwangen, also gleichsam abwechselnd einen Berg und ein Tal im Bronzekugel-See bildeten.

Diese „Oszillonen" genannten Strukturen blieben über viele tausend Schwingungen stabil und drifteten sehr langsam über die Oberfläche. Trafen Berg und Tal zusammen, so formten sie ein stabiles Paar, das sich gemeinsam bewegte. Auf diese Weise entstanden ganze Ketten und Kristalle von Oszillonen. Umbanhowar und seine Kollegen können bislang weder die geometrischen Strukturen und Oszillonen noch deren merkwürdige Wechselwirkungen erklären. Sie sind jedoch davon überzeugt, daß solche oder ähnliche Prozesse auch in natürlichen Granulaten auftreten...
aus GEO 01/97 S. 178 Home Page von Paul Umbanhowar, Center for Nonlinear Dynamics

Eine Grenze

„Ich kann sie mir richtig vorstellen!" schwärmt Paul und schaut dabei versonnen in die Ferne. „Ich sehe förmlich, wie ein Jonas-Teilchen bei verschiedenen Geschwindigkeiten oszilliert! Ich kann mir auch vorstellen, wie sich der bei einer Beschleunigung hineingesteckte Impuls in dieser Wolke festsetzt. Je größer die Geschwindigkeit des Teilchens gegenüber dem Hintergrund ist, desto stärker wird die Schwingungsfigur von einer kugelförmigen Gestalt abweichen. Immer schneller muß das innere Urobjekt oszillieren, um das rückwärtige Impulsdefizit auszugleichen und ..."

Pauls Lobgesang bricht plötzlich ab. Vasco blickt irritiert auf. Wie eine Statue steht Paul mit ausgestrecktem Arm und schief gehaltenem Kopf im Raum.

„Ich glaube", flüstert Paul und sein Arm fällt schlaff herab, „ich bin an die Lichtgeschwindigkeit gestoßen!"

Vasco lacht abgehackt. „Direkt hinein gelaufen, nicht wahr?" er glaubt Paul mache einen Witz.

Doch Paul schüttelt nachdrücklich den Kopf „Ein Jonas-Elementarteilchen kann nicht beliebig schnell durch den Strahlungsraum fliegen, Vasco. Je größer die Geschwindigkeit des Teilchens zum Hintergrundsystem wird, desto mehr Impulse von hinten sind nötig, um einen starken Impuls von vorn zu kompensieren.

Keine Teilchenoszillation kann auf die Impulse ‚von Hinten' verzichten! Denn sonst kann sie nicht geschlossen oszillieren - kann nicht existieren!

Das heißt, Vasco, daß der Wolkenschwerpunkt - der ‚leere' Kern der Schwingungsfigur - niemals schneller sein kann als die schnellsten Partikel des Hintergrundes. Ansonsten könnten diese die Oszillion ja nie mehr einholen - und die Figur wäre ‚offen', würde zerfallen!"

Vasco wiegt unwillig den Oberkörper hin und her. Dann schaut er hilfesuchend an die Decke, schließlich stöhnt er, als hätte er Schmerzen.

Paul versteht dieses Verhalten nicht. „Ihr Physiker und Navigatoren seid es doch gewesen", beschwert er sich prompt, „die mir wieder und wieder gepredigt haben, daß die Lichtgeschwindigkeit die unerreichbare Grenzgeschwindigkeit für alle massebehafteten Körper ist! Ich habe euch immer wieder gefragt, weshalb man ein Teilchen nicht noch ein bißchen schneller und noch ein bißchen schneller machen könnte - bis es schließlich doch schneller wird, als Licht. Die Antwort aber hieß immer: *Das geht nicht!* oder *Die Energie reicht dafür nicht aus...* Auch du hast mir keinen plausiblen Grund nennen können, Vasco, der eine weitere Beschleunigung eines schweren Teilchens unmöglich macht.

Nun glaube ich etwas gefunden zu haben - wenigstens eine Eselsbrükke - aber du stöhnst, Vasco, als hättest du Zahnschmerzen! Weshalb?"

„Weil so etwas wie ‚Lichtgeschwindigkeit‘ von unserem momentanen Kenntnisstand überhaupt nicht zu definieren ist!" antwortet Vasco leise. „Erstens wissen wir doch gar nicht, was Licht ist. Und zweitens haben wir auch gar keine Maßeinheiten, um so etwas wie Geschwindigkeit überhaupt zu berechnen!"

Paul staunt mit offenem Mund. Vasco genießt die Reaktion nur kurz. „Geschwindigkeit, Paul, das ist Länge durch Zeit!" belehrt er knapp. „Aber wir wissen weder woher im Weltbild von Jonas die Einheit Länge kommt, noch wissen wir, woher er seine Einheiten für die Zeit nimmt."

Paul kratzt sich entnervt am Kopf und wiederholt zweifelnd: „Wir können nichts über Licht-Geschwindigkeit sagen, weil wir weder den Maßstab der Länge noch den Maßstab der Zeit haben??"

„Genauuuu!" gurrt Vasco und streicht erleichtert mit beiden Händen über sein Gesicht.

Bewegung, Masse, Energie

Paul zweifelt. „Vielleicht können wir die Lichtgeschwindigkeit bei Jonas noch nicht in Meter und Sekunden angeben", gibt er zu. „Aber trotzdem zeigt das Modell, daß die Teilchenwolken in seinem Kosmos nicht beliebig schnell sein können!"

Vasco hebt gleichmütig die Schultern. „OK, Paul. Aber das ist nichts Neues. Schon die relativistische Massenzunahme wird es verhindern."

„Auch das habt ihr mir immer wieder gesagt!" Paul erregt sich prompt wieder über diese ‚Erklärung‘ Vascos.

„Doch ich habe auch hier niemals verstanden, weshalb ein Teilchen, wenn man es weiter und weiter beschleunigt, schließlich so schwer werden soll, daß es am Ende einfach nicht noch weiter beschleunigt werden kann.

Ihr habt mir immer wieder gesagt, das, aber ihr konntet mir nie begreiflich machen, weshalb es so ist. Eure Argumente bestanden im Vorbeten der Aussagen der speziellen Relativitätstheorie, nach der jedes bewegte Teilchen um so mehr Masse hat, je schneller es sich bewegt." Da Vasco nun ganz offen grinst, winkt Paul ab und beruhigt sich.

„Ich habe oft in Gedanken von weitem die Heidelberg betrachtet und nach einem Hinweis dafür gesucht, weshalb ein Atom der bewegten Heidelberg mehr Masse enthält als das gleiche Atom in der ruhenden Heidelberg. Doch ich habe keinen Hinweis gefunden. ‚Bewegung ist nun einmal relativ!' - habt ihr mir gesagt. Und auch, daß die Physik in der Heidelberg von der Physik auf der Erde nicht zu unterscheiden ist. Irgendwann habe ich dann eben nicht mehr gefragt.

Obwohl ich nach wie vor nicht verstand, weshalb die Atomgewichte in beiden Fällen unterschiedlich sein sollen." Vasco hört interessiert zu, aber er schweigt.

„Wenn ich aber die Atome der Heidelberg als Jonas-Elementarteilchen auffasse, dann ergibt sich plötzlich ein plausibles Bild für diese ‚Erkenntnisse': Jonas´ Teilchen ist schließlich der Bewegungszustand vor dem Welthintergrund förmlich eingeprägt.

Obwohl auch sie ungebremst unterwegs sind – so sind Jonas-Atome der schnellen Heidelberg offensichtlich anders, als die gleichen Atome auf der Erde.

Schnelle Atome sind meinetwegen auch schwerer. Selbst das wäre bei Jonas nicht wirklich erstaunlich, denn in den Atomen der Heidelberg steckt schließlich sehr viel mehr Energie! Die Begriffe: Ruheenergie und Bewegungsenergie der Speziellen Relativitätstheorie bekommen in Jonas´ Teilchenmodell für mich einen vorstellbaren Inhalt." Paul weist auf seine Skizze.

„Dieses runde, ruhende Teilchen verkörpert die Ruheenergie - ein Minimum. Beschleunigt man dieses Elementarteilchen, dann steckt man Energie hinein. Die Oszillationsgestalt des inneren Urobjektes verändert sich dadurch. Die Gesamtenergie eines bewegten Teilchens ergibt sich aus der Summe seiner Ruheenergie **und** der Energie, die man in das vormals ruhende Teilchen hineingesteckt hat! Es ist also ganz natürlich, daß ein gegenüber dem Hintergrund schnelles Teilchen mehr Energie enthält und damit mehr Masse hat, als ein dazu Ruhendes. Logisch ist auch, daß der Geschwindigkeitszuwachs solcher Teilchen bei gleichem Anschubimpuls immer geringer wird, je schneller sie vor dem Hintergrund unterwegs sind.

In schnellen Teilchen ist bereits viel Impuls akkumuliert – also wird bei gleichem Schubimpuls weniger Beschleunigung an ihm bewirkt." Paul verstummt erschöpft und lehnt sich zurück. Abwartend betrachtet er Vasco.

„Wenn man einmal von dem nach wie vor offenen Thema der Dimensionen und der Zeit absieht, Paul, dann können wir gern einige deiner Geschwindigkeits- und Massenbetrachtungen festhalten", grummelt Vasco nach einiger Zeit.

„$E = (m_0 \cdot m_{rel})^2 \cdot c^2$ ", referiert er leise weiter,

„wobei: $m_{rel} = m_0 \cdot 1 / \sqrt{1 - \beta^2}$.

So lauten Einsteins Masse-Energiegleichungen der Speziellen Relativitätstheorie. In ihnen steht im Grunde genau das, was du gerade gesagt hast. Nur hat Einstein vielleicht nicht ganz genau das Gleiche gemeint!"

„Wieso?" fragt Paul mißtrauisch. „Worin besteht der Unterschied?"

„In der Relativität, Paul. Im Bezug!"

Vasco lacht leise in sich hinein. „Du weißt doch, daß sich die Physik der Speziellen Relativitätstheorie nicht nur an dem einem Bezugssystem orientiert, daß du bei Jonas das Ruhsystem nennst, und an dem du die Geschwindigkeit und damit den Energiegehalt eines schnellen Teilchens orientierst.

Wegen der Erfahrung der speziellen Relativität - also aus guten Gründen - läßt Einstein alle Inertialsysteme als gleichwertige Spielwiesen der Physik zu. Dann gibt es aber nicht nur ein richtiges Bezugssystem, sondern eine ganze Klasse einander vollkommen gleichwertiger Bezugssysteme. Und in dieser Klasse sitzen Heidelberg und Erde gleichberechtigt nebeneinander!"

Paul reibt sich nervös das Gesicht.

Mitfühlend schaut Vasco ihn an. „In der Speziellen Relativitätstheorie gibt es kein Bezugssystem, das zweifelsfrei der Bewegung eines Teilchens zu Grunde zu legen ist, Paul.

Je nachdem, welches System du gerade wählst, wirst du in ein und demselben Elementarteilchen relativistische Bewegungsenergie vorfinden - oder auch nicht. "

Festung Inertialsystem

„Ich verstehe, Vasco. Weil die Physik in den Systemen unabhängig von deren Geschwindigkeit gegenüber dem Raum zu sein scheint, betrachtet die spezielle Relativitätstheorie die Heidelberg und die Erde als gleichberechtigte Bezugssysteme." Plötzlich lacht Paul leise.

„Ich sage so locker: ‚zu sein scheint', Vasco. Obwohl mir gerade klar wird, daß ich ja auch bei Jonas nun gar nicht mehr unterscheiden kann, was denn nun ‚Schein' und was ‚wirklich' ist. Ich habe ja soeben gerade selbst dem Jonas-Elementarteilchen die Relativität der Bewegung beigebracht! Und damit habe ich aus dem Jonas-Modell die Möglichkeit entfernt, eine gleichförmige Bewegung gegenüber dem Welthintergrund physikalisch zu ‚erkennen'.

Ich kann zwar jetzt sagen, daß auch bei Jonas die Physik unabhängig von der Geschwindigkeit gegenüber dem Hintergrund ist. Doch ich habe keinen Beweis dafür, von einer gleichförmigen Bewegung gegenüber dem Hintergrund zu sprechen!"

Paul lacht und beklagt sich mit gespielter Leidensmiene: „Mein schöner Hintergrund, Vasco. Mein schönes Bezugssystem: Auf einmal ist es wieder zu einer fernen Vision geworden!"

„Das ist ein notwendiger Kompromiß", entgegnet Vasco trocken. „Es führt kein Weg daran vorbei, Paul. Auch bei Jonas müssen die Gesetze der Physik in zueinander bewegten Bezugssystemen gleich sein. Diese Gleichheit ist Erfahrung und aus jedem Weltbild - wenn es Bestand haben will - muß sie sich ergeben."

Vasco steht auf und läuft langsam im Zimmer auf und ab.

„Dein erster Schritt beim Entwurf von Jonas' Weltbild bestand in der Einführung der Hintergrundstrahlung. Sie lieferte das - zumindest lokale - Ruhsystem, und damit den Kompaß für Rotation und Translation. In Verbindung mit dem klassischen Teilchenbild führt dieser Weltinhalt aber zu einem unauflösbaren Widerspruch, denn im Jonas-Kosmos würden bewegte klassische Teilchen zwangsläufig abgebremst.

Aus diesem Grund hast du dann im zweiten Schritt an Stelle der klassischen Teilchen die ‚stehenden Wellen', die oszillierenden Elementarteilchenwolken von Jonas gesetzt. Diese Gebilde bewegen sich in der allseitigen Hintergrundstrahlung translatorisch relativ, die Rotation gegenüber dem Raum ist für sie dagegen absolut. Mit diesem Teilchenbild hast du zwangsläufig der gerade aufgekeimten Hoffung, die translatorische Bewegung physikalisch irgendwie nachweisen zu können, wieder den Abschied gegeben. Damit hast du etwas dargestellt, was der *Speziellen Relativitätstheorie* als Prinzip zu Grunde liegt: die Relativität der Translation.

Und das ist sehr interessant, Paul! Es sind schließlich vorstellbare Zusammenhänge aus denen du diese Relativität, aber auch den Hinweis auf den Trägheitskompaß der Rotation abgeleitet hast.

In der Speziellen Relativitätstheorie ist dieser Kompaß in Form des Inertialsystems vorangestellt worden. Einstein sah darin sofort ein ernstes Problem. Mit dem Wegfall von Newtons übergeordneten Raum verloren ja auch die Inertialsysteme ihren meta-physikalischen Hintergrund. Seither zeichneten sie sich nur noch durch die Abwesenheit von Inertialkräften aus. Einstein hoffte, dieses Manko mit der Allgemeinen Relativitätstheorie auflösen zu können."

Vasco öffnet ein Buch, schlägt eine markierte Seite auf und liest:

Allgemeines
Die eigentliche Leistung der (allgemeinen) Relativitäts-
theorie liegt darin, daß sie die Physik von der Not-
wendigkeit der Einführung des Inertialsystems (bzw. der
Inertialsysteme) befreit hat. Das Unbefriedigende an
diesem Begriff liegt darin: Er wählt ohne Begründung
unter allen denkbaren Koordinatensystemen gewisse
Systeme aus.
Es wird dann angenommen, daß die Gesetze der Physik
nur in bezug auf solche Inertialsysteme gelten (z. B. der
Trägheits-Satz und das Gesetz von der Konstanz der
*Lichtgeschwindigkeit). Dadurch wird dem **Raum** als*
solchem eine Rolle im System der Physik zuerteilt, die ihn
vor den übrigen Elementen der physikalischen
Beschreibung auszeichnet: Er wirkt bestimmend auf alle
Vorgänge, ohne daß diese auf ihn zurückwirken; eine
solche Theorie ist zwar logisch möglich, aber andererseits
doch recht unbefriedigend.
Albert Einstein /5/ S.138 Anhang II Relativistische Feldtheorie

„Unbefriedigend?" staunend wiederholt Paul das letzte Wort. „Selbst-verständlich sollte der leere Raum keine Sonderrolle spielen! Alles ande-re wäre sogar äußerst unbefriedigend! Das Leere ist NICHTS! Und NICHTS kann nur keinerlei Rolle spielen. In einem wirklich leeren Raum kann man keinen Kompaß für die Rotation finden. Man könnte schließlich genauso gut behaupten, daß sich der leere Raum um den Planeten herum dreht. Ob sich nun NICHTS um den Planeten dreht - oder das Objekt sich im 'NICHTS' dreht - das würde dann keinen Unterschied machen. Wenn sich ein Planet im NICHTS dreht, dann ist das Auftreten von Fliehkräften an seinem Äqua-tor ein echtes Mysterium!

In Newtons Weltbild - du selbst hast es mir gesagt, Vasco - orientiert sich die Trägheit der Masse an einem übergeordneten Raum. Newton konnte dieses 'Wissen' nur mit dem nebulösem Welt-Äther ‚erklären'. Ähnlich nebulös verhielt es sich mit dem physikalischen Hintergrund seines ‚Kraftfeldes Gravitation'...

Das Weltbild von Jonas aber bietet einen 'Hintergrund' für die Rota-tion. Und es benötigt auch kein mystisches Kraftfeld. Die Gravitations-wirkung ergibt sich hier aus der Wechselwirkung der schweren Masse mit den Hintergrundpartikeln. Auf der Erde empfinden wir unser Ge-wicht, weil wir nicht im Gravitationsfeld der Erde frei fallen können. Denn wir stehen mit den Füßen auf der festen Erdoberfläche. Die Fe-stigkeit unseres Körpers sorgt dafür, daß sich die einzelnen Impulse akkumulieren und sich zu einem Gesamtimpuls ergeben, der als Ge-wicht auf die Unterlage drückt, auf der wir stehen – oder liegen: den Erdboden.

Hier an Bord haben wir eine genau gleiche Empfindung. Wir fühlen uns schwer. Doch es ist klar, daß wir keiner Gravitation unterliegen. Hier werden wir tatsächlich ununterbrochen vor dem Hintergrund be-schleunigt. Der Antrieb der Heidelberg beschleunigt den Raumschiff-körper, dieser drückt auf unsere Füße, und von dort wird der Impuls wie in einem Baum, vom Stamm ausgehend in jede Faser unseres Kör-pers, an jedes Atom weitergereicht.

Im Grunde ist es der gleiche Zusammenhang wie beim Stehen auf der Erde. Nur ist beim Stehen auf der Erde die Fließrichtung des Impul-ses genau entgegengesetzt.

Diese zwei Varianten der ‚Impulsdurchleitung' durch unsere Körper werden von uns gleich empfunden. Wir können sie nicht voneinander unterscheiden, denn sie entstehen aus der ‚Spannung' zwischen den Bausteinen unseres Körpers. Diese Spannungen wiederum haben aber ihre Wurzeln in der Impulsdifferenz."

„Sehr interessant!" Wieder einmal nickt Vasco anerkennend, er setzt sich vor seinen Bildschirm und beginnt in seinem Archiv etwas zu suchen.

Die Äquivalenz von Trägheit und Schwere

„Denn du denkst da gerade laut über die Äquivalenz von träger und schwerer Masse nach. Sie ist ein Prinzip der Allgemeinen Relativitätstheorie. Ich zeige dir, was Einstein dazu geschrieben hat." Vasco weist auf den Schirm:

Das Trägheitsgesetz bezeichnet den ersten großen Fortschritt der Physik, eigentlich sogar ihre Geburtsstunde. Es ergab sich aus der Analyse eines idealisierten Experimentes mit einem Körper, der sich unaufhörlich fortbewegt, ohne durch Reibung oder andere Kräfte daran gehindert zu werden. An diesem Beispiel wie an vielen weiteren sahen wir, welch große Bedeutung dem idealisierten, rein theoretischen Experiment zukommt. Auch hier wollen wir wieder mit einem idealisierten Experiment arbeiten ...

Weiter oben haben wir mit einer gleichförmig bewegten Kabine experimentiert. Hier wollen wir sie nun zur Abwechslung durch einen fallenden Aufzugskasten ersetzen. Der große Aufzugskasten befindet sich im Dachgeschoß eines überdimensionalen Wolkenkratzers. Plötzlich reißt das Seil und der Aufzug saust in die Tiefe. Drinnen befinden sich Beobachter, die während des Absturzes experimentieren ...

Der Außenbeobachter konstatiert die Bewegung des Aufzugkastens und aller darin befindlichen Gegenstände und bemerkt, daß diese Bewegung dem Newtonschen

Gravitationsgesetz unterliegt. Für ihn ist die Bewegung nicht gleichförmig, sondern beschleunigt, was er dem Schwerefeld der Erde zuschreibt.

Eine Generation von Physikern, die in dem Aufzugskasten geboren und groß geworden wäre, würde jedoch zu ganz anderen - Resultaten gelangen. Diese Leute müßten glauben, sie lebten in einem Inertialsystem, und die würden daher alle Naturgesetze auf ihren Aufzugskasten beziehen und mit Recht sagen, daß diese in ihrem System eine besonders einfache Form annehmen. Es wäre natürlich, daß sie schlössen, daß ihr Aufzug ruhe und ihr System ein Inertialsystem sei ...

Das Beispiel lehrt, daß es durchaus möglich ist, physikalische Phänomene auf zwei verschiedene Systeme zu beziehen und trotzdem konsequent zu beschreiben, selbst wenn die Systeme nicht gleichförmig gegeneinander bewegt werden. Dazu müssen wir allerdings als eine Art Brücke zwischen den beiden Systemen die Massen-anziehung in Anspruch nehmen. Das Schwerefeld existiert nur für den Außenbeobachter, für den Insassen des Aufzuges dagegen nicht. Der Außenbeobachter konstatiert eine beschleunigte Bewegung des Aufzugskastens, die er dem Schwerefeld zuschreibt, während der drinnen seinen Aufzug für ruhend hält und von einem Schwerefeld nichts weiß. Der Hauptpfeiler dieser Brücke, aber, die uns eine Beschreibung der Vorgänge von beiden Systemen aus gestattet, ist die so hochbedeutsame Tatsache der Äquivalenz von schwerer und träger Masse ... "

/4/ A. Einstein /L.Infeld

„Die Äquivalenz von träger Masse und schwerer Masse", wiederholt Paul leise.

„Ein im Gravitationsfeld frei fallender Körper ‚fühlt' sich genauso, wie ein antriebslos im gravitationsfreien Raum driftender Körper. Beide fühlen sich schwerelos."

Er überlegt und hebt schließlich gleichmütig die Achseln.

„Das stimmt, Vasco. Aber das heißt doch noch lange nicht, daß sich die beiden Situationen nicht voneinander unterscheiden! Ich habe zwar gerade gezeigt, weshalb man sie bei Jonas beide gleich empfindet - doch deshalb müssen die beiden Situationen nicht wirklich gleich sein.

Wenn ich zum Beispiel ein Jahr lang in einem Gravitationsfeld in Richtung der Gravitationsquelle schwerelos frei falle, dann bewege ich mich am Ende dieses Jahres gegenüber dem Hintergrund sehr viel schneller als zuvor.

Nach einem Jahr exakt genauso empfundener Schwerelosigkeit im gravitationsfreien Raum bewege ich mich aber weder schneller noch langsamer als zuvor. Das gleiche Empfinden führt also zumindest zu unterschiedlichen Ergebnissen!"

Vasco schüttelt zweifelnd den Kopf und schaut Paul fragend an.

„Auf der Erdoberfläche bin ich am Ende des Jahres genauso ‚schnell' unterwegs wie am Beginn des Jahres, Vasco. Ein Jahr in der Heidelberg bei 1g - und ich habe fast ..." Paul stockt und winkt ab.

Vasco lächelt hintergründig. „Du bist dir hoffentlich aber im klaren darüber, daß du diesen ‚offenbaren' Unterschied nur dem ‚gefüllten' Weltbild von Jonas entnehmen kannst."

Paul schaut Vasco skeptisch von der Seite an und wartet.

„Du unterscheidest die beiden gleich empfundenen Beschleunigungs-situationen", erläutert Vasco leise, „anhand ihrer Geschwindigkeiten vor dem Welthintergrund. Nun hast du mir aber vor zwei Minuten selbst die Relativität der Bewegung im Modell von Jonas erklärt. Und damit hast du die Bewegung vor dem Welthintergrund physikalisch unerkenn-bar gemacht.

Nun ist die Relativität tatsächlich unbezweifelbar. Genau ihretwe-gen sieht Einstein ja in einer Bewegung vor dem ‚Welthintergrund' **kein** Kriterium für irgend etwas.

Einsteins Ansatz war einfach und rational, Paul: Er baut auf physi-kalisch verifizierbaren Anhaltspunkten auf - und weiter nichts.

Dagegen zeichnet Jonas ein vergleichsweise oppulentes, komplexes Weltbild – doch er muß auch dafür sorgen, daß die abgebildeten Zu-sammenhänge physikalisch nicht verifizierbar sind ..."

„Ist denn das so wichtig?" unterbricht Paul unwillig. Er fühlt sich von Vasco irgendwie geleimt. „Einstein hat doch nur gesagt, daß **träge** Masse äquivalent der **schweren** Masse ist. Auch im Modell von Jonas gibt es zwischen beiden keinen Unterschied! Hier ist die Lage sogar noch viel einfacher, denn es bietet gar keinen Anhaltspunkt, die *träge* Masse von *schwerer* Masse zu unterscheiden!

Wenn ein im gravitationsfreien Raum fliegendes Teilchen einen Stoß bekommt, dann verändert sich der Bewegungszustand dieses Teilchens. Einstein würde den Widerstand des Teilchens gegen den Stoß als träge Masse bezeichnen.

Wenn das gleiche Teilchen in einem Gravitationsfeld frei fällt, so wird es von dem an ihm resultierenden Gesamtimpuls beschleunigt. Sein Bewegungszustand verändert sich dabei ebenfalls.

Bei Jonas ist der freie Fall also auch nichts anderes, als eine Beschleunigung des Teilchens vor dem Hintergrund. Nur ist diese Beschleunigung keine Folge eines massiven Impulses, sondern das einer langen Reihe von winzig kleinen Impulsen der Hintergrundobjekte. Im Grunde macht es aber keinen Unterschied, ob es einen kräftigen oder viele kleine Stöße empfängt.

Bei Jonas ist Einsteins ‚schwere‘ Masse - die registrierte Beschleunigung im Gravitationsfeld - gar nicht von Einsteins ‚träger‘ Masse - der Beschleunigung infolge eines massiven Stoßes - zu unterscheiden.

Masse hat bei Jonas nur die Fähigkeit Impuls in sich zu akkumulieren oder ihn wieder abzugeben. Mehr **braucht** Masse gar nicht können, Vasco. Schwere Elementarteilchen sind bei ihm nichts anderes, als gebündelte Energie...“

Ein paar Sekunden herrscht Ruhe. Pauls Argumentation hat bei Vasco offenbar Eindruck hinterlassen.

„Du fragst dich sicherlich“, gesteht Vasco schließlich verschämt lächelnd, „weshalb ich dich mit träger Masse und schwerer Masse und dem Einstein-Aufzug quäle, wenn es doch ein so schönes und anschauliches Jonas-Modell gibt.“

Paul lacht spontan. Vascos Vermutung ist ein echter Volltreffer.

Der Raum erscheint also als ein Gegenstand der Physik, aber als ein Gegenstand sui generis. Schon die Behauptung seiner Existenz hat einen fühlbar anderen Sinn als die der Existenz von Materie. „Es gibt Materie“ heißt: „Irgendwo sind Körper.“ „Irgendwo“ heißt nun „irgendwo im Raum“ Es wäre aber sinnlos zu sagen: „Irgendwo ist Raum.“ Der Raum ist vielmehr eben das, auf Grund wovon der Begriff

„irgendwo" einen Sinn hat. Ebenso unsymmetrisch ist das Verhältnis von Raum und Materie unter dem Gesichtspunkt der Kausalität. Daß eine Drehung „gegen den Raum" Zentrifugal- und Corioliskräfte hervorruft, erscheint wie eine Wirkung des Raumes auf die Materie. Hingegen gibt es in der klassischen Physik keine Wirkung der Materie auf den Raum; seine Struktur liegt priori fest. Alle diese sprachlich schwer korrekt formulierbaren Sachverhalte dürfen wir als Hinweise auf damals und zum Teil auch heute ungelöste Probleme der Einheit der Physik ansehen.

Carl Friedrich von Weizsäcker in /7/ Die Einheit der Natur II

„Man kann", fährt Vasco zögernd fort, „mit Jonas´ Modell tatsächlich viele Aspekte der modernen Physik anschaulich machen. Doch vergessen darfst du nicht, Paul, daß dieses Modell bei der Entstehung der neuen Physik nicht beteiligt war. Es ist nichts weiter als eine Methode, ein Instrument, das uns zu anschaulichen Bildern führt.

Ich gebe zu, daß ich gern mit dir einige der so schwer zu formulierenden Widersprüche oder Lücken herausarbeiten möchte, die in den modernen abstrakten Theorien versteckt sind.

Auf den ersten Blick vermutete ich unüberwindliche Gegensätze zwischen Jonas und Einstein. Doch heute glaube ich, daß es sehr viel Gemeinsames zwischen Einsteins Theorie und Jonas' Bildern gibt. Ich denke, daß es in erster Linie verschieden interpretierte Begriffe waren, die mich ursprünglich veranlaßt haben, sie für unvereinbar zu halten. Da wäre zum Beispiel der Begriff ‚Raum' ...

Raum und *Raum* - ist nicht das Gleiche

Stell dir vor, Paul, du wärest in einem Raumschiff geboren und hättest in deinem Leben noch keine Erfahrung mit der Anziehungskraft eines Planeten, mit der Gravitation sammeln können.

Sehr gut kennst du dagegen den Zustand des ‚Unbeschleunigt Seins', wenn die Antriebe des Raumschiffes abgeschaltet sind.

Du kennst auch die Trägheit der Körpermasse, denn du hast schon oft die Trägheitsbeschleunigung gespürt, wenn die Antriebe des Raumschiffes arbeiteten und dein Bewegungszustand gegenüber dem Rest der Welt sich dadurch veränderte." Vasco hebt nun den Zeigefinger. „Doch eines Tages stehst du das erste mal auf einem Planeten. Du schaust auf deine Füße - und staunst. All deine bisherige Erfahrung sagt dir, daß du auf einem Objekt stehst, das dich ununterbrochen beschleunigt ..."

Mit einer Geste fordert Vasco Paul auf, das Gedankenexperiment fortzusetzen.

„Ich verstehe, Vasco. Die empfundenen Kräfte werde ich auf die einzige, mir bis dahin bekannte Ursache zurückführen: die Trägheitsbeschleunigung - durch die Raumschiffantriebe.

Da mein Körper von der Planetenoberfläche für mich eindeutig nach *Oben* beschleunigt wird, werde ich die Antriebe dieses seltsamen Raumschiffes 'unter' mir suchen - im Planeteninneren." Paul kichert. „Spätestens bei einem Rundgang um den Planeten werde ich aber erkennen, daß ich mich auf einem ganz besonderen Exemplar von Raumschiff befinde. Die Antriebe sind offenbar so angebracht, daß sie die gesamte Oberfläche des Planeten gleichermaßen schneller und schneller aufblähen.

Ich habe den Eindruck, daß ständig Raum unter der Planetenoberfläche zurück bleibt, daß Raum im Planeteninneren verschwindet.

Selbst, wenn ich einen Stein in die Luft werfe", Paul kichert erneut, „so werde ich, da ich ja auf einer beschleunigten Planetenoberfläche stehe, den gleichförmig davon fliegenden Stein immer schneller nacheilen und ihm bald wieder einholen. Meine Freunde in der Umlaufbahn werden mir dagegen später sagen, daß sie weit und breit keinen sich aufblähenden Planeten erkennen konnten.

Doch auch sie registrieren etwas, daß sie nicht verstehen können. Es ist das seltsame Verhalten des Raumschiffes, daß ohne erkennbaren Grund in einem Kreise fliegt, in dessen Mittelpunkt der Planet liegt. Auch sie könnten sagen, daß laufend Raum unter der Planetenoberfläche verschwindet, daß der Planet Raum frißt. Ja", Paul nickt: „um nicht eine gänzlich neue Eigenschaft der Masse zu erfinden - wie es die Gravitation für mich ja wäre - würde ich wahrscheinlich zu dieser Interpretation greifen, Vasco. Ich würden sagen, der Planet ‚frißt' Raum."

Paul schaut Vasco gespannt an.

„Was tut er nun wirklich?" fragt Vasco nach einer Weile. „ ‚Frißt' der Planet nun Raum oder gravitiert er nur?"

Mit zusammengekniffenen Augen überlegt Paul einige Zeit lang. „Bei Jonas ‚frißt' der Planet einen Teil des Impulses, der aus dem Raum kommenden Urobjekte. Den leeren Raum aber, der sich zwischen diesen Urobjekten befindet, den kann der Planet nicht ‚fressen'. Der ist ohnehin Nichts, ist leer, ist garantiert ohne jeglichen Nährwert. In Einsteins Weltbild verändert der Planet die Metrik des ihn umgebenden Raumes. Ein darin befindlicher Körper fällt nicht auf diesen, sondern er ‚ruht zwanglos' in der von der Planetenmasse deformierten Metrik.

Würden sich an Einsteins Raumkoordinaten jeweils kleine Staubkörnchen befinden, so würden diese Koordinatenmarken laufend unter der Planetenoberfläche verschwinden, als würde der Planet ..." Paul unterbricht und kratzt sich lächelnd am Ohr. „Es sieht so aus, Vasco, als wäre Einsteins Raum für den Planeten ‚bekömmlicher' als der von Jonas."

Vasco hebt vage die Schultern. „Das ist Ansichtssache, Paul. Auf alle Fälle sind Jonas' und Einsteins Raumbegriffe nicht gleich. Wenn in Einsteins Raum ein Apfel auf die Planetenoberfläche fällt, dann tut er das nicht wegen irgendwelcher Impulsdifferenzen oder wegen irgendwelcher Gravitationskräfte, sondern weil die Geometrie des Raumes dem Fallobst ein kräftefreies Ruhen vorschreibt. Dieses kräftefreie Ruhen führt dann eben zu einer immer schneller werdenden Annäherung des Fallobstes an seinen Attraktor - die Planetenmitte."

„Mir ist vorhin so eine Idee gekommen", unterbricht ihn Paul. „Um mir die Metrik des Einsteinschen Raumes zu veranschaulichen, habe ich sie mir als Abbild der Partikelströmen von Jonas vorzustellen versucht. Die Partikelströmen sind ja nicht überall stetig, sie können auch mehr oder weniger dicht sein. Sie können kräftig oder schwach sein. Je nachdem, ob sie aus frischem Impuls oder aus geschwächten Impulsen bestehen, der von gravitierenden Sonnen oder Planeten in den Raum zurück geschickt wurde.

In großer Entfernung von gravitierenden Massen müßte die Impulsstrahlung bei Jonas sehr gleichmäßig sein, fast isotrop. Weit ab von schwerer Masse, inmitten der riesigen leeren Räume, sollte es demnach keine ‚Spannungen' zwischen benachbarten Raumabschnitten geben. Weit ab von allen schweren Massen, so hat Sylvia gesagt, ist aber auch die Metrik von Einsteins Raum *pseudoeuklidisch,* ist ‚eben'. In der Nähe von gravitierender Masse wird bei Jonas der isotrope Impulshintergrund deformiert, er bekommt Spannungen. Eine in dieser Störung befindliche Masse spürt natürlich diese Spannungen zwischen den Raumabschnitten mit unterschiedlichen Strömungsverhältnissen." Paul reibt sich am Kinn. „Einstein sagt nun, daß die Anwesenheit von Massen die Metrik seines Raumes *verbiegt.* Leider enthält diese Formulierung für mich nichts Vorstellbares. Es gibt schließlich in Einsteins Raum nichts Substantielles, nichts, das man für das Zustandekommen der Verspannungen zwischen benachbarten Raumabschnitten verantwortlich machen könnte. Die Gestalt seiner Welt, die Metrik des leeren Raumes: das ist pure Mathematik, ist Geometrie."

„Spannung heißt lateinisch Tension", flüstert Vasco bedeutungsvoll. „Die Elemente der Einsteinschen Gleichungen heißen Tensoren. Doch das ist nur eine Analogie, Paul. Kein Beweis für irgendetwas.

Trotzdem dürfen wir uns Einsteins *Metrik* durch Jonas'sche Partikelströmungen veranschaulichen.

Nur sollten wir uns nicht wundern, wenn wir bei manchen Physikern wenig Verständnis für diese Sichtweise finden. Sie lesen aus Einsteins Gleichungen einfach die Geometrie der Welt ab. Für sie gibt es nichts einfacheres, klareres, als diese Gleichungen. Sie suchen auch nichts hinter dieser Geometrie, denn sie sind der Überzeugung, daß es hinter Einsteins Gleichungen nichts mehr gibt, was einer Beschreibung überhaupt zugänglich wäre." Vasco stockt und schaut auf die Uhr.

Natürliche Grenzbedingungen

„Das klingt nicht nur sehr abstrakt, Paul, sondern die Allgemeine Relativitätstheorie ist auch sehr abstrakt, sehr ‚mathematisch'. Sie stimmt aber viel zu gut mit der Wirklichkeit überein, als daß man an ihr zweifeln könnte. Obwohl manche ihrer Konsequenzen wahrhaft mystisch wirken. So hat sie zum Beispiel keine nachvollziehbaren Grenzbedingungen. Die in der Allgemeinen Relativitätstheorie möglichen Gravitationspotentiale können beliebig stark werden. Zwar störte schon Einstein die dabei entstehenden Singularitäten - doch sie ergeben sich nun einmal unausweichlich aus seinen Gleichungen.

Wir haben also dafür gesorgt, daß sich die Objekte in Jonas' Raum genauso verhalten wie die Objekte in Einsteins Raum. Mit Ausnahme der Singularitäten, vielleicht ..." Vasco stockt einen Moment und kratzt sich nachdenklich am Kopf.

„Jonas' Weltbild scheint nämlich derartig singuläre Zustände, wie sie sich aus der ART ergeben, auszuschließen. Ein einfaches Gedankenexperiment zur Stabilität der Oszillationsfiguren beweist es: Jonas´ Teilchenoszillationen müssen z.b. auf immer stärker oder immer schwächer werdende Potentiale irgendwann sehr drastisch reagieren. Ein unentwegtes Anwachsen des allseitigen Impulsdruckes ist bei Jonas genauso undenkbar, wie das vollständige Ausbleiben von Impuls aus einer Richtung des Raumes - zum Beispiel aus Richtung der Gravitationsquelle."

„So stark kann die Gravitation niemals werden!" bestätigt Paul. „Das ist unmöglich! Eine Elementarteilchenschwingung kann in solch einer Situation gar nicht existieren!"

Vasco nickt. „Genau solche Unmöglichkeiten meine ich, wenn ich von nachvollziehbaren Grenzbedingungen spreche. Diese Grenzbedingungen ergeben sich aus der *Metaphysik,* aus den Hypothesen, die Jonas' Bild voranstehen.

Das Übertreten der ‚natürlichen' Schranken würde das Modell als solches zerstören, würde die darin postulierten Zusammenhänge unmöglich machen. Deshalb ist bei Jonas auch ohne Berechnung klar, daß seine Teilchen nur bei bestimmten Umgebungsbedingungen existieren können. Nur innerhalb dieser Grenzen kann das Modell *funktionieren.*

Einsteins Welt wird aber von stetigen Funktionen gebildet. Die Metrik seines Raumes kann so krumm sein, wie es die Riemann-Geometrie zuläßt. Und die ist nicht gerade kleinlich. Der einzige Extremwert ist hier der geschlossene Raum, ist die Singularität.

Mit den Bildern von Jonas ausgedrückt, können bei Einstein beliebig starke Anisotropien der Impulsstrahlung auftreten, beliebig hohe oder auch niedrige Dichten von Urobjekten, bis hin zur asymptotischen Leere."

Vasco verstummt. Er hatte mehr gesagt als beabsichtigt und blickt nun Paul forschend von der Seite an.

Poincaires Welt hätte vier Dimensionen

Paul schaut in die Ferne und überlegt. Vasco hatte ihm gestattet sich hinter Einsteins Metrik etwas vorzustellen. Aber er hatte nichts darüber gesagt, ob der Raum nun mit Urobjekten gefüllt ist oder nicht. Andererseits war die Antwort darauf auch gar nicht so wichtig. Paul hat verstanden, daß unterschiedliche Inhalte von dem, was man sich unter ,Raum' vorstellt, zu Mißverständnissen führen müssen. Er wird nicht mehr an Einsteins ,Raum mit Metrik' herummäkeln, obwohl ihm dieser leere Raum mit Struktur nach wie vor unvorstellbar ist.

Paul möchte plausible Gedankenexperimente machen und genau deswegen will er seine Umgebung weiterhin mit Jonas´ Augen erkunden.

Doch in einem Punkt - dessen wird er sich mehr und mehr bewußt - ist die Allgemeine Relativitätstheorie gegenüber Jonas eindeutig im Vorteil: Sie **hat** Dimensionen!

Sie hat genau die Dimensionen, die Paul in Jonas´ Welt noch nicht einmal von Weitem erkennen kann.

„Die Dimensionen", flüstert Paul. „Die räumlichen Dimensionen Vasco, wie Länge, Breite, Höhe. Sie hängen doch untrennbar mit dem Raum zusammen?"

„Das sollte man denken", weicht Vasco aus. „Doch in welcher Beziehung sollten denn nach deiner Auffassung die Dimensionen und der Raum stehen? Was verlangst du von den Dimensionen?"

„Sie sollen mir als Maßstäbe dienen. Mit ihrer Hilfe möchte ich die Lage von Objekten in meiner Umgebung beschreiben. Mit ihrer Hilfe möchte ich die Distanz zwischen zwei Objekten im Raum beschreiben. Schließlich möchte ich vorher wissen, wie weit ich 'gehen' muß, um von meinem Standort zu einem bestimmten Ort im Raum zu kommen."

„Könntest du mit Poincaire übereinstimmen", fragt Vasco vorsichtig, „der den **Raum** als die **gedankliche Aneinanderreihung von Körpern** bezeichnet?"

Paul wiegt nachdenklich den Kopf.

„Poincaires Definition von Raum", fährt Vasco fort, „entspricht unserer Alltagserfahrung. Wir verwenden - bewußt oder unbewußt - immer einen körperlichen Eichmaßstab für die Bemessung eines Abstandes im Raum. Ein Körper hat die Dimensionen Länge, Breite, Höhe. Wenn wir den Rauminhalt in Vielfachen von Eichkörpergestalten angeben, dann hat Raum zwangs-

läufig die gleichen Dimensionen wie unsere Eichkörper: Länge-Breite-Höhe."
„Richtig, Vasco. Wir messen ja den Raum, indem wir gedanklich
Eichkörper solange aneinander reihen, bis der Raum vollständig aus-
gefüllt ist." Paul nickt zuversichtlich mit dem Kopf.
„Dann wären aber noch die Maßstäbe, Paul. Welche Maßstäbe wür-
dest du denn in unserer jetzigen Situation vorziehen. Die Maßstäbe der
Heidelberg oder die der Erde?"
„Diejenigen, die ich zur Verfügung habe", antwortet Paul prompt.
„Hier auf der Heidelberg werde ich ja einen Eichkörper finden können.
Im einfachsten Fall einen Würfel. Die Kantenlänge des Würfels erken-
ne ich an der Undurchdringlichkeit des Materials. Doch", Paul stockt,
„Körper bestehen aus Elementarteilchen!"
Paul lächelt nun hintergründig und fragt: „Hat zu Zeiten dieses
Poincaire jemand daran gedacht, daß Bewegung gegenüber dem Hin-
tergrund die Wechselwirkungsfigur der Elementarteilchen - und damit
die Maßstäbe beeinflussen könnte?"
Vasco zieht überrascht und zweifelnd die Mundwinkel nach unten.
„Mit an Sicherheit grenzender Wahrscheinlichkeit ahnte Poincaire
nichts davon", entgegnet er dann vorsichtig.
Paul ist zufrieden. „Bei Jonas hat ein bewegtes Elementarteilchen

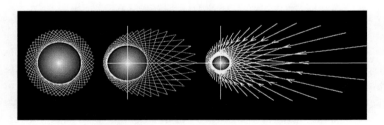

eine andere Form als ein unbewegtes Elementarteilchen." Paul kramt
seine Elementarteilchenskizze vom Tisch.
„Vor dem Hintergrundsystem bewegte Elementarteilchen sind ellip-
tisch! Sie scheinen in Bewegungsrichtung **länger** zu sein als Ruhende.
Und da meine Eichkörper ja auch aus Elementarteilchen bestehen,
kann schließlich dieser Umstand auch Einfluß auf die aus Elementarteilchen zusammengesetzten Maßstäbe haben. Möglicherweise sind
diese in Bewegungsrichtung auch länger??"

Paul lehnt sich nachdenklich zurück.„Das wäre sehr interessant! Die Breite bewegter Elementarteilchen wird nicht verändert - aber deren Länge!" wiederholt er. „Was würde ich registrieren", fragt Paul kurz darauf in den Raum, „wenn die Länge meines bewegten Maßstabes in der Bewegungsrichtung größer ist, als die Länge des gleichen, aber vor dem Hintergrund ruhenden Maßstabes?" Paul kritzelt hastig an einer Skizze herum, legt sie aber schnell wieder beiseite und greift sich ein neues Blatt. Er flüstert: „Der Raum ist die gedankliche Aneinanderreihung von Körpern. Also Würfeln. Ihre Konturen ergeben sich aus der Länge der Wechselwirkungsfigur in Bewegungsrichtung ..." und zeichnet eifrig.

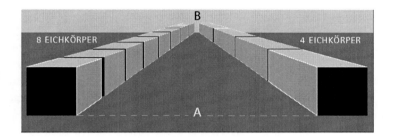

„Sieh her, Vasco! Rechts in meiner Skizze mißt ein bewegter Beobachter den Abstand zwischen zwei vor ihm im Raum liegenden Punkten mit Hilfe der ihm zur Verfügung stehenden Würfel. Er bekommt ein Ergebnis. Der linke Beobachter ruht - er hat kürzere Würfel. Und er wird deshalb zwischen die Punkte A und B viel mehr Würfel legen können als der bewegte Beobachter. Das ..." Paul zeigt auf seine Skizze und reibt sich die Hände, „riecht sehr nach Längenkontraktion. Meinst du nicht auch, Vasco?"

„Hmmm." Mehr möchte Vasco dazu im Moment nicht äußern.

Paul drängt weiter: „Wenn ich Raum als die gedankliche Aneinanderreihung von Körpern auffasse, dann ist der Abstand zwischen zwei Objekten im Raum abhängig von der Körpergestalt! Das ist ganz klar, Vasco!

‚Das ist ein trivialer Sachverhalt!' - wie Sylvia immer zu sagen pflegt. Wenn die Maßstäbe des Beobachters von dessen Bewegung vor dem Hintergrund abhängig sind, dann werden verschieden bewegte Beobachter auch verschiedene Längen zwischen denselben Punkten des Rau-

mes messen. Wenn zum Beispiel der zum Hintergrund ruhende Beobachter 8 Würfel hintereinander legen kann, dann wird der bewegte Beobachter vielleicht nur 4 seiner Würfel dazwischen bringen. Dem Bewegten erscheint der Raum damit *verkürzt* – oder *kontrahiert!*"
    „Der Bewegte fände in diesem Fall eine Längenkontraktion", bestä-
tigt Vasco, jedoch ohne Pauls Begeisterung wirklich zu teilen. „Es gibt
aber noch ein paar andere Aspekte, Paul. Zum Beispiel frage ich mich,
was dieser Bewegte messen würde, wenn er in die entgegengesetzte
Richtung schaut, aber ..."
    „Ich hätte nie gedacht, daß das so einfach ist!" schwelgt Paul, der
Vascos Einwand gar nicht wahrzunehmen scheint. „Immer und immer
wieder bin euch ‚auf den Nerv' gegangen, Vasco, habe gefragt woraus
diese Längenkontraktion ‚entsteht'? Doch keiner konnte es mir plausibel erklären. Und nun komme ich von selbst darauf!"
    „Übertreib doch nicht so!" drastisch dämpft Vasco Pauls Euphorie.
    „Du hast schließlich schon jahrelang gewußt, daß es Längen-
kontraktion gibt. Neu ist dir doch nur, daß man ihr Zustandekommen
mit einem ‚Bild' veranschaulichen kann. Das Bild erscheint dir zwar
einleuchtend, aber das ist es nur, weil du als ‚Kompaß' für die Bewegung das Jonas'sche Hintergrundsystem verwendest. Dieser Kompaß
ist aber ein fiktiver, Paul! Versuche doch einmal", Vasco kichert, „einem von beiden Beobachtern zu beweisen, daß er zu anderen Werten
für die Abstände des ihn umgebenden Raumes kommt, weil er die ‚falschen' Maßstäbe benutzt!"
    Paul ahnt zwar, daß es nicht gelingen wird, doch er versucht es trotz-
dem: „Ich müßte die Maßstäbe miteinander vergleichen", beginnt er
zögernd. „Dazu könnte ich dem bewegten Beobachter befehlen anzu-
halten und seine Würfel neben die Ruhewürfel zu legen.
    Im bewegten System verläuft die Physik nach dem Anhalten genau-
so, wie vorher." Paul lacht spontan. „Aber der ehemals bewegte Beobachter wird nun feststellen, daß seine Würfel exakt genau so lang sind
wie die des Ruhe-Beobachters. Beide können den Abstand zwischen A
und B getrost nochmals messen: sie werden übereinstimmende Ergebnisse bekommen. Der ehemals vorhandene Unterschied ist plötzlich
nicht mehr da!" Paul stöhnt.
    „Du hast recht, Vasco. Der Abgebremste hat keinen Anhaltspunkt
dafür, daß etwas ‚an ihm' sich verändert hat oder, daß er sich nun natür-

licher bewegt als vorher. Er registriert nur, daß er in seinem neuen Bewegungszustand andere Abstände für die gleichen Objekte im Raum findet als vorher." Paul kratzt sich verzweifelt am Kopf.

„Und wenn ich dem ruhenden Beobachter sage, er soll sich beschleunigen bis er neben dem bewegten Beobachter her fliegt, dann wird der auch nur feststellen, daß sie beide die gleichen Maßstäbe verwenden.

Der ehemals Ruhende wird sicherlich stutzig, weil der zuvor gemessene Abstand zwischen den in Bewegungsrichtung liegenden Objekten A und B nun geringer ausfällt. Es verblüfft ihn bestimmt auch, daß die Abstände in die Gegenrichtung plötzlich größer zu sein scheinen.

Doch auch er hat innerhalb seines Systems keinen Hinweis auf eine ‚interne Veränderung'. Tja, Vasco, er kann partout nicht beweisen, daß die alten Werte irgendwie richtiger oder natürlicher wären als die Neuen.

Ich fürchte", Paul grinst ironisch, „selbst ich würde den Versuch hier etwas zu beweisen sehr bald entnervt einstellen."

„Wahrscheinlich", stellt Vasco trocken fest. „Es sei denn, du kannst Kriterien nennen, die ein System von einem anderen, dazu gleichförmig bewegten System unterscheiden."

Paul schüttelt langsam den Kopf, gibt aber noch nicht auf: „Da die Physik innerhalb der Systeme gleich ist, könnten wir vielleicht alle vor einer Beschleunigung genommenen Meßwerte mit denen danach vergleichen. Wenn aus den Ergebnissen dann ein Datensatz besonders herausstechen würde, dann wäre das vielleicht ein Hinweis. Oder?" Vasco schaut Paul nur skeptisch an.

„Vasco, ich denke irgendein Hinweis **müßte** sich finden lassen. Vielleicht sind die Maßstäbe für Länge *irgendwann* extrem klein oder ..."

Paul stockt und betrachtet den Fußboden vor sich. „Extrem ...", wiederholt er nachdenklich.

„Nicht nur die Längen wären in dieser Situation extrem, sondern auch die **Zeit**!" Paul legt den Kopf in den Nacken und überlegt.

‚Zeit ist die Dauer eines Prozesses', wiederholt er Elis Zeitbegriff.

‚Zeit ist eine Dimension' - das sagte Einstein.

Was wäre nun bei Jonas der Maßstab der **Zeit**?

Der Maßstab für Länge, Breite, Höhe erwächst bei Jonas aus der Wechselwirkungsfigur der Elementarteilchen. Deren Maßstäbe waren in den verschiedenen Richtungen nicht unbedingt gleich. Sie hingen davon ab, ob man sich in oder gegen die Bewegungsrichtung orientierte. Aber sie waren immer eine Funktion der Geschwindigkeit des Teilchens vor dem Hintergrund.

In Anlehnung an Elis Definition wollte Paul nach dem Prozeß suchen, dessen ‚Dauer' er zum Maßstab der Zeit machen könnte.

„Vasco, wir brauchen einen elementaren Standardprozeß für die Zeit!" verkündet er laut seine Absicht.

„In unseren Quarzuhren ist zum Beispiel dann eine Sekunde abgelaufen, wenn eine bestimmte Anzahl von Schwingungen im Quarzkristall der Uhr gezählt wurde. Der Standardprozeß ist also ein Schwingungszyklus der im Quarzkristall schwingenden Elektronen. Die Dauer eines solchen Schwingungszyklus bildet den elementaren Zeitmaßstab der Quarzuhr."

Vasco nickt und wartet. Er läßt Paul Zeit.

„Die Eigenschaft der Jonas-Elementarteilchen, dreidimensionalen Raum ‚in Anspruch zu nehmen', haben wir zum Maßstab für den uns umgebenden Raum gemacht. Es liegt auf der Hand, nach einer weiteren Eigenschaft dieser Teilchenoszillationen Ausschau zu halten, deren Dauer uns den Maßstab der Zeit liefert.

Ich denke dabei an die Zyklusdauer der Elementarteilchenwolke, Vasco. Ich meine damit nicht die einzelnen, internen Zick-Zack-Bewegungen des Inneren Urobjektes. Diese Bahnen sind vielleicht auch in gewissem Maße regelmäßig - zumindest, wenn man lange genug hinschaut. Aber als charakteristischer zyklischer Prozeß schwebt mir ein kompletter Wechselwirkungszyklus des Inneren Urobjektes mit seiner Umgebung vor. Dabei sollten sich alle teilchenspezifischen Wechselwirkungen mit der Umgebung widerspiegeln. Dieser Zyklus steht für die Gesamtheit der Teilcheneigenschaften – steht für das, was das Teilchen ‚erlebbar' macht."

„Hmmm!" wieder einmal war Vascos Kommentar sehr knapp.

„Ja, Vasco: Die ‚Dauer' aller Einzeloszillationen, die nötig sind, um die teilchenspezifischen Eigenschaften herauszubilden, die soll der Maßstab der Teilchenzeit sein!" wiederholt Paul und glaubt es damit auf den Punkt gebracht zu haben. Er schaut Vasco offen an und lehnt sich erwartungsvoll zurück.

Vasco reibt sich heftig das Kinn. „Die Dauer all der Oszillationen, die für das Herausbilden der Teilcheneigenschaften ...", wiederholt er vage und kratzt sich verzweifelt am Scheitel. „Wann diese Eigenschaften vollständig abgebildet sind, das wäre wie nach dem Vorfahren von

Henne und Ei zu fragen." Er kichert leise. „Möglicherweise ist das mit den Teilcheneigenschaften aber gar keine schlechte Zeit-Definition, Paul. Was wären denn die ersten Konsequenzen eines solchen ZEIT-Maßstabes. Passen sie zur Wirklichkeit?"
„Ich hoffe doch!" antwortet Paul optimistisch. „Da sich die Längenmaßstäbe entsprechend der Bewegung zum Hintergrund verändern, müßten sich auch die Zeitmaßstäbe verändern. Bei Jonas sind bewegte Elementarteilchen pauschal gesagt ‚länger‘ als Ruhende. Sie brauchen deshalb wahrscheinlich auch ‚länger‘ für einen Zyklus."
„Die Frage ist nur, warum??" fragt Vasco.
Paul dreht sich langsam um und schaut ihn nachdenklich an. „Vielleicht kann man das an einem kosmischen Beispiel veranschaulichen: Die Zyklusdauer einer Teilchenoszillation könnte man mit der Umlaufdauer eines Planeten um seinen Zentralstern, seinen Attraktor, vergleichen.

Ein kompletter Umlauf ist ein Zyklus - die dafür vom Planeten benötigte Zeit ist die Zyklusdauer.

Johann Keppler hat entdeckt, daß die Umlaufzeit von Planeten um so größer ist, je länger die großen Halbachsen seiner Bahn sind. Andererseits ist die Länge der Halbachsen auch ein Ausdruck der im Planeten enthaltenen Bewegungsenergie.

Sylvia sagte mir, daß wir bei der Berechnung von Satellitenpositionen davon ausgehen, daß die Summe der potentiellen und kinetischen Energie an allen Punkten der Satellitenbahn gleich groß ist.

Je größer diese Summe ist, desto räumlich länger ist die Ellipsenbahn - und desto länger wird ein Umlauf um den Attraktor des Planeten, das Zentralgestirn, dauern." Paul blinzelt Vasco zuversichtlich an.

„Die Umlaufdauer ist damit auch keine Frage der Masse des Satelliten, sondern sie ist eine Funktion der in ihm steckenden kinetischen Energie. Verändert man diese, dann wird sich das unweigerlich in der Umlaufdauer niederschlagen.

Übertrage ich diesen Zusammenhang auf meine Elementarteilchenschwingung, dann wird sich die Zyklusdauer verändern, wenn ich die Energie des Inneren Urobjektes verändere. Ein vor dem Hintergrund sehr schnell bewegtes Elementarteilchens enthält mehr Energie als ein dazu Ruhendes.

Nun ist auch in den Elementarteilchen der schnellen Heidelberg viel Energie enthalten. Die Oszillationsfiguren der Heidelberg-Teilchen müßten also länger sein und - in Analogie zu Kepplers Gesetzen - deshalb sollte auch ihr Zyklus länger dauern. Der Zeittakt unserer Elementarteilchen wäre also ebenfalls gedehnt, er dauert länger – die Uhren hier sollten langsamer laufen!

Und wenn ich mich recht erinnere", Paul lächelt siegessicher, „tikken die Uhren auf der schnellen Heidelberg tatsächlich langsamer als die auf der langsamen Erde. Hier an Bord brauchen sie für einen TICK länger - wegen der Zeitdilatation."

Kepplers Gesetze

1. Die Bahnen der Planeten sind Ellipsen, in deren einem Brennpunkt die Sonne steht.

2. Der Fahrstrahl von der Sonne zum Planeten überstreicht in gleichen Zeiten gleiche Flächen.

3. Die dritten Potenzen (Kuben) der großen Halbachsen der Planetenbahnen verhalten sich wie die Quadrate der Umlaufzeiten.

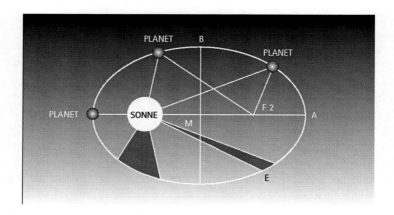

Paul hat die Augen geschlossenen: „Langsam verstehe ich, was Jonas damit meinte: *...erst die aus ihrer Gestalt und ihrer zeitlichen Existenz ableitbaren Relationen zu anderen Elementarteilchen führen zu dem, was wir als **Dimensionen** bezeichnen - Zeit und Ausdehnung.“* Paul atmet tief durch.

„Es ist an sich ganz einfach! Je schneller sich ein Elementarteilchen gegenüber dem Hintergrund bewegt, desto länger werden die in die Bewegungsrichtung zeigenden Maßstäbe sein - und desto langsamer werden seine Uhren ticken. Der Energiegehalt eines Teilchens spiegelt sich in dessen Wechselwirkungsfigur wider. Diese Gestalt ist aber nicht nur ‚räumlich‘, sondern sie ist auch in gleichem Maße ‚zeitlich‘.

Längenmaßstab und **Zeitmaßstab** wären demnach nur verschiedene Abstraktionen aus ein und derselben Wechselwirkungsfigur. Die viel zitierte Einheit der vier Dimensionen, Vasco, die ist in diesem Bild eine Selbstverständlichkeit. Und,“ Paul springt plötzlich auf, „wenn ich diesen Raum-Zeitlichen Zusammenhang in die Poincaire‘sche Raumdefinition übertrage, dann entpuppt sich dessen dreidimensional gedachter Raum als unvollständig, als kastriertes Etwas!“

Paul überlegt einen Moment. Doch schließlich bekräftigt er seine These. „Es ist so, Vasco! Drei Dimensionen sind einfach zu wenig um die Lage von Körpern ‚im Raum‘ zu beschreiben. Wenn man sich einen Körper als Oszillationsfigur, als Einheit von *Räumlichem* und *Zeitlichem* denkt, dann ist die gedankliche Aneinanderreihung von derartigen Körpern auch vierdimensional! Man kann die Zeit nicht isoliert von Länge, Breite Höhe betrachten, da Räumliches und Zeitliches untrennbar zusammen gehören!“

Vasco hat bisher, ohne eine Miene zu verziehen, zugehört. „Vierdimensional!“ wiederholt er nun und hebt den Kopf. „Auch Jonas´ Welt ist also vierdimensional. Wie Einsteins Welt.

Doch nun erscheint dir die Einheit von Räumlichem und Zeitlichem plausibel, während du sie bei Einstein bisher nur ‚hinnehmen‘ konntest.“

Vasco grinst ironisch. „Trotzdem ist Einstein ein ‚paar‘ Jahre früher zu dieser Erkenntnis gekommen. Und ich bin ziemlich sicher, Paul, daß er den Jonas´schen Ideen schon damals skeptisch gegenüber gestanden hätte. Er brauchte sie einfach nicht. Einstein hat schließlich bewiesen, daß er die Zusammenhänge der Relativitätstheorien auch ohne ‚gefüllten‘

Raum denken konnte. Doch das ist ein Thema für sich", winkt Vasco ab.
„Die ‚Wurzeln' der Dimensionen bei Jonas hast du nun gefunden,
Paul. Die Längenkontraktion und die Zeitdilatation gehören untrenn-
bar dazu. Bis zur Lichtgeschwindigkeit und damit dem Speziellen
Relativitätsprinzip scheint es nur ein kleines Stück zu sein. Doch ich
fürchte, dieses kleine Stück, das hat es in sich!

Die Lichtgeschwindigkeit

Ich weiß, Paul, daß du den Ausgang des Michelsonversuches kennst.
Dieser Versuch kann auch geometrisch dargestellt werden..."
Mit vorgeschobener Unterlippe und unverkennbarer Ablehnung im
Blick quittiert Paul Vascos Vorstoß in die Theorie.
„So schwierig ist das nicht, " wiegelt Vasco ab. „Stell dir einfach vor,
daß eine Blitzlampe einen Lichtblitz ins Vakuum sendet. Die Lichtwellen-
front wird sich kugelförmig mit der Geschwindigkeit c von ihrer Quelle
entfernen. Nach einer Sekunde ist sie 300 000 km davon geeilt.
Die Kugelgestalt dieser Lichtwelle kann schon ein Gymnasiast mathematisch beschreiben:
$$x^2 + y^2 + z^2 - T^2 = 0$$
lautet die Gleichung. Wobei T der momentane Abstand zwischen der
Wellenfront und ihrem Ursprung - der Blitzlampe - ist.
Dieser Abstand wächst mit der Zeit **t**, da sich Licht bekanntermaßen
mit c bewegt. Wir können also für T genauer schreiben: $T = c \cdot t$, wenn
wir das Zeichen *t* für die Zeit nehmen, die seit dem Aussenden des
Lichtblitzes vergangen ist ..."
Vasco schaut Paul prüfend an und fährt dann geduldig und mit zuversichtlicher Miene fort. „Nun betrachten wir diese Lichtwellenfront
von einem anderen Bezugssystem aus. Nämlich einem, daß sich gegenüber der Blitzlampe bewegt.
Von Michelson wissen wir, daß sich die Lichtwellenfront auch in
diesem Bezugssystem in alle Richtungen mit C ausbreitet.
Wir werden also die gerade formulierte Kugelgleichung
$x^2 + y^2 + z^2 - T^2 = 0$ auch in diesem zur Lampe bewegten Bezugssystem
verwenden.
Doch als Jonas-Kenner haben wir schon im Voraus den Verdacht,

daß die X-er und Y-er und Z-er in diesem System nicht genauso ‚lang‘ sind, wie die X-er Y-er und Z-er im Lampen-System.

Um die Koordinaten der beiden Systeme in den Gleichungen zu unterscheiden, geben wir ihnen einen Index: Die ‚1‘ für das Blitzlampensystem und die ‚2‘ für das dazu bewegte System.

In beiden Gleichungen steht auf einer Seite die „0“, also können wir sie auch gleich nebeneinander schreiben:

$$X_1^2 + Y_1^2 + Z_1^2 - C^2 \cdot t_1^2 = X_2^2 + Y_2^2 + Z_2^2 - C^2 \cdot t_2^2$$

Dies ist die Gleichung, in der man das Ergebnis des Michelson-Versuches formuliert. Diese Gleichung, verbunden mit einem Erhaltungssatz, gestattet einem Physiker die Spezielle Relativitätstheorie abzuleiten. Zumindest sollte er das können.

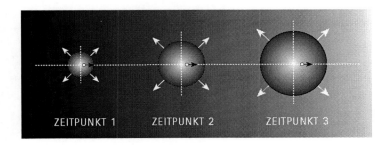

ZEITPUNKT 1   ZEITPUNKT 2   ZEITPUNKT 3

In meiner Skizze habe ich die davon eilende Lichtwellenfront zu drei Zeitpunkten dargestellt. Die als kleine Kreise dargestellten Orte neben dem Zentrum verkörpern die jeweilige Position des bewegten Bezugssystems.“

Paul beugt sich über Vascos Zeichnung und fragt: „Und von jedem der beiden Bezugssysteme sieht der Beobachter diese Lichtwellenfront mit C davoneilen?“

Vasco nickt. Doch Paul schüttelt schließlich ablehnend den Kopf.

„Möglich, daß diese Gleichung die Konstanz der Lichtgeschwindigkeit beschreibt. Sicherlich. Doch **ich** kann aus dieser Gleichung und auch aus dieser Darstellung nicht entnehmen, weshalb die Lichtgeschwindigkeit von beiden Beobachtern als gleich gesehen wird. Doch vielleicht geht es besser, Vasco, wenn wir die unterschiedlichen Maßstäbe berücksichtigen! Bei Jonas hat ja der bewegten Beobachter andere Maßstäbe, als der Ruhende ...“

Paul greift rasch nach Vascos Block, reißt die Skizze ab, wendet das Blatt
und erklärt: „Das Blatt Papier, Vasco, das verkörpert das ruhende System.
Vom Bildrand rechts und links dringen zwei Lichtwellenfronten ein ...

Sie bewegen sich auf das in der Mitte ruhende Teilchen zu. Das Teilchen wird beide Lichtwellenfronten gleich schnell näher kommen ‚sehen‘, denn da es ruht, ist es ‚rund‘. Es verwendet deshalb sowohl nach
links als auch nach rechts gleich große Maßstäbe.“ Paul schaut Vasco
prüfend an. Vasco nickt - wortlos.

„Die Wechselwirkungsfigur eines bewegten Teilchens, die sieht aber
anders aus.“ Eifrig zeichnet Paul eine weitere Skizze neben die erste.

„Im ersten Moment glaubt man, daß auch hier das bewegte Teilchen die nacheilende Lichtwelle als langsam, und die von vorn kommende Lichtwelle als schnell empfindet. Doch das ist ein Trugschluß! Man muß nämlich die vom Teilchen ‚erlebte' Annäherungsgeschwindigkeit der Lichtfronten auf die dem Teilchen eigenen Längen- und Zeitmaßstäbe beziehen! Und die sind bei Jonas abhängig von der Geschwindigkeit gegenüber dem Hintergrund!

Wenn die Teilchenmaßstäbe in der ganzen Welt und bei allen Bewegungszuständen unveränderlich wären, dann wäre die klassischen Addition der Geschwindigkeiten nach Galileo immer richtig. Doch dann hätte Michelson falsch gemessen!"

„Es sei denn", wirft Vasco dazwischen, „der ‚Raum' würde sich verändern."

„Michelson hat aber richtig gemessen!" konzentriert sich Paul und wischt Vascos Einwand mit einer abwehrenden Geste beiseite. „Und weil Michelson richtig gemessen hat, sind entweder die Maßstäbe nicht überall und bei allen Bewegungszuständen gleich, oder der Raum verändert sich immer dann, wenn sich der Bewegungszustand eines Teilchens gegenüber der Welt verändert!"

Paul schaut Vasco lange fragend an. Schließlich schüttelt er nachdrücklich den Kopf. „Ganz ehrlich, Vasco, ich halte die Variante mit Jonas molluskenhaften Maßstäben für einleuchtender. Es fällt mir einfach schwer zu glauben, daß sich die ganze Welt verändert, nur weil ein Elektron in einem Feld beschleunigt wurde." Paul schüttelt erneut, und diesmal sehr nachdrücklich, seinen Kopf.

„Doch möglicherweise spielt die Interpretation keine Rolle. Ob sich nun der ‚Raum' oder die ‚Maßstäbe' verändern: die mathematische Formel sieht in beiden Fällen gleich aus.

Wirklich ‚nachvollziehbar' wird Michelsons Ergebnis für mich aber, wenn ich die Annäherungsgeschwindigkeit der Lichtwelle auf die subjektiven Längenmaßstäbe der Teilchenwolken ‚nach vorn' und ‚nach hinten' beziehe.

Für die Geschwindigkeit der von vorn kommenden Lichtwellenfront wird das Teilchen den in diese Richtung weisenden, vergleichsweise langen Maßstab X(v) verwenden. Und für die Geschwindigkeit der von hinten heraneilenden Lichtwelle wird es den nach Hinten weisenden, vergleichsweise kurzem Maßstab X (R) verwenden.

Die Unterschiede im Maßstab nach ‚vorn' und nach ‚hinten' führen dann dazu, daß die von vorn kommende Lichtwellenfront in einer Zeiteinheit mit X(v) eine scheinbar ‚längere' Längeneinheit zurücklegen muß, als die von hinten nachkommende. Die von hinten nachkommende Front wird deswegen als ‚gleich schnell' empfunden, weil sie in derselben Zeiteinheit mit X(r) ebenfalls eine ganze Längeneinheit zurücklegt.

Wenn nun diese Raum-Zeitlichen Verzerrungen der Teilchengestalt so ausfallen, wie es deine Lorentztransformation fordert," triumphierend weist Paul auf Vascos Zeichnung und die lange Formel. „dann findet man immer die gleiche Lichtgeschwindigkeit C in jedem Bezugssystem! Michelson, Lorentz und Fiz Gerald wären damit doch zufrieden. Oder, Vasco?"

„Hmmm!" Vasco kratzt sich unsicher am Ohr. Eine derartige ‚Herleitung' der Konstanz der Lichtgeschwindigkeit hatte er nicht erwartet. „Das muß ich mir erst noch einmal durch den Kopf...", gesteht er und lehnt sich zurück. Demonstrativ schließt er die Augen.

Paul geht nervös im Zimmer auf und ab. Er ist schon einer anderen Interpretation auf der Spur.

„Vielleicht kann ich die Sache auch von einem ‚ganz allgemeinen' Standpunkt aus betrachten", murmelt er. „Bei Jonas empfindet ein im Hintergrund ruhendes Teilchen die Lichtgeschwindigkeit als konstant aus allen Richtungen.

Ein dazu gleichförmig bewegtes Teilchen unterscheidet sich vom Ruhenden in seiner Oszillationsfigur.

Die Veränderung der Oszillationsgestalt kompensiert die klassisch zu erwartenden Bremseffekte der Bewegung des Teilchens ‚in einem Medium'. Die Gestaltänderung ist ganz klar bestimmt; jedes Teilchen muß schließlich genau die Oszillationsgestalt annehmen, die seinen Umgebungsbedingungen exakt entspricht. Nur eine absolut hundertprozentige, eine vollständige Anpassung suggeriert dem Teilchen, daß es ‚in Ruhe' wäre.

Und genau deshalb wird jedem gleichförmig bewegten - und damit ja auf ‚Ruhe' getrimmten Teilchen - die Lichtgeschwindigkeit als ‚konstant aus allen Richtungen' erscheinen **müssen**! So, wie sie einem wirklich ruhenden Teilchen als konstant aus allen Richtungen erscheint, wird sie auch einem bewegten, aber aus ‚existenziellen Gründen' perfekt auf Ruhe getrimmten Teilchen, als konstant aus allen Richtungen erscheinen.

Das ist ganz klar, Vasco! Licht pflanzt sich schließlich in dem gleichen Strahlungsstrom von Urobjekten fort, in dem auch das unablässig auf ausgeglichenen Impulshaushalt getrimmte Teilchen schwimmt."

Vasco reibt seine Nase: „Die exakt angepaßte Oszillationsfigur eines bewegten Teilchens gaukelt diesem immer vor, daß es in einer isotropen Hintergrundstrahlung ruht. Daß es sich genauso fühlt, wie ein wirklich ruhendes Teilchen ..." Kopfkratzen.

„Im isotropen Strahlungshintergrund pflanzt sich Licht isotrop fort. Ergo", sagt Paul, „müssen die darin bewegten, aber auf *isotrope Weltsicht* getrimmten Elementarteilchen, das Licht ebenso ‚isotrop‘ empfinden."

Vasco schaut Paul anerkennend an: „Ich denke, Paul diese Interpretation kann ich akzeptieren."

Dimensionen unter Druck

„Dann machen wir doch gleich weiter!" freut sich Paul und reibt eifrig seine Hände. „Mir ist da nämlich noch etwas anderes aufgefallen, Vasco: Die Hintergrundstrahlung wirkt auf die in ihr eingebetteten Teilchenwolken wie ein allseitiger Druck, nicht wahr? Es ist doch möglich, daß ein durch das All fliegendes Teilchen plötzlich in einen Raumbereich eindringt, in dem der Impuls der Urobjekte aus irgendeinem Grund größer ist, als in dem Raumbereich aus dem es herkommt. In solch einem Fall sollte der höhere ‚Druck‘ an der Außenkontur der Teilchenenklave irgend etwas bewirken, nicht wahr?"

„Hmm?" Vasco wartet.

„Wenn die innere Energie des Elementarteilchens gleich bleibt, dann müßte sich die ‚Größe‘ der vierdimensionalen Teilchenoszillation irgendwie ‚verringern‘. So, Vasco, wie ein gefüllter Luftballon in einer Druckkammer bei wachsendem Umgebungsdruck kleiner wird, so müßte auch die Teilchenfigur ‚kleiner‘ werden.

Und im umgekehrten Fall wird ein Ballon größer, wenn ich den Druck in der Kammer verringere. Also müßte sich unsere Teilchenwolke ‚aufblähen‘, wenn der Impulsgehalt oder die Dichte der Hintergrundstrahlung lokal plötzlich absinkt."

Vasco knurrt vage Zustimmung. Paul ist aufgestanden und läuft im Raum auf und ab.

„Die Größe der Teilchengestalt hängt also auch von den konkreten Umgebungsbedingungen ab." Die Teilchenwolken werden auf veränderten Druck mit einer Veränderung ihres Aussehens reagieren - und damit," plötzlich verstummt Paul und wiegt zweifelnd den Kopf.

„Und damit müßten sich die subjektiven Raum-Zeitlichen Maßstäbe, die das Teilchen zur Bewertung seiner Umgebung benutzt, verändern!" Paul steht nun unmittelbar vor Vasco. „Und das müßten diese Teilchen irgendwie bemerken!"

Vasco nickt vage.

„Du hast mir einmal gesagt", fährt Paul zögernd fort, „daß ein neben einer starken Gravitationsquelle kreisender Körper einer stärkeren Zeitdilatation unterliegt, als ein weit davon entfernt umlaufender Körper." Vasco nickt kräftig. Paul reibt sich wieder die Hände. Er hat die Spur gefunden: „Wenn ein Teilchen in einem Gravitationsfeld frei fällt, dann wird es ständig vom Sog der Gravitationsquelle beschleunigt. Da es frei ‚fällt', wird der abgeschwächte Impuls der Gravitationsquelle auf die gesamte Resonanzfigur des Teilchens verteilt. So, wie der Luftballon bei fallendem Luftdruck größer wird, müßte auch das sich dem Gravitationszentrum nähernde Teilchen größer und größer werden ! Und in dem Maße wie das Gravitationspotential mit zunehmender Annäherung an das Zentrum wächst, werden sich die vierdimensionalen Maßstäbe des Teilchens verändern: es wird ‚größer' - und es wird mehr Zeit für eine Oszillation brauchen! Ein in das Zentrum fallendes Elementarteilchen wird registrieren, daß die Uhren in den hinter ihm zurückbleibenden Gegenden der Welt schneller und schneller gehen, je näher es dem Attraktor kommt ..."

„Das ist richtig!" bestätigt Vasco trocken. „Einstein hatte die Zeitdilatation im Gravitationspotential 1916 in seiner Allgemeinen Relativitätstheorie vorhergesagt. Nur hat ihm damals kaum jemand geglaubt.

Doch Mitte des 20. Jahrhunderts hat man diese Zeitdilatation nachgewiesen, indem man den Gang der Uhren in einem Flugzeug mit dem Gang der auf der Erde verbliebenen Uhren verglich. Die Uhren auf der Erde gingen ein kleines bißchen langsamer.

Du erinnerst dich, Paul: In der Allgemeine Relativitätstheorie bestimmen die Massen im Raum die vierdimensionale Metrik des Raumes.

In der Nähe von großen Massen ist die vierdimensionale Metrik stärker gekrümmt, als fern von ihnen. In der Nähe der Erde ist das

Gravitationspotential größer als fern von ihr. Und deshalb gehen die Uhren hier langsamer als in Gegenden mit geringem Potential.

Die Zeitdilatation ist eine Funktion des Gravitationspotentials - sagt die Theorie. Aber diese Prognose können nur die Spezialisten aus den komplizierten Gleichungen ableiten. Es gibt kein plausibles Bild für diese Aussage. Nur die abstrakten Gleichungen der Allgemeine Relativitätstheorie sind in der Lage, die Wirklichkeit in dieser Beziehung korrekt widerzuspiegeln."

Sofort richtet sich Paul auf, doch Vasco hebt beschwichtigend die Hände: „**Du** bist natürlich auf anschaulichem Weg und ohne Gleichungsdiskussion zu diesen Schlußfolgerungen gekommen, Paul. Mit Jonas' Bild ist es dir gelungen, diese abstrakte Erkenntnis vorstellbar werden zu lassen. Doch das ist alles. Ich stand früher Jonas' ‚gefüllten Räumen', diesen ‚Impulsströmen' und den darin schwebenden Teilchenresonanzen sehr skeptisch gegenüber, Paul. Doch dann hat mich genau diese, damals auch mich überraschende Eigenschaft fasziniert: Die Plausibilität, die sich aus seiner Materie-Vorstellung ergibt.

Und du hast mir diesen Vorzug soeben wieder bestätigt, Paul. Indem du eigentlich nur mathematisch formulierbare Zusammenhänge aus einem Bild heraus entwickeln konntest, hast du gezeigt, daß man die so komplexe, relativistische Welt - zumindest stückweise - auch ohne Mathematik ‚denken' kann.

Natürlich sind die mit dem Bild verbundenen Hypothesen gewagt. Doch wenn man sich dieser Hypothesen bewußt ist, dann sind sie auch keine wirkliche Gefahr mehr. Und außerdem", Vasco winkt ab, „ist ohnehin alles was wir zu wissen glauben, im Grunde nur Hypothese..."

$E = m \cdot c^2$

„Nun komme ich wohl doch zu spät!" hören beide plötzlich Elis Stimme aus dem Hintergrund. Dann klappt lautstark die Kabinentür.

„Wenn ich Vascos ‚Hypothesen-These' richtig verstehe", verkündet Eli theatralisch und läßt sich mit angestrengter Miene auf den Stuhl sinken. „dann habt ihr das Geschehen in der Welt inzwischen erschöpfend erklärt."

Eli grinst: die Ironie ist unverkennbar.

„Davon kann nicht Rede sein", wehrt Paul ab, korrigiert sich aber sogleich. „Andererseits, Eli: wir haben mit Jonas tatsächlich einige relativistische Zusammenhänge plausibel darstellen können. Einiges, was für mich bisher absolut unbegreiflich war. Und es ist viel einfacher als ich dachte, Eli. Die Trägheit, die Gravitation, kurz gesagt der Raum der Allgemeinen Relativitätstheorie: Er ist bei Jonas mit einem Inhalt versehen. Und auf ganz plausible Weise beschreibt man damit die Struktur des Raumes: die Metrik.

Das Vakuum ist nicht nun mehr ganz so *leer,* wie ich früher einmal geglaubt habe. Doch dafür ist das ‚Krumme' im Vakuum plötzlich vorstellbar. Auch erklärt dieses Bild, weshalb es eine Grenzgeschwindigkeit für massebehaftete Teilchen gibt, ..."

„Dann erkläre mir doch gleich," unterbricht Eli Pauls Schwärmerei, „was hinter der berühmten Gleichung: $E = m \cdot c^2$ steckt. "

„So schwierig ist das gar nicht", antwortet Paul nach kurzer Überlegung. „Bei Jonas sind die Elementarteilchen Resonanzzustände von geschlossen oszillierenden Urobjekten und den Urobjekten der Hintergrundstrahlung.

Die Oszillationsfigur der Teilchen orientiert sich dabei immer an den lokalen Verhältnissen der Hintergrundstrahlung. Ob sich das Teilchen sich vor diesem Hintergrund bewegt oder nicht - das ist vom Teilchen aus gesehen vollkommen gleich: Jedes Teilchen fühlt sich subjektiv **immer** in Ruhe. Dies ist sozusagen sein Existenzkriterium.

Bei Jonas bewegen sich die Teilchen also nicht im klassischen Sinne ‚durch' ein Medium ‚hindurch', sondern sie pflanzen sich darin reibungslos fort."

Eli trifft ein kurzer, prüfender Blick. Offenbar stellt Elis Gesichtsausdruck Paul zufrieden. Er fährt fort: „In Einsteins Gleichung sind nun Masse und Energie über den Faktor Lichtgeschwindigkeit C miteinander verknüpft. Diesen Zusammenhang habe ich bisher immer brav ‚zur Kenntnis' genommen. Aber ich habe ihn, ehrlich gesagt, niemals ‚verstanden'." Eli nickt eifrig.

„ $E = m \cdot c^2$ oder $E / c^2 = m$ - es machte keinen Unterschied, Eli, ich konnte die Gleichung drehen und wenden wie ich wollte: mir war das in ihr steckende Bild immer gleich rätselhaft.

Im Modell von Jonas aber wird der Zusammenhang zwischen Masse und Energie plötzlich klar. Ja, er liegt förmlich auf der Hand.

Die in Jonas' Raum befindlichen *Teilchenwolken* bestehen schließlich aus impulsstarken und deshalb unerhört schnell in einer Oszillationsfigur hin- und herrasenden Urobjekten. Sie sind regelrechte Verkörperungen von ‚eingesperrtem Impuls' –von Energie.

Will man die Bewegung eines Teilchens vor dem Hintergrund verändern, so kann man das Teilchen ‚von außen' anstoßen - ihm einen Impuls vermitteln. Im Ergebnis wird das Teilchen von seiner bisherigen Bahn abweichen. Nach dem Stoß steckt der vermittelte Impuls ‚im Teilchen'. Die Größe der durch den Impuls bewirkten Bahnabweichung steht im Verhältnis zur Masse des Teilchens, man sagt dazu auch ‚Trägheit'.

Eine Eigenschaft der Masse ist schließlich *Trägheit*, ist der Widerstand, mit dem sich das schwere Teilchen einer Veränderung seines ‚natürlichen' Bewegungszustandes zu widersetzen scheint.

Eine bestimmte Masse entspricht also einer bestimmten Menge von Impuls. Und diese wiederum entspricht einer bestimmten Menge *Energie*. Somit ist der Zusammenhang zwischen der Masse eines Teilchens und der in ihm eingesperrten Energie gegeben. ‚Masse' und ‚Energie' sind einander proportional.

Doch das ist noch nicht alles, Eli: Jonas' Materievorstellung veranschaulicht auch den Zusammenhang zwischen dem Gesamtimpuls einer Teilchenoszillion und deren Bewegungszustand vor dem Hintergrund. Wenn ein Teilchen zum Beispiel sehr schnell ...“

„Nun wird mir manches klar!“ Eli unterbricht Paul. „Vasco hat mir gestern abend diesen Artikel gegeben. Ich habe diesen Teil nicht verstanden. Jonas' Bild suggeriert, daß sich die Gesamtenergie eines Teilchens aus seiner Ruheenergie - der Ruhemasse - und der ehemals hineingepumpten Bewegungsenergie, dem relativistischen Anteil, zusammensetzt.

Ein energiereiches, weil sich schnell bewegendes Elementarteilchen ist deshalb schwerer. Dann müßte aber auch ein schwereres Teilchen mehr Raum ‚in Anspruch nehmen', als ein Ruhendes. Doch, ...“ Eli wiegt zweifelnd den Kopf. „diese Kalkulation geht möglicherweise in manchen Fällen auf, am Ende sehe ich da aber einige eklatante Probleme auf uns zukommen, Paul.“ Er grinst säuerlich.

„Wenn du zum Beispiel das Volumen eines Stoffes im kalten und im warmen Zustand miteinander vergleichst, dann wird der warme Stoff tatsächlich mehr ‚Raum' einnehmen. In diesem Fall wäre der Zusammenhang zwischen *Energie, Masse und Inanspruchnahme von Raum* zutreffend, aber, ..." Eli zwinkert nervös mit den Augen: „Selbst ein Biologe weiß, daß ein Proton ca. 60 000 mal schwerer als ein Elektron ist. Und trotzdem ist es unvergleichlich viel kleiner. Obwohl es kleiner ist, also sehr viel weniger Raum in Anspruch nimmt, steckt viel, sogar sehr viel mehr Energie in ihm ‚drin'!"

„Proton und Elektron haben ein Masseverhältnis von 1 : 60.000," wiederholt Paul langsam. Er denkt ein paar Sekunden nach, dann schüttelt er gelassen den Kopf. „Das sind doch ganz verschiedene Teilchen, Eli. Sie haben also auch ganz verschiedene Schwingungsgestalten. Und verschiedenen Schwingungsfiguren werden ihr Inneres auch unterschiedlich stark vor dem Hintergrund abschirmen, und dann ..."

„Ich verstehe", murmelt Eli und schaut nachdenklich an die Decke. „Du glaubst, die Oszillationswolken werden unterschiedlich ‚dicht' sein. Hmm! Da ein Proton sowohl klein als auch schwer ist, müßte es in einer sehr kleinen, dafür aber extrem dichten und kompakten Wolke oszillieren. Dagegen müßte ein Elektron dann eine ‚wattig große' Wolke sein. Das klingt gar nicht dumm."

Vasco war dem Gespräch zwischen Paul und Eli mit wachsender Ungeduld gefolgt. „Dieses Thema ist auch sehr interessant!" unterbricht er die beiden und wuchtet sich energisch aus dem Sessel. „Doch selbst für die einfachsten Aspekte der elektromagnetische Wechselwirkung brauchen wir viel, sehr viel mehr Zeit, als mir heute noch zur Verfügung steht. Ich muß nämlich schnellstens in die Navi. Der," mit dem Finger zeigt er auf den Biologen, „ der weiß Bescheid, Paul. Er hat mit Sylvia gesprochen und er weiß, worauf es morgen ankommt. Zum Beispiel wird Invarianz ein Thema sein."

Eli nickt gehorsam und winkt Paul mit dem Kopf. „Gehen wir."

Paul ist von diesem plötzlichen Aufbruch natürlich überrascht, doch nach einem Blick auf die Uhr wird ihm einiges klar.

Auf dem Gang vor Vascos Kabine begegnet ihnen Nilsson. Wie immer trägt er einen abgeschabten, alten Aktenkoffer in der Hand.

‚Old' Nilsson - wie er gelegentlich genannt wird - ist für die Antriebe der Heidelberg zuständig. Ein typischer Quantenphysiker, hat Mary einmal zu Paul gesagt. Paul hatte bisher wenig mit ihm zu tun. Um so mehr überrascht ihn, daß Nilsson im Gang spontan die Richtung wechselt und auf sie beide zusteuert.

„Hallo, Eli. Hi Paul!" begrüßt er sie mit leicht näselnder Stimme. „Wolltet ihr bei Vasco nachsehen ob die Katze tot ist? Oder habt ihr endlich die Kausalität hinter der Schrödingergleichung entdeckt?" Ohne eine Antwort abzuwarten macht er kehrt und tappt leise kichernd mit seinem Koffer davon.

Paul schaut ihm verdattert hinterher. „Katze tot?" wiederholt er tonlos und schaut Eli groß an. „Sind unsere Katzen in Schwierigkeiten geraten?"

„Nilsson spricht oft in Rätseln", kichert Eli und winkt ab. „Ich glaube, Nilsson meinte ,Schrödingers Katze'. Er war gestern auch bei Vasco. Und ich bin sicher: Vasco hat die Gelegenheit genutzt und den Quantenmechaniker mit dem Jonasmanuskript gelöchert." Und damit war für Eli die Episode abgehakt.

„Bevor ich's vergesse, Paul: Wir beide sind morgen früh bei Sylvia eingeladen. Heute war sie schon zu müde. Und außerdem muß sie wohl noch etwas lesen." Eli grinst bedeutungsvoll und streckt sich ausgiebig.

„Für heute haben wir genug diskutiert, glaube ich. Ich gehe noch eine kleine Runde schwimmen. Kommst du mit?"

Paul sieht auch auf die Uhr. „Schwimmen ist gut, Eli. Wir treffen uns drüben."

Auf die Frage „Warum fällt ein Stein, den wir emporheben und darauf loslassen, zur Erde?" antwortet man gewöhnlich: „Weil er von der Erde angezogen wird." Die moderne Physik formuliert die Antwort etwas anders aus folgendem Grunde. Durch genaueres Studium der elektromagnetischen Erscheinungen ist man zu der Erkenntnis gekommen, daß es eine unvermittelte Wirkung in die Ferne nicht gebe. Zieht zum Beispiel ein Magnet ein Stück Eisen an, so darf man sich nicht mit der Auffassung zufrieden geben, daß der Magnet durch den leeren Zwischenraum hindurch auf das Eisen direkt einwirke, sondern man stellt sich nach Faraday vor, daß der Magnet in den ihn umgebenden Raum etwas physikalisch reales stets hervorrufe, was man als magnetisches Feld bezeichnet. Dies magnetische Feld wirkt einerseits wieder auf das Eisenstück ein, so daß es

*sich zum Magneten zu bewegen strebt. Die Berechtigung
dieses an sich willkürlichen Zwischenbegriffes wollen wir
hier nicht erörtern. Es sei nur bemerkt, daß man mit seiner
Hilfe die elektromagnetischen Erscheinungen, insbesondere die Ausbreitung der elektromagnetischen Wellen,
viel befriedigender theoretisch darstellen kann, als ohne
denselben. Analog faßt man auch die Wirkung der
Gravitation auf.*

A. Einstein in /14/ § 16 Das Gravitationsfeld

Die transversale Welle *Licht*

Paul schwamm nur ein paar Runden im Malström, dann zog er sich
in seine Kabine zurück. Er hatte die Absicht noch ein bißchen im Archiv stöbern. Doch er stellte bald fest, daß er einfach zu müde war.
Schnell schlief er ein.

Am Morgen, gleich nach dem Frühstück versucht Paul Eli zu erreichen.
Auf dem Schirm findet er nur den Hinweis: „Warte bei Sylvia."

Paul fällt ein, daß er eine Verabredung hatte. Als er kurz darauf Sylvias Kabinentür öffnet, ist Eli gerade dabei sich auf einem Kniehocker
einzurichten. In Sylvias Kabine gab es mehrere spezielle Sitzmöbel.
Unter anderem eben ein Ding, bei dem man auf den Knien saß.

Im Vorbeigehen betrachtet Paul skeptisch das sonderbare Gestühl.
Er wählt einen ganz normalen Sessel mit Armlehnen. Für die Beine.

„Kann ich euch etwas anbieten?" fragt Sylvia beiläufig, doch beide
schütteln wie auf Verabredung den Kopf.

„Am Besten du startest dein Verhör sofort." spöttelt Paul. „Elis Füße
werden sicher bald eingeschlafen sein und dann wird schon die erste
Pause fällig." Sylvia nickt wortlos und greift sich drei eng beschriebene Seiten vom Tisch, die Paul sehr bekannt vorkommen.

„Vasco hat mir diesen Artikel gestern abend zukommen lassen. Ich
habe kurz darin gelesen, ihn aber spontan wieder weggelegt. Mir fiel
auf, daß Jonas darin ein Äthermodell entworfen hat." Sylvia hat offenbar nicht die Absicht, um den heißen Brei herum zu reden.

„Was ist daran so verwerflich?" fragt Paul. „Der Äther des Jonas, das sind
die den leeren Raum in alle Richtungen durchstreifenden Urobjekte ..."

„... und in diesem äthererfüllten Raum schweben die Elementar-teilchenresonanzen, die schwere Materie", ergänzt Sylvia mit gelangweil-ter Miene. „Was wir bisher als gewöhnliche Elementarteilchen bezeich-neten, das sollen wir uns nun als in Wolkengestalt oszillierende Urobjekte vorstellen. Und diese Umstände sollen wir uns machen, damit wir uns ein anschauliches Weltbild zimmern können. Eines, aus dem die Aussa-gen der Relativitätstheorien und der Quantenmechanik plausibel abge-leitet werden können." Sylvia zwinkert ironisch mit den Augen. „Ihr seht, ich habe den Artikel später doch noch gelesen. Und ich habe sogar die halbe nacht darüber nachgedacht!" Sylvia nickt bedeutungsvoll.

„Und zu meinem Erstaunen gelang es mir tatsächlich, einem dieser in Jonas´ gefülltem Raum oszillierenden Urobjekte die Verhaltensmu-ster der relativistischen Physik abzutrotzen!"

„Haben wir uns im Zimmer geirrt?" flüstert Eli und stößt Paul dabei vorsichtig mit dem Ellenbogen.

Sylvia hört die Bemerkung, lächelt dazu aber nur - wie eine Sphinx.

„Ich fand, daß man die Relativität und sogar die Konstanz der Licht-geschwindigkeit als Ergebnis der Wechselwirkung dieses Raumes mit den darin schwingenden Elementarteilchenresonanzen ansehen könn-te. Ich gebe zu, Paul: noch vorgestern hätte ich eine solche Trefferquote für unmöglich gehalten. Zumal sich diese Treffer wegen des mechani-schen Bildes dieses Jonas so mühelos erzielen lassen, daß man sich förmlich dafür schämen möchte!

,Das kann doch nicht so weiter gehen!' habe ich irgendwann, mitten in der Nacht geschimpft! Und richtig. Ein paar Minuten später habe ich erkannt, daß es tatsächlich so nicht weiter geht.

Das Modell von Jonas führt nämlich in wesentlichen Punkten zu Aussagen, die der Erfahrung ganz klar widersprechen. Und deshalb ist es einfach falsch!"

„Was stimmt nicht, Sylvia?" entgegnet Paul ruhig, schließlich war er auf Einwände vorbereitet.

Sylvia atmet tief durch und beugt sich danach weit nach vorn:

„Erstens ist Jonas' Welt äthergefüllt, Paul. Seit mehr als 200 Jahren versuchen verschiedene Leute die damit verbundenen Schwierigkeiten zu lösen. Bisher immer erfolglos. Viele, sehr viele und auch wirklich bedeutende Physiker haben sich an dieser Nuß die Zähne ausgebissen. Aus den verschiedensten Gründen.

Zum Beispiel ist kein Äther in der Lage die elektromagnetische Wellen so zu übertragen, wie wir sie erleben: polarisierbar und als Transversalwellen ...“

Wir fassen zusammen:
Wir sehen, wie man sich mit den alten Lehren von den elektrischen Fluida, mit der Korpuskular- und Wellentheorie des Lichts weiterhin bemüht, alles vom Mechanischen her zu deuten. Im Reiche der elektrischen und optischen Erscheinungen stoßen wir dabei jedoch auf **ernste Schwierigkeiten.** *Die Magnetnadel wird von einer bewegten Ladung beeinflußt, doch hängt die dabei beteiligte Kraft nicht allein von der Entfernung, sondern auch von der Geschwindigkeit der Ladung ab. Sie äußert sich nicht als Abstoßung oder Anziehung, sie wirkt vielmehr senkrecht zu der gedachten Verbindungslinie zwischen Nadel und Ladung.*
In der Optik haben wir uns für die Wellentheorie und gegen die Korpuskulartheorie des Lichts entscheiden müssen. Wellen, die sich in einem Medium ausbreiten, zwischen dessen Partikeln mechanische Kräfte walten, haben zweifellos mechanischen Charakter. Wie sieht nun aber das Medium aus, worin sich das Licht ausbreitet? Es besteht gar keine Hoffnung, die optischen Phänomene auf mechanische zurückzuführen, bevor diese Frage nicht geklärt ist, doch sind mit der Lösung dieses Problems verbundenen Schwierigkeiten so groß, daß wir ein solches Vorhaben ganz aufgeben müssen, womit wir allerdings auch das ganze mechanistische Denken als überwunden anzusehen haben.

Albert Einstein /4/

Paul legt skeptisch den Kopf zurück. „Warum soll es bei Jonas nicht möglich sein, das Licht als Transversalwelle darzustellen? Was ist denn an einer transversalen Lichtwelle so Besonderes?“
„Wenn du einen Stein ins Wasser wirfst“, antwortet Sylvia, „dann wer-

den sich die Wellenfronten vom Stein ausgehend kreisförmig ausbreiten. Ein auf der Wasseroberfläche liegender Korken würde von den Wirkungen der unter ihm hindurchlaufenden Welle auf und ab bewegt. Er würde transversal ausgelenkt.

Nun ist Licht zwar ein elektromagnetisches Wellenphänomen, aber auf geeignete Probekörper wirkt es genauso wie die beschriebene Wasserwelle. Es lenkt Probekörper also senkrecht zur eigenen Ausbreitungsrichtung aus. Man sagt deshalb, es hat transversale Wirkung.

Das klassische Gegenstück zu Transversalwellen sind die Longitudinalwellen. Sie bewirken am Probekörper eine Bewegung, die in die Ausbreitungsrichtung der Wellen zeigt. Schallwellen sind zum Beispiel Longitudinalwellen.

Außerdem ist bei allen mechanischen Wellenphänomenen die Geschwindigkeit der Wellenfortpflanzung um so größer, je dichter das Medium ist, in dem sich die Welle fortpflanzt. Im Wasser ist der Schall z.B. 15 mal schneller als in der Luft.

Verglichen mit den mechanischen Wellenphänomenen hat Licht eine sehr, sehr viel größere Fortpflanzungsgeschwindigkeit. Um den hypothetischen Weltäther in die Lage zu versetzen dieses Licht mit ‚c' zu übertragen, müßte er sehr viel dichter als Gold, und obendrein vielfach härter als Diamant sein!

Von solchen Stoffeigenschaften wagen die Theoretiker aber nicht einmal heute zu träumen. Das uns umgebenden Vakuum", Sylvia winkt mit dem Kopf nach ‚draußen', „hat derartige Eigenschaften jedenfalls ganz bestimmt nicht!"

Sylvia prüft mit einem Blick die Wirkung ihrer Worte.

„Doch dies ist nur eines von vielen Problemen mit den Äthertheorien, Paul. Mich stört am meisten an diesem Modell, daß ich seinen Sinn, seine Notwendigkeit nicht sehe. In meinen Augen löst Jonas mit seinem Äthermodell Aufgaben, die längst nicht mehr der Lösung harren!"

Sylvia schaut nun Eli fragend an. „Warum müssen wir anschaulich machen, weshalb translatorisch bewegte Körper die äthererfüllten Räume ungebremst durchqueren?

Warum müssen wir anschaulich machen, weshalb die Lichtgeschwindigkeit jedem Beobachter konstant erscheint, und worin wir den physikalischen Hintergrund der Fliehkräfte sehen sollen?

Die Lichtgeschwindigkeit ist eine Naturkonstante! Sie geht auf nichts anderes zurück. Ich denke, es macht gar keinen Sinn ihre Herkunft erklären zu wollen. Die Relativität der Translation hat Jonas doch auch nicht erfunden. Sie ist seit Galilei Grundlage der klassischen Physik – also seit hunderten von Jahren. Sowohl Galileis als auch Einsteins Raum ist leer. Und es ist einfach logisch, daß diese Leere keinen Einfluß auf die in ihr befindlichen Objekte hat. Ob diese sich nun vor dem Welthintergrund translatorisch bewegen - oder nicht.

Und für den Hintergrund der Rotation, Paul, da haben wir das Copernikanische Prinzip." Sylvia wirft den Kopf zurück. „Wozu also Jonas, frage ich? Alle die uralten, hin und hergewendeten, aber mit einem Äther nun einmal verbundenen Probleme, die gibt es bei Einstein gar nicht!

Bei ihm hat der Raum einfach die Eigenschaft elektromagnetische Wellen zu übertragen. Und ganz offenbar ist dies für den Raum auch kein Problem. Denn er überträgt die Wellenphänomene einfach so, wie wir sie sehen. Außerdem", Sylvia macht eine wegwerfende Handbewegung, „sind die enorme Geschwindigkeit und der transversale Charakter des Lichts nur zwei von vielen Punkten, die Jonas nicht erklären kann! Noch viel klarer liegt die Sache bei der Invarianz ...“

Invarianz
Unveränderlichkeit von mathematischen oder physikalischen Größen bei gewissen Abbildungen oder Transformationen: Die Invarianz physikalischer Größen ist eine Folge bestimmter Symmetrien in der Natur; mit ihr sind die Erhaltungssätze verknüpft.

Bertelsmann BI Univesal-Lexikon

Verkürzte Elektronen

„Die Invarianz", Sylvia kommt nun langsam in Fahrt, „zeigt sich zum Beispiel darin, daß gleichförmig zueinander bewegte Bezugssysteme einander in allen Beziehungen gleichberechtigt sind. Es gibt keinen physikalischen Anhaltspunkt für irgendwelche Unterschiede. Und deshalb dürfen wir auch nicht eines von beiden System dem anderen vorziehen.

Für die Beschreibung des Geschehens im jeweils gegenüberliegenden System müssen wir die gleichen mathematischen Ansätze verwenden. Die erfolgreiche Spezielle Relativitätstheorie gründet sich ja gerade darauf, daß sie die Bezugssysteme als vollkommen austauschbar, als invariant betrachtet.

Und tatsächlich wird so, wie einem zur Erde schnell bewegten Elementarteilchen die vor ihm liegende Länge bis zur Erde verkürzt erscheint, einem Beobachter auf der Erde die sich nähernde Teilchengestalt verkürzt erscheinen. Genau diese wechselseitig in gleicher Weise vorhergesagte Verkürzung, genau diese Invarianz, die ist im Verlauf unzähliger Versuche bestätigt worden."

Paul hustet unwillig und schaut Sylvia nur zweifelnd an.

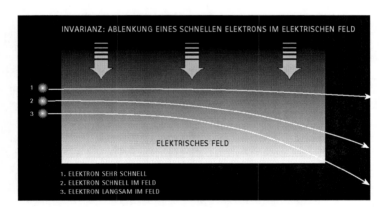

„Ich erläutere es dir an einem Beispiel." Sylvia zeichnet etwas auf.

„Wenn ein bewegtes Elektron in ein elektrisches Feld eintaucht, dann wird es von seiner geraden Bahn abgelenkt. Ist das Elektron nun sehr schnell, dann wird es wegen der relativistischen Massenzunahme weniger abgelenkt. Die Ablenkungskurve wird sozusagen ‚flacher‘.

Ich gebe zu, Paul: Etwas ähnliches wäre auch bei Jonas zu erwarten, denn bei ihm ergibt sich ebenfalls eine Massenzunahme des schnellen Elektrons. Aber“, Sylvia hebt ihre Zeigefinger, „die wirkliche Bahn des Elektrons ist noch flacher, als man selbst bei Berücksichtigung dieser relativistischen Massenzunahme erwarten würde.

Die wirkliche Bahn des Elektrons kann man aber genau dann richtig berechnen, wenn man den herannahenden Elektronenkörper nicht nur relativistisch schwerer macht, sondern ihn dazu auch noch relativistisch verkürzt!“

Sylvia schaut Paul prüfend an und wiederholt es vorsichtshalber nochmals: „Nicht nur dem Elektron erscheint also das Labor verkürzt, sondern auch dem Labor erscheint das Elektron verkürzt! Und deshalb schafft es das Feld im Labor auch nicht, das Elektron so intensiv abzulenken, wie es üblicherweise ein dazu ruhendes Elektron ablenkt!“

Paul nickt zögernd und legt mit ernster Miene seinen Kopf zurück. „Das kann ich tatsächlich nicht so leicht erklären.“ bekennt er nach Minuten der Stille.

„Bei Jonas sollte das bewegte Elektron **länger** sein - und nicht **kürzer.** Zumindest hätte ich das bisher so vermutet.“ Paul kratzt sich lange am Scheitel. Er sucht einen Ausweg.

„Wie mißt man eigentlich diese Verkürzung des Elektronenkörpers, Sylvia?“

Sylvia zögert nur einen Moment. „Direkt messen kann man diese Kontraktion des Elektrons natürlich nicht, Paul. Man errechnet sie aus der beobachteten Bahnablenkung des Elektrons. Und die kann man sehr genau bestimmen. Die Natur läßt die herankommenden Elektronen einerseits schwerer werden – wegen der relativistischen Massenzunahme - aber sie läßt sie andererseits auch kürzer werden, was dann ihre ‚Elektronenladung‘ scheinbar schwächer werden läßt.

Vereinfacht könnte man sagen, daß durch diese Verkürzung dem seitlich angreifenden elektrischen Feld am Elektron weniger Angriffsfläche zur Verfügung steht, und das Teilchen deshalb in seiner Bahn weniger abgelenkt wird als ...“

„Ja dann!“ unterbricht Paul Sylvia und atmet erleichtert aus.

*Nimmt man nun aber an, daß die relativen Abstände der das
Elektron konstituierenden elektrischen Massen bei den
Bewegungen des Elektrons ungeändert bleiben, (starre
Verbindungen der klassischen Mechanik) so gelangt man zu
einem Bewegungsgesetz des Elektrons, welches mit der
Erfahrung nicht übereinstimmt. H.A.Lorentz hat als erster,
geführt durch rein formale Überlegung, die Hypothese
eingeführt, daß der Körper des Elektrons durch die Bewegung
eine Kontraktion in der Bewegungsrichtung erfahre ...
Diese Hypothese, welche sich elektrodynamisch durch
nichts rechtfertigen läßt, liefert dann dasjenige
Bewegungsgesetz, welches die Erfahrung mit großer
Präzision in den letzten Jahren bestätigt hat. Die Spezielle
Relativitätstheorie liefert dasselbe Bewegungsgesetz, ohne
daß sie irgendeiner speziellen Hypothese über den Bau
und das Verhalten des Elektrons bedürfte.*

*Albert Einstein in /14/, §16 Spezielle Relativitätstheorie
und Erfahrung*

„Dann ist mir das Ganze klar, Sylvia: Jonas Elektronen sind doch
keine zusammengedrückten Tischtennisbälle! Die schwächere Ablenkung durch das seitlich angreifende Feld, die läßt sich bei Jonas bestimmt auch erklären!"

Paul hebt bedeutungsvoll seinen Zeigefinger: „Es ist ganz einfach,
Sylvia: Die Intensität des Impulsaustausches an den Flanken eines
schnell bewegten Elektrons ist eben schwächer als bei einem ruhenden
Elektron. Obwohl die bewegte Wolke scheinbar ‚länger' ist, haben von
der Seite kommende Feldpartikel es schwerer sie so zu treffen, daß sie
das Elektron in seiner Bahn beeinflussen. Erinnere dich, Sylvia: Die
Wolke ist ein dynamisches Gebilde!"

Sylvia zieht die Mundwinkel skeptisch nach unten.

Doch Paul läßt nicht locker. „In Jonas´ Modell ist tatsächlich ein bewegter Elektronenkörper länger als ein ruhender. Genau deshalb erscheint
dem bewegten Elektron der vor ihm liegende Laborraum verkürzt. Doch
diese ‚Verlängerung' ist nicht gleichbedeutend mit einer Vergrößerung der
seitlichen Angriffsfläche für das Magnetfeld. Eine Oszillationsfigur, Syl-

via, die ist etwas dynamisches. Du kannst sie nicht mit einem deformierten Tischtennisball vergleichen."

Paul lehnt sich zurück und schließt zuversichtlich: „Diese ‚Invarianz', die ist mit Jonas ganz bestimmt vereinbar, Sylvia. "

Ein Meer von virtuellen Teilchen

Jedes Feld, also jede Kraftübertragung, entsteht demnach durch den Austausch von Teilchen. Andererseits soll auch jedes Teilchen eine „Materialisierung" des Feldes darstellen. Teilchen, Welle und Felder erweisen sich damit nur als verschiedene Aspekte einer einzigen, einheitlichen Quantenstruktur, die den Erscheinungen unserer materiellen Erfahrungswelt zu Grunde liegt.   R. Sexl, in /1/

Eli hat sich alles interessiert angehört und schaut erwartungsvoll von Paul zu Sylvia. Schließlich lacht er leise. Er hat natürlich schon bei vielen Gelegenheiten von der grundsätzlichen Bedeutung der Invarianz und auch der Symmetrien vernommen.

Doch er hat auch gehört, daß die andere große Theorie des 20. Jahrhunderts, die Relativitätstheorie zumindest ebenbürtige Quantenmechanik, auf genau diese Invarianz eben keinen Wert legt. Nur ist die Quantenmechanik leider noch abstrakter und damit noch schwerer nachvollziehbar, als die Relativitätstheorie es bereits ist. Es gab an Bord nur einen Spezialisten für das Gebiet der ‚gequantelten Wirklichkeit': Nilsson.

Doch Eli kann es trotzdem nicht lassen, seine Zweifel an Sylvias Interpretation der Invarianz vorzubringen.

„Frott hat mir einmal zu erklären versucht", nähert er sich etwas umständlich dem heißen Brei, „weshalb die Quantentheorie genau diese Invarianz nicht behauptet. Und, ich gestehe es aufrichtig, Sylvia: Ich habe es bis heute nicht begriffen. Da aber sowohl Relativitätstheorie als auch die Quantentheorie als richtige Theorien gelten, kann man es vielleicht auch gar nicht wirklich verstehen. Immerhin betrachtet die eine richtige Theorie die Welt als eine Ansammlung von nicht zu unterscheidenden Bezugssystemen. Die andere richtige Theorie geht dagegen von nur einem Bezugsystem aus, an dem sich der Rest der Welt gefälligst zu orientieren hat! Ehrlich gesagt, Sylvia: Ich glaubte immer, es gäbe nur eine Welt, aber ..."

„Gut gebrüllt, Löwe." ruft Sylvia und lacht anerkennend. „Natürlich haben wir nur eine Welt, Eli." Sie hebt wie zur Entschuldigung beide Hände. „Trotzdem haben wir für diese eine Welt zwei unterschiedliche Theorien. Beide Theorien liefern gute Prognosen. Beide stimmen - jeweils für ihre Region der Wirklichkeit. Es ist nun einmal so!

Als Studenten hat man uns gesagt, daß die beiden Theorien zu Grunde liegenden Denkmodelle - und damit auch die mathematischen Ansätze - so unterschiedlich sind, daß sie sich nicht nur in Bezug auf Invarianz, sondern überhaupt nicht miteinander ‚schmerzlos' vereinigen lassen.

Natürlich hat auch schon Einstein versucht den Geltungsbereich der Allgemeinen Relativitätstheorie auf die Mikrowelt, auf die Elementarteilchen auszudehnen.

Zum Beispiel stellte er sich ein Elektron als aus vielen kleinen, ebenfalls elektrisch geladenen, subelementaren Teilchen bestehend vor. Damit ein solches Elektronengebinde nicht wegen der internen elektrischen Abstoßungskräfte sofort wieder zerplatzt, suchte er nach einem Kitt, der es zusammenhält.

Das Lambda in den Einsteinschen Gleichungen kann man als einen Vakuumdruck interpretieren. Und es wurde auch zeitweilig tatsächlich als Kitt für die Elektronenbestandteile in Betracht gezogen. Aber später ..."

Sylvia winkt ab. „Doch das ist eine Frage der Interpretation, Paul. Ich persönlich ziehe es jedenfalls vor, mich weniger von Interpretationen leiten zu lassen, sondern mehr von Tatsachen. Und diese weisen nun einmal darauf hin, daß nicht nur die Elektronen sich invariant zu benehmen pflegen, sondern, daß die Translation relativ ist und, daß wir das Licht in allen Bezugssystemen immer gleich schnell erleben.

Und es ist eine Tatsache, daß Einstein alle diese Aussagen vor ca. 100 Jahren in seinen Theorien unter einen Hut gebracht hat. Und zwar ohne Äther!"

Eli nickt, schaut Sylvia nachdenklich an und reibt sich lange das Kinn. Schließlich setzt er den Bohrer genau dort an, wo er die schmerzempfindliche Stelle des Zahns vermutet: „Die Theorie der Elementarteilchen, Sylvia, die stimmt doch auch. Und sie **hat** einen Äther. Und sie **brauch** ihn sogar!"

„Najaaaa!" Sylvia verdreht die Augen. „Die relativistische Quantenmechanik ´spielt´ tatsächlich in einem Raum, der von einem ETWAS ausgefüllt ist. Die verschiedenen Elementarteilchen werden in der Quantentheorie als stehende Wellen beschrieben, die sich inmitten eines Quanten-Vakuums herausbilden.

Das Vakuum der Quantenfeldtheorie ist damit kein wirklich leeres Vakuum, sondern es ist gefüllt mit Scharen virtueller Teilchen. Dieses Vakuum besitzt sogar einen Energiegehalt, und der kann größer oder kleiner als Null sein.

Die Quantenmechaniker führten deshalb virtuelle Teilchen ein, die in diesem Vakuum flüchtig aber präsent sind, die ständig neu entstehen und wieder vergehen. Die virtuellen Teilchen tun dies aber so schnell, daß wir sie niemals direkt nachweisen können.

Da die virtuellen Teilchen nicht direkt beobachtbar sind, haben sie auch keine Eigenschaften wie reale Elementarteilchen. Man kann mit ihnen zum Beispiel keine Chemie machen. Im Grunde sind sie nur Sinnbild der im Vakuum schwingenden Energie. Es gibt eine Menge Varianten der Quantenfeldtheorie, Paul. Die Quantenchromodynamik zum Beispiel, und auch die verschiedenen Stringtheorien."

„Ein Vakuum voller virtueller Teilchen??" Paul rutscht nervös auf seinem Sessel hin und her. Sylvia versteht und hebt sofort abwehrend die Hände: „Ich weiß schon was nun kommt, Paul! Dieses gefüllte Vakuum erinnert dich natürlich an Jonas´ partikeldurchströmten Raum. Das liegt auf der Hand. Und ich bin ziemlich sicher, daß diesem Jonas das Vakuum der Quantenfeldtheorie vorschwebte, als er sein spezielles Weltmodell zimmerte.

Eine besondere Intuition für sein ‚neues Weltbild‘ brauchte er meiner Meinung nach jedenfalls nicht, denn das Flackern der Vakuumenergie wurde schon zur Mitte des 20. Jahrhunderts vermutet. Seit der Jahrtausendwende sind diese Fluktuationen des Vakuums bewiesen. Jonas brauchte ein solches Bild also nicht erst zu erfinden: Es war längst da!"

Die Kraft aus dem Nichts

Von Nichts kommt nichts - sagt der Volksmund. Doch in der Welt der Atome und Elementarteilchen scheint diese Weisheit nicht zu gelten; in ihr ist das Vakuum alles andere, als gähnende Leere.

Die Quantenmechanik beschreibt darin sogar ein regelrechtes Werden und Vergehen von Elementarteilchen und Energiequanten - solange Energie und Lebensdauer dieser virtuellen Teilchen ein bestimmtes Maß nicht überschreiten ...

Die Existenz solcher „Vakuumfluktuationen", eine grundlegende Voraussage der Quantenmechanik, hat nun Steve Lamoreaux, Wissenschaftler am Los Alamos National Laboratory in New Mexico bestätigt ...

Dieses Ergebnis stimmt auf 5 Prozent genau mit der Vorhersage der Theorie überein - eine weitere Bestätigung für die anscheinend dem gesunden Menschenverstand widersprechende Quantenmechanik.

/13/ Geo 3/März 1997 Quantenmechanik

Damit ist Paul gar nicht einverstanden:„Jonas' Ideen werden doch nicht zu einem Irrtum, Sylvia, weil der gefüllte Raum der Quantenfeldtheorie und ihre virtuellen Teilchen schon vorher da waren! Die Fluktuationen im Vakuum, die sind doch ein klarer Hinweis auf ein ETWAS, das den ansonsten leeren Raum füllt und keinesfalls ..."

„... ein Argument gegen Jonas", ergänzt Sylvia.

„So gesehen, hast du natürlich recht, Paul. Aber ich sehe andererseits nicht, wobei Jonas uns weiter hilft. Wir können zwar im Versuch erkennen, daß der Energiegehalt des Vakuums flackert - aber bis heute kann kein Mensch sagen was es ist, das da flackert!

Die virtuellen Teilchen tragen ja diesen Namen gerade weil wir uns ihre Substanz nicht vorstellen können. Der Begriff ‚virtuelles Teilchen' ist im Grunde nur der Versuch die abstrakten Elemente eines mathematischen Modells anschaulich zu machen. Das Modell ist nur bekannt geworden, weil es die wirklichen Verhältnisse sehr gut widerspiegelt.

Das ändert aber nichts daran, daß die virtuellen Teilchen für uns gedanklich und physikalisch unfaßbar sind. Wir können nicht einmal ihre Existenz in klassischem Sinne beweisen. Und die Quantenmechaniker sagen sogar selbst, daß sich an dem virtuellen Charakter dieser Teilchen - und damit an ihrer rätselhaften Substanz - prinzipiell niemals etwas ändern wird.

Und da Wissenschaftler nun einmal nicht viel davon halten über die Gestalt oder Substanz ‚virtueller Realitäten‘ zu spekulieren, denken sie nicht weiter über deren ‚virtuelle Substanz‘ nach.

Für sie ist wichtig, daß man mit Modellen rechnen, daß man Prognosen treffen und deren Genauigkeit an der Wirklichkeit überprüfen kann.

Wissenschaftler streiten zwar ausgesprochen häufig und auch gern miteinander. Aber die Mehrheit unter ihnen legt keinen Wert darauf, sich um prinzipiell Unbeweisbares zu streiten. Sie sagen einfach zu dem, was flackert oder zu dem, was sich hinter den Quarks verbirgt: quantisiertes Feld. Was immer das auch ist."

Sylvia schaut kurz auf die Uhr.

„Doch ich werde mich nun nicht weiter über die Quantenmechanik und ihre Derivate auslassen, Paul. Das ist ein Thema, das Nilsson viel besser beleuchten kann. In den wenigen Minuten die ich noch habe, möchte lieber noch einmal auf die Energiebilanz der Gravitation bei Jonas zu sprechen kommen. Ich fürchte, hier habe ich eueren Jonas überhaupt nicht verstanden."

Sylvia holt tief Luft. „Elementarteilchen sind Masse, sagt Jonas. Sie bilden Atome und diese wiederum bilden massive Körper. Masse gravitiert. Bei Jonas gravitiert die Masse indem sie Hintergrundimpuls ‚irgendwie‘ in ‚irgendetwas‘ umwandelt. Was macht denn aber nun ein schweres Elementarteilchen bei Jonas, indem es gravitiert? Welches Produkt entsteht, wenn ein schwerer Körper beim Gravitieren frischen Impuls des Hintergrundes in geschwächten Impuls umwandelt?"

Paul lächelt still in sich hinein. Sylvia kam auf exakt das gleiche Problem, daß auch ihn am Vortag bewegt hatte. Und wie er am Tag zuvor, so hatte auch Sylvia schon eine erste Hypothese parat: „Als Umwandlungsprodukt ist mir nur die Wärme eingefallen, Paul. Über die Wärmestrahlung könnte ein gravitierender Körper den umgewandelten Impuls wieder los werden. Der Haken ist nur, daß z.B. die von einer Sonne ausgehende Wärmestrahlung die Gravitationswirkung dieser Sonne nicht wieder aufheben darf, denn ..."

„Ich sehe das genauso", fällt Paul ein. „Nur durch Abgabe von Wärme kann der umgewandelte Impuls wieder in den Raum ‚abfließen'.

Nun gravitieren aber nicht nur die strahlenden Sterne, Sylvia, sondern auch ganz kleine Massen, die dabei nicht einmal sehr warm werden. Diese Kleinen akkumulieren keinen Impuls in sich, wenn sie gravitieren. Alles was sie tun können ist, Hintergrundimpuls in eine Impulsart umzuwandeln die weniger ‚abstoßend' ist als dieser. Und da Urobjekte der Hintergrundstrahlung nur Impuls und Drehimpuls besitzen, bleibt zum Umwandeln von Impuls in etwas anderes nur, diesen zu Drehimpuls werden zu lassen.

Von einem schweren Teilchen werden Urobjekte langsamer davonstreben, weil sie mehr Drehimpuls in sich tragen als vor dem Kontakt. Treffen solche - ich nenne sie einmal ‚geschwächte' - Urobjekte auf ein anderes Teilchen, dann wird an diesem nur der schwache Impuls wirksam. Der erhöhte Drehimpuls der Urobjekte wird keine klare Wirkung hinterlassen können, da die ‚ankommenden' Drehimpulse ungeordnet sind. Sie zeigen in die verschiedensten Richtungen und heben sich deshalb gegenseitig auf..."

Paul lächelt Sylvia zuversichtlich an: „Die Urobjekte sind nach wie vor mit dem gleichen Gesamtimpuls ausgestattet - haben aber von schwerer Materie kommend eine weniger abstoßende Wirkung auf andere schwere Materie, als die ungeschwächten Urobjekte des Hintergrundes.

Und auf diese Weise - so stelle ich mir das jedenfalls vor, Sylvia - könnte auch die von den Sternen ausgehende Wärmestrahlung die von dir vermißte Energie davontragen."

„Hmm!" Sylvia hat den Kopf zurück gelehnt und denkt nach. „Vielleicht wäre dies tatsächlich eine Möglichkeit, Paul. Wärmestrahlung ist schließlich auch nur elektromagnetische Strahlung und ..."

„Genau, Sylvia", erinnert sich Paul. „Du selbst hast mir doch soeben diese Eigenschaft elektromagnetischer Wellen erklärt: ihre Wirkkomponenten stehen senkrecht zu ihrer Ausbreitungsrichtung ..."

„Ich hab´ schon verstanden, Paul", unterbricht Sylvia knapp und weist auf die Uhr. „Leider muß ich für ein paar Minuten verschwinden."

Verdeckte Massen

„Nur noch einen Moment, Sylvia", hält Eli Sylvia zurück. „Der Energiegehalt der elektromagnetischen Strahlung bringt mich auf ein Thema, daß besonders euch Navigatoren sehr bekannt sein sollte. Ihr bestimmt doch üblicherweise die Masse eines Sternes anhand seiner elektromagnetischen Strahlung, seiner Leuchtkraft, nicht wahr?" Sylvia nickt knapp und schaut nochmals demonstrativ auf die Uhr.

„Jonas behauptet nun, daß in den Sternen auch Prozesse stattfinden, bei denen Hintergrundimpuls richtiggehend akkumuliert wird. Zum Beispiel bei der Fusion von Elementen die schwerer sind als Eisen.

Ein Eisen brennender Stern wird also nach Jonas deutlich weniger Energie in Form von Licht abgeben, als man es seiner Gravitationswirkung entsprechend erwarten müßte. Solche Sterne sollten dann vergleichsweise weniger leuchten, als sie gravitieren." Eli atmet tief durch. Sylvia schaut unruhig auf die Uhr. Sie ahnt offenbar nicht worauf Eli hinaus will.

„Ich habe nun gehört, Sylvia, daß viele der aus eueren Masse-Leuchtkraft-Diagramm ermittelten Gravitationswerte nicht zu den wirklich gemachten Beobachtungen passen. Die errechnete Sternenmasse ist offenbar sehr viel geringer als die in der Region wirklich aufgebaute Gravitation. Da ihr die Masse eines unbekannten Sterns aber anhand seiner Leuchtkraft bestimmt, ohne zu berücksichtigen, daß dieser Stern vielleicht gerade Eisen brennen könnte und deshalb weniger leuchtet als ..."

„Jetzt hab ich´s kapiert, Eli", unterbricht ihn Sylvia. „Du meinst die verdeckten Massen."

Eli senkt demütig den Kopf. Paul versteht dagegen Bahnhof: „Verdeckte Massen? Was ist denn das nun wieder?"

Sylvia reibt sich hastig über das Gesicht. „Es stimmt, Paul. Tatsächlich schließen wir anhand des Spektrums und der Intensität des Sternenlichtes auf die Masse eines Sternes. Auf der Basis vieler schon lange bekannter und ständig vervollkommneter Masse–Leuchtkraft-Diagramme errechnen wir z.B. auch die Gesamtmasse von Sternhaufen und Galaxien.

Parallel dazu messen wir aber auch schon seit mehr als 100 Jahren Rotationsgeschwindigkeiten von Sternenansammlungen oder Galaxien gegenüber ihrem jeweiligen Schwerpunkt. Und einige dieser Geschwindigkeitswerte sind tatsächlich viel zu groß, um zu der aus dem Masse-Leuchtkraft-Diagramm errechnete Gesamtmasse des Haufens zu passen.

Um die beobachtete hohe Rotationsgeschwindigkeit der Haufen zu ermöglichen muß das im Haufen wirkende Gravitationsfeld sehr viel stärker sein als es nach unserem Masse-Leuchtkraft-Diagramm zu vermuten wäre. Uns fehlt also in diesen Fällen eine Menge gravitierende Masse. Sie sollte ‚da' sein - doch wir können sie offenbar nicht ‚sehen'. Wir nennen diese für uns unsichtbare Gravitationsquellen auch verdeckte Masse oder dunkle Materie."

Im COMA BERENICES - einem nach den Lockenschopf der antiken ägyptischen Königin Berenike benannten Sternbild - tummeln sich Hunderte von Galaxien um einen gemeinsamen Schwerpunkt. Jede von ihnen sendet im Durchschnitt das Licht von 100 Milliarden Sternen in die Weiten des Alls. Doch selbst die gewaltige Masse dieser Billionen von Sonnen reicht nicht aus, die hohe Geschwindigkeit zu erklären, mit der die Welteninseln den ge-

meinsamen Schwerpunkt umrunden. Wäre dort nur die Materie der leuchtenden Sterne vorhanden, müßten die Galaxien längst voneinander fortgeflogen sein. ...
(GEO-Explorer http://www.geo.de/) Geo Nr. 4/97

Sylvia neigt zweifelnd den Kopf und schaut Paul direkt an: „Vielleicht brauch euer Jonas tatsächlich keine dunkle, unsichtbare Materie, die als Quelle des offenbaren Gravitationsüberschusses dient. Die zum Teil wirklich erhebliche Differenz zwischen Leuchtkraft und Gravitation müßte sich dann aus den impulsbindenden Prozessen in den Sternen ergeben. Ich halte das aber für abwegig. Das Brennen von Eisen geschieht nach unserer Auffassung ohnehin nicht in ‚normalen' Sternen - und nur dieser Prozeß würde wirklich eine Menge Impuls akkumulieren. Doch im Grunde ist das nicht so wichtig." Sylvia winkt ab. „Die

Frage nach dunklen oder verdeckten Massen ist alt und es gibt mindestens einhundert mehr oder weniger plausible Thesen dazu. Elis oder Jonas' Variante ist also nur eine weitere, obendrein noch eine sehr spekulative." Silvia steht inzwischen schon unmittelbar vor der Tür. Sie schüttelt bedauernd den Kopf. „Nun muß ich aber wirklich los. In ca. einer Stunde bin ich wieder hier."

„Wir warten solange im Garten, Sylvia!" ruft Paul ihr spontan hinterher.

Als Erklärung für die „dunkle Energie favorisieren die meisten Physiker deshalb eine Idee Namens Quintessenz.

Den Namen haben sich die Erfinder des Konzepts bei Aristoteles geborgt: Dessen ätherhaftes fünftes Element (lat. quinta essentia) füllte die konzentrischen Schalen, mit denen er die Himmelskörper rotieren ließ.

In der modernen Variante stellt Die Quintessenz ein geheimnisvolles Kraftfeld dar, das die Galaxien auseinandertreibt - so wie ein Magnetfeld zwei gleichsinnige Pole einander abstoßen lässt.

Der Vorzug der Quintessenz liegt in ihrer Dynamik. Sie tritt mit Materie in Wechselwirkung und verändert sich im Laufe der Zeit.

Aus Geo, Heft 1; 2002 , S58 ff , Was ist die Unendlichkeit' *von Klaus Bachmann, Geo Redakteur*

Symmetrie

Eli schaut Sylvia ein paar Sekunden lang nach und erhebt sich schließlich betont vorsichtig aus seinem Sessel. Er schaut an seinen Beine herunter und nickt anerkennend „Nichts verspannt!" lobt er. „Und nicht mal ein Bein ist eingeschlafen."

Paul geht schon zur Tür. Er ist mit den Gedanken bereits bei einem der Probleme, die Sylvia soeben angesprochen hatte.

„Wir haben schon von Transversalwellen gesprochen, Eli, ich weiß. Aber ich habe im Grunde keine Ahnung, wie wir diese transversal wirkenden elektro-magnetischen Wellen bei Jonas darstellen können."

Eli hebt mit einer vagen Geste die Hände und geht schweigend ne-

ben Paul her. Kurz darauf betreten beide den Garten. Am Affenbrot-
baum, wie das größte, gerade mannshohe Gewächs auf der Heidelberg
scherzhaft genannt wird, setzen sie sich ins Gras.

Eli kommt zurück auf Pauls Frage. „Eine Transversalwelle, Paul,
das ist eine ‚wandernde Wirkung‘, bei der die Wirkrichtung am Probekörper senkrecht zur Fortpflanzungsrichtung der Welle steht.“ referiert
er eine Art Definition

„Für Wellen im Wasser ist Sylvias Korkenbeispiel sicherlich gut,
aber für elektromagnetische Wellen hat die Physik nicht mal ein annähernd vergleichbares ‚Bild‘.

Überhaupt gibt es weder in der klassischen Physik noch in der
Quantenphysik ein anschauliches Bild für die ‚elektromagnetische
Wechselwirkung‘. Wir kennen zwar die Wirkungen dieser Wellen sehr
genau, auch wissen wir bei welchen Prozessen sie entstehen und wie
schnell sie sich in den verschiedenen Medien ausbreiten, aber auf welchen ‚Mechanismus im Raum‘ diese Wirkungen zurückgehen, was
Wellen sind - das kann kein Mensch sagen. Im Raum der heutigen Physik steckt kein ‚Mechanismus‘, wie du weißt, sondern da ist nur FELD.“

Eli weist auf seinen Skizzenblock. „Noch einmal zur Transversalwelle, Paul: Wenn sich zum
Beispiel in dieser Richtung eine
Lichtwelle ausbreitet, dann wissen
wir, daß die eventuell im Weg liegenden Probekörper senkrecht zur
Bewegungsrichtung der Lichtwelle ausgelenkt werden. Wir kennen die beiden Komponenten der
elektro-magnetischen Welle: ihr
elektrisches Feld und ihr magne-

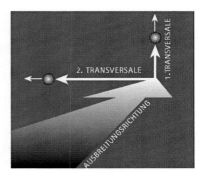

tisches Feld. Beide Komponenten sind untrennbar miteinander verbunden, und sie liegen immer zueinander und zur Ausbreitungsrichtung
der Welle senkrecht. Immer. Außerdem breitet sich die Welle im Vakuum mit c aus. Ebenfalls immer. Und das ist dann schon praktisch alles,
was ich dir darüber sagen kann.“

„Das ist alles“, wiederholt Paul versonnen und schaut in die Ferne.
„Ich kann im Moment keine sich im Raum fortpflanzende, elektroma-

gnetische Welle beschreiben", gibt er schließlich zu. „Aber ich kann versuchen das statische elektrische Feld zu beschreiben. Und mein Ausgangspunkt dafür wäre natürlich die Sorte FELD, die wir von Jonas bereits kennen: das Gravitationsfeld.

Die Feldwirkung erwächst hier aus der Impulsdifferenz zwischen den Urobjekten des Welthintergrundes und den Urobjekten, die von den gravitierenden Massen reflektiert werden.

Bei Jonas wird auch das elektrische *Feld* ein Urobjekte-FELD sein. Die elektrische Wirkung sollte sich auch auf einen, von den Ladungs-quellen ausgehenden, in bestimmter Weise veränderten Urobjektestrom zurückführen lassen. Meinst du nicht, Eli?"

„Ich denke schon", antwortet Eli, auf dem Rücken liegend. „Doch bei der elektrischen Wechselwirkung gibt es Symmetrie, Paul. Es gibt positive und negative Ladungsquellen. Bei der Gravitation ist das etwas anders. Nur ist die Erdanziehung für uns so alltäglich, daß wir uns gar nicht mehr bewußt werden, wie seltsam und unsymmetrisch das Bild ist, das uns die klassische Physik davon zeichnet: Die Gravitation ist darin eine unablässige Kraftwirkung jeder Masse auf jede andere Masse. Immerwährend quellen aus jedem schwe-ren Teilchen Kraftwirkungen hervor, die den ganzen Raum erfassen. Doch es gibt seltsamerweise nichts, was dieser universellen Attraktion entgegen gerichtet wäre. Die Gravitation ist eine Art universeller ‚Senke' im Raum, in die jede schwere Masse hinein gezogen wird. Doch weder bei Newton noch bei Einstein steht diesen Senken eine Quelle gegenüber. Und das ist im Grun-de eine mystische Asymmetrie, Paul.

Bei Jonas stellt sich das Bild schon etwas anders dar. Der von den Gravitationsquellen ausgehende Strom geschwächter Partikel führt dazu, daß jeder Probekörper scheinbar davon angezogen wird. Doch diese ‚Anziehung' ergibt sich nur, weil der Druck der ungeschwächten Partikelstrahlung des Hintergrundes größer ist. Ich will damit sagen, daß ich in Jonas´ Bild schon etwas von der Symmetrie zu finden glau-be, die ich in den Newtonschen Darstellung vermisse ..." Eli kratzt sich am Kopf.

„Die Erde wäre in diesem Bild auch eine Art universeller Senke, wir könnten auch sagen, sie ist **ein** POL. Doch im Gegensatz zu Newton, bei dem es keinen Gegenpol gibt, der Repulsion ‚verdunstet', gibt es diesen Gegenpol bei Jonas. Er ist nur nicht so leicht zu erkennen, Paul. Der Gegenpol bei Jonas ist der allseitige Impulsdruck des Hintergrundes. Dieser ist nur nicht klassisch POL-artig, sondern räumlich verschmiert, im riesigen Kosmos bis zur Unscheinbarkeit verwaschen.

Trotzdem kann man bei Jonas von zwei Polen sprechen: Einem Pol der Impuls spendet, derstetig in den unermeßlichen Weiten des leeren Raumes verschmiert ist- und einem Pol der Impuls bindet: das sind die vielen im Patrikelstrom herum vagabundierenden Massen, die den Impuls des Hintergrundes wandeln und sich damit alle und unablässig gegenseitig beeinflussen. Jonas Bild der Gravitation geht also auch auf zwei Pole zurück -wie das elektrische Feld - es hat eine Art Symmetrie.

Es sollte deshalb möglich sein auch ein Bild des elektrischen Feldes mit Jonas´ Mitteln zu entwerfen. Schließlich ist das nackte elektrische Feld ja noch viel einfacher strukturiert, als es die Gravitation ist.

Beim elektrischen Feld sind sowohl die Quellen als auch die Senken klar lokalisierte Ladungsquellen. Das Bild wird damit wirklich symmetrisch.

Dem (+) liegt das (-) in der Symmetrieachse genau gegenüber. Es liegt nahe, bei Jonas das elektrische Feld auf spiegelbildlich orientierte Feldquellen zurückzuführen, die dann auch irgendwie spiegelbildlich aufeinander wirken. Aber!" Eli hebt bedeutungsvoll den Finger. „Du darfst nicht vergessen, Paul, daß es ein reines elektrisches Feld in Wirklichkeit gar nicht gibt. Das elektrische Feld ist nämlich eine aus der Gesamtheit der elektromagnetischen Wechselwirkungen heraus abstrahierte Kategorie.

Die elektromagnetische Wechselwirkung - das sind eine Vielzahl von untrennbar miteinander verbundenen Effekten. Und diese alle in einem anschaulichen und einheitlichen Bild zu modellieren, Paul, das wird sehr, sehr schwer! Wenn nicht gar unmöglich.

Verglichen mit den verschiedenen Spielarten der elektromagnetischen Wechselwirkung ist die Gravitation eine wahrlich simple Angelegenheit."

„Wir werden sehen", entgegnet Paul trotzig.

„Das Wesentliche - die Symmetrie - hast du ja soeben gut beschrieben. Und damit wäre für das Bild des elektrischen Feldes eines klar: Sowohl die positiven als auch die negativen Feldquellen werden jeweils Ströme von symmetrisch ,codierten' Partikeln erzeugen.

Manche Elementarteilchen haben dann eben -neben ihrer Eigenschaft schwer zu sein,- auch die Eigenschaft positiv oder negativ elektrisch geladen zu sein. Diese geladenen Teilchen senden eben spiegelbildlich co-

dierte Urobjekte in den Raum zurück. Und diese wären dann für die Erscheinung ‚Elektrisches Feld' verantwortlich."
    Paul nickt zuversichtlich mit dem Kopf. „Spiegelbildlich ...", wie-
derholt er mehrfach.
    „Ja, aber wie?" fragt Eli in die Stille. „Wie kann eine spiegelbildli-
che Codierung aussehen? Jonas Urobjekte besitzen neben Impuls nur
noch Drehimpuls. Also ist die Auswahl nicht gerade üppig!"
    Paul nickt und legt die Stirn in Falten. Dann greift er sich Elis Block
und zeichnet.
    „Es bleibt uns gar nichts anderes übrig, Eli. Die Codierung muß in
einem Verhältnis zwischen Impuls und Drehimpuls bestehen." Paul weist
auf seine Skizze. „Siehst du, was ich meine?"

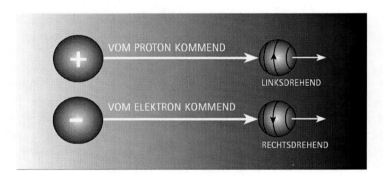

    Eli nickt vage. „Deine symmetrischen Ladungsquellen erzeugen
rotierende Urobjekte." Mit dem Finger deutet Eli auf Pauls Skizze und
nickt. „Sie drehen sich in Bewegungsrichtung gesehen links herum oder
rechts herum. Mit dieser richtungsabhängige Eigenrotation läßt sich
die Symmetrie zwischen positiv codierten und negativ codierten Objekten im Prinzip darstellen."
    „Richtig, Eli." Paul reibt sich die Hände. „Legen wir doch einfach
fest, daß positive Ladungsquellen linksdrehende Partikel aussenden.
Die dazu symmetrischen negativen Quellen senden dann rechtsdrehende Urobjekte in den Raum. Die so codierten Partikel sind unverwech-
selbar, können immer eindeutig unterschieden werden. Wie linksdrehende und rechtsdrehende Spiralen. Und das von ihnen ausgehende Feld,
Eli, das sieht dann so aus!"

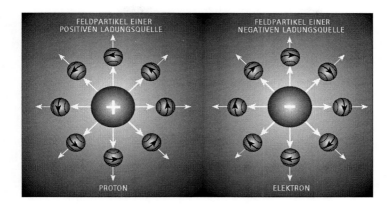

Paul zeichnet eine weitere Skizze.

„Das positive Proton sendet ununterbrochen linksdrehende Partikel in den Raum.

Das negative Elektron emittiert laufend rechtsdrehende Partikel. Ein im Feld befindliches Probeteilchen wird somit genau erkennen, in wessen Feld es sich befindet. Klopfen an seiner Oberfläche linksdrehende Partikel an, so liegt in dieser Richtung eine positive Ladungsquelle; sind es rechtsdrehende, so liegt in dieser Richtung eine negative Ladungsquelle. Verwechslungen sind ausgeschlossen!"

Paul lehnt sich zurück. Wieder einmal ist er mit einem Entwurf sehr zufrieden.

Doch Eli zweifelt. „Deine geladenen Elementarteilchen, Paul, das sind aber beileibe keine trivialen Dinger!" gibt er zu bedenken.

„Sie müssen die aus dem Hintergrund kommenden neutralen Partikel zunächst kodieren! Und zwar müssen sie das tun, ohne dabei auch nur ein Quentchen Energie zu verbrauchen und, ..."

Paul winkt ab: „Bei irgendeiner Gelegenheit werden wir uns auch näher mit den Inneren der Blackbox geladenes Elementarteilchen beschäftigen, Eli."

„Bei Gelegenheit!" ruft Eli und springt auf. „Im Moment fehlt uns tatsächlich die Gelegenheit, Paul. Wir sollten sofort zu Sylvia zurück. Die Stunde ist längst um!"

Dualismus

Eine gewagte Kombination von experimentellen Tatsachen, von Symmetrieanforderungen und von mathematischer Intuition führte Heisenberg zu den ersten wesentlichen Grundlagen der modernen theoretischen Physik.

Das Endergebnis läßt der physikalischen Intuition aber nur wenig Raum, da beispielsweise die Position eines Teilchens zu einer unendlichdimensionalen Matrix mit komplexen Zahlen wird ...

Es ist fair zu sagen, daß niemand wirklich versteht, warum die Quantentheorie funktioniert und daß die Erkenntnistheorie in dieser Beziehung weit hinter der Physik zurückgeblieben ist.

Franco Selleri
in /8/ Heisenberg jenseits der Komplementarität.

Der Doppelspaltversuch

Paul und Eli erreichen kurz darauf Sylvias Zimmer. Als Eli die Tür öffnet tönt ihm lautes Gelächter entgegen. Überrascht bleibt er stehen. Vasco liegt tief im Sessel und hält sich den Bauch vor Lachen. Sylvia steht verlegen lächelnd daneben.

„Tut mir leid, Eli", entschuldigt sich Vasco kichernd. „Aber es ist zum kaputtlachen: **Du** attackierst Sylvia mit verdeckten Massen und **ich** beziehe dafür die Prügel!"

„Du übertreibst wieder einmal hemmungslos!" protestiert Sylvia sofort. „Natürlich habe ich überhaupt niemanden verprügelt. Und, sofern sie nicht offensichtlich gegen die Erfahrung stehen, habe ich nicht einmal etwas gegen eure wilden Spekulationen. Ich bin durchaus an einem anschaulichen Weltbild interessiert. Doch wir dürfen uns nichts vormachen! Unsere Gedankenexperimente mit dem Modell von Jonas sollten wir als das bezeichnen, was sie sind: mehr oder weniger unterhaltsame Spekulationen! Für uns an Bord haben sie doch keinerlei wissenschaftlichen Wert. Das mußt auch du zugeben, Vasco.

Wenn du heute den günstigsten Weg zwischen Centauri und Sonne bestimmen müßtest, dann würdest du keinen Gedanken an das Jonas-Modell verschwenden. Ohne dich im geringsten um geschwächte Partikelströme oder ähnliches zu kümmern, wirst du dich in Newtons und Einsteins Gleichungen vertiefen und diesen Weg ganz brav ausrechnen!

Das von dir - im Moment - so schmerzlich vermißte Bild vom physikalischen Hintergrund der Trägheit wird dir dabei nicht im geringsten fehlen. Dir ist ja im Grunde vollkommen klar, daß dies ein - vorsichtig ausgedrückt - subjektiv empfundener Mangel ist, welcher aber ansonsten keine Rolle spielt.

Aus Erfahrung wissen wir schließlich, daß die Prognosen der Allgemeinen Relativitätstheorie sehr viel genauer sind, als die der Newtonschen Gravitationstheorie. Deshalb sind wir bisher immer gut angekommen. Und mehr können wir gar nicht von einer Theorie verlangen. Es gibt nicht einen stichhaltigen Grund diese Theorie oder gar ihre Prinzipien in Frage zu stellen."

„Und damit wären wir wieder einmal beim uralten Thema: Was soll Wissenschaft?" knurrt Vasco und spielt den Beleidigten.

„Du weißt doch, Sylvia, daß ich unbescheiden bin. Ich glaube nun einmal, daß das ‚Konservieren' von Methoden - selbst wenn sie oft zu guten Prognosen führten - nicht ausreicht, um in der Wissenschaft voran zu kommen. Ich verlange von Wissenschaft, daß sie unablässig bereit ist Bekanntes in Frage zu stellen. Ansonsten gibt es keinen Fortschritt.

Am Ende des 19. Jahrhunderts zeigte Michelsons Versuch, daß die Prinzipien der Newtonschen Physik, diese jahrhundertelang für tabu gehaltenen und mit Abstand erfolgreichsten Bastionen der klassischen Physik, in wesentlichen Punkten falsch sein müssen.

Zugegeben: im Alltag benutzen wir heute noch Newtons Weltbild. Die Unterschiede zur Allgemeinen Relativitätstheorie sind oft genug so gering, daß sie keine Rolle spielen. Hätte aber nun Einstein eine ähnlich konservative Auffassung von Wissenschaft gehabt wie du, Sylvia, dann hätte er wegen dieser Kleinigkeit mit dem Michelsonversuch die Newtonschen Prinzipien nicht einmal in Gedanken angetastet. Ohne die Bereitschaft zum Zweifel hätte er weder die Spezielle und erst recht nicht die Allgemeine Relativitätstheorie formulieren können.

In der Steinzeit galt das Steinbeil als das im Prinzip beste Werkzeug. Hätten einige unserer Altvorderen nicht an diesem Prinzip gezweifelt,

dann würden wir wohl heute noch im Lendenschurz herumlaufen!"
Vasco war nun doch in Fahrt gekommen. Er richtet sich im Sessel
auf und zitiert: „*Den Rest meiner Tage will ich damit verbringen, darüber nachzusinnen, was Licht ist!* Als Einstein diese Worte sagte waren
seine Relativitätstheorien schon Jahrzehnte alt. Manche Physiker sagen, daß Einsteins Theorien eine solche Frage gar nicht offen lassen.
Doch das Genie Einstein betonte damals wieder und wieder, daß es
gern durchschaut hätte, *was* Licht *ist!*
Leider können wir Paul auch heute noch keine Antwort auf diese Frage geben. Einsteins Gleichungen liefern zwar die genauesten Prognosen
für das ‚Verhalten' von Licht – aber sie sagen uns nicht, was Licht ist.
Gleichungen sind nun einmal ärmer als die Wirklichkeit - das ist
logisch. Jedes Abbild kann seinem Vorbild bestenfalls nahe kommen.
Es ist klar, daß selbst das perfekteste mathematische Abbild die Wirklichkeit niemals vollständig widerspiegeln kann. Ebenso klar ist, daß
wir Menschen als Brücke zwischen der Mathematik und der Realität
immer ein Bild benutzen. Wir brauchen eine Idee von der Beschaffenheit der Dinge. Schließlich sind es die Beziehungen dieser Dinge untereinander, die wir in Zahlen und Gleichungen modellieren, die wir hinter den errechneten Zahlen sehen.
Und derartige Bilder, Sylvia, die könnten meiner Auffassung nach
durchaus Gegenstand ernsthafter wissenschaftlicher Arbeit sein. Solche Bilder können uns zum Beispiel bei der Entscheidung helfen, weshalb wir in einer bestimmten Situation eben nicht diese, sondern jene
Gleichung verwenden.
Oder weshalb die Grenzen für die Anwendbarkeit dieser oder jener
Gleichungen existieren. Oder sie erklären uns, weshalb es jenseits bestimmter Grenzen gar nichts mehr zu berechnen gibt ..."
„Gut gebrüllt, Löwe!" unterbricht Eli den schier unversiegbaren
Redefluß Vascos. Er schaut demonstrativ auf die Uhr. „Apropos Löwe:
Was hältst du von Fütterung?"
Vasco schaut sich langsam um und atmet tief durch, Dann lächelt er
Eli dankbar zu. „Du hast recht, Eli. Ich rege mich sonst vielleicht tatsächlich noch auf. Gehen wir frühstücken!"
„Frühstücken??" Paul blickt irritiert auf. Vasco hatte sich etwas in
der Zeit geirrt? Doch *subjektiv* gesehen, fällt Paul ein, hatte Vasco schon
recht. Immerhin war er erst vor wenigen Minuten aufgestanden.

Nilssons Vortrag

Es war zu erwarten, daß sich um diese Zeit niemand in der Messe aufhält. Doch als die vier mit ihrer Mahlzeit fast fertig sind, kommt Nilsson hereingetappt. Er mustert mit einem kurzen Blick die am Tisch sitzenden und steuert dann genau auf Paul zu. Den unvermeidlichen Koffer in der Hand, bleibt er direkt vor ihm stehen. Nilsson schaut Paul erwartungsvoll an und fragt: „Wann geht's los ?"

„Ich habe keine Ahnung", stottert Paul verblüfft. Nilsson wendet sich nun an Vasco: „Unschärfe schon in Sicht?"

„Nein", antwortet Vasco seelenruhig. Offenbar weiß er worum es geht. „Sind noch weit vor Dualismus hängen geblieben. "

„Am Besten in's Chaos stürzen. Aus dem Nichtlinearen neue Strukturen wachsen lassen, ..." so oder so ähnlich lautet Nilssons kichernd genuschelter Kommentar.

„Ihr wollt uns doch nicht etwa mit solch babylonischen Sprüchen beeindrucken?" unterbricht Sylvia nun den seltsamen Dialog.

Nilsson schaut sie kurz über seinen Brillenrand an. Dann schaut er wieder zu Vasco. „Gleich?" Vasco nickt.

„Geh schon vor." murmelt Nilsson, schnappt seinen Koffer, wendet auf der Stelle und tappt ohne sich umzuschauen davon.

„Kommst du mit?" Vasco blickt Sylvia auffordernd an. „Oder kennst du dich in der Quantenmechanik so gut aus, daß du nichts mehr dazulernen kannst?"

„Hmmm!" Sylvia überlegt kurz. „Eine Stunde habe ich noch."

Die Quantenmechanik

Plack sagte uns 1900 - und das wesentliche daran ist bis heute wahr geblieben - daß er die Strahlung von rotglühendem Eisen oder die eines weißglühenden Sterns, wie etwa der Sonne, nur verstehen kann, wenn diese Strahlung bloß portionsweise erzeugt und von einem Träger an den anderen portionsweise weitergegeben wird. Das war erstaunlich, denn es handelt sich bei dieser Strahlung um Energie, was ursprünglich ein höchst abstrakter Bergriff war, ein Maß der gegenseitigen Einwirkung oder Wirkungsfähigkeit jener kleinsten Träger. Die Einteilung in

*abgezirkelte Portionen befremdete aufs Höchste - nicht
nur uns - auch Planck. 5 Jahre später sagt uns Einstein,
daß Energie Masse hat und Masse Energie ist, daß sie also
ein und dasselbe sind - und auch das ist bis heute wahr
geblieben. Da fällt es uns wie Schuppen von den Augen:
unser altgewohnten, lieben Atome, Teilchen, Partikel sind
Plancksche Energiequanten. Die Träger jener Quanten sind
selbst Quanten. Es schwindelt einem. Man merkt, es liegt
etwas ganz fundamentales zu Grunde, daß man noch nicht
versteht. Tatsächlich fielen ja auch die vorerwähnten
Schuppen nicht plötzlich. Es brauchte 20 oder 30 Jahre.
Und ganz sind sie vielleicht bis heute noch nicht gefallen.*

*Erwin Schrödinger
in /10/ Unsere Vorstellung von Materie, 1952*

Paul war bisher noch nie in Nilssons Kabine, doch ihm fällt sogleich
die ungewöhnlich große Zahl von Büchern auf, die in langen Regalen
an den Wänden aneinandergereiht sind. „Wie ist dir das gelungen?"
fragt er erstaunt und schaut sich um.

„Leise, junger Mann!" Nilsson versteht sofort und legt den Finger
auf den Mund. „Waren ursprünglich keine Bücher." flüstert er. „Stand
alles digital in meinem Privatarchiv. Habe sie erst an Bord gemacht.
Während ihr auf Proximas Satelliten rumgeschwirrt seid, habe ich Bücher gemacht. Brauche die Dinger in Originalform - finde sonst nichts."

Für Nilsson war damit das Thema mehr als ausgiebig diskutiert. Mit einer
nachlässigen Geste weist er in die Runde: „Bitte jeder einen Platz suchen!
Wo, das ist mir gleich." Er selbst lehnt sich an einen hohen, schmalen Tisch.

„Stehpult", flüstert Sylvia Paul zu, denn sie ist scheinbar nicht nur
Navigatorin, sondern auch Spezialistin für ausgefallene Möbelstücke.

„Ihr wollt", beginnt Nilsson „ein anschauliches Modell von der Welt
entwerfen. Das sagte mir Vasco jedenfalls heute nacht. Die Relativitätstheorien sind euch dabei etwas zu abstrakt, nicht plausibel genug, ..."
er lacht glucksend.

„Die Relativitätstheorien sind aber nur eine der zwei Säulen, auf
denen die moderne Physik ruht. Ich weiß, daß die Aussagen der
Relativitätstheorien einem Normalbürger schon verrückt genug erscheinen. Doch Physiker sehen in ihnen immer noch ‚klassische‘ Theorien.

Sie zählen auch das Weltbild der Relativitätstheorien noch zu den anschaulichen Bildern. Und sie wissen, warum sie dies behaupten. Sie kennen nämlich noch etwas anderes, das eindeutig jenseits der klassische Physik liegt.

Das ist die *Quantenphysik.*

Sie ist die zweite Säule der modernen Physik. Und selbst Physiker hüten sich, die von der Quantenmechanik gemachten Aussagen mit dem Begriff *anschaulich* auch nur in Verbindung zu bringen.

Die *Quantenphysik*, ihr wißt es, ist mein Beruf und mein Steckenpferd. Ich werde sie euch ein wenig vorstellen. Vasco meinte es wäre gut, wenn ihr wenigstens einen Eindruck von der ‚Braut‘ bekommt, welche ihr der Relativitätstheorie zuführen möchtet. Oder zuführen müßt oder wollt, oder umgedreht - das bleibt sich wohl ziemlich gleich -unmöglich.

‚Gezeugt‘ wurde die Quantenmechanik um die Jahrhundertwende. Auch Einstein hatte -ohne es zu ahnen- an ihrem Fundament mit gemauert und sogar einen Nobelpreis dafür bekommen. Die Licht*quanten,* die Photonen, sind seine Erfindung. Praktisch zur gleichen Zeit beschäftigte sich Max Planck mit einer wenig angenehmen, nach der klassischen Wellenlehre aber klar vorgeschriebenen Wettervorhersage, der sogenannten Ultraviolett-Katastrophe.

‚Es wird bald kalt werden‘, sagte die klassische Physik: ‚Sehr kalt!‘

Die kurzwelligen und noch kurzwelligeren elektromagnetischen Wellen werden nämlich - der klassischen Theorie zufolge - in sehr kurzer Zeit die gesamte im Universum befindliche Energie in sich aufnehmen. Die gesamte Materie des Universums wird dann prompt in Eiseskälte erstarren.

Die Prognose war unausweichlich, die Gleichungen ließen keine Wahl. Das Ausbleiben der bevorstehenden Welterstarrung empfanden zwar die meisten Menschen als sehr tröstlich, doch in Wissenschaftlerkreisen wollte zunächst niemand daran glauben, daß die Theorie selbst, und zwar in Ihren Grundfesten, falsch war. Die klassische Wellenlehre hatte bis dato schließlich nur Erfolge gefeiert.

Ähnliche Abläufe finden sich in der Geschichte der Wissenschaft jedoch häufiger. Immer wieder stellen sich bewährte und vielfach bestätigte und an sich gar nicht wirklich in Frage stehende Theorien eines Tages selbst ein Bein. Und indem sie die UV-Katastrophe vorhersagte, gelang dies auch der Wellenlehre und damit der klassischen Mechanik in ihrer Gesamtheit.“

Nilsson kichert leise: „Manchmal macht sich die Natur scheinbar darüber lustig, wenn sich Menschen darum bemühen die Zusammenhänge des Weltgeschehens in die Gestalt von ‚wahren' Theorien zu gießen. Na, Ja!

Um die Jahrhundertwende nahm sich Max Planck jedenfalls vor, dem bis dato unerklärten Ausbleiben der UV-Katastrophe auf den Grund zu gehen. Er sezierte die Vorhersage mit dem Skalpell der theoretischen Physik, kam dem Verursacher auf die Spur und suchte und fand in den Quanten ein wirksames Gegenmittel. Er wurde zum Vater der Quantenmechanik - unbeabsichtigt, natürlich.

Um selbst ‚leben' zu können verlangte das neu geborene Kind jedoch von Planck und dem Rest der Welt, daß man die Prinzipien der klassischen Physik über Bord warf." Nilsson wirft einen unauffälligen, prüfenden Blick in seine Zuhörerschaft.

„Das war dann schon ein immenser Anspruch. Zumal Plancks Quantenthese im ersten Moment ganz harmlos erschien. Sie besagt nur, daß die in elektromagnetischer Strahlung enthaltene Energie nicht wirklich stetig - wie ursprünglich angenommen - sondern, daß sie in Portionen, in unteilbaren Energiepaketen, in Quanten vorkommt. Das war alles.

Diese *Quantenhypothese* allein veränderte die Aussage der klassischen Theorie jedoch derart, daß man plötzlich mit den bekannten Rechenmethoden auf die wirklich in der Welt zu findenden Temperaturen kam.

Das NICHT-Eintreffen des klassisch recherchierten UV-Wetterberichts empfand die Menschheit natürlich nicht als Katastrophe. Schließlich konnten die Temperaturen nun so angenehm bleiben, wie sie waren. Dafür blieb etwas anderes nicht wie es war. Denn Plancks Erklärung des Ausbleibens der Kältewelle löste ein erkenntnistheoretisches Erdbeben aus, welches der klassischen Physik am Ende das Fundament raubte.

Da die UV-Katastrophe aus -dank Planck- nunmehr erklärlichen Gründen nicht mehr stattfinden mußte, hatte die Menschheit zwar hier ein Problem weniger - doch dafür war die ganze klassische Physik zu einem Problem geworden. Sie mußte ‚weg'.

Das Zutreffen von Plancks Quantenthese widersprach nämlich der Newtonschen These, daß die Welt ‚stetig' ist. Bisher hatte man immer angenommen, daß zum Beispiel die ‚Länge' stetig ist. Daß man also den Abstand zwischen zwei Punkten immer wieder, bis ins Unendliche hinein, teilen könne. Eine solche Stetigkeit schließt aber die Existenz von etwas Unteilbarem - wie den Quanten - aus. Entweder es gibt kleinste Einheiten - oder es gibt sie nicht. Ein Kompromiß ist hier unmöglich. In der Folge feierte Plancks Wirkungsquantum einen Siegeszug nach dem anderen. Die Quantenmechanik wurde zum Fundament einer neuen Physik und eines neuen, gequantelten Weltbildes. Newtons klassische Mechanik und das mit ihr verbundene stetige Weltbild wurde dagegen degradiert zu einer zwar nützlichen, aber im Grunde unkorrekten Idealisierung der Wirklichkeit.

Leider ist Plancks Wirkungsquantum ebenso fundamental, wie es unvorstellbar ist. So, wie die Konstanz der Lichtgeschwindigkeit, ist es deshalb zum *Prinzip* geworden. Es ist eine Erfahrung, die *auf nichts anderes zurückführbar ist.*

Es wird zwar immer wieder einmal darüber spekuliert, ob man nicht *noch* kleinere Portionen als die Planckschen -wenigstens gedanklich - zulassen dürfe. Da aber diese ultra-kleinen Exoten weder bei ihrer Entstehung noch bei ihrer Absorption eine Wirkung hinterlassen können, ist ihre Existenz von vorn herein unbeweisbar.

Es ist deshalb verständlich, daß nicht besonders intensiv nach ihnen gesucht wird. Nichts entmutigt einen Forscher schließlich mehr, als das Wissen darum, daß das Objekt seiner Forschung unerkennbar bleiben wird."

Nilsson blickt einen nach dem anderen erwartungsvoll an. Pauls Blick kann er jedoch nicht auffangen. Paul schaut an ihm vorbei. Zum Schirm. Nilsson schaut sich um ...

... und schlägt sich mit der flachen Hand an die Stirn: „Der Doppelspaltversuch!" ruft er leise.

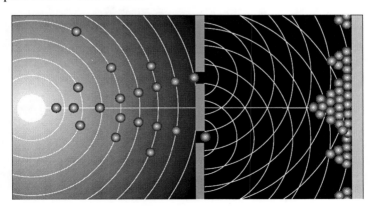

„Dieses Bild zeigt den bekanntesten und wohl auch einen der markantesten Versuche der Quantenmechanik."

Nilsson wendet sich dem Schirm zu: „Der Versuch wird zwar schon seit über 100 Jahren auch in den Schulen behandelt, doch seine Aussagen sind so alltagsfremd, daß nicht nur viele Schüler es vorziehen, diesen Versuch möglichst schnell wieder zu vergessen.

Hier links", Nilsson weist auf den Schirm, „an der Kathode werden Elektronen emittiert. Elektronen sind negative Elementarteilchen. Demzufolge sehen wir sie als separate Objekte an, die neben ihrer Masse auch eine elektrische Ladung haben.

Diese Elektronen werden von der Kathode in Richtung der Spaltwand gesendet. Einige von ihnen werden durch den oberen, andere durch den unteren Spalt schlüpfen. Der Rest interessiert uns im Moment nicht.

Jenseits der Spalte fliegen sie dann weiter bis zum Leuchtschirm. Wenn sie auf diesem auftreffen, senden sie einen Lichtblitz aus und, indem wir diesen Blitz sehen, erfahren wir vom Auftreffort des Elektrons.

In diesem Versuchsaufbau führen wir nun verschiedene Experimente durch. Um möglichst eindeutige Ergebnisse zu erhalten, reduzieren wir zunächst die Anzahl der von der Kathode in einer Zeiteinheit ausgesendeten Elektronen so stark, daß sich immer nur ein Elektronenteilchen im Versuchsaufbau befindet.

Nun öffnen wir einen Spalt..."

Nilsson wechselt das Bild. „und wir sehen, daß sich die Elektronen tatsächlich so verhalten, wie wir es von klassischen Teilchen erwarten:

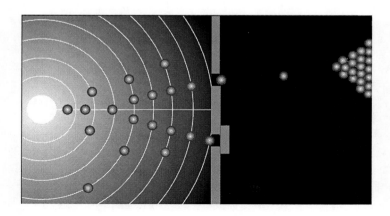

Auf dem Leuchtschirm zeichnet sich das Abbild der Spaltöffnung ab: eine runde helle Fläche, die durch die Lichtblitze gezeichnet wird, welche die Elektronen bei ihrem Aufschlagen erzeugen. Wir könnten in Gedanken an Stelle der Elektronen auch winzige Stahlkugeln setzen, der Versuchsausgang wäre grundsätzlich der gleiche. Das Versuchsergebnis paßt zu unserer Alltagserfahrung. Wir glauben das Verhalten der Elektronenteilchen zu verstehen ..." Nilsson lächelt grimmig und ruft das nächste Bild auf.

„Nun öffnen wir den Zweiten Spalt. Da wir das Verhalten der Elektronen zu verstehen glauben, erwarten wir nun neben dem schon einmal gesehenen runden Fleck das Erscheinen eines weiterer runden Fleckes ...

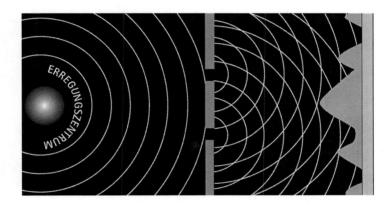

Doch das Erwartete tritt nicht ein. In Wirklichkeit taucht nämlich kein zweiter runder Fleck auf, sondern es entsteht ein ganz neues ETWAS, das nicht im entferntesten an runde Flecke erinnert, sondern eher an eine Überlagerung von Wellen in einem Teich. Es entsteht ein Interferenzbild .

Wir alle kennen Interferenzbilder. Wenn zum Beispiel eine im Wasser stehende, löchrige Wand von Wellen angeströmt wird, dann werden sich die jenseits aus den Öffnungen hervorquellenden Tochterwellenzüge gegenseitig überlagern. Das dabei entstehende Bild nennt man Interferenzbild.

Obwohl sie sich aus sich bewegenden Wellenfronten heraus bilden, scheinen die Interferenzbilder in vielen Fällen still zu stehen. Bei klassischen Wellen sind uns derartige Erscheinungen geläufig. Vollkommen unerwartet war dagegen, daß ein Strom von separaten Teilchen praktisch die gleichen Interferenzmuster liefert wie die Wellen in einem Teich." Nilsson schaut sich langsam um.

„Der Versuchsausgang bei zwei offenen Spalten aber ist eindeutig. Selbst wenn sich immer nur ein Teilchen im Versuchsaufbau befindet: das aus vielen separat gesendeten Teilchen gezeichnete Bild wird trotzdem ein Interferenzbild werden. Schließt man einen der beiden Spalte, so ist auch das Interferenzbild weg.

Und, je mehr ihr über diesen Versuchsausgang nachdenkt, desto größer müßte euer Befremden werden. Und doch ist es so: Das Öffnen des zweiten Spaltes verändert offenbar das Verhalten der Elektronen grundsätzlich. Die zuvor noch braven Elektronen-Teilchen wechseln plötzlich ihre Religion - sie konvertieren und verhalten sich genau wie eine Welle.

De Broglies Beziehung

Für de Broglie existierten Wellen und Teilchen gleichermaßen objektiv im Raum und Zeit.

In seiner Nobelvorlesung stellte er fest: Das Elektron muß mit einer Welle assoziiert werden und diese Welle ist kein Mythos: ihre Wellenlänge kann gemessen und ihre Interferenz vorhergesagt werden. "

Franco Selleri in /8/

Die Interferenzmuster der Elektronen auf dem Schirm sind natürlich genau ausgewertet worden. Die charakteristische Verteilung der Lichtblitze deutet klar auf die Überlagerung von Wellen einer bestimmten Wellenlänge. Läßt man die Elektronen schneller durch den Versuchsaufbau rasen, so scheinen sich die Wellenlängen zu verkürzen. Insgesamt wiesen die Versuchsergebnisse auf einen Zusammenhang zwischen dem Teilchen Elektron - dessen Masse und Ladung gut bekannt war- und einer Welle von bestimmter Frequenz hin.

Nun hatte aber weder die Physik noch die Philosophie oder eine andere Naturwissenschaft bis dato auch nur den Verdacht, daß es eine

Beziehung zwischen klassischen Teilchen und einer Wellenlänge geben könnte. Auf welche Weise sollte zum Beispiel in einer Billardkugel eine Frequenz oder eine Wellenlänge verborgen sein?? Oder umgekehrt?? Einfach absurd, etwas derartiges auch nur zu vermuten! De Broglie aber ignorierte dieses Vorurteil und stellte die Beziehung zwischen Masse und Frequenz in einer Formel dar. Dieses Verfahren erwies sich bald als verrückt genug, um wahr zu sein. Wie Nils Bohr es ausdrückte.

Es wurde klar, daß die klassischen Begriffs-Schubkästen WELLE und TEILCHEN für Objekte der Realität schlichtweg zu klein waren. Aus heutiger Sicht erscheint De Broglies Beziehung verblüffend einfach. Doch man muß sich vor Augen halten, daß er damit ein Fundament der klassischen Mechanik über Bord warf. Den Preis für diesen Fortschritt hielten so manche Physiker für zu hoch. Immerhin gibt es seitdem keine Antwort mehr auf die so einfache Frage, was denn nun ein Elektron eigentlich ist: Welle oder Teilchen. De Broglies Beziehung verordnete den Objekten der Realität Eigenschaften, die bis dato unvereinbar waren. Seither ist alles zugleich Welle **und** Teilchen. Mit einem anschaulichen Bild für diese Kombination konnte aber auch De Broglie nicht dienen. Und das ist bis heute so geblieben." Nilsson nickt knapp.

„Ich kann euch tatsächlich auch heute noch nicht sagen, auf welche Weise sich die Frequenz im Teilchen verbirgt. Ich kann euch auch nicht sagen, auf welche Weise es einer ausgedehnten Welle gelingt, schlagartig in einen Punkt hinein zu einem Teilchen zu kondensieren.

Eine Antwort darauf wird es nach meiner Auffassung auch niemals geben. Unsere klassischen Begriffsinhalte für Welle und Teilchen sind einfach zu klein. Mit ihnen ist eine erschöpfende Antwort einfach unmöglich."

„Bißchen viel auf einmal, nicht wahr?" wendet Paul zweifelnd-ironisch ein.

„Wenn du meinst", entgegnet Nilsson und grinst belustigt. „Natürlich verlangten der Doppelspaltversuch, De Broglies Beziehung und all die anderen neuen Erkenntnisse nach einer Interpretation. Es gab auch viele. Die bedeutendste ist die **Kopenhagener Deutung** der Quantenmechanik. Doch auch die Kopenhagener Deutung konnte das Dilemma um Welle **oder** Teilchen nicht auflösen. Sie ging aber dem **oder** aus dem Weg, indem sie sagte, daß die Objekte unserer Welt **sowohl** Welle **als auch** Teilchen sind.

Die Physiker tragen seither dieser neu erkannten Tatsache einfach Rechnung, ohne sie tiefer zu erklären. Seit dieser Zeit verhalten sich aber nicht nur Elektronen derart zwitterhaft, sondern alle Materie. Gleichgültig, ob sie nun elektrisch geladen ist oder nicht, ob sie schwer ist oder masselos. Alle Materie ist in Wahrheit ein ETWAS, in dem die uns geläufigen Eigenschaften von Welle und Teilchen gleichermaßen enthalten sind." Nilsson räuspert sich und schaut in die Runde.

„Im Doppelspaltversuch - davon geht man in der Kopenhagener Deutung jedenfalls aus - hört das Elektron unmittelbar nach seiner Emission an der Kathode auf, sich wie ein klassisches Teilchen zu verhalten. Im leeren Raum zwischen Kathode und Spaltwand breitet es sich wie eine Welle aus, durcheilt dabei natürlich alle Raumbereiche und erfährt in dieser Phase seines Daseins vom Zustand des zweiten Spaltes.

Als Welle schlüpft das Elektron dann sowohl durch den Oberen als auch durch den unteren Spalt. Jenseits der Spaltwand treffen beide Teil-Wellen des Elektrons wieder aufeinander, interferieren miteinander und unmittelbar vor dem Interferenzschirm finden diese Überlagerungsprodukte schlagartig zu einem punktförmigen Etwas zusammen, das uns dann wieder sehr an ein klassisches Teilchen erinnert. Und dieses Etwas löst dann auch den Lichtblitz auf dem Schirm aus, den wir ‚sehen'.

Nach der Kopenhagener Deutung bewegt sich ein Elektron also niemals auf einer klassischen Bahn, sondern es breitet sich zwischen den Punkten, an denen es uns ‚materialisiert' erscheint - der Kathode oder dem Schirm - als Welle aus.

Die Quantenmechanik berechnet dieses Verhalten, indem sie das Elektron sofort nach seiner Emission an der Kathode als eine sich stetig im Raum ausdehnende Wellenfunktion beschreibt. Und dabei bleibt es solange, bis ein scharf lokalisierbarer Lichtblitz die Ankunft von etwas teilchenartigen am Schirm verkündet. Die vormalige, im Raum verschmierte Elektronenwelle ist damit zweifelsfrei ‚punktuell angekommen'. Sie ist also nicht mehr ‚irgendwo im Raum'. Ergo schreibt der Quantenmechaniker der bis dahin den Raum füllende Wellenfunktion den Wert Null ins Stammbuch. Sozusagen ‚manuell'." Nilsson lächelt säuerlich.

„Leider kann die Quantenmechanik nicht ohne dieses ‚manuelle' Verfahren auskommen. Deshalb umschreiben wir Quantenmechaniker das Ende des Wellen-Daseins des Elektrons mit anschaulichen Worten: Wir sagen, daß mit dem Registrieren des Lichtblitzes vom Schirm die bis dahin im Raum ausgedehnte Wellenfunktion des Elektrons ‚zusammenbricht'. Punkt."

Heimlich, aber mit strahlenden Augen schaut Nilsson über seinen Brillenrand hinweg in die Runde. Es bereitet ihm immer wieder Vergnügen in solchen Momenten die Gesichter seiner Zuhörer zu betrachten. Besonders die spontan aufflackernde Verwunderung begeistert ihn, wenn er unmittelbar nach dem Begriff ´anschaulich´ die Formulierung vom ´Zusammenbruch der Wellenfunktion´ benutzt.

„Es gibt natürlich auch noch andere Deutungen der Quantenmechanik", ergänzt er kichernd. „Doch diese sind nicht unbedingt plausibler." Nilsson zeigt auf einen Text. „Lest das bitte, aber denkt daran, daß die Quantenmechanik die erfolgreichste Theorie der Menschheit ist. "

Zumindest eine der folgenden Feststellungen ist notwendigerweise falsch:

1. Atomare Objekte existieren unabhängig von menschlichen Beobachtungen.

2. Der Raum bewirkt eine effektive Trennung von Objekten, so daß alle Wechselwirkungen zwischen zwei Objekten gegen 0 streben, wenn der relative Abstand dieser Objekte unbegrenzt zunimmt.

3. Die Quantenmechanik ist richtig.

Erklärt man 1 als falsch, so trifft man eine naturphilosophische Wahl, die zahllosen empirischen Tatsachen aus anderen Disziplinen widerspricht: Geologie, Paläontologie ... Astrophysik ... beruhen auf diesen Paradigmen ...

Die zweite der oben angegebenen Möglichkeiten erfordert,

daß wir die Separabilität aufgeben. Auch hier deutet unser
gesamtes Wissen darauf hin, ... daß die Separabilität ohne
Ausnahme gilt...

Zu Drittens: Dirac schrieb 1975: Vielleicht wird sich noch
herausstellen, daß Einstein doch schließlich recht hatte
und die heutige Form der QM nicht als endgültig
betrachtet werden sollte. Es gibt große Schwierigkeiten ...
in Zusammenhang mit der gegenwärtigen QM. Sie ist die
beste, die wir haben, aber ich glaube nicht, daß sie beliebig
lange Bestand haben wird. Meiner Meinung nach ist es
wahrscheinlich, daß wir irgendwann in der Zukunft eine
verbesserte QM haben werden, die eine Rückkehr zum
Determinismus bedeuten wird und damit Einsteins
Ansichten rechtfertigen wird.. (61)
                        Franco Selleri in /8/; Schlußfolgerungen

Die Quantenwelt

„Die *Kopenhagener Deutung*", erinnert sich Vasco. „Dieses Stichwort hat uns Studenten zu den leidenschaftlichsten Diskussionen provoziert. In erster Linie, weil sie die von uns allen vorausgesetzte Determiniertheit des Geschehens in der Welt, die kausale Weltsicht, ablehnt."
Vasco schüttelt den Kopf. „Ich begreife das bis heute nicht, Nilsson.
Wie kann man überhaupt daran zweifeln, daß das Geschehen in unserer Welt kausal verläuft! Es ist doch gar nicht möglich aus akausalem
Geschehen auch nur das geringste zu lernen! Es hätte gar keinen Sinn
akausales Geschehen zu beobachten. Wenn die Welt akausal wäre, könnten wir mit unseren Erfahrungen nichts anfangen! Nicht einmal die pri-
mitivste Wissenschaft könnten wir betreiben!"
„Du erinnerst dich vielleicht auch", hält ihm Nilsson sachlich entgegen, „daß die Befürworter der akausalen Weltsicht auch ein paar Argumente für sich hatten. Zum Beispiel kann kein Mensch die konkrete
Stelle auf dem Interferenzschirm ansagen, an der das nächste Photon
oder das nächste Elektron einschlagen wird. Die genauestmögliche
Vorhersage zum Aufenthaltsort des Elektrons zum Zeitpunkt ‚x' oder

seines voraussichtlichen Aufschlagortes am Schirm ist statistischer Natur. Es ist eine Wahrscheinlichkeitsaussage, die mit dem Verlauf der Wellenfunktion korelliert ist. Und das wird auch immer so bleiben, Vasco. Es ist einfach falsch, wenn wir aus der Startposition eines Elektrons an der Kathode und der später beobachteten Einschlagstelle am Schirm auf eine bestimmte Bahn des Elektrons schließen. Das, was zwischen diesen Orten passiert, ist mit dem klassischen Begriff Bahn nicht einmal annähernd beschrieben und deshalb ..."

„Das weiß ich doch alles!" unterbricht ihn Vasco unwirsch. „Wir wissen nicht auf welche Weise das Elektron vom Zustand des zweiten Spaltes erfährt. Einverstanden, Nilsson. Aber das ist in meinen Augen kein Beweis dafür, daß sich das Elektron undeterminiert oder akausal verhält!"

Nachsichtig lächelnd stellt Nilsson eine Gegenfrage: „Wenn du das Verhalten eines einzelnen Elektrons für determiniert hältst, dann solltest du wenigstens eine Vision von dem ‚Etwas' haben, das da lenkend an seiner Bahn mitwirkt. Nicht wahr?"

Vasco legt den Kopf in den Nacken. „Was weiß denn ich", knurrt er ausweichend. „Sicherlich sind diese Einflüsse so schwach, daß wir sie mit unseren alltäglichen Methoden nicht messen können."

„Nicht schon wieder!" klagt Nilsson. „Du weißt doch genau, daß das nur eine faule Ausrede ist! Determiniert nennen wir einen Prozeß, wenn sein Ausgang von Parametern bestimmt wird, die wir erkennen können.

Du aber kannst nicht einmal sagen, was die Bahn des Elektrons beeinflußt. Erst recht kannst du keine Parameter für den Grad dieser Beeinflussung nennen. Ergo fehlt dir die elementarste Voraussetzung um überhaupt von Determiniertheit zu reden!"

Vasco kratzt sich unwillig am Kinn und murmelt: „Glaubensfrage."

Betrachten wir nun die Frage etwas detaillierter am Beispiel des Neutronenzerfalls. Nehmen wir an, daß es Variable gibt, die die unterschiedlichen Zerfallszeiten der Neutronen festlegen, und daß diese Variablen bisher nicht entdeckt worden sind. Wir können uns dabei zwei verschiedene Arten verborgener Variabler vorstellen: (1) Variable, die sich auf die innere Struktur der Teilchen beziehen. In unserem Beispiel würden verschiedene

Neutronen zu verschiedenen Zeiten zerfallen, weil ihr unterschiedlicher innerer Aufbau die jeweilige Zerfallszeit vorherbestimmt. Eine Gruppe von Neutronen würde somit einem Satz gleich aussehender Bomben entsprechen, deren innere Zeitzünder auf verschiedene Zeiten eingestellt sind. (2) Theorien, die Fluktuationen des Vakuums in einem kleinen Bereich um das Teilchen postulieren. Eine Gruppe von Neutronen würde hier einem Satz von identischen, aber schlecht gebauten Booten auf hoher See entsprechen. Sie zerbrechen, wenn sie von einer hohen Welle getroffen werden, was mit einer Zerfallsverteilung in der Zeit eintrifft. Diese beiden Typen von Theorien werden wir als interne und externe verborgene Variable bezeichnen. Beide Arten von Theorien sind lokal in dem Sinne, daß das Verhalten eines Systems zu einer gegebenen Zeit von der gleichzeitigen Existenz und dem Verhalten von Materie, Energie oder Vakuumschwankungen außerhalb eines kleinen Bereiches um das Teilchen unabhängig ist.

Man kann auch nichtlokale Theorien mit verborgenen Variablen konstruieren - und derartige Theorien sind tatsächlich erforderlich, wenn man alle Vorhersagen der Quantenmechanik reproduzieren will, besonders solche, die sich auf die Korrelation weit entfernter Quantensysteme beziehen.

Franco Selleri in /8/ S. 44

„Na, mehr kann man von dir ohnehin nicht verlangen." Nilsson winkt lächelnd ab. „Die Quantenmechanik ist deshalb aber nicht gesetzlos. Sie formuliert ihre Gesetzte nur als Wahrscheinlichkeitsgesetze.

Wir können das konkrete Verhalten eines Elektrons oder das eines Photons oder auch den Zerfallszeitpunkt eines konkreten Neutrons eben nicht vorhersagen. Weder die Quantenmechanik kann das, noch kann das irgendeine andere Theorie. Diese individuellen Prozesse laufen jeder für sich gesehen tatsächlich genau so ab, als würden sie ausschließlich von *‚seiner Majestät, dem Zufall'* regiert.

Auf gesetzmäßiges stoßen wir erst, wenn wir den Ausgang vieler solcher individueller Prozesse betrachten. Man könnte denken, daß in dem Maße, wie die Zahl der durch den Versuchsaufbau geschickten Elektronen zunimmt, auch der Zufall von der Wellenfunktion der Elektronen Witterung bekommt." Nilsson lacht glucksend und hebt dann fragend die Schultern. „Wie aber der Geruch der Wellenfunktion ´in den Wind´ kommt, das ist eine ganz andere Frage. Fest steht jedenfalls, daß wir konkrete Prozesse im Mikrokosmos nicht vorhersagen können. Und da auch makrokosmische Prozesse letztlich nur eine Synthese vieler mikrokosmischer Prozesse sind, ist die Behauptung, daß makrokosmische Prozesse 100 %ig determiniert sind, zumindest fragwürdig. Ich könnte auch sagen, daß die Vorhersagetreffer, welche die klassische Physik in der Vergangenheit ‚gelandet‘ hat, im Grunde nur zufällige Treffer sind."

„Diese Haarspalterei bringt doch nichts!" ruft nun Vasco dazwischen und winkt entnervt ab. „Für mich ist und bleibt das Geschehen in der Welt kausal, Nilsson. Ich kann nicht anders. Ich bin eben deterministisch verklemmt!"

Die Meinung Einsteins: „Die Heisenberg-Bohrsche Beruhigungsphilosophie - oder Religion? - ist so fein ausgeheckt, daß sie dem Gläubigen einstweilen ein sanftes Ruhekissen liefert, von dem er sich nicht so leicht aufscheuchen läßt. (in einem Brief an Erwin Schrödinger).

Franco Selleri in /8/

Zunächst sympatisiert Paul mehr mit Vascos Position, doch er hat Zweifel und versichert sich nochmals bei Nilsson: „Es gibt also in der Welt Prozesse, Nilsson, die ohne den geringsten nachvollziehbaren Grund in unterschiedlicher Weise verlaufen können?"

„Ja, Paul", antwortet ihm Nilsson bestimmt. „Im Mikrokosmos herrscht der wirkliche Zufall. Und das ist ein anderer Zufall als der Begriff: ‚Zufall‘, den du im Alltag manchmal wie eine Ausrede verwendest. ´Zufall!´ sagst du auch, wenn dir das Durchschauen der Hintergründe für das Zustandekommen eines Ereignisses einfach zu aufwendig ist. Dabei zweifelst du im Grunde deines Herzens keinen Moment daran, daß das Zustandekommen auch dieses Ereignisses mit viel Fleiß und hinreichend genauen Geräten doch irgendwie ‚deterministisch begründet‘ werden könnte. Wir Quantenphysiker sind dagegen überzeugt, daß es den wirklichen Zufall gibt. Wir glauben also, daß es Ebenen der Realität gibt, zu denen wir nie, auch nicht in ferner Zukunft und mit noch so feinen Geräten, einen Zugang bekommen werden.

Und das ist eine grundsätzlich andere Position als sie die klassischen Mechaniker haben." Nilsson versucht nun das Thema abzuschließen: „Ich schlage deshalb vor, ihr akzeptiert zunächst meinen auf nichts anderes zurückführbaren Zufall. Ihr könnt mir später immer noch erklären, worin nach eurer Auffassung die verdeckten, das Geschehen in den Tiefen des Mikrokosmos determinierenden Parameter bestehen. Die Zweifel am ‚Zufall' sind nichts Neues für mich. Ich weiß, daß die meisten Menschen sozusagen daran glauben, daß es einen Copiloten gibt, der im Doppelspaltversuch beim Elektron lenkend im Cockpit sitzt und diesem vom Zustand des zweiten Spaltes berichtet. Und ihr befindet euch bei der Suche nach diesem Copiloten sogar in bester Gesellschaft. Nicht nur ein bekannter Schweizer Experte Dritter Klasse glaubte daran, daß dem Aufschlag eines Elektrons auf dem Leuchtschirm so etwas wie eine determinierte Flugphase vorausgeht. „Gott würfelt nicht!" sagte Einstein.

Und er wäre nur zu gern diesem Zufall auf die ihn determinierenden Sprünge gekommen. Sein Glaube, daß irgendwo im Vakuum ein paar Motive für das Verhalten der Elektronen zu finden wären, hinderte ihn aber nicht daran, den ZUFALL als zweckmäßiges Element der modernen physikalischen Naturbeschreibung zu akzeptieren." Nilsson zitiert aus einem seiner Bücher:

Der radioaktive Zerfall ist einer der vielen Vorgänge, für welche die Quantenphysik Gesetze zu formulieren bestrebt ist; in diesem Fall die Gesetze, nach denen sich die spontane Umwandlung von einem Element in ein anderes vollzieht. Wir wissen zum Beispiel, daß von einem Gramm Radium nach 1600 Jahren die Hälfte zerfallen ist, während die andere Hälfte bis dahin noch unverändert bleibt.

Wir können annäherungsweise vorhersagen, wie viele Atome in der nächsten halben Stunde zerfallen, doch können wir nicht einmal in theoretischen Beschreibungen angeben, warum gerade diese und keine anderen Atome an die Reihe gekommen sind ...

*Wir haben nicht die Spur von einem Gesetz, aus dem sich
Schlüsse auf das Verhalten der einzelnen Atome ziehen
ließen.*

*Man kann nur statistische Gesetze aufstellen, Gesetze, die
für größere Anhäufungen von Atomen gelten.*

Albert Einstein in /4/

„Ich kann zwar verstehen", zweifelt Paul, „daß es nicht befriedigt
den Zerfallszeitpunkt eines Atoms nur mit statistischen Gesetzen beschreiben zu können. Auf der anderen Seite hatte Einstein ja gar keine
Möglichkeit versteckte Parameter für diese Zerfallsprozesse zu erfinden. Der Begriff Parameter steht ja für die physikalisch ‚faßbaren' Ursachen, welche man für das spontane Verhalten konkreter Atome verantwortlich machen möchte. Diese Ursachen müßten aber im ‚Raum' der Relativitätstheorien zu
finden sein. Das ist aber gerade der ‚Raum', der per definitionem nur
durch ‚Stetige Geometrie' beschrieben wird, die wiederum von den nahen und Fernen Massen und Ladungen geprägt ist. Für verdeckte Parameter ist da kein Platz!"

Paul wiegt den Kopf. „Jonas gefüllter Kosmos bietet da sehr viel mehr
Spielraum für versteckte Parameter. Ich will nicht behaupten, daß es
bei Jonas diesen Zufall nicht gibt, Nilsson. Aber ich behaupte, daß Jonas'
Raum sehr viel mehr Möglichkeiten bietet als Einsteins Raum, um das
Zustandekommen von konkreten Ereignissen zu beleuchten!"

„Versuch's", fordert Nilsson gelassen Paul auf.

„Versuche Licht zu machen, Paul. Ich habe prinzipiell nichts
dagegen, wenn du hypothetische Weltinhalte hinter die Gleichungen der
Quantenmechanik oder auch der Relativitätstheorie zu schieben versuchst.

Ob die Welt **mit** diesen Hilfsmitteln aber zutreffender beschrieben
ist als **ohne** sie, das entscheide nicht ich, sondern diese Entscheidung
trifft die Wirklichkeit.

Die Realität ist der Maßstab und nichts anderes, Paul. Ob nun kausal
oder akausal, determiniert oder nicht: die Realität wird euch gnadenlos
auf den Boden der Tatsachen zurückholen, wenn eure Jonas-Visionen
eine Welt beschreiben, die uns allen fremd ist."

Der Dämon

„Determiniertheit", flüstert Eli versonnen. „Ich kann mir nicht helfen, Nilsson, aber für mich ist allein die Vorstellung einer determinierten Welt geradezu niederschmetternd."
Nilsson kichert, er ahnt was nun kommt.

„Stell dir einmal vor", erläutert Eli seine Befürchtungen, „stell dir vor, es gäbe eine leistungsfähige fremde Zivilisation, die die Positionen und Geschwindigkeiten aller Teilchen und Energiefelder der Welt erfassen könnte. Diese Daten könnten sie in einen Supercomputer eingeben und dann ..."
„Du meinst den Laplace´schen Dämon !" wirft Vasco dazwischen .
„Genau den meine ich, Vasco. Den Allwissenden. Den, der in einer wirklich determinierten Welt in der Lage wäre, jegliches Geschehen in der Zukunft zu berechnen. Und," Eli lächelt in Vorfreude, „da alle Lebensprozesse nach heutiger Auffassung nichts anderes sind, als Wechselwirkung zwischen Elementarteilchen, würde ein allwissender Dämon einfach ausrechnen, was du in genau vier Wochen als Mittagsmenü wählen wirst!" Eli grinst spöttisch.
„Gibt dir das nicht zu denken, Vasco? In einer determinierten Welt könntest nicht einmal du eine solch einfache Willensentscheidung treffen. Denn dort gibt es keine wirklich spontanen Gelüste auf Fleisch oder Möhren.
Dort wäre alles - selbst deine Bemühungen um anschauliche Erklärungen der abstrakten Theorien- alles wäre vorbestimmt! Du wärst ein Missionar von Schicksals Gnaden!" kichert Eli. „Alles, was du bist, wäre nicht dein persönliches Verdienst, sondern es wäre dir in die Wiege gelegt! Dein Leben wäre nichts weiter, als der materialisierte Vollzug eines längst vorbestimmten Schicksals. In einer vollständig determinierten Welt wäre das per definitionem so, Vasco! Ob es dir nun paßt oder nicht!"

An der scharfen Formulierung des Kausalgesetzes: ‚Wenn wir die Gegenwart genau kennen, können wir die Zukunft berechnen.‘ ist nicht der Nachsatz, sondern die Voraussetzung falsch. Wir können die Gegenwart in allen Bestimmungsstücken prinzipiell nicht kennenlernen ...
Heisenberg in /1/ zur Kausalitätsproblematik

„Das ist alles so philosophischer Kram!" mit einer unbestimmten Handbewegung wischt Vasco Elis Argumente beiseite. „Die Dämon-Argumente sind alt - und ich kann ihre Logik sogar irgendwie verstehen! Trotzdem werde ich auch den Schicksalsglauben niemals akzeptieren!" „Das brauchst du auch nicht!" tröstet Nilsson. „Die Quantenmechanik löst dieses Problem. Sie hetzt dem Dämon die ‚Unschärfe' und obendrein noch den ‚Zufall' auf den Hals. Und selbst dann sind ihre Prognosen noch bis in die achte Stelle hinter dem Komma genau.

Du brauchst nicht zu befürchten, Vasco, daß jemand dein Menü für nächsten Mittwoch früher kennen wird als du selbst. Wie auch immer du dich entscheidest."

„Dein Wort in den richtigen Gehörgang ..." murmelt Vasco kopfschüttelnd.

„Wollen wir nun über Vascos Speisekarte spekulieren," unterbricht Paul, „oder über verdeckte Parameter, die die Elektronen lenken?"

Die verwaschene Wolke ...

Einer der Spieler legte eine Kugel auf den Tisch und versetzte ihr mit dem Queue einen Stoß. Zu seinem großen Erstaunen sah Mr. Tompkins, wie sich die rollende Kugel zu verschmieren begann. Dies war die einzige Bezeichnung, die er für das seltsame Verhalten der Kugel finden konnte. Indem sie über das grüne Spielfeld rollte, verlor sie nämlich ihre scharfen Umrisse und schien mehr und mehr zu verschwimmen. Man hatte den Eindruck, daß es nicht eine einzige Kugel war, die da über den Tisch rollte, sondern daß es mehrere waren, die sich gegenseitig teilweise durchdrangen. Mr. Tompkins hatte ähnliches schon öfter erlebt, doch hatte er heute noch keinen einzigen Tropfen Whisky zu sich genommen. Es war ihm daher völlig unklar, wie ihm ausgerechnet jetzt etwas Derartiges passieren konnte.

‚Na schön', dachte er, ‚dann wollen wir erst einmal sehen, was geschieht, wenn dieses schleimige Etwas auf eine zweite Kugel trifft.'

George Gamov, in /9/

„Einen Moment", ruft Eli dazwischen. „Nilsson hat gerade die ‚Unschärfe', die Heisenbergsche Unbestimmtheitsrelation genannt. Für einen Quantenphysiker ist diese Unschärfe bestimmt kein Problem, ich aber weiß immer noch nicht weshalb man Ort und Impuls eines Teilchens nicht in gleicher und vor allem, in beliebig genauer Weise messen kann." Nilsson schaut Eli mit skeptischer Miene an. Er ist sich nicht sicher, ob der Biologe tatsächlich glaubte, er, Nilsson, könne ihm die Heisenbergsche Unbestimmtheit so nebenher erklären?

„Die Heisenbergsche Unbestimmtheitsrelation ist tatsächlich eine charakteristische Aussage der Quantenmechanik, Eli. Wie man diese Beziehung mathematisch herleitet, das kannst du in diesem Buch nachlesen." lässig weist er mit der Hand hinter sich, in Richtung der dicken Bände im Regal. Doch von Eli erntet er dafür nur einen vorwurfsvollen Blick.

„Doch vielleicht möchtest du von mir ‚nur' erfahren", fragt Nilsson scheinheilig, „worauf diese Beziehung physikalisch zurückgeht. Du hoffst auf ein anschauliches Bild für die Unbestimmtheit und glaubst, daß dies in wenigen Worten ...“

„Ganz genau!" ruft Eli erleichtert. Nilsson läßt sich aber durch diesen Zwischenruf nicht irritieren, hartnäckig setzt er den begonnenen Satz fort: „... und wenn du glaubst, daß dies in wenigen Worten gelingen kann, Eli, so bist du **auf dem Holzweg**! Es gibt keine anschauliche Begründung der Unbestimmtheit." Brüskiert zieht Eli sich in seinem Sessel zurück.

Nilsson schaut in Elis Gesicht und versucht ihn etwas zu versöhnen. „Die Heisenbergsche Unschärferelation ist aus einer mathematischen Betrachtung heraus entstanden, Eli. Im Versuch ist sie dann relativ schnell bestätigt worden. Viel mehr gibt's dazu nicht zu sagen.

Heisenberg hatte einfach recht, als er sagte, daß man den Ort und den Bewegungszustand - bei einem Elementarteilchen nennt man das Impuls - nicht gleichzeitig genau messen kann.

Es gibt aber weder ein Bild noch eine plausible Eselsbrücke dafür. Überhaupt haben sich die Physiker längst abgewöhnt, die Aussagen der Quantenmechanik plausibel darstellen zu wollen. Da die Gegenstände der Quantenmechanik nicht mit klassischen Begriffen beschrieben werden können - so sagen sie - ist die ganze Theorie notwendigerweise unanschaulich."

Diesmal schweigt Eli vorsichtshalber zu Nilssons Darstellung. Doch Paul ist etwas eingefallen: „Rein ‚optisch' gesehen dürfte ein scharfes Teilchenabbild aber kein Problem sein, Nilsson. Ich habe ja selbst schon mehrfach schnell bewegte Teilchen scharf abgebildet! Jenny hat mir bei den Aufnahmen der vorbeiflitzenden Ringmaterie auf Proxima 7 immer gepredigt: Je kürzer die Belichtungszeit, desto schärfer wird das bewegte Objekt abgebildet! "

Nilsson kichert albern und wendet sich hilfesuchend an die Kabinendecke. Die Diskussion entwickelte sich genau in der von ihm befürchteten Weise. Obwohl im bewußt ist, das bisher jeder seiner Erläuterungsversuche zur Unschärferelation wegen ´notwendiger Unanschaulichkeit' mißlungen ist, startet er einen weiteren.

„Beim Fotografieren minimiert man den Verwischungseffekt des bewegten Objektes, indem man kurze Belichtungszeiten wählt. Das ist richtig, Paul.

Bei Heisenberg ist das aber ein bißchen anders. In seiner Relation wirst du die bessere Auflösung des Teilchenortes mit einer höheren Unschärfe des Teilchenimpulses bezahlen. Und wenn du versuchst, den Impuls des Teilchens genauer in Erfahrung zu bringen, dann verwischst du zwangsläufig den Ort des Teilchens stärker."

Paul schüttelt langsam den Kopf. Nilsson sieht ihm förmlich an, daß er optischen Parallelen nachhängt und kurz davor ist erneut zu protestieren.

„Deinem Fotomodell", kommt er ihm zuvor, „liegt das klassische Teilchenbild zu Grunde. Doch diese Teilchen gibt es in Wirklichkeit nicht, Paul. In der Mikro-Welt verhalten sich die Objekte nun einmal nicht wie klassische Teilchen.

Heisenberg sagt: sie ‚verschwimmen'. Man kann entweder ihren Ort genau bestimmen - hat dafür aber keine vernünftige Angabe über die Richtung und die Geschwindigkeit, die sie an diesem Ort hatten; oder man kann ihre Richtung und Geschwindigkeit genau bestimmen - weiß dafür aber nicht genau, an welchem Ort sie diese Richtung und Geschwindigkeit hatten. Das Produkt dieser beiden Ungenauigkeiten kann einen bestimmten Wert nicht unterschreiten."

Nilsson unterstreicht seine Ausführung mit einer energischen Handbewegung. „Basta!"

Es waren also, um den augenblicklichen Bewegungs-
zustand eines Teilchens zu beschreiben zwei unabhängige
Angaben erforderlich, die Koordinaten und ihre ersten
Ableitungen Örtlichkeit und Geschwindigkeit. Nach der
neuen Theorie braucht man weniger und hat man weniger.
Jedes von beiden läßt sich zwar mit beliebiger Genauigkeit
angeben, wofern man keinen Wert auf das andere legt.
Aber beides zusammen läßt sich nicht mit Genauigkeit
feststellen. Ja man darf sich nicht einmal vorstellen, daß
beide zugleich im selben Augenblick scharfbestimmte
Werte haben.
Es ist als ob sie einander gegenseitig verwischten. Allge-
mein gesprochen, wenn man die beiden Unschärfen-
bereiche multipliziert, so kann dieses Produkt einen
bestimmten festen Wert nicht unterschreiten. Für ein
Elektron ist dieser Wert zufällig ungefähr 1, wenn man
die Länge in Zentimetern und die Zeit in Sekunden mißt.
Das heißt also, wenn die Geschwindigkeit eines Elektrons
mit einem Spielraum von bloß einem Zentimeter pro
Sekunde feststeht, ist seine Örtlichkeit zumindest in einem
Spielraum von einem Zentimeter verwischt. Das
Befremdende ist nicht, daß solche Spielräume überhaupt
auftreten, denn das Teilchen könnte ja einen Raumbereich
ohne scharfe Begrenzung und von wechselnder Aus-
dehnung erfüllen und innerhalb desselben an ver-
schiedenen Stellen verschiedene Geschwindigkeit auf-
weisen. Dann aber, würde man erwarten daß im Falle
scharfer Örtlichkeit auch scharfbestimmte Geschwin-
digkeit sich einstelle, und vice-versa. Tatsächlich verhält
es sich gerade umgekehrt.
Erwin Schrödinger in /10/ Was ist ein Elementarteilchen

„Ich versteh' schon!" vermeldet Eli, der Initiator der Unschärfe-
diskussion. „Doch wenn wir mit dem klassischen Teilchenbild nicht
weiter kommen, können wir es doch einmal mit den Jonas-Teilchen
probieren? Bei seinen Teilchen springt einem eine gewissen Unschärfe
doch förmlich in die Augen!"

Ganz langsam wendet Nilsson seinen Kopf. „Was soll das nun wieder?" fragt er sichtlich irritiert.

Doch Eli antwortet ganz unbefangen. „Versuche dir doch den Ort eines Jonas -Teilchen einmal vorzustellen, Nilsson!" „Der Ort eines Jonas-Teilchens", Nilsson stutzt. „Das sind die Koordinaten des Schwerpunktes der Teilchenwolke."

„Sehr gut." Eli spielt sogleich den Oberlehrer: „Die Schwerpunktkoordinaten der Teilchenwolke kannst du bei Jonas erst nennen, wenn du die Konturen der Wolke kennst; wenn das oszillierende innere Urobjekt die Gestalt der Teilchenwolke im Ganzen abgebildet hat. Es ist ganz klar, daß du bei sehr kurzem Hinschauen die Konturen der Wolke - und damit den Ort des Schwerpunktes nicht genau ..." „Verstanden, Herr Studienrat!" beflissen vermeldet Nilsson seinen Lernfortschritt.

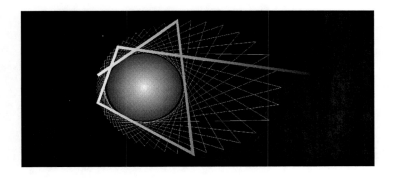

„Um den Schwerpunkt der Wolke angeben zu können muß man bei Jonas diese eine bestimmte Zeit lang beobachten. Eine ruhende Wolke wird umso konturenschärfer, je länger man sie ‚anschaut'." Nilsson nickt anerkennend. „Das erscheint tatsächlich plausibel, Herr Studienrat! Das akzeptiert sogar ein Quantenmechaniker!" Er blinzelt Eli belustigt zu: „Doch wie verhält es sich beim bewegten Teilchen?"

Der Studienrat überlegt nun seinerseits. „Um ein bewegtes Teilchen möglichst scharf Abbilden zu können, sollten wir eine möglichst kurze Beobachtungszeit wählen. Hmmm! Leider steht diesem plausiblen Wunsch eine ebenso plausible Forderung nach der Mindest-Beobachtungsdauer gegenüber, um den Ort des Teilchenschwerpunktes zu erkennen. Hmmm!"

Kopfkratzen nun auf Elis Seite. „Das ist eine waschechte Zwickmühle, Nilsson." Nilsson lächelt.

„Tja, Eli. Schon beim ‚fotografieren' eines bewegten Teilchens kommst du mit deinem Modell in die Zwickmühle. Wie wird es dann erst bei der Bestimmung des Impulses aussehen? Heisenberg sagt schließlich, daß wir zwischen dem genauen Ort des Teilchens **oder** dessen genauen Bewegungszustand wählen müssen. Die Verschärfung der einen Aussage gehe immer zu Lasten der anderen ..."

Eli winkt Nilsson abwiegelnd mit der Hand zu. „Warte, Nilsson. Ich habe es: Um die Bewegung eines Teilchens genau zu erkennen, brauchen wir Kenntnisse über dessen Ort, seine Richtung und die Geschwindigkeit, mit der sich der Teilchenschwerpunkt verlagert.

All diese Informationen ‚stecken' bei Jonas in dem oszillierenden Urobjekt. Dummerweise sind sie aber nicht so leicht ‚abrufbar'. Die Richtung einer sich bewegenden Teilchenwolke könnten wir ´sehen´, wenn wir Gelegenheit hätten das Teilchen eine gewisse Zeit lang zu beobachten.

Wie bei einem Foto würde die Teilchenoszillation dabei aber über einen großen Bereich verschmiert.

Wenn wir die Richtung der Wolke genau erkennen -zum Beispiel als ‚Balken'- dann wird zwangsläufig der Ort des Teilchens ‚unscharf'.

Wenn ich die Teilchenwolke dagegen nur eine extrem kurze Zeit betrachte ..." Eli kratzt sich plötzlich erregt am Kinn.

„Das ist ja interessant, Nilsson! Wenn die Beobachtungsdauer zu kurz ist, dann erhalten wir für den Bewegungszustand des Schwerpunktes regelrecht Unsinn !"

Nilsson stutzt. „Das wäre mal was Neues, Eli! Weshalb kommt Unsinn?"
„Weil wir dann einfach ‚zu wenig' messen! Die Geschwindigkeit des Schwerpunktes können wir doch erst im Verlauf mehrerer Oszillationszyklen erkennen! Sofern unsere Beobachtungsdauer kleiner als ein Zyklus ist, sagt uns das irgendwo ‚im Zyklus' abgefangene Urobjekt doch nichts genaues über die Geschwindigkeit des Schwerpunktes! Dieser Impuls hier", mit spitzem Finger weist Eli auf das Ende der von ihm markierten Linie in Pauls Teilchenwolke, „der ist zwar nadelscharf und räumlich präzise auszumachen, aber weder seine Richtung noch sein Betrag sagt mir etwas genaues über den Bewegungszustand der Teilchenwolke! Und deshalb können wir aus diesem Pik auch nichts genaues über den Impuls des Teilchens ableiten ... "

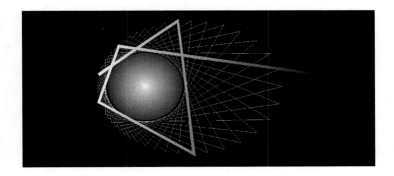

„Eine wahrlich sehr *verschwommene* Sache, diese Unschärfe bei Jonas", kommentiert Nilsson skeptisch Elis Modell. „Eine ganze Menge gegenläufiger Tendenzen."

„Na und?" Paul kommt Eli zu Hilfe. „Ich kann diese Tendenzen nachvollziehen. Die Frage ist nur, Nilsson, ob diese Zusammenhänge zu den gleichen Aussagen führen wie die Unschärferelation. Wie siehst du das?"

Nilsson läßt sich nicht ‚festnageln'. Seine Antwort ist quantenmechanisch gefärbt: „Als Eselsbrücke - sicherlich! Aber ansonsten? Wer weiß?" murmelt er vor sich hin, um am Ende warnend zu schließen: „Aber laßt das Heisenberg nicht hören!"

Eli schüttelt verständnislos den Kopf und ist offenbar im Begriff, erneut das Thema anzugehen.

Doch da kommt ihm Nilsson beschwichtigend zuvor: „Ich sage ja
nicht, daß ihr da etwas vollkommen Abwegiges beschrieben habt. Etwas, das an der Wirklichkeit vorbei geht ..."
    Er ringt nach Worten. „Doch ich kann Elis Bild nicht mit der
Heisenbergschen Unschärferelation vergleichen. Ich kann es bestenfalls daneben stellen.

In Heisenbergs Gleichung ist das Produkt aus der Ungenauigkeit
des Ortes und der Ungenauigkeit des Impulses durch einen Mindestwert begrenzt. Man kann zwar den Meßvorgang zugunsten des Einen
oder des anderen Wertes auslegen - also optimieren - doch man kann
niemals diesen Mindestwert unterschreiten.
    Auch euer Jonas-Teilchen ist seiner Natur gemäß in einem gewissen
Sinne unscharf. Wenn man die Unschärfetendenzen von Ort und Impuls
des Wolkenteilchens zusammenfaßt, dann ergibt sich schon etwas, das
an Heisenbergs Relation erinnern könnte - wahrscheinlich, zumindest."
    Erleichtert lehnt sich Eli zurück.
    Wenn sie von Nilsson kommen, ist er sogar mit Wahrscheinlichkeits-
aussagen zufrieden. Es geht immerhin um Quantenmechanik und ihm
ist klar, daß er sich in Zukunft - so oder so - mit probabilistischen Wahrheiten wird abfinden müssen.

Masse und Frequenz

„Mir fällt auf", flüstert Paul nachdenklich, „daß man diese Unschärfe mit Jonas' Teilchen relativ leicht darstellen kann, während man sie
mit klassischen Teilchen überhaupt nicht darstellen kann.
    Es ist hier so, wie beim Versuch den Dualismus mit klassischen Teil-
chen zu erklären: es gelingt nicht!
    Es ist auch nicht möglich, De Broglies Zusammenhang zwischen
Teilchen und Welle damit darzustellen. Im klassischen Teilchenbild
steckt nun einmal keine Frequenz drin!
    Dagegen werde ich sofort fündig, wenn ich die Elementarteilchen von
Jonas auf eine in ihnen verborgene Frequenz hin abklopfe! Seine Teilchen sind Resonanzzustände - sie sind stehende Wellen! Natürlich
schwingt eine stehende Welle in einer Frequenz und ..."
    „De Broglies Beziehung", fällt Nilsson ein, sichtlich froh, die leidi-

ge Unschärfe hinter sich zu haben, „sie ergibt sich aus der Masse-Energie-Äquivalenz der Speziellen Relativitätstheorie und der Energiegleichung der Wellenmechanik!

Im einzelnen lauten die Beziehungen $E = h \cdot \upsilon$ und $E = m \cdot c^2$ wobei m und c für Masse und für Lichtgeschwindigkeit stehen. Das h ist das Zeichen für das Plancksche Wirkungsquantum und das υ ist das Zeichen für die Frequenz der Welle. De Broglie hat - vereinfacht gesagt - die Gleichungen lediglich nebeneinander geschrieben. Das war's.

Nach der Speziellen Relativitätstheorie setzt sich die Gesamtenergie eines Teilchens aus dessen relativistischer Bewegungsenergie und der Ruheenergie zusammen. Die De-Broglie-Frequenz eines bewegten Teilchens ist also größer als die De Broglie-Frequenz eines ruhenden Teilchens, seine Wellenlänge entsprechend kürzer.

Der mathematisch trivialen Entwicklung von de Broglies Zusammenhang stand aber heuristisch ein schier unüberwindbarer Widerspruch entgegen. Es ist eben nicht möglich in unseren Köpfen die klassischen Bilder von Welle und Teilchen so zu vereinen, wie es De Broglies Gleichung fordert.

Unzählige Versuche haben aber gezeigt, daß die Objekte der Realität sowohl die Eigenschaften der klassischen Welle als auch die der klassischen Teilchen enthalten. Die Energie ist zwar die ‚Brücke' zwischen Frequenz und Masse, nur kann leider niemand die gemeinsamen Wurzeln von Frequenz und Masse in einem anschaulichen Bild darstellen ... "

Nilsson stockt in seinem Vortrag und schaut Paul verblüfft von der Seite an: „Du hast gerade gesagt, Paul: ‚*Seine Teilchen sind Resonanzzustände, es sind stehende Wellen - und natürlich schwingt eine stehende Welle in einer Frequenz!*' "

„Genau das habe ich gesagt, Nilsson. Bei Jonas schwingt das Innere Urobjekt in der Ausdehnung der Wolke. Während eines Oszillationszyklus sollte es immer die gleiche Anzahl von Oszillationen ausführen. Die Zahl der Oszillationen pro Zyklusdauer - der *Zeiteinheit* - wäre sozusagen die charakteristische ‚Eigenfrequenz' der Oszillationswolke.

Auch die anderen Teilchensorten haben ihre Oszillationsfiguren. Sie schwingen jeweils in ihrer ganz bestimmten Eigenfrequenz. Und dies sollte die De Broglie-Frequenz sein, Nilsson! Sie wird doch als Eigenfrequenz des Teilchens bezeichnet, nicht wahr?"

„Ja,ja!" Nilsson schaut, den Kopf in den Nacken gelegt an die Decke. Unbekümmert setzt Paul seine Gedankenfort. „Die Masse eines Teilchens kommt bei Jonas in der ‚Raum einnehmenden' Schwingungsfigur zum Ausdruck. Sie verkörpert die im Teilchen enthaltenen Energie. Ein schnelles Teilchen ist bei Jonas ‚schwerer'. Es enthält mehr Energie, weil es einmal beschleunigt wurde. Es hat mehr Impuls in sich akkumuliert. Und deshalb wird ein solches Teilchen innerhalb eines Zyklus´ häufiger oszillieren, es wird also eine höhere Eigenfrequenz, eine kürzere vergleichbare Wellenlänge und ..."

Paul atmet tief durch. „Ich glaube, Nilsson: in Jonas´ Weltbild ist De Broglies Beziehung eine Selbstverständlichkeit!"

Nilsson fühlt sich nicht ganz wohl in seiner Haut. Pauls Interpretation von de Broglies Beziehung erschien ihm im Moment ähnlich unangreifbar, wie Elis Darstellung von Heisenbergs Unschärfe.

Beides waren Bilder die zu Schlußfolgerungen führten, die Nilsson bisher nur aus abstrakten Gleichungsdiskussionen ziehen konnte.

„Meinetwegen!" brummt Nilsson schließlich vor sich hin. „Es ist ja beileibe nichts schlechtes daran, wenn physikalischen Laien De Broglies Beziehung als etwas ‚selbstverständliches' erscheint!"

Bohrs Komplementarität
Woraus bestand das elektro-magnetische Feld nun tatsächlich, aus Wellen oder Teilchen? Und wie konnte man die Welleneigenschaften der Elektronen berücksichtigen, die de Broglie eingeführt hatte?
Bohr stand solchen Fragen direkt gegenüber und fand eine ‚Lösung'. Diese bestand in der Annahme, daß wir nicht hoffen dürfen, derartige Widersprüche zu lösen ...
Offensichtlich besteht ein fundamentaler Unterschied zwischen der Lösung eines Dilemmas und dem Entschluß, damit zu leben...
Franco Selleri in /8/ Bohrs Komplementarität

Doch nach dieser Feststellung hebt er theatralisch beide Hände und schüttelt heftig seine grauen Kopf: „Zuerst erklärt mir ein Biologe Heisenbergs Unschärfe, und ein paar Minuten später zeigt mir ein vorlauter Schüler die gemeinsamen Wurzeln von Masse, Energie und De

Broglies Frequenz! Und das alles, ohne auch nur einen mathematischen Ausdruck zu verwenden!

So kurz hintereinander zwei derartige Hiebe ins Kontor der ´notwendigen Unanschaulichkeit´ - das ist schon ein Ding! Macht nur weiter so!"

„Ich war auch überrascht, Nilsson", tröstet ihn Sylvia. „Ich habe auch ein Weilchen gebraucht um diese Visionen, in der die Masse untrennbar zur Frequenz gehört, zu akzeptieren. Auch dieses Bild der Unschärfe finde ich ganz brauchbar. Aber", sie senkt ihre Stimme, „ich kann nicht sehen, inwiefern diese Bilder den Ausgang des Doppelspaltversuches erklären. Weshalb pflanzen sich Elektronen darin plötzlich wie Wellen fort? Auf welche Weise erfahren sie vom Zustand des zweiten Spaltes?"

Auffordernd schaut Sylvia zuerst Vasco, dann Paul und schließlich Eli an.

„Daß die Elektronen vom Zustand des Zweiten Spaltes wissen, das beweist die Verteilung der Lichtpunkte am Schirm. Aber woher wissen sie es?"

Nilsson sitzt plötzlich ganz still in seiner Ecke und genießt die neue Situation. Es regelt sich eben alles wie von selbst. Die alte Weisheit bestätigte sich wieder einmal: Es gibt keine Antwort, die nicht sofort neue Fragen zeugt.

Paul schaut Sylvia lange an: „Die Unschärfe und den Masse-Frequenz-Zusammenhang, die können wir mit Jonas darstellen", resümiert er schließlich.

„Aber wir können tatsächlich noch nicht sagen, **was** den Elektronen die Kenntnis vom Zustand des zweiten Spaltes vermittelt.

Du hast recht, Sylvia. Ich weiß nicht, **was** die von der Kathode zum Interferenzschirm rasenden Elektronenwolken von ihrer euklidisch geraden Bahn ablenkt."

Die virtuelle Welt

Reiter auf virtuellen Wellen

*Der Gedanke, daß ein einem Strahl ausgesetztes Elektron
aus freiem Entschluß den Augenblick und die Richtung
wählt, in der es fortspringen will, ist mir unerträglich.
Wenn schon dann möchte ich lieber Schuster oder gar
Angestellter in einer Spielbank sein, als Physiker.*

Albert Einstein, 1953, /8/

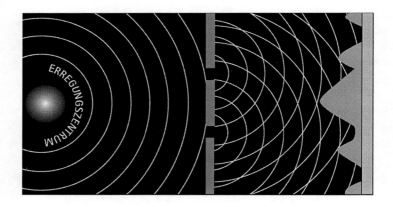

„Doch irgendetwas muß die Elektronen auf Ihrem Weg beeinflussen!" ist sich Paul sicher. „Ansonsten würde sich kein so schön geordnetes Interferenzbild auf dem Schirm ergeben. Wenn Wellen in der Eigenfrequenz des Elektrons genau dieses Bild auf den Schirm zeichnen würden", schlußfolgert Paul kühl„ dann breitet sich offenbar ein ‚Etwas' zwischen Quelle, Spalt und Schirm so aus, wie es diese klassischen Wellen tun würden. Wenn es sie gäbe."
Er erntet Schweigen.
Paul kratzt sich am Kopf. „Die Wellenfronten folgen einander in De Broglie- Frequenz - der Eigenfrequenz der Elektronenteilchen ..."
Nilsson nickt nur mit dem Kopf - und wartet.
Paul schaut nachdenklich in die Ferne. Dann schüttelt er bestimmt den Kopf: „Jonas' Teilchen haben keine feste Schale, Nilsson. Jonas'

Teilchen sind Oszillationsfiguren, sie schwingen unablässig. Es sind verwaschene Wolken, deren Konturen unablässig neu gezeichnet werden. Die Teilchen-Urobjekte kollidieren auf ihrer Bahn laufend mit Urobjekten der Hintergrundstrahlung. Sie oszillieren in der Wolkenausdehnung - in der de Broglie Frequenz! Dabei werden zwangsläufig die von außen eintreffenden Hintergrund-Urobjekte in den ‚Raum' zurück gestoßen. Und dies geschieht natürlich auch in der DeBroglie Frequenz!" Paul schaut Nilsson eindringlich an und hebt ganz langsam seinen Zeigefinger. „Es sollten sich demnach von jeder Teilchenwolke unablässig schwache Kugelwelle abnabeln, Nilsson. Und diese Kugelwellen breiten sich dann im Raum exakt so aus, wie es die Wellenformationen auf deinen Bild tun ..."

Paul schaut in die Runde. „Genau so muß es sein!" legt er sich fest. Doch er bekommt wiederum keine Antwort.

„Sicherlich", fährt er leiser fort, „Die Kraft dieser Wellen wird sehr, sehr gering sein. Ich nenne sie deshalb einmal ‚virtuelle' Wellen."

„Virtuelle Wellen?" schreckt Sylvia auf und blickt Paul mißtrauisch an. „Und was machen diese virtuellen Wellen?"

„Ich denke, sie ‚lenken'!" vermutet Paul. „Die virtuellen Wellen müßten von allen Teilchen ausgehen, also auch von den Elektronenteilchen im Doppelspaltversuch. Der größte Teil dieser virtuellen Wellenfronten würde zwar von der Wand zurückgeworfen, doch einige Wellenabschnitte werden die Spaltöffnungen passieren. Jenseits werden sich diese Wellen wieder ausbreiten. Sie werden also einander begegnen und miteinander interferieren. Wie richtige Wellen. Und schließlich werden sie den Leuchtschirm erreichen, und ..."

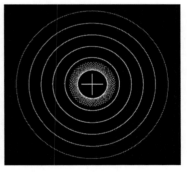

Paul verstummt abrupt.

„Siehst du?" bricht Sylvia schließlich das Schweigen. Sie glaubt die Ursache für Pauls plötzliches Verstummen zu kennen.

„Genau da liegt der Hase im Pfeffer, Paul. Natürlich kann man im Gedankenversuch virtuelle Wellen durch den Raum geistern lassen. Auch kann man diese virtuellen Wellen jenseits der Spaltwand in Gedanken interferieren lassen.

Und man kann sich in Gedanken ausmalen, wie die Interferenzbilder dieser virtuellen Wellen aussehen würden. Diese Bilder stimmen dann sogar mit dem überein, was wir im Versuch tatsächlich auf dem Schirm entstehen sehen. Das Problem ist nur", Sylvias Stimme wird nun ganz sanft, „daß deine virtuellen Wellen nicht in der Lage sind irgendwelche Spuren auf dem Leuchtschirm zu hinterlassen.

Die Interferenzbilder vom Schirm sind aber nicht virtuell, sondern sie sind real! Sie werden von einer Vielzahl von Lichtblitzen gezeichnet. Und diese Lichtblitze entstehen, wenn auf dem Leuchtschirm teilchenartige Elektronen auftreffen. Deine virtuellen Wellen aber, Paul, die kommen als Auslöser der Lichtblitze nun wahrlich nicht in Frage. Darin sind wir uns doch sicher einig, Oder?"

Paul lehnt sich in seinem Stuhl zurück und schaut suchend nach oben. Man könnte glauben, er bitte Nilssons Kabinendecke um Unterstützung. Schließlich antwortet er kurz „Ja." Sylvia hatte recht.

„Doch deine virtuellen Wellen", gesteht Sylvia und wirft dabei einen kurzen, fragenden Blick zu Nilsson, „die haben mich tatsächlich überrascht. Von ähnlichen virtuellen Wellen habe ich nämlich schon gehört, Paul. Es waren genau solche energielosen, virtuellen Wellen, die für die Auslösung von Quantensprüngen verantwortlich sein sollten. Doch," Sylvia hebt wie zur Entschuldigung beide Hände, „da sich diese Wellen energetisch nicht von ihrer Umgebung unterscheiden, konnte ich nie verstehen auf welche Weise es ihnen gelingen sollte einen Zerfallsprozeß auszulösen oder die Bahn eines schweren Teilchens zu beeinflussen.

Ich kann einfach nicht sehen, weshalb ein bewegtes Elektron vom Tal einer energielosen Welle anders beeinflußt werden sollte, als vom Berg einer ebenso energielosen Welle. Ich komme immer wieder zu dem Schluß, daß in beiden Fälle auf das Elektron das Gleiche wirkt - nämlich NICHTS. Deshalb wird auch das Gleiche an ihm zurückbleiben: NICHTS!"

> *Eine Welle ohne Energie und Impuls war auch die*
> *Grundlage des Vorschlags von Bohr, Kramers und Slater*
> *aus dem Jahre 1924. ...Die von Bohr als „virtuell"*
> *bezeichnete Welle sollte lediglich (nicht Energie-*
> *erhaltende) atomare Übergänge mit einer Wahr-*
> *scheinlichkeit auslösen die proportional zum Quadrat der*
> *Amplitude des elektromagnetischen Feldes am Ort des*
> *Atoms war. Es ist bekannt, daß die Idee der stimulierten*
> *Emission aus Einsteins Arbeit von 1917 stammt, die den*
> *ersten quantenmechanischen Beweis der Planckschen*
> *Formel enthält. ... Deshalb berechneten Einstein und Bohr*
> *die induzierte Wahrscheinlichkeit für diesen Zerfall mit*
> *Hilfe eines anfänglichen elektromagnetischen Feldes,*
> *dessen Energie entweder nicht benötigt wurde (bei*
> *Einstein) oder nicht existiert (bei Bohr).*
>
> *Franco Selleri in /8/*

Paul ist von Sylvias Argumenten noch nicht restlos überzeugt. Doch im Moment hatte er nichts entgegen zu setzen.

„Energielose Wellen. Energielos ..." wiederholt er mehrmals und sucht einen Ausweg aus seinem Dilemma.

„Wenn ich es mir recht überlege, Sylvia, so würde ich meine virtuellen Wellen durchaus in die Sparte ‚energielos' einordnen. Denn der in den virtuellen Wellenfronten enthaltene Gesamtimpuls wird im Schnitt genauso groß sein, wie der Gesamtimpuls der ‚normalen' Urobjekte des Hintergrundes.

Die virtuellen Wellen würden sich damit energetisch nicht von ihrer Umgebung abheben. Dies würde auch der Energieerhaltung entsprechen." Paul schöpft Hoffnung und nickt Sylvia dankbar zu. „Das war sehr ein guter Hinweis, Sylvia. Der Gesamtimpuls eines Urobjektes ist die Summe aus dessen Impuls und Drehimpuls.

Meine virtuellen Wellenfronten wären demnach energielos, wenn der Gesamtimpuls der sie bildenden Urobjekte gleich dem Gesamtimpuls der anderen Urobjekte ist. Richtig?"

Nach kurzem Zögern nickt Sylvia.

„Praktisch das gleiche Bild hatten wir schon bei der Gravitation. Sylvia. Wir sagten, daß der Gesamtimpuls der zum Planeten hin strömenden Urobjekte ebenso groß sein soll, wie der Gesamtimpuls der von ihm weg strömenden Urobjekte. Es verschwindet also kein Impuls, sondern es wird lediglich ein Teil umgewandelt."

Sylvia nickt bestätigend. „Weiß ich. Aber meine Fragen sind dadurch nicht beantwortet. Was lenkt die Elektronen?"

„Ja, richtig." Paul atmet tief durch und wiederholt: „Was lenkt die Elektronen.

Nun, Sylvia: an sich sollten das natürlich meine virtuellen Wellen besorgen. Da sie aber a priori energielos sind, wird das für sie vielleicht nicht so einfach. Die herumfliegenden Elektronen, die sind schließlich nicht energielos. Das einzige was irgendwie ‚lenkend' mitwirken könnte, das wäre die Information, die in den virtuellen Wellen ‚drin' steckt.

Obwohl sie sich energetisch nicht vom Hintergrund abheben, zeichnen sie sich gegenüber diesem durch ein besonderes Verhältnis von Impuls und Drehimpuls aus. Dieses Verhältnis ist ihnen bei ihrer Entstehung, also bei ihrer Wechselwirkungen mit dem Elektronenteilchen das sie aussendete, aufgeprägt worden. Ich behaupte nun einfach einmal, Sylvia, daß diese virtuellen Wellen eine Information enthalten, die in den anderen Urobjekten des Hintergrundes nicht zu finden ist. Und diese Information muß es sein, die irgendwie - genau weiß ich es noch nicht - am Elektron ‚lenkend' wirksam wird."

„Eine Information ...?" wiederholt Sylvia und schaut Paul kopfschüttelnd an. „Dieser ‚Mechaniker' macht mich ganz meschugge!" lachend wendet sie sich um:

„Nilsson! Jetzt verbindet er auch noch die Gravitation mit virtuellen Wellen! Doch im Gegensatz zu den Elektronen im Doppelspaltversuch, Paul, lasse ich mich von solchen Attacken nicht ablenken.

Meine Frage heißt nach wie vor: Was lenkt die Elektronen auf ihrer Bahn zum Schirm ab? Du hast immer noch keine Antwort darauf.

Selbst wenn ich akzeptiere, daß energielose, dafür aber informationstragende virtuelle Wellen von den Elektronen aus in den Raum gesendet werden, so sehe ich immer noch nicht, auf welche Weise es diesen Wellen gelingen soll ein Elektron - immerhin ein schweres Teilchen - in seiner Bahn zu beeinflussen. Und, Paul, wenn du dir nun den dazu passenden ‚Ablenkmechanismus' ausdenkst: denke bitte auch daran, daß es unheimlich viele virtuelle Wellen sind, die von Elektronen und anderen Teilchen ausgehen und die alle durcheinander durch den Kosmos geistern.

Um aus diesem Wust von ‚Informationen' genau die zu identifizieren, die an der Bahn eines konkreten Elektrons mitwirken dürfen, muß
jedes dieser Elektronen unerhört sensibel sein."
Sylvia kichert spöttisch. „Eine unablässig anströmende, gigantische
Menge von Informationen muß jedes deiner Elektronen in´s Töpfchen
oder in´s Kröpfchen sortieren. Schließlich dürfen nur die im Töpfchen
mit in´s Cockpit!"

Das Quantenpotential regelt die Bewegung eines Elektrons
im Inneren eines Atoms oder bei seiner Reise durch die
Teile einer Versuchsanordnung ...
Bei Bohm ..., ist die Bewegung des Elektrons nicht zufällig
und unbestimmt; sie ist vielmehr vollkommen determiniert
- jedoch durch ein Potential so endloser Komplexität und
Subtilität, daß jeder Versuch einer Vorhersage außer Frage
steht.
Für Bohm ist das Quantenpotential - das jedem Quanten-
teilchen zukommt - eine unendlich feine Rückkopplung an's
Ganze.
/11/, David Bohm

„Aus unendlich vielen die richtigen heraussortieren", Paul findet in
Sylvias Spott einen Hinweis.
„Wie gesagt, Sylvia: Die Information der Urobjekte der virtuellen
Wellen liegen einerseits in deren Verhältnis von Impuls zu Drehimpuls,
aber andererseits auch darin," bedeutungsvoll hebt er seinen Zeigefin-
ger, „daß diese Wellenfronten in einem ganz bestimmten Zyklus ausge-
sendet wurden.
Und in diesem Zyklus klopfen sie natürlich auch wieder an dem
Elektron an, dessen Bahn sie beeinflussen möchten ..."

Von Resonanzen, Brücken und bleibenden Wirkungen

„Und um diesen Erkennungsmechanismus zu beschreiben", flüstert Paul geheimnisvoll, „muß ich weit in die klassischen Mechanik zurück gehen!" „Meinetwegen." Sylvia lächelt nur nachsichtig.

„Zu Hause hat man uns einmal demonstriert", beginnt Paul seinen Exkurs, „zu welch enormer Zerstörung auch kleine, unscheinbare Ursachen führen können. Auf einem Simulationsrechner haben wir untersucht wie sich verschiedene Belastungsfälle auf einen Brückenträger auswirken können. Das Material und die Konstruktion der Brücke waren uns bekannt - die Rechnung wäre tatsächlich wirklichkeitsnah - so wurde uns zumindest versichert.

Zu Beginn der Simulation haben wir einzelne beladene Transporter über die Brücke fahren lassen. Die Durchbiegung der Hauptträger lag im elastischen Bereich. Auch als wir die Transporter dicht auf dicht kommen ließen, entstanden an der Brücke keine bleibenden Verformungen.

Dann ließen wir eine Gruppe Menschen mit nur 20% des Gewichtes der beladenen Transporter über die Brücke gehen. Erwartungsgemäß passierten sie die Brücke ohne nennenswerte Durchbiegung der Hauptträger. Daraufhin ließen wir die Gruppe im *Gleichschritt* mit einer bestimmten Schrittfrequenz gehen. Und da passierte es! Wir wunderten uns nicht, als der Hauptträger unter dem Gleichschritt zu schwingen begann, es widersprach jedenfalls nicht unseren Erwartungen. Doch dann wurde die Schwingungsamplitude beängstigend schnell größer und größer. Die Schrittfrequenz der Gruppe stimmte genau mit der Eigenfrequenz der Brückenkonstruktion überein!

RESONANZ meldete uns der Simulationsrechner und da wir nicht eingriffen, überstieg die Spannung im Hauptträger nach kurzer Zeit den Grenzbereich. Der Träger verformte sich, drohte zu brechen.

Der marschierende Trupp stürzte nur deshalb nicht in´s Wasser, weil sich mit der bleibenden Verformung des Hauptträgers auch die Eigenfrequenz der Brückenkonstruktion änderte ...

Die unbeirrt im Gleichschritt marschierende Truppe war nun nicht mehr resonant und die Leute kamen am jenseitigen Ufer unbeschadet an. Sie hinterließen aber eine praktisch zerstörte Brücke.

Wir glaubten damals zuerst an einen Fehler im Simulationsprogramm. Wir konnten uns einfach nicht vorstellen, daß eine zwar dynamische, aber doch sehr geringe Last eine solch kräftige Brücke zerstören kann. Immerhin hielt sie sehr viel größere statische Einzellasten problemlos aus." „Und doch ist es so", bestätigt Sylvia. „Im Resonanzfall summiert das System die dynamische Last der einzelnen Schritte auf. Bei einem elastischen System wie einer Brücke kann das durchaus zur Katastrophe führen. Dies ist übrigens ein Charakteristikum aller Resonanzerscheinungen, Paul. Und es ist uns allen aus dem Alltag gut bekannt. Selbst ein Berggorilla benutzt dieses Wissen: um bequem an Früchte und Blätter heranzukommen, schiebt er den Baum genau in dessen Eigenfrequenz an, bis er schließlich so weit ausschwingt, daß er bricht..."

„Mit meinem Beispiel wollte ich eigentlich weniger die analytischen Fähigkeiten der Berggorillas illustrieren", antwortet Paul, „Ich dachte eher an die Möglichkeit virtueller Wellen an einem Elektron ‚Wirkung' zu hinterlassen.

Um über Resonanz zu einer Wirkung zu kommen müssen die Partikel der virtuellen Wellenfronten nur häufig genug am Teilchen anklopfen. Da die Wellenfronten vom Elektron vor dem Spalt selbst auf die Reise geschickt wurden, ist der Resonanzfall von vorn herein zu erwarten. Der tatsächliche Einfluß der einzelnen Wellenfronten auf das Elektron kann extrem schwach, ja unmeßbar klein sein. Erst der Resonanzfall wird diese einzelnen, winzigen Einflüsse solange pedantisch aufsummieren, bis eine meßbaren Wirkung entstehen kann."

Nilsson hat genau zugehört. Spontan lehnt er sich nun in seinem Sessel zurück und lacht leise vor sich hin. Paul hört es nicht.

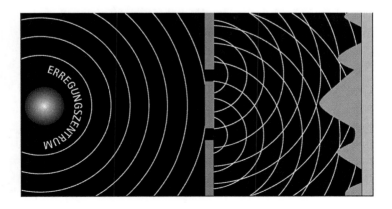

„Siehst du, Sylvia, in diesen Wellenbergen hier", Paul zeigt auf die Knoten der sich überlagernden virtuellen Wellen, „vermute ich viele, und in den Tälern dazwischen wenige informationstragende Partikel. Wandert nun ein Wellenberg am Elektron vorbei, so wird er eine extrem schwache, aber in der Schwingungsfigur akkumulierbare Komponente hinterlassen.

Wenn genug dieser Einzelkomponenten in der Schwingungsfigur aufsummiert wurden, dann wird es irgendwann zu einer Wirkung kommen. Zum Beispiel zu einer Veränderung der Bahn der Elektronenwolke!

Und auf diese Weise wäre erklärbar, weshalb die Auftrefforte der Elektronen am Schirm genau die Interferenzfigur zeichnen, die eine klassische Welle der gleichen Frequenz zeichnen würde."

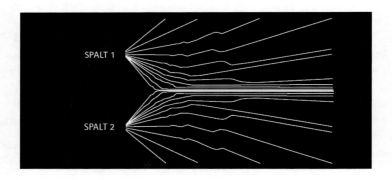

De Broglie hat dieses Quantenpotential folgendermaßen gedeutet: Falls das Teilchen in einer ebenen Welle eingebettet wird, die einen konstanten Betrag R hat, dann verschwindet das Quantenpotential. In diesem Fall wirkt keine Kraft auf das Teilchen, und es kann sich nach dem Trägheitsgesetz nur geradlinig ausbreiten. Die Situation ändert sich aber, wenn die ebene Welle auf einen Schirm mit einem Spalt auftrifft. Beugungserscheinungen führen in diesem Fall zu einer mehr oder weniger ausgeprägten Verbreiterung der austretenden Welle. Ihre Amplitude ist hinter dem Spalt nicht mehr konstant, und dies führt im allgemeinen zu einem nicht verschwindenden Quantenpotentiale. Die Welle übt nun eine Kraft auf das

Teilchen aus und krümmt dessen Bahn auch in den Fällen, in denen es durch den Spalt hindurchtritt ... Ein entsprechendes einfaches Bild des Doppelspaltexperimentes geben auch Philippidis, Dewdney und Hiley ... Die Deutung der Theorie durch Quantenpotentiale erlaubt es, von Punktteilchen auszugehen, wobei jedes Teilchen des ursprünglichen Ensembles einer wohlbestimmten Trajektorie folgt die durch den einen oder anderen Schlitz hindurchtritt. Dieses Ensemble führt zu dem erforderlichen Interferenzmuster und zeigt, daß die Endposition des Teilchens auf dem Schirm uns zu bestimmen erlaubt, durch welchen der beiden Spalte es tatsächlich hindurchgegangen ist. Es ist daher möglich, den Bahnbegriff beizubehalten und dennoch die Interferenzen zu erklären. Nicht länger erscheint es deshalb geheimnisvoll ...

... wie ein einzelnes Teilchen, daß durch einen Spalt hindurchtritt, wissen kann, ob der andere Spalt geöffnet ist. Diese Information ist im Quantenpotential enthalten so daß die Deutung der Interferenzexperimente bei niedrigen Energien keinerlei begriffliche Schwierigkeiten mehr aufwirft. "   *Franco Selleri in /8/*

„Oha, das klingt doch vielversprechend!" gurrt Vasco zufrieden.

„Eine Bahnänderung kann demnach nur im Resonanzfall zu Stande kommen. Schließlich hat nur die passende Frequenz eine Chance zu wirken. Das leuchtet ein! Alle anderen regelmäßig, aber nichtharmonisch anklopfenden Einflüsse werden dagegen gar nichts ausrichten. Selbst starke, aber rein zufällig an einem Elementarteilchen anklopfende Urobjekte können nichts bewirken!"

„Da bin ich nicht ganz sicher", hat Paul Bedenken. „Ein sehr starker einzelner Stoß könnte vielleicht auch eine Wirkung hinterlassen. Immerhin kann der Hauptträger einer Brücke auch von der Last eines einzelnen, einfach zu schweren Transporters verbogen werden." Paul wiegt den Kopf hin und her. „Andererseits könnte ein so getroffenes Elementarteilchen mit unharmonisch anklopfenden Einflüssen das Gleiche praktizieren, was ein erdbebensicheres Hochhaus tut: Es wird den im Fundament einwirkende Stoß von Etage zu Etage nach oben weiterreichen, um ihn am Ende in den Himmel zu peitschen."

„Hmm! Das wäre denkbar", meint Eli vorsichtig. „Wenn das ‚Ding' elastisch genug ist, dann gibt es keine bleibenden Wirkungen an ihm. Selbst ein harter Stoß muß keinen ‚Schaden' anrichten. Apropos bleibende Wirkungen, Paul. Kann man an einem Elementarteilchen überhaupt etwas anderes beobachten, als bleibende Wirkungen?"

Paul schaut verdutzt. Dies war wieder einmal eine typische Eli-Frage. „Ich fürchte: Nein." antwortet er schließlich. „Bei einer Brücke wäre die Durchbiegung des Hauptträgers ein meßbares Merkmal der anstehenden Belastung.

An einer Elementarteilchenschwingung gibt es ein solches stetiges, sich nach der Belastung zurückbildendes Merkmal aber nicht. Wenn ich ein Elementarteilchen belaste, dann existiert es entweder einfach weiter oder es reagiert mit einer Veränderung auf die Belastung. Und die ‚sieht' man.

Doch ich glaube nicht, daß man an einer Elementarteilchenresonanz die Größe einer anstehenden Belastung irgendwie erkennen kann. Es biegt sich ja an ihm nichts durch, bevor es bricht ..."

„Selbstverständlich nicht!" wirft Sylvia ein.

„Die Durchbiegung des Brückenträgers ist eine Folge der Elastizität des Materials. Sie ist damit Ausdruck der elektromagnetischen Wechselwirkung zwischen Elementarteilchen und keine Eigenschaft der Teilchen selbst; das wäre dann doch zu viel verlangt, Paul, denn", Sylvia setzt eine spöttische Miene auf, „deine Elementarteilchen haben nun schon einen Grad an ‚Sensibilität' erreicht, den ich wirklich für bedenklich halte. Sylvia kichert:

Weltdurchdringend

„Dein Auswahlkriterium Resonanz läßt deine Elementarteilchen zwar blind und taub auf fast allen Frequenzen sein - doch auf ihrer eigenen Frequenz müssen sie unerhört hellhörig sein.

Zu hellhörig, wie mir scheint. Denn in diesem schmalen Frequenzband hören sie nicht nur das eigene Echo, sondern alles was durch den Raum geistert!"

„Na und?" gleichgültig zuckt Paul mit den Schultern.

„Ja, siehst du das denn nicht?" Sylvia ist aufrichtig erstaunt. „Nur ein verschwindend geringer Teil der durch den Raum geisternden virtuellen Wellen kommt von dem jeweiligen Teilchen selbst! Der überwiegende Teil kommt von anderen Teilchen des gleichen Typs, die ja ebenso ununterbrochen virtuelle Wellen in dieser Frequenz erzeugen! Das heißt: jedes Teilchen hört vorwiegend fremdes Geschwätz! Und nach deinem Modell müssen die Teilchen auf fremdes Geschwätz genauso reagieren wie auf das eigene!"

„Das würde doch ..." stottert Eli aufgeregt.

„Genau das würde es!" bestätigt ihm Sylvia.

„Eure Jonas-Teilchen müßten allem was harmonisch anklopft in gleicher Weise Einlaß gewähren. Die virtuellen Wellen aller Elektronen des Universums klopfen resonant an: also dürften sie auch alle ‚rein'!"

„Du hast recht", erregt beugt sich Eli nach vorn. „Das ist wie bei der klassischen Resonanz. Stellt euch eine Gitarre vor und daneben eine Geige. Wenn ich auf der Geige den Ton anstreiche, in dem die Gitarrensaite gestimmt ist, dann wird die Gitarrensaite darauf reagieren. Die von der Luft übertragenen Schallwellen folgen einander in der Eigenfrequenz der Gitarre und erregen sie. Bei jedem Schwingungsvorgang nimmt die Gitarrensaite etwas von der herangetragenen Schallenergie in sich auf und schließlich beginnt sie selbst zu schwingen, Energie zu senden."

Paul nickt. „Nach kurzer Zeit schwingt die Gitarrensaite so sehr, daß sie genauso viel Energie an ihre Umgebung abgibt wie sie aus ihr empfängt. Gleichgewicht."

Eli schüttelt vage den Kopf. „Dieser Zustand ist kein richtiges, kein statisches Gleichgewicht, Paul. Genaugenommen es ist ein ständiges Hin und Her, bei dem die Gitarrensaite in einem Moment Energie aus ihrer Umgebung empfängt und sie in sich aufnimmt, um sie im nächsten Moment wieder in den Raum abzugeben.

Man kann sich auch viele gleich gestimmter Gitarrensaiten in einem Raum vorstellen. Wenn die Wände den Schall perfekt reflektieren, dann dürfte ein harmonischer Ton darin niemals vergehen. Alle Saiten würden Energie aufnehmen und wieder abgeben usw. Und dieses Bild müßten wir nun auf die Elektronen im Mikrokosmos von Jonas übertragen."

Eli kratzt sich verwirrt den Kopf. „Die vielen gleich gestimmte Saiten im Resonanzraum entsprächen den Elektronen im Universum. Jedes Elektron der Welt absorbiert danach unablässig virtuelle Wellen und sendet sie einen Moment später wieder in den Raum hinaus. Lokal könnten sich chaotische ‚Kreuzseen', aber auch regelmäßige Überlagerungsbilder ergeben. Doch im Großen und Ganzen betrachtet, sollte es das reinste Chaos sein. Zumindest erscheint es mir vollkommen unberechenbar."

„Mir auch, Eli! Chaos! Genau das wäre es!" Sylvia lacht hell auf.

„Bei Jonas würden alle im Universum existierenden Elementarteilchensorten in ihren eigenen, die ganze Welt durchdringenden Sphärenklängen ‚baden'! Indem sie schwingen, würden sie alle voneinander leben und einander Leben spenden.

In einem Moment speisen sie Energie in dieses Meer ein - um im nächsten Moment daraus Energie zu entnehmen." Sylvia kichert und schaut spöttisch in die Runde.

„Wirklich beeindruckend!" haucht sie augenzwinkernd. „Das ist das gigantischste und verrückteste Perpetuum mobile, von dem ich je gehört habe!"

Aus Nilssons Ecke kommt ein undefinierbares Geräusch.

„Verrückt. Tatsächlich!" Eli ist betroffen von der Konsequenz seiner Prognose. Doch dann hebt er wie zur Entschuldigung beide Hände. „Es klingt tatsächlich verrückt, Sylvia. Doch ich sehe keinen Ausweg! Ein Resonanzzustand ist nun einmal nichts statisches. Er ist keine Folge von hintereinander angeordneten Gleichgewichtszuständen. Genau genommen ist Resonanz eine Kette aufeinander folgender Nichtgleichgewichtsprozesse.

Bei Jonas sollten tatsächlich alle Elementarteilchen über das ihnen jeweils gemeinsame Frequenzband miteinander verbunden sein. Oder?"

Eli schaut sich fragend in der Runde um.

Sylvia schweigt. Etwas in Elis Fragestellung hat sie verblüfft. Vasco knetet unentschlossen die Hände. Nilsson wirkt unbeteiligt.

„Hat denn niemand eine Meinung dazu?" wundert sich Eli und wendet sich nun direkt an Nilsson.

„Stehen denn tatsächlich alle Elektronen der Welt miteinander in einer geheimnisvollen Verbindung? Plantschen sie alle im gleichen Takt und erzeugen dabei eine Kreuzsee nach der anderen?" Eli provoziert absichtlich etwas, doch wiederum erntet er nur Schweigen.

„Dann müßte jedes klitzekleine Vorkommnis in dieser Wellensuppe," mit spitzem Zeigefinger weist Eli auf den Schirm, „unvergessen bleiben! Es könnte irgendwann und irgendwo an einem, in der gleichen Suppe herumplatschenden Teilchen Eingang finden und könnte es verändern! "

Kein Widerspruch. Eli gibt auf. „Dann ist die Welt tatsächlich so ein gigantisches verrücktes Perpetuum mobile, wie Sylvia es so schön ausdrückte!"

„Zum Ersten", knurrt Nilsson mit belegter Stimme aus dem Hintergrund, „ist das Universum tatsächlich so etwas wie ein Perpetuum mobile. Das ist eine ganz triviale Schlußfolgerung. Zumindest für all diejenigen, die davon ausgehen, daß die Gesamtenergie des Universum konstant bleibt.

Und zum Zweiten: In der Quantenfeldtheorie werden tatsächlich die verschiedenen Elementarteilchen immer als Gesamtheit beschrieben." Nilsson schaut sich um. „Meinetwegen könnt ihr auch alle Teilchen als ‚Schaumkämme' eines in der Eigenfrequenz der Teilchen aufgewühlten Meeres betrachten. Die Quantenphysiker sagen, daß die verschiedenen Teilchensorte ihrer jeweiligen Wellenfunktion gehorchen. Wobei sich diese Funktion wiederum aus den Parametern aller Teilchen dieser Sorte ergibt."

Wieder schaut Nilsson vorsichtig in die Runde.

„Die vollständige Wellenfunktion für das ‚konkrete' Teilchen Y in unserem Versuch geht demnach auf alle Teilchen dieser Welt und dieser Sorte zurück. Sie alle sind an dieser Funktion beteiligt.

Der Abstand der Teilchen zueinander spielt natürlich auch eine Rolle - doch man darf im Grunde kein einziges vernachlässigen. Das heißt," tief atmet Nilsson durch, „daß dein Jonas-Gleichnis, Eli, dieses ‚Meer' von Sphärenklängen, das sowohl Quelle als auch Auffangbecken der Lebensenergie der Teilchen ist, ziemlich genau dem entspricht, was die Quantenmechanik dazu meint."

„... alles an einem Faden?" wiederholt Eli tonlos.

„Ja", bestätigt Nilsson knapp. „Da dich dieser Umstand überrascht, bist du offenbar immer noch der Meinung, daß Elektronen separate Teilchen wären. Diese Teilcheneigenschaft gehört aber in die klassische Physik, Eli. Die Separabilität der Teilchen ist sozusagen ein echt klassischer Trugschluß. Seit mehr als 100 Jahren ist diese Annahme überholt."

... In der nichtrelativistischen Quantenmechanik der 20-er-Jahre war fast jede beliebige Art von Kraft zwischen Elektronen und Kernen vorstellbar, doch in einer relativistischen Theorie ist dies nicht der Fall. Kräfte zwischen Teilchen können nur aus dem Austausch anderer Teilchen entstehen. Des weiteren sind alle diese Teilchen Bündel oder Quanten der Energie von Feldern verschiedener Art. Ein elektrisches oder ein magnetisches Feld etwa ist eine Art von Spannung im Raum, so etwas wie die verschiedenen Arten von Spannung, die innerhalb eines Festkörpers möglich sind, aber ein Feld ist eine Spannung im Raum selbst. Für die einzelnen Arten von Elementarteilchen existiert jeweils ein gesondertes Feld; im Standardmodell gibt es ein Elektronenfeld, dessen Quanten die Elektronen sind; es gibt ein elektromagnetisches Feld (bestehend aus elektrischen und magnetischen Feldern), dessen Quanten die Photonen sind.

Für Atomkerne und für Teilchen, aus denen die Kerne sich zusammensetzen, die Protonen und Neutronen, existieren keine Felder; doch es gibt Felder für verschiedenen Arten von Teilchen, aus denen sich Protonen und Neutronen zusammensetzen und die man als Quarks bezeichnet, und es gibt eine weitere Feldern, auf die ich hier nicht einzugehen brauche...

In den Gleichungen einer Feldtheorie wie des Standardmodells geht es nicht um Teilchen, sondern um Felder, die Teilchen erscheinen als Manifestationen dieser Felder.

Steven Weinberg, in /9/

„Wie gesagt", setzt Nilsson fort, „formuliert die Quantenmechanik eine Wellenfunktion für alle Elektronen des Universums, eine für alle Photonen, eine für alle Quarks, usw.

Und diese Funktionen sind jeweils das präziseste Abbild der Wirklichkeit das die Menschheit je hatte. Sie spiegeln das Geschehen in der Mikrowelt praktisch perfekt wider. Sie lassen nur eines Vermissen: Anschaulichkeit.

Doch auch in diesem Mangel ist sie - die Quantenmechanik - per-

fekt. Immer ist es ihr gelungen sich den Versuchen einer anschaulichen Deutung zu widersetzen. Die meisten Physiker haben sich daran gewöhnt," und mit einem spöttischen Seitenblick auf Vasco ergänzt er: „Nur wenige sehen einen Widerspruch darin, daß wir zwar die Quantenwelt perfekt berechnen können, aber kein anschauliches Bild von dieser Region der Wirklichkeit haben."
Nilsson wirft einen lauernden Blick in die Runde. Niemand nahm an seiner Behauptung Anstoß.

Lichtwellen im Doppelspalt

Licht war nach Auffassung der klassischen Physik eine Welle, ein kontinuierliches Phänomen, das den ganzen Raum erfüllte. Einstein betrachtete diese unterschiedlichen Vorstellungen der Physiker über die Natur von Körpern und des Lichts als uneinheitlich und unschön.
(Sexl S 135)
Die Lage war schwierig. Einige Experimente mit Licht konnten nur durch die Annahme der Wellennatur des Lichtes erklärt werden, ... Andere Experimente, wie der photoelektrische Effekt, konnten dagegen nur auf den atomaren Aufbau des Lichtes zurückgeführt werden. Manchmal erschien das Licht als Teilchen, manchmal als Welle. Ein prominenter Physiker formulierte die verzweifelte Situation mit den Worten:
„Montag, Mittwoch und Freitag ist das Licht eine Welle, - Dienstag, Donnerstag und Samstag ist es ein Teilchen und am Sonntag ruht es. " Roman Sexl in /1/ S. 139

Leise drängt sich Sylvia an Pauls Sitzplatz vorbei. „Ich hätte schon längst oben sein sollen", flüstert sie ihm ins Ohr. „Gib Nilsson Bescheid, falls er mich vermißt. Ich möchte ihn jetzt nicht stören."
Nilsson sitzt, den Kopf in die Hände gestützt, auf seinem Stuhl und grübelt. Im Verlauf der letzten halbe Stunde war eine Stütze seines Weltbildes in's Wanken gekommen. Schließlich hielt auch er die Quantenmechanik für notwendig unanschaulich.

„Na denn!" grummelt er halblaut und hebt den Kopf. „Zur Unschärferelation, zur Wellenfunktionen und auch zu De Broglie fällt eurem Jonas also etwas ein. Irgendwie kann ich mir sogar vorstellen wie seine Elementarteilchen auf den Bergen ihrer eigenen virtuellen Wellen durch die Gegend reiten. Doch Quantenmechanik - das ist noch viel mehr." Nilsson winkt mit dem Kopf in Richtung des Bildschirms. „Wie ihr gesehen habt, hat das klassische Teilchen im Doppelspaltversuch keine gute Figur abgegeben. Es ist glatt durchgefallen.

Schauen wir uns einmal an, wie es der klassischen Welle darin ergeht. Stellvertretend für alle klassischer Wellen senden wir Licht durch den Versuchsaufbau.

Im Vakuum ist Licht mit C unterwegs und auch im Doppelspaltversuch wird das der Fall sein, denn zwischen der Lichtquelle und den Schirmen herrscht Vakuum. Dankenswerterweise verhält sich das Licht uns gegenüber sehr kulant, denn es gestattet unsere Skizze unverändert zu übernehmen." Nilsson zeigt auf den Wandschirm.

„Denn ob wir nun Lichtwellen oder Elektronenteilchen durch den Doppelspalt strömen lassen - in beiden Fällen bilden sich auf dem Schirm die bekannten hellen und dunklen Streifen, die Interferenzmuster.

Bei den Elektronen hat uns das Auftreten dieses Musters überrascht, denn damals waren Elektronen für uns noch klassische Teilchen. Da wir ja nun das Verhalten von Lichtwellen untersuchen, überraschen uns die klassischen Wellenmuster zunächst nicht. Wir wissen schließlich aus Erfahrung, daß Wellen einander überlagern.

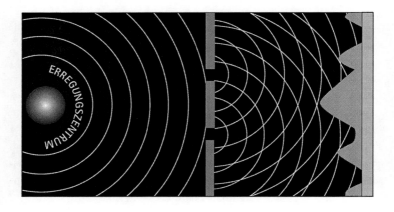

Beim genauen Betrachten des Bildes erkennen wir jedoch, daß es eine körnige Struktur hat! Offenbar sind die im Raum noch stetigen Lichtwellen auf dem Schirm irgendwie zu einzelnen Punkten geschrumpft. Das ist zumindest seltsam.

Auch schlägt der Versuch fehl, dieses Punktmuster der molekularen Struktur der Fotoemulsion auf dem Schirm ,in die Schuhe' zu schieben. Tatsächlich geht jeder einzelne PUNKT zwar auf eine chemische Veränderung eines Moleküls zurück - trotzdem stammt die dafür erforderliche Energie ganz zweifellos aus der stetigen Welle, welche wir uns unmittelbar vor der chemischen Reaktion noch stetig und fein im Raum verteilt dachten." Nilsson schaut kurz mit spöttisch-mitfühlende Miene auf und kichert.

„Ihr ahnt sicherlich schon, daß die klassische Welle im Doppelspaltversuch ebenso glatt durchfallen wird, wie das klassische Teilchen. Auch die Lichtwellen besitzen diese, uns bei den Elektronen schon aufgefallene Fähigkeit, als Welle durch den Raum zu eilen, um unmittelbar vor dem Schirm in einen Punkt hinein zu ,kondensieren'."

Paul schüttelt verständnislos seinen Kopf: „Ich fürchte ein krasses Mißverständnis, Nilsson. Im Doppelspaltversuch geht es doch um solche Wellen, wie sie beispielsweise entstehen, wenn wir einen kleinen Stein in´s Wasser werfen. Kreisförmig breiten sich die Wellen von der Einschlagstelle in alle Richtungen aus." Nilsson nickt geduldig.

„Solche Wellenfronten können natürlich durch eine Spaltwand hindurch schlüpfen - wie im Doppelspaltversuch die Elektronen. Jenseits der Wand werden sich die Wellenzüge wieder begegnen, sich überlagern, miteinander interferieren und am Ende - so kenne ich es wenigstens aus Erfahrung - werden sie ihre Energie im Ufersand fein verteilen." Nilsson wiegt zweifelnd den Kopf .

„Aber wie ich dich verstanden habe", Paul hebt die Stimme etwas, „werden sich die Wellenfronten jenseits der Spaltwand plötzlich wieder bündeln und, wie der kleine Stein, der sie zuvor erzeugt hat, an einem Punkt des ,Ufers' einschlagen?"

Nilsson ist nur einen Moment irritiert. „Dein Beispiel ist sehr plastisch und sehr klassisch, Paul. Aber im Grunde trifft es zu. Nur ist es noch nicht komplett: Denn in dem Moment, in dem sich im Ufersand das Loch auftut, verschwinden schlagartig alle anderen, vom Stein ausgelösten und bis dahin in alle Himmelsrichtungen unterwegs befindlichen Wellenringe - wie ein Spuk."

Sekundenlang herrscht Stille.

„Das ist wenigstens ein Wort", bekennt Paul schließlich und nickt ernsthaft mit dem Kopf. „Dieser Unsinn zeigt eindeutig, daß die Wasserwellen das falsche Bild für Licht im Doppelspalt sind.

Ich weiß zwar nicht was Licht ist: aber es scheint den seltsamen Elektronen - die ja nun auch keine richtigen Teilchen mehr sind - ähnlicher zu sein als der Wasserwelle.

Doch wie mir Sylvia sagte, hat Einstein bereits 1905 empfohlen sich Licht nicht als stetige Welle, sondern besser als Strom von Lichtteilchen, von Photonen zu denken."

> *Wir fassen zusammen:*
> *...Photonen sind die Energiequanten, aus denen sich das Licht zusammensetzt. Hat das Licht Wellennatur oder wird es von Photonenschauern gebildet? Ist ein Elektronenstrahl ein Schauer von Elementarteilchen oder hat er Wellennatur? Diese Kardinalfragen erwachsen der Physik aus dem Experiment. In dem Bemühen, sie zu beantworten, müssen wir notgedrungen darauf verzichten, atomare Vorgänge als Ereignisse in Raum und Zeit zu beschreiben, und uns noch weiter von der alten mechanistischen Auffassung distanzieren. Die Quantenphysik bringt Gesetze, die für Kollektive und nicht mehr für deren Individuen gelten. Nicht Eigenschaften, sondern Wahrscheinlichkeiten werden beschrieben; nicht für die zukünftige Entwicklung von Systemen werden Gesetze aufgestellt, sondern für Veränderung der Wahrscheinlichkeiten in der Zeit, Gesetze, die für große Ansammlungen von Individuen gelten.*
> *Albert Einstein in /4/*

„Photonen sind also Lichtteilchen", wiederholt Eli bedächtig und betont dabei das ‚Teilchen' besonders. „Das hört sich zwar gut an, Paul, aber schon der Begriff Lichtteilchen enthält einen Widerspruch in sich! Photonen bewegen sich nämlich immer mit Lichtgeschwindigkeit - schwere Teilchen dagegen niemals."

„Hmm!" Elis Einwurf bringt Paul kurz aus dem Konzept. „Tja, Eli.

Dann muß ein Photon zumindest in dieser Beziehung etwas ganz anderes sein, als ein schweres Teilchen."

„Dieser Unterschied steht jetzt gar nicht zu Debatte", mischt Nilsson sich energisch ein. „Viel interessanter ist doch das Thema Grenzgeschwindigkeit.

Paul: Auf welche Weise gelingt es denn deinen virtuellen Wellen die lichtschnellen Photonen im Doppelspaltversuch einzuholen?"

Überrascht schaut Paul auf - um gleich darauf deprimiert den Kopf zu senken.

„Du hast recht, Nilsson. Die virtuellen Wellen gehen auf alle Fälle durch beide Spalte. Das Photonenteilchen dagegen nur durch einen. Um das Photon beeinflussen zu können, müssen es die virtuellen Wellen zunächst einmal einholen. Und dazu müßten sie schneller sein als Licht."

„Korrekt", bestätigt Nilsson knapp. „Die Spezielle Relativitätstheorie verbietet den elektromagnetischen Wellen und erst recht den schweren Teilchen schneller zu sein als Licht. Und es hat keinen Sinn dies auch nur in Frage zu stellen. Um dieses speziell-relativistische Geschwindigkeitslimit zu umgehen, müßten deine virtuellen Wellen also ein Etwas sein, das weder zu den schweren Teilchen noch zu den elektromagnetischen Wellen gehört.

Und, wenn du ‚etwas' derartiges im Schilde führst", Nilsson kichert, „dann solltest du uns auch sagen, wie wir uns dieses Etwas vorstellen sollen. Und vor allem, weshalb es schneller sein kann als Licht."

Paul zögert nur kurz. „Daß schwere Teilchen bei Jonas nicht beliebig schnell sein können, leuchtet ein. Nun sind bei Jonas auch die Lichtwellen immer mit der gleichen Geschwindigkeit C unterwegs. Die klassischen Wellen im See breiten sich ja auch immer mit der gleichen Geschwindigkeit aus - und diese ist nicht abhängig davon, wie hart wir auf das Wasser schlagen, um die Wellen zu erzeugen.

Doch ich glaube, Nilsson, um zu beantworten wie es dem ‚Etwas' gelingt Lichtwellen einzuholen, muß ich zunächst noch einmal über das Licht nachdenken." Langsam lehnt sich Paul zurück und verschränkt die Arme hinter dem Kopf.

„Schwere Teilchen - das sind abgeschlossen schwingende Gebilde. Ihre geschlossenen Resonanzfiguren kann ich mir ziemlich gut vorstellen. Die Schwingungsgestalt der Photonen aber, die ‚sehe' ich noch nicht. Ich weiß zwar, daß die Photonen weite Wege zurücklegen ohne

dabei Energie zu verlieren. Ich weiß auch, daß Photonen gar nicht anders können als im Vakuum mit C unterwegs zu sein..."
Paul stockt, kratzt sich nervös am Ohr und schaut Nilsson von der Seite an. „Schwere Elementarteilchen sind geschlossene Oszillationen, Nilsson. Was wäre, wenn ich ein Photon als eine Offene Oszillation bezeichne?!"

Offene und geschlossene Resonanzfiguren

Nilsson quittiert Pauls ‚Offene Oszillationen' mit gleichmütigem Achselzucken und skeptisch-müder Miene.

Doch Paul läßt sich nicht abhalten seine Spekulation weiter zu führen: „Die Energie eines schweren Elementarteilchens steckt in dessem oszillierenden Urobjekt. Sie findet in der Teilchenmasse ihren Ausdruck. Sofern man das Teilchen nicht beschleunigt, bleibt die in ihnen steckende Energie konstant.

Ein Photon ist nun ebenfalls eine stabile Erscheinungsform von Energie. Ich vermute daher in dem Energiepaket PHOTON etwas ähnliches, wie ich es im Energiepaket SCHWERES TEILCHEN sehe. Eine Art Resonanz. Nur bewegt sich das Photon immer mit C - schwere Teilchen dagegen erreichen C niemals. Irgendwie muß das Photon also grundsätzlich anders schwingen als ein schweres Teilchen. Da beim schweren Teilchen die Energie im Urobjekt der geschlossene Resonanzfiguren gespeichert ist, könnte ein Photon eine Schwingungsfigur haben, bei der die Energie harmonisch von einem Urobjekt an das nächste Urobjekt weitergegeben wird!?"

„Warum so kompliziert?" mokiert sich Eli. „Nimm doch eine ganz normale Oberflächenwelle im Wasser als Beispiel für deine offen resonante Schwingungen!"

Paul verzieht das Gesicht, doch Eli ist hartnäckig. „Was stört dich daran, Paul? Jedermann weiß, daß die Fortpflanzungsgeschwindigkeit von solchen Oberflächenwellen praktisch immer gleich groß ist. Ob du nun heftig auf´s Wasser schlägst oder zaghaft - nur die Wellenberge sind höher, wenn ..."

„Das ist es!" ruft Vasco dazwischen. „Eli hat recht! Oberflächenwellen können einander tatsächlich nicht überholen. Das heißt aber nicht, daß alles wellenartige im gleichen Medium auch gleich schnell ist! Die Oberflächenwellen im Wasser werden zum Beispiel ganz locker von anderen, ebenso bekannten Wellenphänomenen überholt ..." „Du meinst den Schall!" dämmert es Paul.

„Genau!" bestätigt Vasco. „Schallwellen sind keine Tansversal-, sondern Longitudinalwellen. Und im Wasser sind diese Longitudinalwellen viel schneller unterwegs als transversale Oberflächenwellen." Paul schaut Vasco nachdenklich an. „Die Virtuelle Wellen", flüstert er, „die müssen schneller sein als Photonen. Photonen sind transversale Lichtwellen ..." Paul wendet sich Nilsson ganz zu. Der ahnt den Braten natürlich und hebt sofort abwehrend beide Hände. „Das wäre doch die Lösung, Nilsson!" flüstert Paul eindringlich. „Das Überlichtschnelle - das sind virtuelle Longitudinalwellen im Partikelkosmos von Jonas !?"

Nilsson knurrt unwillig, murmelt etwas unverständliches und schweigt.

„Ich kann mir schon vorstellen, daß einzelne Jonas-Partikel zeitweilig schneller sein könnten als ein harmonisch schwingendes Wellenpaket Photon."

Nilsson windet sich. „Wie ich schon gesagt habe, Paul: Sofern es nicht ein schweres Teilchen oder eine elektromagnetische Welle sein soll, das da schneller ist, als Licht, dann hätte nicht einmal die Spezielle Relativitätstheorie etwas dagegen." seltsamerweise blitzt in Nilssons Augen der Schalk.

„Ich verstehe dich nicht. Worauf willst du hinaus, Nilsson", moniert Paul die orakelhafte Antwort. „Die von einem Photon ausgehenden virtuellen Wellen sind im LEEREN RAUM unterwegs, und der hat keine Wirkung auf irgend etwas! Also auch nicht auf diese Urobjekte. Es gibt an sich nichts, Nilsson, das diesen Urobjekte verbietet schneller zu sein als die harmonisch schwingenden, sich fortpflanzende Wellenpakete."

Paul atmet tief durch.

„Und je mehr ich darüber nachdenke, Nilsson, desto klarer erscheint mir die ganze Sache. Schon an der Gestalt eines bewegten Elementarteilchens erkenne ich, daß die von vorn mit ihm kollidierenden Urobjekte des Hintergrundes extrem viel Impuls vermittelt bekommen." Paul rafft die entsprechende Skizze vom Tisch.

„Natürlich werden solche extrem schnellen Partikel sehr bald anderen, langsameren Partikeln begegnen und von diesen abgebremst. Die Reichweite der überlichtschnellen Partikel - und damit die Reichweite

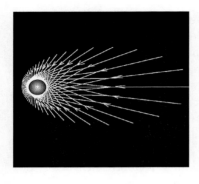

der virtuellen Wellen - wird also nicht besonders groß sein."

„Das erinnert mich an Gastheorie", wirft Vasco dazwischen. „Ist einleuchtend: In einem Gas gibt es auch immer ein paar überdurchschnittlich schnelle Partikel. Inmitten der anderen Partikel stellen sie sozusagen die statistischen Ausreißer dar. Doch sie werden - wie alle ihrer Gattung - von ihrer normalen Umgebung eiligst wieder nivelliert."

Paul schaut Nilsson abwartend an.

Tunneln - Chaos - Ordnung

Nach Sekunden der Stille meldet sich Nilsson zu Wort: „Es gibt tatsächlich ´Überlichtschnelles´", sagt er leise, aber unüberhörbar.

„Ich möchte aber gleich festhalten", setzt er mit fester Stimme hinzu, „daß weder ich noch irgendjemand anderes an Bord sagen kann, was es ist, das sich da überlichtschnell durch den Raum bewegt. Einig sind sich die Wissenschaftler aber darin, daß dieses Überlichtschnelle nicht die Kausalität aufhebt. Doch das ist wieder eine anderes Thema ...

Im Moment ist für euch sicherlich wichtig zu wissen, daß es ein ETWAS gibt, das zumindest zeitweilig schneller ist als das Licht. Man sagt dann - ES ‚tunnelt‘."

Nach einer kurzen Pause wendet er sich direkt an Paul: „Ich bin deiner Frage nach dem Überlichtschnellen soeben ganz bewußt ausgewichen", entschuldigt er sich. „Ich wollte schließlich von dir erfahren, warum das Modell von Jonas überlichtschnelle Effekte fordert und vor allem: wie du sie darin darstellst."

Paul atmet heftig aus. Nilsson nimmt jedoch den darin versteckten Vorwurf nicht einmal wahr. Er kramt wieder einmal in seinem Bücherfundus. „Da müßte doch noch ein uralter Bericht... Wo habe ich den nur hin gekramt ...", brabbelt er und gibt schließlich das Suchen auf.

„Ich finde ihn im Moment in meinem Chaos nicht. Doch ich kann dir aus dem Gedächtnis sagen, was ungefähr darin geschrieben steht. Am Ende des 20. Jahrhunderts hat Professor Nimtz in Deutschland eine klassische Symphonie auf Mikrowelle aufmoduliert. Mikrowellen sind elektromagnetische Wellen einer bestimmten Frequenz. Mit einem Sender schickte er dann die modulierten Mikrowellen in eine zu deren Frequenz harmonische, lange Röhre ..." Mit wenigen Strichen entwirft Nilsson eine Skizze des Versuches:

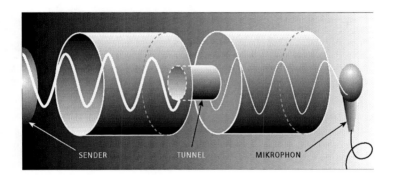

„Doch in der Mitte der Röhre befand sich eine dünnere Röhre - der Tunnel. Das Tunnelstück war so bemessen, daß die Mikrowellen der gewählten Frequenz bestimmt nicht hindurch passen. Jenseits des Tunnels befand sich dann wiederum eine zu ihnen harmonisch dimensionierte Röhre und an deren Ende hing dann sozusagen das Mikrowellen-Mikrophon. Nach der Theorie hätte jenseits des Tunnels nichts Mikrowellenähnliches mehr ankommen dürfen, denn der eingesetzte Tunnel wirkt wie eine perfekte Sperre. Doch dann kam jenseits des Tunnels ETWAS an! Erstaunlich genug war schon, daß dieses ETWAS sich sogar wieder zu Musik demodulieren ließ. Doch vollkommen unbegreiflich war, daß dieses ETWAS viel schneller durch den Tunnelabschnitt raste als das Licht!

Natürlich vermutete man anfangs, daß störende Einflüsse, Meßfehler oder Ähnliches die Ursache dieser Erscheinung wären und der Versuch wurde wiederholt. Mehrfach. Doch es blieb dabei: Im Tunnel war ETWAS eindeutig schneller als Licht!

Zu praktisch den gleichen Erkenntnissen kam Professor Chiao in Amerika, der aber keine Mikrowellen tunneln ließ, sondern Laserimpulse. Damals machten sofort die verschiedensten Spekulationen über

dieses ETWAS die Runde. Eine davon besagte, daß von der Mikrowelle ausgehende ‚virtuelle' oder ‚leere' Wellen zwischen den harmonischen Röhren tunneln würden.

Wegen der günstigen Resonanzbedingungen jenseits des Tunnels,
so vermutete man, könnten sich diese leeren Wellen wieder zu einem,
der Ur-Mikrowelle sehr ähnlichen makroskopischen Effekt aufschau-
keln. Sozusagen zu einer ‚aus dem Nichts' entstandenen Sekundär-Mi-
krowelle. Doch alle Interpretationen blieben vage.

Einig war man sich nur darin, daß die spezielle Relativitätstheorie
von diesen überlichtschnellen Effekten beim Tunneln nicht in´s Wanken gebracht werden sollte. Dafür sprach auch die geringe Reichweite
der Effekte, denn nur bei kurzen Tunneln kam jenseits ETWAS an.
Wählte man die Tunnellänge ein bißchen länger, so funktionierte der
Tunnel tatsächlich so wie theoretisch erwartet: als Sperre. ETWAS kam
nun jenseits nicht mehr an.

Wie gesagt, Paul: Es wurden mehrfach überlichtschnelle Erscheinungen bei Versuchen mit Mikrowellenfrequenzen und Laserlicht registriert. Man einigte sich schließlich darauf, dieses ETWAS, das da
‚tunnelt', weder den elektromagnetischen Wellen noch den Teilchen
zuzuordnen. Doch was es ist ... ?"

Nilsson verstummt und hebt beide Hände. Eine Minute herrscht gespannte Stille.

„Und das alles hast du so lange für dich behalten", kommt es leise
aus Pauls Ecke. „Die Reichweite ist kurz; die Geschwindigkeit ist größer als die der Photonen; das ETWAS scheint keinen materiellen Träger zu haben???"

„Na und??" antwortet Nilsson gleichmütig. „Dieses Jonas-Bild ist
anschaulicher als ich zunächst geglaubt habe. Das gebe ich zu.

Im Grunde möchtest du aber nun von mir als Quantenmechaniker
wissen, was denn", er lacht leise in sich hinein, „diese Korpuskeln,
Photonen, Atome oder Moleküle nun eigentlich sind. Und darauf kann
ich dir nur wie Erwin Schrödinger antworten: ‚Ich weiß es so wenig, als
wo Sancho Pansas zweiter Esel hergekommen ist.'

Ganz gewiß aber ist, daß auch die anschaulichste Konstruktion nur
ein unvollkommenes Abbild der Realität sein kann. So wie jedes Bild,
wie jedes Modell und auch jede Theorie dem Original nur nacheifern
kann, ohne es jemals wirklich zu erreichen."

Wir wissen sehr viele Details, erfahren jede Woche neue.
Aber aus den Grundvorstellungen solche herauszusuchen,
die wirklich feststehen, und daraus ein klares,
leichtfaßliches Gerüst aufzubauen, von dem man sagen
könnte: so ist es ganz bestimmt, das glauben wir heute
alle - ist ein Ding der Unmöglichkeit. ...
Erwin Schrödinger /10/ Unsere Vorstellungen von Materie

Felder

Nilsson lacht leise. „Es ist über hundert Jahre her, daß Wissenschaftler daran glaubten anschauliche und erschöpfende Antwort auf die jeweils anstehenden Fragen finden zu können. Doch die gefundenen Antworten provozierten jedesmal eine Vielzahl ganz neuer Fragen, die vorher noch gar nicht gestellt werden konnten. Die Theorien wurden seither ständig abstrakter, mathematischer. Ich hätte auch gern ‚plausiblere' Modelle von der Beschaffenheit dieser Welt, Paul. Doch leider sind diese Bilder in den modernen Naturwissenschaften vollkommen ‚aus der Mode'. Der eigentlicher Pfadfinder beim Aufspüren neuer Zusammenhänge in den Tiefen des Mikro- wie auch des Makrokosmos heißt Mathematik. Ausgangs des 19. Jahrhundert hatte Heinrich Hertz beim Betrachten der Maxwellschen Gleichungen schon das Gefühl, daß diese Gleichungen eine ganz eigene Existenz und Intelligenz haben, daß sie weiser sind als wir, weiser selbst als ihre Entdecker, daß wir mehr aus ihn herausbekommen, als wir ursprünglich in sie hineinsteckten.

Damals begann sich die Physik von den anschaulichen Inhalten, von Bildern, zu trennen. Heute ist dieser Abschied nahezu perfekt. Manche Physiker - und manche andere Leute," Nilsson blickt bedeutungsvoll zu Vasco, „versuchen zwar auch heute noch ihre Gedanken und Theorien in anschaulichen Bilder darzulegen. Doch in der Regel wissen sie schon vorher, daß ihre Bilder nicht wirklich zu den Theorien passen. Sie entwerfen derartige Bilder eigentlich nur um möglichst vielen Menschen - Physikern und Nicht-Physikern - das Wesen ihrer Theorien zu veranschaulichen. Doch es ist schwer solche Bilder zu finden. Die Möglichkeit neue Theorien zu veranschaulichen nimmt scheinbar im gleichen Maße ab, wie die Genauigkeit ihrer Prognosen zunimmt.

Newton führte im 17. Jahrhundert den damals vollkommen neuen und irritierenden Begriff das Kraftfeldes in die Physik ein. Heute haben wir uns irgendwie daran gewöhnt, doch als er damals seine Gesetze mit Hilfe des neuen Kraftfeldes veranschaulichen wollte, erntete er nicht gerade Anerkennung.

Über 100 Jahre später entwarf dann Michael Faraday ein Modell der gerade entdeckten und rätselhaften elektromagnetischen Wechselwirkung. Im Gegensatz zu Newtons Kraftfeld war sein Feldbild jedoch anschaulich, denn es basierte auf einen mechanischen Inhalt.

> *„Maxwell erkannte die Tragweite des Feldbegriffs sogar in einem allgemeineren Zusammenhang. ... Die Art, wie er Faradays physikalische Gedanken in Mathematik transformierte, schloß Abstraktionen ein, die viel fähigere Mathematiker als Faraday verwirrten. Für einige, wie Kelvin, waren Maxwells elektromagnetische Gleichungen unbefriedigend, weil sie nichts Konkretes boten, nichts, was sich veranschaulichen ließ. Sie waren einfach Zaubervorschriften, die die richtigen Antworten gaben.*
>
> John D. Barrow in /12/ Ungesehene Welten

Das Feldmodell Faradays war seinerzeit auch James Maxwell bekannt. Er fand heraus, wie man die Elektromagnetischen Wechselwirkung mathematisch formulieren konnte. Das Ergebnis ist heute unter dem Namen ´Maxwellsche Gleichungen´ eine Grundlage der Physik. Doch im Gegensatz zu den Maxwellschen Gleichungen ist Faradays mechanisches Feld-Modell längst vergessen. Kein Physiker versucht heute noch die elektromagnetische Wechselwirkung anhand eines Modells darzustellen. Lange schon ist Feld nichts weiter als eine ‚Spannung des Raumes‘.“

Paul staunt: „Faraday hatte ein Modell des elektrischen Feldes? Das ist ja interessant! Wir haben erst gestern versucht ein symmetrisches elektrisches Feld mit Hilfe von Jonas' Partikeln abzubilden.“

„So, so“, antwortet Nilsson über die Schulter, denn er kramt gerade mit einer Hand suchend in seinem Regal: „Wie sieht es denn aus, euer symmetrisches Feld?“

„So, wie ein Gravitationsfeld.“ Paul lacht: „Nur ordentlicher! Das elektrische Feld stellen wir uns als Strom von symmetrisch codierten Partikeln vor. Da es positive und negative Ladungsquellen gibt, müßte es auch entsprechend positiv und negativ codierte Partikelströme geben.

Über die Quellen dieser Strömungen - die geladenen Elementarteilchen - haben wir uns nicht weiter den Kopf zerbrochen. Wir sehen in ihnen einfach Blackboxen, die unablässig codierte Partikel aussenden. Aber das Feld selbst," Paul sucht nach dem Skizzenblock.

„Das Feld selbst sollte aus Strömen von links- oder rechtsrotierenden Urobjekten bestehen."

„Aha!" kommentiert Nilsson in vornehmer Zurückhaltung. Sein Blick aber spricht Bände.

Paul zeichnet jedoch unbeeindruckt an einer Skizze: „So soll es sein, Nilsson: Von gegensätzlichen Ladungsquellen strömen auch gegensätzlich rotierende Partikel in den Raum. Die Drehachse der Partikel weist genau in die Bewegungsrichtung. Wir haben zunächst einfach festgelegt, daß negative Ladungsquellen Partikel aussenden, die sich in Bewegungsrichtung rechts herum drehen. Die positiven Ladungsquellen werden dann die in Bewegungsrichtung linksdrehenden Partikel senden.

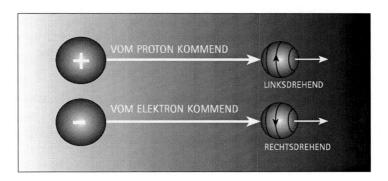

Ein negatives Elektron sendet in einer Zeiteinheit so viele rechtsdrehende Partikel in den Raum, wie ein positives Proton Linksdrehende sendet.

Die Energieerhaltung wird durch die Ladungsquellen nicht verletzt, wenn sie die Geschwindigkeit der reflektierten Partikel infolge der Codierung im gleichen Maße reduzieren, wie sie deren Drehimpuls erhöhen. Es ist im Grunde wie bei der Gravitation. Nur gibt es dort den strikten Zusammenhang zwischen der Rotationsachse der Partikel und der Bewegungsrichtung nicht."

Paul betrachtet seine Skizze und atmet tief durch. „Leider kann ich nichts über die Wechselwirkungen zwischen den codierten Partikeln und diesen Blackboxen sagen, Nilsson. Und ich ahne, daß dies ein schwieriges Thema wird: die elektrisch geladenen Teilchen schwimmen ja nicht nur in diesem Strom, sondern sie senden selbst auch ununterbrochen codierte Partikel aus."
Wie um sich zu vergewissern wirft Paul einen kurzen Blick zu Eli. Der nickt ihm aufmunternd zu.

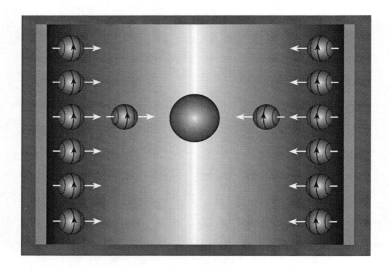

„Wir denken uns also das elektrische FELD als einen stetigen Strom von links- oder rechtsdrehenden Urobjekten", wiederholt Paul. „Und das hier", er weist auf seine Skizze, „soll ein homogenes elektrisches Feld darstellen. In den einander gegenüber liegenden Platten befinden negative bzw. positive Ladungsquellen. Genau genommen gehen von jeder einzelnen Ladungsquelle Ströme codierter Partikeln aus. Die einzelnen Kugelwellen werden sich aber gegenseitig überlagern und deshalb wird sich zwischen den Platten ein nahezu homogenes Strömungsbild herausbilden.
    Wenn man in dieses ‚Feld' einen Probekörper legt, dann werden die von beiden Seiten anströmenden rotierende Partikel ihm Stöße versetzen. Ein neutraler Probekörper dürfte von diesem Feld ‚nichts Bedeutendes' spü-

ren, da er von links und rechts die gleichen Stöße bekommt." Paul kratzt sich kurz am Kopf. „Und auch die resultierenden Drehimpulskomponenten der anströmenden Partikel sollten sich gegenseitig aufheben. Ein positiver Probekörper sollte dagegen von der negativen Platte angezogen, und von der positiven Platte abgestoßen werden. Und umgedreht..."

Nilsson schüttelt plötzlich energisch dem Kopf: „Woraus soll sich Abstoßung oder Anziehung ergeben, Paul? Ich sehe nicht woher," er weist auf Pauls Skizze, „ein resultierender Impuls Probekörper kommen soll!" „Ich weiß." gesteht Paul leise. „Der geladene Probekörper ist für mich ja noch eine 'Blackbox'. Ich kann dir noch nicht sagen was darin abläuft. Nur das Prinzip, Nilsson, das diesen Abläufen zu Grunde liegen müßte, das glaube ich zu kennen."

Nilsson stöhnt, lehnt sich aber mit skeptisch-geduldiger Miene zurück. „Ich denke an ein ganz einfaches Beispiel, Nilsson. Stell dir zwei gegensätzlich rotierende Billardkugeln in der Schwerelosigkeit vor - und lasse die beiden dann in Gedanken aufeinander prallen ..."

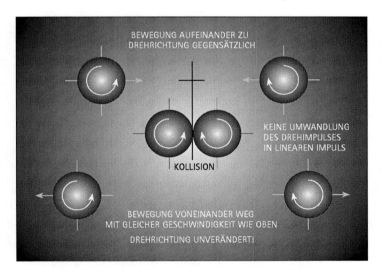

BEWEGUNG AUFEINANDER ZU
DREHRICHTUNG GEGENSÄTZLICH

KEINE UMWANDLUNG
DES DREHIMPULSES
IN LINEAREN IMPULS

KOLLISION

BEWEGUNG VONEINANDER WEG
MIT GLEICHER GESCHWINDIGKEIT WIE OBEN
DREHRICHTUNG UNVERÄNDERT!

„Wenn die Eigenrotationen der Kugeln beim Aufeinandertreffen zueinander passen, dann bestimmt nur ihr reiner Bewegungsimpuls das Kollisionsverhalten. Die Kugeln drehen sich nach dem Zusammenstoß in gleicher Weise und genauso schnell wie vorher.

Und da der Bewegungsimpuls codierter Partikel geringer ist als der uncodierter Hintergrundpartikel, wird sich hier - wie bei der Gravitation - eine ‚Anziehung' ergeben."

„Hmm." brummt Nilsson. Nach ein paar Sekunden gibt er mit vorgeschobener Unterlippe zu bedenken. „Dann würden aber auch die gravitationsbedingt langsamen Partikel, die ja ebenfalls stärker rotieren, die elektrische Wechselwirkung stören."

„Nicht unbedingt", meint Paul nach kurzem Zögern. „Im Gegensatz zur elektrisch bedingten Codierung gibt es ja bei der Gravitation keinen Zusammenhang zwischen der Bewegungsrichtung der Partikel und deren Rotationsachse. Ihre Drehachsen werden in alle Himmelsrichtungen weisen. Und deshalb sollte sich deren Wirkungen am Probekörper im wahrsten Sinne des Wortes neutralisieren."

„Na gut! „ murmelt Nilsson immer noch skeptisch. „Dann folgt eben die Attraktion aus der schwächeren Abstoßung. Meinetwegen. Das Prinzip für die Repulsion soll ich mir dann bestimmt einfach ‚umgedreht' vorstellen." Er beugt sich nach vorn und paßt Pauls Skizze an...

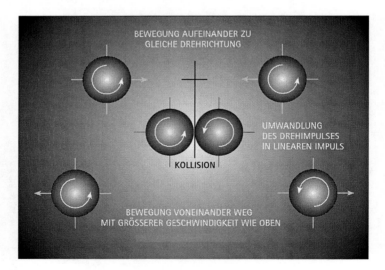

„Wenn der Drehimpuls der aufeinandertreffenden Kugeln nicht harmoniert", erklärt Nilsson seine Korrektur, „dann wird die Drehrichtung bei der Kollision auch gespiegelt. Dies läßt zusätzlichen Bewegungsimpuls entstehen und die Kugeln werden nach der Kollision schneller auseinander streben als sie sich vorher näherten." Nilsson hebt gleichmütig die Schultern. „Der Gesamtimpuls des Systems soll ja gleich bleiben. Und", er lächelt ein bißchen gelangweilt, „da du von der Blackbox ´geladenes Elementarteilchen´ auf der einen Seite die Umwandlung von Impuls in Drehimpuls verlangst - die Codierung der neutralen Hintergrundpartikel ist schließlich nichts anderes - so ist es nur recht und billig, dieser Blackbox auch die entgegengesetzte Fähigkeit zu gestatten: Sie wird also den Drehimpuls der mit ihr zusammenstoßenden Urobjekte auch wieder in Impuls, in Bewegung wandeln können."

Mit schief gehaltenen Kopf denkt Paul über Nilssons Darstellung nach. Schließlich nickt er anerkennend.

„Genauso!"

Nilsson lacht resigniert. „Schon wieder so ein ‚Bild'. Aber dieses Billardkugelbeispiel, Paul, das erscheint zwar im ersten Moment anschaulich - doch es ist viel zu einfach.

Zum Beispiel ist das tatsächlich von positiven und negativen Ladungen ausgehende Feld gar keine ebene Angelegenheit, sondern es existiert in drei Dimensionen."

Rotierende Ringe

Paul schaut Nilsson lange an und nickt schließlich schweigend. Dann greift er nach dem Stift und beginnt zögerlich eine Skizze. „Dies hier, dies wird ein erster Prototyp ...."

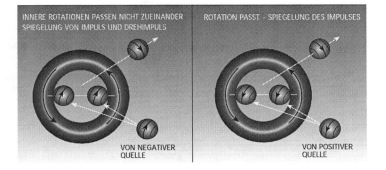

Als er kurz darauf seine Skizze mit Abstand betrachtet, muß er lachen. „Ich habe auch schon einen Namen für dich!" verkündet er dem ETWAS auf dem Papier: „Wegen deines charakteristischen Äußeren taufe ich dich hiermit auf Elektronen-Schwimmring."

Dann dreht er das Blatt und präsentiert so sein Werk Nilsson. Beim Anblick des 'Schwimmringes' zuckt Nilssons linke Augenbraue überrascht nach oben, er holt tief Luft.

„Ich weiß", kommt Paul hastig Nilssons Einwand zuvor. „Ich weiß, daß dieser in sich rotierende Ring noch nicht ‚das Wahre' ist. Doch ich kann an ihm veranschaulichen wie ich mir die Entstehung dieser Abstoßungs- und Anziehungsreaktionen am Elektron vorstelle.

Wenn diese negativ codierten Partikel hier," Paul weist auf den linken Teil seiner Skizze, „wenn sie auf das Innere des gegensinnig rotierenden Rings treffen, dann entspricht das der Situation beim Aufeinandertreffen der gegenläufigen Kugeln im Vakuum. Es wirkt dann nicht nur der einfache Bewegungsimpuls des Partikels auf den Ring, sondern auch der nicht mit ihm harmonierende Drehimpuls bewirkt einen zusätzlichen Stoß. Der Elektronenring wird demnach von dieser Sorte Partikel abgestoßen. Der Drehsinn der Partikel nach der Kollision ist gespiegelt, und auch ihre Bewegungsrichtung ist gespiegelt. Das bedeutet,daß diese Partikel wieder rechtsdrehend 'unterwegs' sind. Der negative Elektronenring wird also von negativ codierten Partikeln abgestoßen und sendet auch wieder negativ codierte Partikel in den Raum. Und das wäre ja vollkommen in Ordnung.

Die Situation des gleichen Ringes in einem Strom positiv codierter Partikel habe ich rechts dargestellt, Nilsson. Hier passen nun der Drehimpuls der Partikel zur Drehrichtung des Ringinneren. Bei einer Kollision wirkt dann nur der reine Bewegungsimpuls der Partikel auf den Ring - ein vergleichsweise schwacher Stoß. Der Drehimpuls der Partikel bleibt bei der Wechselwirkung unverändert. Die vom Ring so behandelten Partikel entfernen sich mit der gleichen Geschwindigkeit, mit der es sich ihr zuvor angenähert hat.

Ihre Bewegungsrichtung ist gespiegelt, der Drehsinn blieb aber unverändert: das heißt, die positiv codiert ankommenden Partikel werden nach ihrer Wechselwirkung zu negativ codierten Partikeln. Und auch das wäre in Ordnung. Der ´Druck´ des Stromes positiv codierter Partikel auf den Elektronenring ist also relativ schwach. Zumindest schwächer als die Stöße schneller uncodierter Hintergrundpartikel. Und daraus, denke ich, sollte sich die ‚attraktive' Wirkung des Schwimmrings auf entgegengesetzt geladene Schwimmringe ergeben." Paul schaut Nilsson gespannt an. Nilsson schweigt. Sein Miene drückt wachsendes Mißbehagen aus. Doch er quittiert Pauls Darstellung zunächst noch mit vagem Kopfnicken.

„Ich ahne was dir vorschwebt, Paul. Doch solltest du nicht zu viele Hoffnungen darauf setzten. Denn ...," Nilsson weist auf den Deckel des Buchs, das auf seinen Knien liegt, „zur Elektromagnetischen Wechselwirkung gehört sehr viel mehr. So vermisse ich besonders die Bewegung in euerem Bild. In Wirklichkeit gibt es nämlich diese statischen, sozusagen ‚rein elektrischen' Situationen, wie du sie in deiner Skizze gezeichnet hast, gar nicht.

Selbst dein Modell zeigt, daß sich jeder Probekörper sofort in Bewegung setzen muß, wenn er eueren ‚Feldpartikeln' ausgesetzt wird. Sobald sich aber Feldquellen und Probekörper zueinander bewegen, stimmt deine Skizze nicht mehr, Paul.

Und ich glaube nicht, daß du mit diesem Modell das darstellen kannst, was Maxwell in seinen Gleichungen so genial beschrieben hat: den Komplex der elektromagnetischen Wechselwirkung!"

... wir sprachen über das Unnatürliche der Vorstellung von den elektrischen und magnetischen Fluida und stießen im Zusammenhang mit der Wechselwirkung zwischen elektrischem Strom und Magnetnadel noch auf ein mechanistisch unlösbares Problem. Wir erinnern uns, daß die Kraft dort nicht entlang der Verbindungslinie von Draht und Magnetpol wirkt und überdies mit der Geschwindigkeit der bewegten Ladung zusammenhängt. Das Gesetz für Richtung und Ausmaß dieser Kraft erwies sich als äußerst kompliziert. Schließlich aber kamen wir auf das große Ätherproblem zu sprechen. Die moderne Physik hat alle diese Fragen von neuem aufgerollt und auch gelöst. Allerdings sind uns aus dem Ringen um diese Lösungen wieder neue, noch tiefgründigere Probleme erwachsen. Unser Wissen erscheint im Vergleich zu dem

der Physiker des neunzehnten Jahrhunderts beträchtlich erweitert und vertieft, doch gilt für unsere Zweifel und unsere Schwierigkeiten das gleiche.

Albert Einstein, Leopold Infeld in /4/

Zunächst nickt Nilsson Paul auffordernd zu, doch plötzlich hebt er abwehrend beide Hände und erklärt:„**Ich** kann dir die gemeinsamen Wurzeln der elektrischen und der magnetischen Erscheinungen nicht anschaulich erklären! Ich glaube, kein Mensch kann das. Ich kann dir nur sagen, das wir die elektrische und die magnetischen Wirkung nicht voneinander lösen können. In Maxwells Gleichungen - und in Wirklichkeit - sind beide über die Relativbewegung zwischen Ladung und Feld untrennbar miteinander gekoppelt."

Von Symmetrien, bewegten Ladungen und geneigten Achsen...

Durch den Feldbegriff wollte Faraday (im 19. Jahrhundert) auch das von Newton ungelöst hinterlassene Problem der Kraftausbreitung lösen.

Kräfte sollten nicht auf geheimnisvolle Weise durch den leeren Raum hindurch „wirken", sondern sich im Äther, dem Verlauf der Feldlinien entsprechend von Punkt zu Punkt ausbreiten. Wie einst bei Descartes, sollten die Kräfte durch „Zug" und „Druck" übermittelt werden.

Maxwell formulierte diese Sichtweise: „Faraday sah mit seinem Auge Feldlinien im ganzen Raum, wo die Mathematiker nur Kraftzentren sahen, die sich in einiger Entfernung anzogen.

Faraday erblickte ein Feld, wo sie nichts als Abstand sahen. Faraday suchte die Grundlagen für die Veränderung in diesem Feld, wogegen die Mathematiker zufrieden waren, ein Potenzgesetz für die Kraft gefunden zu haben. "

Roman Sexl in /1/

„Bewegung, Bewegung", flüstert Paul vor sich hin. Lange betrachtet er seine Skizze und versucht in Gedanken ‚Bewegung' hinein zu bringen. Schließlich legt er Nilsson Punkt für Punkt das Ergebnis seines Gedankenversuches dar: „Im statischen Fall ruhte der Probekörper im Feld. Dann herrscht strikte Parallelität zwischen der Drehachse und der Bewegungsrichtung der Feldpartikel. Um ‚Bewegung' hineinzubringen, brauche ich meine alte Skizze nur ein wenig zu ändern. Wenn dann die Probekörper durch das Feld fliegen, dann sollte etwas passieren..." mit wenigen Strichen ergänzt Paul sein Werk.

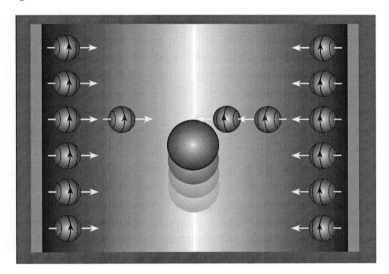

„Es scheint sich nicht sehr viel zu verändern", bekennt er zögernd. „Nur der Charakter der Wechselwirkung zwischen Feldpartikel und Probekörper ist ein bißchen anders, Nilsson. Die anströmenden Partikel treffen nun nicht mehr mit ihrem Polpunkt auf ihn auf. Aus Sicht des bewegten Probekörpers sind die Drehachsen der auftreffende Feldpartikel nun etwas geneigt. Da der Kollisionspunkt neben dem Polpunkt liegt, sollte bei der Kollision ... Oha!" ruft Paul plötzlich. „Der Drehimpuls der Partikel wirft den Probekörper ‚aus dem Bild heraus'!"

Nilsson hebt überrascht den Kopf.

„Sieh her, Nilsson!" Paul ist erregt. „Durch die Neigung der Drehachse ergibt sich eine ganz neue Resultierende! Und die steht sowohl
auf der Bewegungsrichtung der Feldpartikel, wie auch auf der
Bewegungsrichtung des Probeköpers senkrecht! Und diese Komponente würde meinen Probekörper aus meiner Skizze heraus ‚nach
oben' drücken!"
Nilsson brummt unwirsch, schaut sich aber trotzdem Pauls Skizze
genau an. Paul setzt sein Gedankenexperimentes fort:
„Und je höher die Relativgeschwindigkeit ist, desto stärker wird diese
Komponente sein und," Paul stockt, schaut von seiner Skizze auf zu
Nilsson und wiederholt: „Der bewegte Probekörper wird quer zu dessen Bewegungsrichtung ausgelenkt: Wirkt nicht genauso die magnetischen Komponente, von der du gerade gesprochen hast?"
Nilsson schüttelt unwirsch den Kopf und bläst geräuschvoll die Luft
durch die Nase, löst sich von Pauls Skizze und blättert in seinem Buch.
Paul überlegt laut weiter: „Die Größe der quer weisenden Komponente ist abhängig von der Relativgeschwindigkeit zueinander. Wird
die Geschwindigkeit immer größer, dann sollte schließlich der gesamte
im Partikel steckende Drehimpuls bei einer Kollision in ‚Querimpuls'
umgewandelt werden. Im gleichen Maße würde natürlich die in der
Bewegungsrichtung liegende Impulskomponente am Probekörper
schwächer." Paul richtet sich auf: „Der Zusammenhang ist klar, Nilsson:
Beide Komponenten, sowohl die magnetische wie die elektrische Komponente, sind über die Relativgeschwindigkeit zwischen Feld und Probekörper untrennbar miteinander verbunden!"
Nilsson lehnt sich in seinem Sessel zurück und reibt sich stöhnend
die Augen. Paul kümmert das wenig. Hastig korrigiert er in seiner Skizze herum.
„Und wenn ich die Richtung der Relativbewegung spiegele, dann
spiegeln sich auch die Wirkungen am Probekörper. Eine gespiegel-
te Relativbewegung führt logischerweise zu einer gespiegelten Drehachse - und somit zur Spiegelung der Resultierenden am Probeteilchen! Und wenn ich das Feld ‚umpole' - dann wird der transversale Impuls am Probeteilchen auch gespiegelt. Und so weiter, und
so weiter..."
Paul schaut sich seine Skizze nochmals an, nickt zufrieden und plap-

pert eifrig weiter: „Vom Probeteilchen aus gesehen führt die Umpolung des elektrischen Feldes zu dem gleichen magnetischen Impuls wie die Spiegelung der Bewegungsverhältnisse ..."
„Nun ist es aber genug!" unterbricht Eli Pauls Redefluß. „Diese Spiegelungen und das Hin und Her, das ist mir einfach zu abstrakt, Paul! Kannst du nicht in wenigen Worten oder an einer einfachen Skizze zeigen, wie diese Wechselwirkungen entstehen?
Früher nutzte ich für diese Fälle die Rechte-Hand-Regel oder die Drei-Finger-Regel. Es konnte mir zwar niemand wirklich sagen, was ich mit diesen Handverrenkungen veranschaulichte - aber das Ergebnis - die Richtung der Ablenkung, das hat wohl immer gestimmt!"

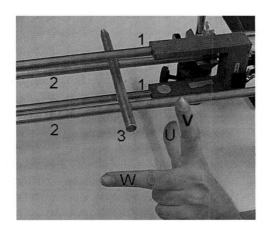

„Versuchen wir es!" entgegnet Paul trocken. „Soweit ich mich erinnere, zeigt in der Drei-Finger-Regel der Daumen ‚U' der linken Hand in die Richtung, in der die Elektronen im Leiter fließen. Der Elektronen-Strom ist die Ursache: U. Elektronen sind negative Ladungsquellen, und nach unserem Bild gehen von ihnen Ströme linksdrehender Partikel aus. Ein Strom linksdrehender Partikel ‚quillt' also unablässig aus dem Elektronen-Leiter hervor. Dieses Feld ‚sieht' man nicht, doch da es die am Probekörper entstehende Wirkung ‚vermittelt', nennen wir es ‚Vermittlung' - und es wird durch den Zeigefinger ‚V' dargestellt, der senkrecht neben dem Daumen aufragt.
Da sich die Ladungsquellen im Leiter bewegen, werden die von ih-

nen codierten Partikel auf den im Feld ruhenden Probekörper nicht mit dem Pol auftreffen, sondern die Achse wird bei der Kollision ‚geneigt' sein. Dies bewirkt die senkrecht zur Bewegungsrichtung der Feldpartikel stehende Impulskomponente. Es das ist die Wirkung ‚W', welche durch den wiederum senkrecht zur Vermittlung stehenden Mittelfinger dargestellt wird." Paul schaut Eli fragend an, hebt beide Hände und fährt fort: „Die beiden Komponenten verhalten sich gegenläufig, je nach der Relativgeschwindigkeit zwischen Feldquellen und Probekörper. Und ich glaube, Eli, daß diese drei Zusammenhänge aus unserem Bild gut zur deiner ‚Drei-Finger-Regel' passen!."

Eli kratzt sich unsicher das Kinn. Vasco dagegen ist begeistert. „Eli!" ruft er vorwurfsvoll. „Willst du etwa behaupten, daß du diese elektromagnetische Wechselwirkung nicht ‚verstehen' kannst?"

„Ich bin mir nicht sicher, Vasco." Eli lächelt säuerlich.

Als Maxwell sich zuerst mit dem Elektromagnetismus beschäftigte, war er ein junger Student in Cambridge, der viel Wert auf Mathematik legte. Er berichtet, daß er gewarnt worden sei, es gäbe einen Unterschied zwischen Faradays Art, Phänomene zu sehen, und der Sichtweise der Mathematiker. Deshalb habe er sich entschlossen, vor allen mathematischen Darstellungen die Darstellung Faradays zu lesen. Es wurde Maxwell bald klar, daß sich Faradays Feldlinien in die Sprache der Mathematik übersetzen ließen. Sein natürlicher Instinkt war dem Faradays genau entgegengesetzt. Weil Faraday keine mathematische Ausbildung hatte und er jedem Symbolismus abgeneigt war, wurden seine Gedanken von vielen seiner begabten Zeitgenossen nicht ernst genommen. ... Das erschwerte die Verbreitung seiner revolutionären Ideen.

Barrow, Die Natur der Natur, Seite 165

„Schau her!" ruft Vasco und macht sich in Nilssons Archiv zu schaffen.

„Hier ist das Bild der im Kreise laufenden Ladungsträger, der Kreis-Strom!"

„Von dem habe ich schon gehört" entgegnet Eli gelassen.

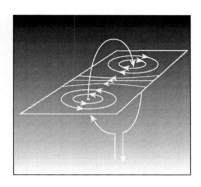

„Die in der Ebene dargestellten Feldlinien veranschaulichen die Wirkung des elektromagnetischen Feldes auf einen Probekörper.

Und um diese Wirkung zu verstehen," Eli stöhnt auf, „Um diese zu ‚verstehen' soll ich mir nun ‚vorstellen' wie sich bewegende Feldquellen unablässig Partikel aussenden? Ich soll mir vorstellen was passiert, wenn diese Strömungen dann auf einen in der Ebene liegenden Probekörper treffen?"

Eli blickt Vasco entgeistert an, wendet sich aber dann doch dem Bild zu. „Najaaaa." meint er schließlich in verhalten Ton, „Wenn ich mir Mühe gebe, dann bekomme ich schon eine ‚Vision'. Zumindest ‚sehe' ich, daß der Probekörper von einem derartigen Strömungsfeld seitlich ausgelenkt werden sollte."

Auch Paul läßt in Gedanken rotierende Partikel aus dem Kreisleiter strömen. Doch Vasco läßt ihm keine Zeit seine Gedanken zu Ende zu bringen.

„Hier!" ruft er dazwischen. „Hier ist das Magnetfeld einer Spule! Es ergibt sich, wenn wir die Magnetfelder mehrerer stromdurchflossener Schleifen übereinander legen."

Paul betrachtet die Spulenzeichnung und läßt in Gedanken Ladungsquellen durch die Spulenwindungen fließen. Von jeder Windung gehen Ströme codierter Partikeln aus. Paul stellt sich vor, wie sich diese Strömungen gegenseitig überlagern...

Doch er kommt nicht weit.

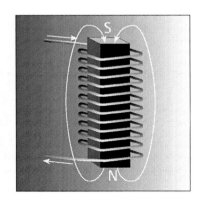

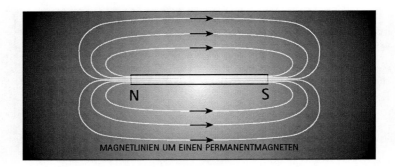

MAGNETLINIEN UM EINEN PERMANENTMAGNETEN

„Und hier ist das Magnetfeld eines Permanentmagneten", unterbricht Vasco schon wieder. Paul wendet sich langsam dem neuen Bild zu - und schüttelt überrascht den Kopf. „Worin unterscheiden sich die Wirkungen eines stromlosen Permanentmagneten von denen der stromdurchflossenen Spule?" Nilsson lacht kurz auf. „In Nichts, Paul! Obwohl im Magneten kein Strom fließt, wirkt er im Prinzip genau so in den Raum wie eine stromdurchflossene Spule. Am Besten, Paul, du stellst dir einen Magneten als eine Ansammlung von exakt ausgerichteten, mikroskopisch kleinen Kreisströmen vor."

Paul schaut Nilsson lange mit schräg gehaltenem Kopf an und schiebt skeptisch die Unterlippe nach vorn.

„Viele mikroskopisch kleine Kreisströme?" wiederholt er langsam.

„Weißt du Nilsson, woran mich diese mikroskopisch kleinen Kreisströme erinnern?" Gleichmütig hebt Nilsson die Schultern.

„An meinen Elektronen-Schwimmring", flüstert Paul und wiegt bedeutungsschwanger seinen Kopf. „Aber dann müßte ein Elektron neben seinem elektrischen Feld um sich herum auch ein magnetisches Feld haben. Jedes Elektron müßte einen Nord- und einen Südpol haben - wie ein Magnet. Doch davon habe ich noch nie etwas gehört."

„Laßt mich damit bitte in Ruhe!" nicht gerade unhöflich, aber energisch unterbricht Nilsson Pauls Gedanken. „Du kannst mit Eli unter vier, unter acht oder sonstwieviel Augen gern über die Gestalt des Elektrons und seine Pole spekulieren, Paul: doch bitte verschone mich damit. Derartige Diskussionen haben mich einfach schon zu viel Zeit gekostet. Ich habe nichts gegen eueren Jonas und den Versuch einige elektromagnetische FELD-Aspekte anschaulich darzustellen. Doch was die Gestalt Eurer Blackbox-Teilchen betrifft bin ich hartnäckig.

Allein das Elementarteilchen Elektron tritt in der Physik schon in so vielfältiger Art und Weise in Erscheinung, daß ich mir diese Verkleidungen gar nicht alle merken kann! Ich glaube einfach nicht mehr, daß ein Mensch sich je vorstellen kann, was dieser Vielfalt zu Grunde liegt. Kein Mensch kann sagen ,was' ein Elektron wirklich ist. Und weil ich davon tatsächlich überzeugt bin, möchte ich meine Zeit nicht mehr damit verschwenden." Das war ein klarer Standpunkt.

„Euer FELD-Modell dagegen, das gefällt mir sehr viel besser", setzt Nilsson versöhnlich dazu.

„Es erinnert mich nämlich sehr an Faradays Feld, das erste und letzte Feldmodell des Elektromagnetismus, das Menschen als anschaulich bezeichnet haben."

Er hebt das Buch auf seinem Schoß und schlägt es auf. „Faraday entwarf dieses Bild als man noch überzeugt war, daß der Äther den Raum füllte. Faraday glaubte, daß die Quellen der elektrischen Felder in der Lage wären diesen Äther so zu beeinflussen, daß sich seine Bestandteile zu rotierenden Schläuchen ordnen, die die Feldquellen mit den Feldsenken verbinden. Die Oberflächen dieser rotierenden Schläuche sollten den sie streifenden Körpern einen Impuls vermitteln.

Wenn sich ein Körper im Schlauchbündel in Ruhe befindet, so sollten sich die transversalen Impulse der einzelnen Schläuche an ihm aufheben.

Bewegt sich jedoch ein Probekörper gegenüber dem Schlauchbündel, dann wird sich ein Impuls an ihm herausbilden, der quer zur Bewegungsrichtung liegt.

Hier," Nilsson weist auf das Blatt, „hier ist eine Skizze der Faradayschen rotierenden Schlauchbündeln.

Sie sind im Querschnitt dargestellt, so, wie sie stirnseitig aus einer stromdurchflossenen Spule oder einem Permanentmagneten austreten würden.

Doch ich befürchte, Paul, daß mit Faradays Feldmodell das Ende der Fahnenstange ,Anschaulichkeit' für die elektromagnetischen Wechselwirkungen erreicht ist."

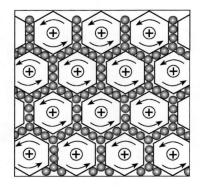

Faraday hatte aufgrund seiner Religion einen praktischen und völlig unmathematischen Zugang zur Naturwissenschaft. Es überrascht deshalb nicht, daß er Maxwells anspruchsvolle mathematische Beschreibung der elektromagnetischen Phänomene ganz außerhalb seines Fassungsvermögens fand.

Er fragte Maxwell einmal, ob er seine Schlußfolgerungen nicht genauso vollständig, klar und deutlich in der Umgangssprache darstellen könne wie durch mathematische Formeln, um so ihre Hieroglyphen verständlich zu machen.

Bild aus /1/ Maxwells Ätherrausch John D. Barrow /12/

Nilsson wirft einen Blick auf die Uhr und hat es plötzlich sehr eilig. „Ich sehe schon eine gewisse Ähnlichkeit zwischen Faradays Modell und euren FELD-Vorstellungen. Doch könnt ihr mit diesen codierten Partikelströmen auch eine elektromagnetische Welle modellieren?" fragt Nilsson und nickt Paul auffordernd zu. „Unsere Funkanlage erzeugt zum Beispiel einen Wechselstrom, moduliert dann das Signal darauf, verstärkt das Ganze, und genau im Takt dieser Wechselspannung mit Modulation tanzen dann die Ladungsträger in der Antenne hin und her ..."

Wandernde Pakete

Die Bewegung von Magnetfeldern erzeugt elektrische Felder, die Bewegung von elektrischen Feldern erzeugt Magnetfelder. Die beiden anfänglich getrennten Felder waren nun auf eine besonders innige Art vereint. Aus der Theorie von Elektrizität und Magnetismus war die Theorie des Elektromagnetismus geworden. Die Maxwellschen Gleichungen bestätigten auch eine Vermutung, die bereits Faraday formuliert hatte. Wenn die Feldlinien als gespannte Schläuche im Äther aufzufassen sind, dann könnte man diese Schläuche auch anstoßen und in Schwingungen versetzen. Diese Schwingungen sollten sich in Form einer Welle von Punkt zu Punkt durch den gesamten Raum ausbreiten. Roman Sexl, in /1/

Wechselfelder

Paul wiederholt: „An die Antenne wird eine Wechselspannung angelegt." und er widmet sich sogleich dem Bild einer elektromagnetischen Welle. „Und diese Wechselspannung treibt die Elektronen im Draht hin und her?"

„Ja!" kommentiert Nilsson knapp.

„Hmm!" Paul kratzt sich am Scheitel. „Elektronen sind negativ geladen. Es sind Ladungsquellen. Und wenn sie bewegt sind, dann werden sie Feldpartikel mit entsprechend geneigter Drehachse aussenden. Und wenn diese Elektronen in einem Draht hin und her oszillieren, dann werde sie Partikelströme mit entsprechend wechselnder ‚Neigung' in den Raum senden."

Paul schaut Nilsson einige Sekunden nachdenklich an.

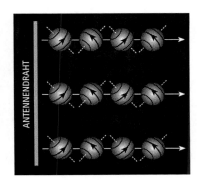

„Und diese wechselnd codierten Partikelfronten werden solange durch den Raum fliegen, bis ihnen andere geladene Teilchen -*Probekörper*- begegnen. Und mit diesen würden sie in Wechselwirkung treten und ..." Paul hebt die bedeutungsvoll die Augenbrauen, „Sie werden diese Probekörper hin- und herstoßen. Ja! Die im Draht der Empfangsantenne befindlichen Elektronen werden von den eingehenden Wellenfronten zu genau den gleichen Bewegungsfolgen veranlaßt, die einst verantwortlich für ihre Erzeugung gewesen waren."

„Genau das ist der Sinn der ganzen Angelegenheit", hört man Nilsson im Hintergrund leise spötteln und mit Papier rascheln.

Paul ist überrascht: „So einfach soll das ein? Die von der Sendeantenne kommende elektromagnetische Welle bewirkt im Draht der Empfangsantenne einen Wechselstrom, der in Frequenz und Modulation genauso beschaffen ist, wie der ursprünglich in der Sendeantenne modulierte Strom. Ist das richtig, Nilsson?"

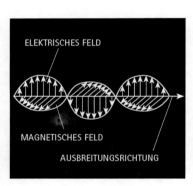

ELEKTRISCHES FELD

MAGNETISCHES FELD

AUSBREITUNGSRICHTUNG

„Ja, ja", brummt Nilsson gleichgültig und blättert in einem Buch. „Da ist es nicht, und da auch nicht,... da!" Er zeigt Paul ein Bild. „Das da", Nilsson hebt belehrend den Zeigefinger, „das ist keine elektromagnetische Welle, Paul. Sondern das sind die Wirkungen einer elektromagnetischen Welle. Die Grafik zeigt, wie die elektrische und die magnetische Wirkung einer elektromagnetischen Welle zueinander stehen.

Auch die Intensitäten der elektrischen und der magnetischen Wirkungen sind miteinander gekoppelt. Ihre Komponenten stehen senkrecht zueinander, aber auch senkrecht zur Ausbreitungsrichtung der Welle und dann wäre ..."

„Ahm, Nilsson!" Vasco hüstelt vornehm und weist auf den Kommuschirm, „Du wirst gerade vom ,Keller' gerufen." Nilsson schaut auf den Schirm, dann auf die Uhr.

„Hab die ganze Zeit daran gedacht, und es trotzdem verpaßt!"

schimpft er, schnappt seinen Koffer und verschwindet ohne ein weiteres Wort eilig durch die Tür.

Paul folgt Nilssons Abgang in den ‚Keller‘ - genauer gesagt, in das Antriebssegment der Heidelberg - mit skeptischem Blick. Je mehr er über Nilssons elektromagnetische Welle nachdenkt, desto weniger gefällt sie ihm.

„Seine elektromagnetischen Wellen", flüstert er Vasco zu und winkt mit dem Kopf in Richtung der sich langsam schließenden Tür, „sind die nicht zu einfach? Stell dir nur einmal vor, was mit den codierten Partikeln geschehen wird, wenn sie sich weiter und weiter von der Heidelberg entfernen!"

Vasco schaut Paul achselzuckend an. „Was denn ?"

„Das ist doch klar! Die in der Wellenfront eingebetteten codierten Partikel werden sehr bald mit ihren uncodierten Kollegen zusammenstoßen und dabei werden sie bald alle ihre charakteristischen Merkmale verlieren! Genauso, wie du es den hyperschnellen Partikeln der virtuellen Wellen prophezeihen hast, werden auch sie von ihrer Umgebung ´nivelliert´! Und dann," Paul zieht bedeutungsvoll die Augenbrauen nach oben, „dann hätte sich Nilssons elektromagnetische Welle einfach aufgelöst. Sie wäre im Nichts verschwunden!"

„Diese Schlußfolgerung ist wohl unausweichlich!" bemerkt Eli spitz. „Doch Nilsson hat elektromagnetische Wellen nicht mit wechselnd codierten Partikelfronten beschrieben, Paul. Das haben wir getan. Nilsson hat mit seinem Antennenbeispiel lediglich die Wirkung elektromagnetischer Wellen veranschaulicht. Andererseits glaube ich", Eli ist jetzt vorsichtig, „daß die Physiker, Chemiker und Biologen mit elektromagnetischen Wellen zwar jeweils bestimmte, aber oft sehr verschiedene Vorstellungen verbinden. Doch ich bin ziemlich sicher, daß bis dato keiner in einer elektromagnetischen Welle Schwärme von rotierenden Partikeln gesehen hat!

Die meisten Naturwissenschaftler sehen in elektromagnetischen Wellen Schwärme von Photonen. In Photonen sehen sie wiederum wandernde Wellen- oder Energiepakete, die sich im leeren Raum mit Lichtgeschwindigkeit fortpflanzen und die dabei unablässig in ihrer Eigenfrequenz schwingen.

Wie sich die Photonen im Leeren Raum fortpflanzen, das kann niemand sagen. Es ist - zumindest für Biologen und Chemiker - auch nicht so wichtig. Denn, daß die Lichtquanten als kompakte Energieportionen im All unterwegs sind, das steht längst nicht mehr zur Debatte. Und auch wir können uns an Bord jederzeit davon überzeugen, Paul. Unsere Geräte zeigen, daß selbst die von den fernsten Welten kommenden Lichtquanten auf ihrem Weg zu uns nichts, aber auch gar nichts von ihrer ursprünglichen Kraft eingebüßt haben. Sie kommen exakt so bei uns an, wie sie vor Jahrmillionen gesendet wurden "

Was wir sehen

„Ich weiß es ja!" gibt Paul unwillig zu. „Doch meine Jonas- Partikelfronten werden sich im Gegensatz dazu sehr bald im Nichts verlieren! Richtige Lichtquanten tun das nicht - und das weist genau auf mein Dilemma: Ich weiß zuwenig darüber, was ein Lichtquant ist! Deshalb kann ich es auch nicht in Jonas' Modell abbilden! Eli: Hast du kein Bild an dem man das Wesentliche, das Charakteristische der Erscheinung Elektro-Magnetische Welle erkennen kann?"

„Nein, Paul. Um ein Bild vom Licht zu zeichnen können wir nur auf dem aufbauen, was wir im physikalischen Sinne von ihnen sehen.

Wir könnten also die Veränderungen an Atomen unter die Lupe nehmen, die mit dem Entstehen oder dem Vergehen elektromagnetischer Wellen verbunden sind. Vielleicht bekommen wir dann eine Vorstellung von dem Charakter der Prozesse bei denen Photonen generiert oder absorbiert werden.

Photonen vergehen zum Beispiel wenn wir sie sehen. Im Grunde können wir ein Lichtquant nicht einmal direkt sehen, denn an seiner Stelle kommt in unserem Gehirn ein elektrischer Impuls an, der zuvor in den Rezeptoren der Netzhaut unserer Augen entstanden ist, als diese das Lichtquant absorbierten."

Eli zögert einen Moment. „Wir sehen auch niemals die durch den Raum strömenden, sozusagen, ,an uns vorbei' fliegenden Lichtquanten. Wir können immer nur die Folgen der Absorption oder der Emission von Lichtquanten sehen. Einsteins Jugendtraum aber, neben dem LICHT her zu fliegen und ES dabei zu betrachten, der wird für immer ein Traum bleiben. Die Existenz eines Lichtquantes beginnt und endet in den uns bekannten Fällen an einem schweren Teilchen. Dazwischen - so glauben

wir zumindest- altert das Quant nicht, sondern es pflanzt sich ,zeitlos'
fort.

Mit zunehmender Entfernung von der Lichtquelle verringert sich
dabei zwar die Zahl der Quanten pro Raumvolumen, doch die Quanten
als solche bleiben zusammen. Ein Hindernis kann den Weg der Wellenpakete ablenken. Ein Spiegel beispielsweise - doch es kann die Formation Lichtquant nicht auflösen. Die Existenz des Lichtquantes ist erst
dann zu Ende, wenn es Eingang in eine passende Atom- oder Molekül-
hülle gefunden hat."

Paul lächelt grimmig, „...oder, wenn es von einem unseren Augen-
Rezeptoren gefressen wurde."

„Richtig." Eli lächelt milde. „Als Biologe möchte ich aber bemerken, daß diese Rezeptoren ausgesprochen wählerisch sind. Die Behauptung, daß wir mit unseren Augen die ganze Welt **sehen** ist zwar verbrei-
tet, aber ein Irrtum. Tatsächlich melden die Rezeptoren unserem Gehirn nur eine verschwindend geringe Zahl der uns begegnenden Photonen. Denn auch dann, wenn wir der Meinung sind im Dunklen zu stehen, strömen eine Unmenge elektromagnetischer Wellenpakete - Photonen - in unsere Augen.

Nur weil unsere Rezeptoren auf ein sehr schmales Frequenzband
spezialisiert sind, können sie mit dem Großteil dieser Photonen nichts
anfangen. Es gibt sehr, sehr viel mehr für uns nicht sichtbarer Photonen, als Sichtbare.

Wir Menschen sehen in Wahrheit also nur einen winzigen Teil von
dem, was existiert. Wir sind nicht wirklich sehend, Paul, sondern vorwiegend blind. Und so ähnlich stelle ... "

„Jetzt verstehe ich!" brüllt Vasco dazwischen und schlägt sich mit
der flachen Hand an den Kopf. „Eli möchte uns mit seinen ausschwei-
fenden Erläuterungen begreiflich machen, daß die Atome und Moleküle auf den meisten Frequenzen des elektromagnetischen Spektrums ebenso blind sind, wie die Rezeptoren unserer Augen. Hab ich recht, Eli?"

Eli schürzt nachdenklich die Lippen, zögert absichtlich ein Weilchen. „Nicht nur wir Menschen, sondern auch die Atome und Moleküle
sehen die Welt nur in einem schmalen Frequenzband." Eli nickt bekräftigend und richtet seine Oberkörper auf: „So ähnlich habe ich es gemeint, Vasco. Du, als Physiker bringst es natürlich auf den Punkt! Und
mich auf einen Gedanken ... "

Entfernte Verwandtschaft

„Wenn wir annehmen, daß die verschiedenen Atome jeweils nur auf Photonen ganz bestimmter Frequenz reagieren, dann müßten sie diese ja von der Vielzahl der anderen Photonen unterscheiden können." Eli hebt den Zeigefinger. „Und so etwas hatten wir schon einmal, Paul. Das ‚riecht' nach Resonanz. Mit Hilfe der Resonanz wählten die Elektronen im Doppelspaltversuch unter den virtuellen Wellen die für sie jeweils Passenden aus." Paul nickt vage.

„Wenn nun", spekuliert Eli weiter, „Atome und Moleküle aus der Vielzahl der elektromagnetischen Wellen ganz bestimmte auswählen, dann wären diese Wellen ja irgendwie mit unseren virtuellen Wellen verwandt, Oder?"

Auch der Lichtelektrische Effekt (Foto-Effekt) läßt sich nur erklären, wenn man die Existenz der Photonen voraussetzt: Elektronen können durch Licht aus Metallen befreit werden ...
Zwei Beobachtungen an diesem Effekt ließen sich auf klassische Weise nicht erklären. Erhöht man erstens die Intensität der Lichtstrahlung, so stellt man keine Geschwindigkeitserhöhung der emittierten Elektronen fest, nur ihre Anzahl wird größer. Verwendet man zweitens anstelle des ultravioletten Lichtes rotes, also langwelligeres, so tritt der Effekt auch bei hoher Lichtintensität nicht auf ...
Physik, Fundament der Technik, 1974 Leipzig

„Mit den virtuellen Wellen verwandt?" Paul zweifelt. „Virtuelle Wellen sind doch etwas schwaches, im Grunde gar nicht direkt nachweisbar, Eli. Obendrein haben sie eine extrem kurze Reichweite. Photonen dagegen sind Lichtjahre weit unterwegs ohne ihre Kraft einzubüßen! Sie sind doch von einem ganz anderen Kaliber, Eli. Jedes Photon ist in der Lage eindeutige Spuren, bleibende Wirkungen zu hinterlassen ..."

„... zum Beispiel bewirkt ein geeignetes Photon an einem Molekül den Sprung der Elektronenhülle in den angeregten Zustand," holt sich Eli das Wort zurück und nickt Paul zu. „Und genau bei diesen Sprüngen sind die Moleküle sehr wählerisch. Der Sprung in den Anregungszustand findet nur dann statt, wenn ein Photon in genau der richtigen Frequenz anklopft.

Eine weitere Gemeinsamkeit zwischen den beiden Wellenphänomenen sehe ich darin, daß wir von ihrer Existenz erst dann erfahren, wenn sie Harmonie zu ihrem jeweiligen Probekörper gefunden haben und ihn veränderten.

So, wie die virtuellen Wellen im Doppelspalt vom Elektron nur dann gesehen werden, wenn sie harmonisch einwirken, so wird auch das Wellenpaket Photon nur dann in die Atomhülle Eingang finden, wenn es in der richtigen Frequenz anklopft."

Eli nickt mehrfach bekräftigend mit seinem Kopf. „Wenn die Frequenz nicht passt, Paul, dann wird das Photon sozusagen ‚durch die Atomhülle hindurch gereicht' und jenseits einfach wieder hinaus geworfen. Und nur weil das Photon bei dieser Prozedur immer ein kleines bißchen aufgehalten wird, erfahren wir überhaupt davon, daß es im Molekül ‚drin' war."

Bremsende Eignungsprüfungen

„Wie bitte?" hakt Paul ein: „Was passiert mit den Wellenpaketen, wenn sie auf ein Atom treffen aber ihre Frequenz nicht genau paßt?"

Eli hebt gleichmütig die Achseln: „Wenn die ‚Eignungsprüfung' fehlschlägt, fliegen sie schnellstmöglich wieder aus dem Atomgefüge hinaus."

„Aha!" Paul nickt „Schnellstmöglich. Die ‚Eignungsprüfung' dauert zwar nicht lange, aber sie wird trotzdem Zeit in Anspruch nehmen. Das heißt: solange das Photon im Atom drin ist, kann es sich nicht fortpflanzen." Eli nickt gleichmütig.

„Das heißt", Paul hebt seinen Finger, „daß die Geschwindigkeit von Photonen dort am größten sein wird, wo ihnen nichts - erst recht nicht ein Oberlehrer, der mit einer Eignungsprüfung droht - in den Weg kommt!"

„Natürlich!" Eli versteht und setzt Pauls Gedanken begeistert fort. „Deshalb pflanzen sich Photonen im Vakuum am schnellsten fort!"

„Darauf bin ich noch gar nicht gekommen!" staunt Vasco.

„Im Vakuum hat ein Photon keine Parkmöglichkeit in Form einer Atomhülle. Ganz anders wird der Sachverhalt, wenn das Lichtquant in ein optisch dichtes Medium eintaucht!" Vasco reibt sich erstaunt das Kinn.

„Du weißt ja, Paul, daß es bei klassischen Materiewellen genau umgekehrt ist. Während sich der Schall im leeren Raum - im Vakuum - überhaupt nicht ausbreitet, ist er in der Luft rund 320 m/sek schnell. Das ist relativ langsam - Luft ist auch relativ dünn. Aber im dichteren Wasser sind Schallwellen dann schon mit rund 2000 m/sek unterwegs! Dieser Zusammenhang ist auch der Grund, weshalb kein Mechaniker wirklich verstehen kann, daß die Lichtgeschwindigkeit im Vakuum ihr Maximum hat. Nach den ihm geläufigen Zusammenhängen wird mit der Dichte des Mediums auch die Geschwindigkeit der sich darin fortpflanzenden Welle wachsen ..."

Vasco reibt sich zufrieden die Hände und kichert. „Euer Photonenmodell ist zwar noch genauso verschwommen wie vorher, aber der Mechaniker in mir hat nun wenigstens eine Ahnung weshalb der klassische Dichte-Geschwindigkeits-Zusammenhang bei Photonen nicht zutrifft."

Ein erster Hauch von Chaos

„... genauso verschwommen wie vorher", wiederholt Paul und nickt traurig mit dem Kopf. „Ich stecke immer noch im gleichen Dilemma! Wenn nun schon die Physik kein brauchbares Bild hat, wie ist es dann mit den Biologen und Chemikern, Eli? Die haben sich doch bestimmt Eselsbrücken gebaut! Erkläre mir doch einmal aus deiner Sicht, was genau passiert, wenn sich ein Photon von einer Atomhülle abnabelt."

Im Hintergrund kichert Vasco leise.

Eli atmet tief durch und wirft einen verzweifelten Blick an die Zimmerdecke. „Die Chemiker und Biologen," er wirft vorsichtshalber einen warnenden Seitenblick zu Vasco, „haben ihr spezielles, für ihre Zwecke brauchbares Bild vom Abnabeln, Paul. Sie stellen sich vor, daß sich die Elektronen in den Atomhüllen in verschiedenen energetischen Niveaus, sogenannten ´Bahnen´ befinden können."

Atom (grch., „unteilbar", von Demokrit) das kleinste, mit chem. Mitteln nicht weiter spaltbare Teilchen eines chem. Elements. Die A.e haben Durchmesser von etwa 10–8 cm u. bestehen aus einem positiv elektr. A.kern aus Protonen u. Neutronen u. einer Hülle aus negativ elektr. Elektronen. Der Kern ist etwa 10–12 cm groß u. enthält nahezu die gesamte Masse des A.s. Das A. ist nach außen elektr. neutral; die positive Kernladung ist ein ganzzahliges Vielfaches der Elementarladung u. gleich der negativen Ladung der Elektronenhülle. Kern u. Hülle werden durch die elektr. Anziehungskräfte zw. den ungleichnamigen Ladungen zusammengehalten. Innerhalb der Hülle sind die Elektronen in einzelnen „Schalen" angeordnet, die von innen nach außen 2, 8, 18, 32 usw. Elektronen nach der Formel 2n2 (n = Nummer der Elektronenschale) aufnehmen können. Nach dem anschaul. A.modell von E. Rutherford u. N. Bohr (1912) kreisen die Elektronen auf Ellipsenbahnen um den Kern. Dieses Modell erklärt jedoch nicht alle experimentellen Tatsachen. Nach der Quantentheorie kann man sich die Elektronen als Ladungswolken um den Kern verteilt denken.

Bertelsmann Lexikon

„Das einfachste Atom ist das **Wasserstoffatom.** Es entsteht, wenn sich zwei freie Elementarteilchen vereinen. Dabei wird ein vorher freies, positiv geladenes Proton mit einem vormals freiem, negativ geladenem Elektron - das zur Hülle des neutralen Wasserstoffatoms wird - verschmelzen.

Das Hüllenelektron schwirrt dabei - salopp ausgedrückt - ununterbrochen um den Kern herum." Eli zeigt auf sein Bild.

„Hier habe ich das Bild eines Sauerstoffatoms. Es hat acht Elektronen, die auf verschiedenen en-

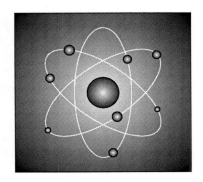

ergetischen Zuständen den Atomkern umschwirren können. Die verschiedenen Zustände unterscheiden sich durch die Gestalt der Bahn.

Vereinfacht könnte man sagen, daß sich bei Anregung des Atoms
die Hüllenausdehnung vergrößert, denn tatsächlich wird das Volumen,
in dem die Elektronen unterwegs sind, größer. Die Elektronenbahn verläuft sozusagen weiter draußen und ..."

„Genug!" Vascos Geduldslimit ist nun erschöpft. Er zeigt demonstrativ mit dem Finger auf Elis Atomdarstellung: „Leider haben nicht
nur Biologen, sondern die meisten Menschen vom Aussehen eines Atoms
eine falsche Vorstellung! Es ist eben nicht so, daß negative Elektron auf
bestimmten Bahnen wie Satelliten um den positiven Kern herum fliegen. Genaugenommen dürfen wir nicht einmal sagen, daß sich die
Hüllenelektronen um den Kern herum bewegen.

Seit dem Doppelspaltversuch wissen wir schließlich, daß diese Elektronen kein ETWAS sind, das in klassischen Bahnen durch die Gegend
kurvt. Man könnte noch sagen, die Hüllenelektronen halten sich im
Orbital auf, aber noch besser ist zu sagen: sie sind das Orbital...

Quantensprung und Partikelidentität

*Wenn wir in einer theoretischen Überlegung mit zwei oder
mehr Teilchen derselben Art zu tun haben, dann müssen
wir ihre Individualität verwischen, sonst werden die
Resultate einfach falsch, stimmen nicht mit der Erfahrung.
Wir müssen zwei Situationen, die sich nur durch
Rollentausch der zwei Elektronen unterscheiden, nicht
etwa bloß als gleich -das wäre selbstverständlich - sondern
wir müssen sie als eine und dieselbe zählen; zählt man sie
als zwei gleiche, so kommt Unsinn. Dieser Umstand wiegt
schwer, weil er für jede Art von Partikel in beliebiger
Anzahl ohne jede Ausnahme gilt und weil er allem, was
man in der alten Atomtheorie darüber dachte, straks
zuwiderläuft.*   *Erwin Schrödinger in /10/*

„In einem Punkt gebe ich Eli jedoch recht." Vasco nickt Eli beschwichtigend zu, „Und das betrifft die Gestalt und die Größe der Orbitale. Zumindest gibt es hier tatsächlich einen Zusammenhang zum

Anregungszustand des Atoms. Vielleicht kann Eli dir ein paar Orbitalgestalten zeigen..." Vasco schaut zu Eli und winkt mit dem Kopf in Richtung von Nilssons Bildschirm. Dann wendet er sich wieder an Paul. „Andererseits sollte man in den regelmäßigen Orbitalwolken auch nicht den geometrische Ort des Elektrons sehen, oder diese Orbitalwolke gar als die Hüllkurve eines geregelten Bahnenkomplexes betrachten: Ein Orbital, das ist nichts weiter, als eine stehende Welle. Mit der Schrödingergleichung kann man die Gestalten dieser Stehenden Wellen berechnen. Diese Gleichung ist statistischer Natur, sie beschreibt sozusagen den statistisch verschmierten möglichen Ort der Elektronen. Die Orbitalgestalt selbst ergibt sich dabei aus ..."

Schrödinger und eine Welt aus Wellen

In einer Arbeit, in der er die Äquivalenz der Matrizen- und Wellenmechanik zeigte, bezieht er (E.Schrödinger) sich direkt auf „Ätherwellen". Aus diesem Zitat gehen Schrödingers Ansichten klar hervor, auch wenn er in seinen vier Arbeiten über Wellenmechanik den physikalischen Ursprung der Wellen nicht diskutiert. Den Grund dafür gab Schrödingers in der ersten dieser Arbeiten:„Es liegt natürlich sehr nahe, die Funktion (Psi) auf einen Schwingungsvorgang im Atom zu beziehen, dem die den Elektronenbahnen heute vielfach bezweifelte Realität im höheren Maße zukommt als ihnen. Ich hatte auch ursprünglich die Absicht, die neue Fassung der Quantenvorschrift in dieser mehr anschaulichen Art zu begründen, habe aber dann die obige neutral-mathematische Form vorgezogen, weil sie das Wesentliche klarer zu Tage treten läßt."
Franco Selleri in /8/ Schrödinger und eine Welt aus Wellen

„Einen Moment!" unterbricht ihn Paul und schaut Vasco mit großen Augen an. Leise, aber bestimmt fragt er: „Was du da gerade vorträgst, Vasco, ist das die Auffassung der Quantenmechanik? Oder bist du schon mitten drin, im Modell von Jonas?"

Vasco stutzt. „Die Wahrscheinlichkeitsfunktion und der nicht vorhersagbare Ort des Elektrons - das ist wohl reine Quantenmechanik!" antwortet er langsam.

„Die Schrödingergleichung, die Stehende Welle um den Atomkern, die Orbitalwolken - all das ist Quantenmechanik. Doch," er hebt zustimmend beide Hände: „Man kommt dabei natürlich auf die Idee, daß diese Erkenntisse bei Jonas Modell schon in der Wiege lagen. Es kann, aber es muß nicht so gewesen sein."

„Das spielt im Grund keine Rolle", winkt Paul ab. In diesem Moment hat Eli etwas im Archiv gefunden. Seltsam schöne Orbitalgestalten erschienen auf dem Schirm.

„Diese Bilder," Eli weist stolz auf seinen Fund, „zeigen die möglichen Gestalten eines Wasserstoffatoms bei verschiedenen energetischen Zuständen. Die Formen sind berechnet und im Versuch bestätigt. Der Charakter der Gleichung legt nahe sie als Abbilder stehender Wellen aufzufassen. Leider kann niemand genau sagen, was da eigentlich stehend schwingt."

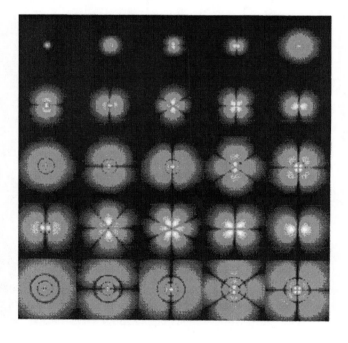

Bild: http://iff.physik.unibas.ch/~florian/HATOM/
HATOM.html

Das Wasserstoffatom ist das einfachste der chemischen Elemente. Sein Atomkern besteht aus einem einzigen Proton, das durch seine positive elektrische Ladung ein rund zweitausendmal leichteres, entgegenge-setzt geladenes Elektron in seinen Bannkreis zwingt. ... Dieser Bereich hat im Normalzustand die Gestalt einer dickwandigen Hohlkugel, die das Proton umschließt. Wird das Elektron jedoch durch äußere Einflüsse (Strahlung) in energiereichere Zustände versetzt, verformen sich diese Bereiche zu den bizarrsten räumlichen Figuren. Text nach Isaac Asimov, Sternstunden der Forschung, Seite 129. Stuttgart DVA 1971

Stehende Wellen

Eingehend betrachtet Paul die Bilder. „Seid ihr nun stehende Wellen", fragt er leise die Gestalten „oder seid ihr Abbilder geschlossener Resonanzfiguren. Oder seid ihr beides zugleich?"

Abrupt dreht er sich zu Vasco:„Erinnerst du dich noch an unsere Spielerei mit der Spirale??"

„Spirale??" Vasco versteht nicht und zuckt mit den Schultern.

„Macht nichts! Ich wiederhole den Versuch einfach." antwortet Paul gelassen und kramt in seiner Hosentasche. „Ich habe das Ding ja meistens einstecken!"

Das ‚Ding' ist eine dünne Federspirale.

Rasch befestigt Paul ein Ende an der Tür und geht danach zwei Schritt zurück. Die Spirale ist nun gespannt.

„Wenn ich sie unharmonisch bewege", Paul schaut auf seine Hand, „dann wird die Spirale nur chaotisch Zappeln. Ich kann aber auch zwischen meiner Hand und der Türklinke eine harmonische, stehende Schwingungsfigur erzeugen. Dazu muß ich nur die richtige Frequenz treffen. Gleich könnt ihr sehen, wie eine stehende Welle..." heftig mit der Hand rudernd sucht Paul die Resonanz zur Spirale, „wie eine stehende Welle entsteht. Da ist sie schon, die Erste!"

Die Spirale schwingt nun tatsächlich stabil in einem weitem Bogen und ohne erkennbare Unterstützung von Pauls Hand. Es stimmt: Zwi-

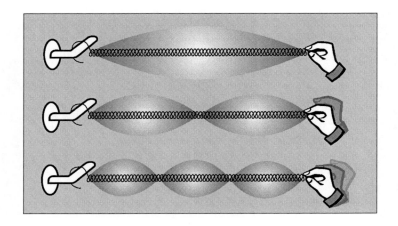

schen der Türklinke und Pauls Hand steht eine Schwingungsfigur. „Dies ist die längste und deshalb auch die am langsamsten schwingende Figur", erläutert Paul. „Sie schwingt in einem Bogen, der sich über ihre gesamte Länge erstreckt. Man sieht, daß ich mit dieser Spirale gar keine langsamere Schwingung zu Stande bringen kann. Und nun geht´s ab, zur nächsten Resonanzfigur!"

Paul beschleunigt seine Handbewegungen und die einfache Figur verliert sich schnell in chaotischem Gezappel.

Lange Sekunden schwirrt sie unberechenbar, bis sich dann doch wieder Anzeichen von Ordnung in den Bewegungen erkennen lassen. Immer klarer kristallisiert sich eine Kontur aus dem Chaos heraus und stabilisiert sich: „Das ist die stehende Schwingungsfigur in der doppelten Frequenz!" ruft Paul zufrieden. „Der Knoten befindet sich genau in der Mitte der Spirale!" Tatsächlich scheinen die beiden gegenläufige Bögen zwischen Pauls Hand und der Türklinke im Raum zu ´stehen´.

Nur wenige Sekunden läßt Paul die Einknotenfigur schweben, dann erhöht er die Frequenz erneut. Nach Momenten des scheinbar unvermeidlichen Chaos schält sich die nächste Resonanzgestalt heraus: der Dreifachbogen.

Paul erhöht kurz darauf die Erregerfrequenz weiter und er glaubt sogar kurz eine Gestalt mit drei Knoten erkennen zu können. Aber er kann sie nicht stabilisieren. Paul versucht es noch ein paarmal, doch es ergibt sich nur chaotisches, konturloses Flirren. Nun hält er die Hand ganz still.

Aus dem Chaos bildet sich scheinbar von allein eine Dreiknoten-
figur. Sie steht kurze Zeit und löst sich im neuen Chaos auf.
Danach kristallisiert sich eine Zweiknotenfigur heraus, viel deutlicher
und klarer als ihr Vorgänger. Pauls Hand bewegt sich während der ganzen Zeit nicht - im wahren Sinne des Wortes ist bei der Genese der Stehenden Wellen aus dem Chaos nur Reibung, aber keine Hand im Spiel.
„Selbstorganisation ...", murmelt Eli im Hintergrund.
Auch die Zweiknotenfigur verliert sich bald in wildem Gezappel.
Die Ein-Knotenfigur erscheint und kurz darauf pendelt die Spirale zwischen der Türklinke und Pauls Hand in einem weitem Bogen aus. Paul
schaut sich triumphierend um.
„Na, was meint ihr?" fragt er in den Raum. „Könnte es nicht sein,
daß die ‚stehenden Wellen' um den Atomkern, die Orbitale, auch solche ‚Resonanzfiguren' sind?"
„Möglich", antwortet Vasco zurückhaltend. „Wir haben ja alle gesehen, daß die Spirale in verschiedenen Figuren als stehende Welle
schwingen kann. Doch ich habe in deinem Versuch nicht nur stehenden
Wellen gesehen, die wie Inseln der Ordnung inmitten eines Meeres von
Chaos liegen. Noch eindrucksvoller fand ich, daß gerade dann besonders viel Energie zwischen dem schwingenden System und dessen
Umgebung fließt, wenn es im Begriff ist von einer Insel der Stabilität
zur anderen zu wechseln.
Es spielt dabei keine Rolle ob es energetisch bergauf geht, oder berg-
ab. Immer geht die Spirale beim Übergang von einer Insel zu anderen
durch eine Phase des Chaos. Und genau in dieser Phase findet der wesentliche Energieaustausch mit der Umgebung statt ..."
Vasco stockt, schaut Paul abwartend an und reibt sich die Hände, als
würde ihn etwas bedrücken. Dann fährt er betont diplomatisch fort: „Ich
fürchte, Paul, das dieses Spiralenbeispiel als Anschauungshilfe für den
Übergang zwischen Anregungszuständen der Atomhülle ungeeignet ist."
„Wieso?" protestiert Eli umgehend: „Die stehenden Wellen von Pauls
Spirale sind doch treffend! In den stabilen Phasen schickt Paul mit seinen harmonischen Handbewegungen nur soviel Energie in das System,
wie die Spirale in internen und externen Reibungsverluste an den Raum
verliert. Die Spirale schwingt ja gerade deshalb stabil."
Vasco lächelt gequält. „Die Analogie zur stehenden Welle, zur Resonanz, Eli, das ist ja alles in Ordnung! Paul hat aber das ganze Spiel

nur gemacht, um sich dem Wesen des Photons nähern zu können! Und deshalb sind für uns weniger die ‚stabilen Inseln' interessant, denn das sind ja Inseln der Ruhe. Auf ihnen passiert nichts besonderes. Und während dieser Phasen wird schon gar kein Photon entstehen. Aber in den Chaosphasen dazwischen, Eli, da passiert etwas. Wenn das System die Insel der Stabilität verläßt um sich einer anderen Insel zu nähern, trudelt die bis dato stehende Welle zunächst ins Chaos. Und genau dies ist der Moment, an dem die Genese einer elektromagnetischen Welle beginnen müßte..." Vasco neigt den Kopf und lächelt Paul mitfühlend an.

„Wo genau ist das Problem?" fragt Paul verunsichert. „Mit meinem Versuch habe ich doch nur gezeigt, daß ein System verschiedene Resonanzzustände haben kann. Und, daß die Übergänge dazwischen - also die Aufnahme oder die Abgabe der Energie einer elektromagnetischen Welle - nicht instantan stattfinden. Selbst bei perfekt harmonischer Erregung dauern die chaotischen Phasen zwischen den stehenden Wellen ja eine gewisse Zeit an - das ist klar!

Also wird auch die Genese eines Photons am Molekül eine Zeit lang dauern. Der Energiefluß von den Hüllenelektronen in die entstehende und sich abnabelnde Wellenformation beginnt irgendwann am Ende der harmonischen Phase. Doch wirklich massiv wird Energie erst dann fließen, wenn wir gar keinen Zyklus mehr am schwingenden System erkennen. Wenn die Spirale oder das Orbital chaotisch herum zappelt und ..." Pauls Stimme ist plötzlich brüchig geworden. Mit der flachen Hand schlägt er sich nun an die Stirn: „Jetzt verstehe ich deine Bemerkung, Vasco!!" flüstert er betroffen und senkt den Kopf. „Photonen entstehen im Chaos!"

„Wie jegliche Ordnung", resümiert theatralisch Eli, „so werden auch Photonen im Chaos geboren!" Es ist nicht heraus zu hören ob es nun Hochachtung oder pure Ironie ist, was in seiner Stimme mitschwingt. „Das ist ja Klasse!" setzt er noch eins drauf: „Die Photonen entstehen und vergehen im Verlauf eines Prozesses, der für uns die Verkörperung der Unvorhersagbarkeit ist." Eli kratzt sich leise kichernd am Kopf und erinnert sich: „Es ist das nichtlineare Chaos, aus dem heraus sich jede geordnete Struktur entwickelt, und in dem sie irgendwann wieder verschwindet. Ich erinnere mich an die Worte - aber ich weiß nicht mehr von wem sie sind ..."

Er schaut nachdenklich in die Ferne und überlegt einen Moment, dann kehrt er zurück in die profane Wirklichkeit. „Deine chaotische Erkenntnis", prophezeit er Paul - und nun ist es die reine Ironie, „die stärkt nicht gerade meine Hoffnung das Photon jemals vor meinem geistigen Auge abbilden zu können."

„Ja. Das sieht tatsächlich nicht so gut aus", bestätigt ihm Paul sachlich. Er hat sich offenbar schnell damit abgefunden, daß am Anfang und am Ende aller ordentlicher Wellenformationen das pure Chaos steht.

„Wenn man es genau nimmt", tröstet er Eli augenzwinkernd, „so ist das eine sehr alltägliche Schlußfolgerung: Ordnung entsteht aus dem Chaos. Und keine Ordnung wird ewig währen."

Paul lächelt wehmütig. Er erinnert sich der schwer erkämpften Ordnung in seinen Kabinenschrank. Doch das Wissen darum, daß auch dieser erfreuliche Zustand unaufhaltsam dem Schicksal jeglicher Ordnungen entgegen gehen wird, bedrückt ihn nicht wirklich.

Die Schranken der Ordnung

„Ich war aber mit der Aufzählung der interessanten Aspekte meines Spiralenversuches noch gar nicht fertig!" erinnert sich Paul. „Ist es nicht verdächtig," fragt er scheinheilig in die Runde, „daß es mir partout nicht gelang eine Resonanzgestalt mit vier Knoten hervorzubringen? Ich war vorhin vielleicht nicht besonders geschickt", gibt er achselzuckend zu, „doch selbst bei ideal harmonischer Erregung eines Systems wird irgendwann einmal der Aufstieg zur nächsthöheren Resonanz nicht mehr gelingen.

So, wie meine Spirale mir ihre Grenzfrequenz gezeigt hat, so wird auch ein Atom eine Grenzfrequenz haben bei der es gerade noch existieren kann. Steckt man noch mehr Energie in ein solches Atom hinein, dann wird etwas grundsätzliches passieren müssen. Etwas, von dem ich bisher noch keine klare Vorstellung habe, denn ..."

„Das Atom wird sich zerlegen", wirft Eli lakonisch ein. „Und es spielt nicht einmal eine Rolle, ob das Zerlegen durch einen kräftigen Impuls oder viele schwächere, aber harmonisch einwirkende Impulse ausgelöst wird. Wenn ein Atom an die Grenze seiner Existenzfähigkeit getrieben wird, dann ist es zu allem bereit - und im allgemeinen trennt es sich dann von einem seiner Elektronen und wird zum ION."

„Ionisierung!" Paul schaut an die Kabinendecke. „Natürlich! Es gibt dann kein neutrales Atom mehr, sondern nur noch die energiereichen Reste eines ehemals neutralen Atoms. Der eine Rest ist das Elektron, das schnell davonfliegt und in Form von kinetischer Energie alles Überflüssige mit sich führt. Und der andere Rest ist der positive Atomrumpf, dessen dezimierte Elektronenbesetzung nun besonders eifrig schwingt, um als stehende Welle zusammen mit dem Kern weiter bestehen zu können."

„Richtig!" bestätigt Eli. „Auch ionisierte Atome sind ja auf ihre Art stabil; die in der Atomhülle verbliebenen Elektronen schwingen natürlich anders als vorher, aber das Atom existiert. Ionisierte Atome sind chemisch besonders aktiv, denn sie sind bestrebt das Loch in ihrer Hülle zu schließen. Als willkommenen Kitt betrachten sie zum Beispiel manche Hüllenelektronen anderer Atome. Aber auch freie Elektronen werden nicht verschmäht.

Bei der Ionisierung verändert sich ja die Gestalt der Orbitale, wie auch beim Zusammenschluß mehrerer Atome zu einem Molekül. Ich zeige dir ein Bild, Paul." Eli hantiert kurz am Rechner.

„Das Bestreben ionisierter Atome sich mit freien Elektronen oder passenden Atomen aus der Umgebung zu verbinden hat einen prinzipiellen Hintergrund. Alle Materie der Welt genießt es offenbar, sich auf dem niedrigstmöglichen Energieniveau zu tummeln, das ihr die Umgebung einzunehmen gestattet. Es gibt für dieses Bedürfnis verschiedene Umschreibungen, auch mathematische Formulierungen, doch am geläufigsten ist wohl der Begriff: Prinzip des kleinsten Zwanges.

Auch meine persönliche Erfahrung mit mir selbst zeigt, daß dieses Bedürfnis ein wirklich prinzipielles ist. Doch das soll dich im Moment nicht weiter belasten, Paul. Ich habe es nur erwähnt, weil einem dieses Prinzip immer wieder begegnet.

Wenn ein ionisiertes Atom ein bewegtes, freies Elektron eingefangen hat, dann befindet sich plötzlich zu viel Energie im Atom. Damit das Atom mit seinem neuen Elektron in eine stabile Resonanzfigur einschwingen kann, muß es den Energieüberschuß schnell loswerden. Dieser Überschuß wird - auf welche Weise kann ich dir natürlich nicht sagen - aber der Überschuß wird ganz offenbar während des Einschwingvorganges irgendwie zu einer elektromagnetischen Welle ‚geformt' und als Photons in den Raum gepulst.

Nach dem Spiralenversuch müssen wir annehmen, daß die Genese von Photonen während der chaotischen Oszillationen stattfindet, die für das Einschwingen in eine neue Stabilitätsinsel charakteristisch sind. Im Verlauf dieser wilden und im wahrsten Sinne des Wortes unbeschreiblichen Bewegungen, werden demnach alle an der Resonanz Atom beteiligten Urobjekte ihre überschüssige Energie in ein Photon gießen, in ein offen schwingendes, aber irgendwie kompaktes Wellenpaket."

„Das hast du schöööön gesagt!" revanchiert sich nun Paul mit leiser Ironie. „Ein offen schwingendes, kompaktes Wellenpaket", wiederholt er traurig und schaut in die Ferne. „Ich fürchte, ich werde es mir nie vorstellen können. Doch zuviel Energie zerreißt meine Spirale, das ist plausibel.

Auch ein Atom kann nicht beliebig viel Energie tanken. Es hat irgendwo eine Grenze jenseits der es nichts mehr aufnehmen kann. Das ist alles sehr plausibel, aber," er kratzt sich am Kopf, „neben der oberen Grenzfrequenz hat mir meine Spirale auch ihre untere Grenzfrequenz gezeigt. Und diese ist sogar noch klarer und eindeutiger als die Obere.

Diese in der niedrigsten Frequenz in einem Bogen schwingende Spirale, ist ein sehr elementares Bild, Vasco. Es ist ein besonderer Zustand, denn er steht für die energetisch schwächste Resonanzfigur die sich für das System überhaupt denken läßt."

„Ja!" bestätigt Vasco, betrachtet Paul ansonsten aber nur abwartend von der Seite. „Was meinst du damit?"

„Ich meine", Paul lächelt siegessicher. „das dies ein klarer Hinweis auf die körnige Struktur all dessen ist, was existiert!"

Strukturen im Chaos

Die elementare Harmonie

... Alle Schulen stimmen hier bezüglich der folgenden Eigenschaften des Welle-Teilchen-Dualismus miteinander überein: Die makroskopischen Auswirkungen der Wechselwirkung eines atomaren Objekts mit dem Meßinstrument sind die grundlegenden Elemente, die zum Verständnis der Eigenschaften des Objektes führen. In der Quantenphysik bedingt die Existenz des Wirkungsquantums h eine endliche Wechselwirkung zwischen dem atomaren Objekt und dem Meßapparat, wodurch die Genauigkeit begrenzt wird, mit der die Position x und der Impuls p des Objekts (wir beschränken uns hier der Einfachheit halber auf eine Dimension) zugleich gemessen werden können. ... Es ist möglich, Instrumente zu bauen, die eine perfekte Lokalisierung im Raume ermöglichen, aber dann keinerlei Aussagen über den Impuls des Teilchens zulassen, da in diesem Falle die Impulsunschärfe entsprechend der Heisenbergschen Relation gegen unendlich geht. Umgekehrt ist es möglich, Instrumente zu bauen, die eine perfekte Festlegung des Impulses ermöglichen, aber dann keinerlei Lokalisierung im Raume gestatten...

Franco Selleri in /8/ Seite 110

Plancks Quantum

„Seit ich das erste mal davon gehört habe", Paul blickt langsam in die Runde, „habe ich immer wieder nach dem Hintergrund für diese von Planck entdeckte Unteilbarkeit der kleinsten Energieportionen gefragt. Und nun finde ich den Hinweis - in meiner Tasche." demonstrativ kramt Paul seine Spirale erneut hervor.

„Und es ist so einfach! Wie meine Spirale so kennt wahrscheinlich jedes schwingende System genau eine langsamste harmonische Schwingung. In einer niedrigeren Frequenz kann das System nicht stabil schwingen, denn mit weniger Energie ‚im Bauch' wird es gar keine harmonische Schwingung mehr geben. Unterhalb dieser Grenze", Paul kratzt sich erregt am Kopf, „da gibt es überhaupt keine Figur, da gibt es nichts, dem man einen Energiegehalt auch nur zuschreiben könnte." Er schaut sich um. „Und deshalb kann es auch keine offenen oder geschlossenen Resonanzfiguren mit einem kleineren Energiegehalt geben als dem der ‚Elementarwelle'!

Wenn ich diesen Gedanken weiterführe, dann müßten sich alle Erscheinungen als ganzzahlige Vielfache einer für unsere Welt fundamentalen Elementarschwingung darstellen lassen."

Paul legt den Kopf in den Nacken und klopft leise mit den Fingern. „Die Energieportion, die zur Initiierung der langsamsten harmonischen Schwingung nötigt ist. Ja, die ist wirklich elementar - ist unteilbar."

Plancks Quantenhypothese

Planck mußte Annahmen machen, die zu den bisherigen physikalischen Erfahrungen im Widerspruch zu stehen schienen. Die Energie sollte von den angenommenen Oszillatoren nicht kontinuierlich abgestrahlt werden, sondern nur in ganzzahligen Vielfachen des Produktes von Frequenz und dem später so benannten Planckschen Wirkungsquantum. Für jede Frequenz v gab es Quanten hv der Energie, und der Strahler konnte nur ganzzahlige Vielfache dieser Quanten hv abgeben oder aufnehmen. Der Strahlung kam in diesem Sinne eine diskontinuierliche Struktur zu.
Kleine Enzyklopädie Atom, Bibliographisches Institut Leipzig

„Das hört sich gut an." Eli nickt zustimmend. „Auch die im Elementar-Photon enthaltene Energie wäre unteilbar, wäre ein Körnchen. Und die Unmengen Photonen, die energetisch vielfach stärker sind als dieses Elementar-Photon, die würden sich aus vielen solcher Körnchen zusammensetzen. Und tatsächlich berechnen wir seit rund einhundert Jahren die Strahlungsenergie mit der Formel: $E = h \cdot v$

Das h steht für das Wirkungsquantum, das v steht für die Frequenz der Welle. Die in einem Photon enthaltene Energie ist damit genau das frequenzvielfache des Planckschen Wirkungsquantums.

Einstein sagte 1905, daß wir uns Licht als einen Schwarm von Photonen, von kompakten Wellenpaketen vorstellen sollten. Wenn wir dieses Bild in das Modell von Jonas übertragen, dann ist ein Photon nichts weiter als ein Paket von Elementarwellen! Und da auch Plancks Formel genau das Gleiche sagt, paßt alles wunderbar! Ein Photon ist demnach eine perfekt miteinander harmonierende Formation von offenen Elementarschwingungen. Was meinst du, Vasco?"

„Was soll ich sagen", weicht Vasco aus und schaut Eli dabei von der Seite an. Der Biologe war ihm gerade etwas unheimlich geworden.

„Doch nicht nur das Licht hat eine körnige Struktur!" setzt Paul den Gedanken fort. „Auch die geschlossenen Resonanzen, die schwere Materie muß sich aus Elementarschwingungen zusammensetzen. Alle daran beteiligten Urobjekte schwingen zwar harmonisch umeinander so, daß sie als eine zwar strukturierte, aber ansonsten homogene Gestalt erschienen. Trotzdem wird ihre Gesamtenergie ein Vielfaches der Elementarschwingungsenergie sein.

Du hast vorhin gesagt, Vasco, daß sich Elektronen nicht in den Orbitalen aufhalten, sondern, daß die Orbitale die Elektronen sind. Ich habe nicht gleich verstanden, was du damit meinst, aber nun begreife ich ...""

„Nicht ich habe das gesagt", wehrt Vasco bescheiden ab, „sondern Heisenberg, Schrödinger oder jemand aus diesem Kreis hat es so formuliert."

Paul winkt lässig ab. „Bei Jonas ist ein Elektron ja auch kein punktförmiges Kügelchen, sondern die Wolke eines oszillierenden Urobjektes. Und damit wird mir die Sache klar! Diese Bilder," Paul zeigt auf Elis Orbitale, „das sind die Konturen von gemeinsam oszillierenden Elektronen-Urobjekten. Sie schwingen harmonisch umeinander und miteinander und bilden dabei diese Wolke.

Wir wissen zwar nicht, wie ein Elektron sozusagen ‚intern' funktioniert - aber durch diese Orbitalgestalten", Paul lacht leise, „sehen wir wenigstens die Konturen der *Blackbox* Elektron."

Eli nickt. „Tatsächlich verschmelzen die Quantenphysiker die Elektronen einer Schale vollkommen miteinander, wenn sie die Eigenschaften und das Aussehen des Orbitals berechnen möchten.

Ein Orbital kann einzelne Elektronen in sich aufnehmen bis es voll besetzt ist. Doch alle drin befindlichen Elektronen haben ihre Individualität verloren. Die Wolken haben also keine innere Struktur - sie bestehen also nicht aus z.b. 6 Elektronen die ihren individuellen Bahnen verfolgen - sondern die Wolken sind das Ergebnis der Vereinigung von ehemals 6 Elektronen in einem Orbital. Sie schwingen sozusagen als ein Riesenelektron mit 6- facher Ladung . Die in den Orbitalen vereinigten Elektronenurobjekte schwingen dabei so perfekt umeinander, daß sie als **eine** stehende Welle erscheinen. Homogen und wie aus einem Guß!"

Bei seiner Lösung des Atom-Problems hatte Schrödinger auf Ideen von Plato und Pythagoras zurückgegriffen. Pythagoras hatte in den Harmonien der schwingenden Saiten und den dabei auftretenden ganzen Zahlen eines der wesentlichsten Schöpfungs-geheimnisse erblickt.

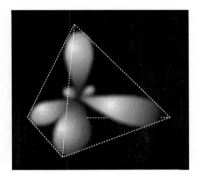

Schrödinger übertrug diese Ideen auf das Atom. Genau wie bei der schwingenden Saite nur gewisse Frequenzen möglich waren , nämlich der Grundton und die Obertöne, so gab es auch im Atom nur den Grundton und die Obertöne der Elektronenwelle. Im Gegensatz zur schwingenden Saite war das Atom aber dreidimensional ...

Nur bestimmte Schwingungsformen des Elektrons im Atom waren möglich, und jeder dieser Schwingungsformen entsprach nach Schrödingers Theorie eine genau festgelegte Energie des Elektrons im Atom. Beim Übergang von einer Schwingungsform in die andere wurde Energie frei oder auch Energie benötigt, die in genau bekannten und definierten Energiepaketen als elektromagnetische Strahlung das Atom verließ. Schrödingers Ideen klärten auch die mystischen Gebote, die Bohr den Atomen

*auferlegt hatte. Die von Bohr erlaubten Bahnen der
Elektronen im Atom entsprachen den Eigenschwingungen
der Elektronenwelle. Keinerlei künstliche Vorschrift war
nunmehr nötig, um das Auftreten ausgewählter Bahnen
und ganzer Zahlen zu erläutern.*   Roman Sexl in /1/
Schrödinger findet eine Gleichung.

Der Dirigent des Chaos

„Gern würde ich noch wissen", träumt Paul, „wer das Geschehen in den Blackboxen so perfekt organisiert.

Bei einem Heliumatom mit seinen zwei Elektronen, da kann ich mir ja noch vorstellen, daß sich irgendwie - sozusagen im Selbstorganisation - eine Harmonie zwischen den beiden herausbildet.

Aber zum Beispiel bei den 26 Elektronen des Eisens fällt es mir schwer zu glauben, daß sie alle ganz ohne Takt und Noten in einer Stimme singen. Müßte es nicht einen Dirigenten geben, der den vielstimmigen Chor in der Stehende Welle Atom organisiert..."

„Wenn es darum geht etwas zu erkennen oder zu organisieren, dann kommt bei Jonas immer die Resonanz in´s Spiel." flüstert Vasco geheimnisvoll und beginnt plötzlich mit erhobener Hand zu deklamieren: „Und Resonanz heißt ganz bestimmt auch die Dirigentin am Pult der Blackbox Orbital. Diese Dame ist die schärfste und die kompromißloseste Wächterin des Zeitlichen, die sich überhaupt denken läßt.

Sie ist immer aufmerksam, schläft nie und ihr Taktstock Rückkopplung ist unablässig in Aktion. Sie weiß, daß der Flüchtigkeit des jeweiligen Momentes nur dann ein weiterer folgen kann, wenn sich ihr Chor in Harmonie zum Rest der Welt befindet. Nur resonant zum Rest der Welt ist existieren möglich.... Hmhmm!" Vasco hüstelt und schaut sich heimlich um.

„Taktstock Rückkopplung ...", wiederholt er leise seine Worte und schüttelt kichernd den Kopf.

„Jedenfalls wäre alles Nicht-Resonante in diesem Sinne flüchtig. Man könnte auch sagen virtuell. Und über Virtuelles werden wir bestenfalls spekulieren können, denn schließlich können wir es prinzipiell nicht sehen."

„Rückkopplung, Resonanz ...", wiederholt nun Paul den Auszug aus

Vascos Ode, und es klingt, als wäre er nicht sehr zufrieden mit dem Inhalt. „Gibt tatsächlich keine weiteren Dirigenten, Vasco?"

„Naja, die Quantenmechaniker kennen schon eine Reihe von Regeln, die von der Natur bei der Organisation eines Atoms offenbar angewendet werden. Zum Beispiel ist dein Vergleich der Orbitalelektronen mit einem perfekt singenden Chor treffender, als du glaubst. So müssen die tiefsten Etagen im Gestühl dieses Chores immer besetzt sein. Wenn es Lücken gibt, dann Oben, bei den obersten Reihen. Eine weitere Regel ist, daß wir die Individualität der Sänger einer Reihe verwischen müssen. Wir dürfen also nur mit der Gesamtzahl der Stimmen der einzelnen Reihen kalkulieren. Einzelstimmen sind im Atom nicht unterscheidbar. Und, " Vasco lehnt sich lächelnd zurück, „ansonsten ist es das alte Lied, Paul: Die Quantenmechanik sagt, daß es diese Parameter gibt, der Versuch zeigt, daß man mit diesen Parametern gute Prognosen zu Stande bringt: Aber die Parameter erwachsen aus der Mathematik - es gibt kein Bild, um anschaulich zu machen, warum es diese Parameter gibt oder welcher - vielleicht ein sub-elementarer - Zusammenhang - durch sie beschrieben wird."

„Die Quantenmechanik stimmt zwar - aber sie hat kein Bild." Paul wiegt den Kopf. „Kannst du mir sagen, Vasco, um welche Parameter es sich handelt? Vielleicht können wir uns gemeinsam ein Bild davon machen?"

„Ich glaube nicht, daß ich das kann. Aber dies hier", antwortet Vasco und weist auf Elis Orbitalgestalten, „wird meines Wissens von nur vier Quantenzahlen geregelt. Viel mehr kann ich dazu auch nicht sagen. Wenn wir aber einem mechanischen Bild für den Hintergrund dieser Parameter nachspekulieren wollen, dann sollten wir uns beeilen. Nilsson wird bald wieder hier sein und der hat etwas gegen die oszillierenden Konturen unserer Blackboxen - wie du weißt."

Der Elektronenspin wurde im Jahre 1925 von W. Pauli entdeckt (9). Bei der Untersuchung komplexer Atome und des von ihnen ausgehenden Lichtes erkannte Pauli, daß eine vollständige Klassifizierung und ein Verständnis der Spektrallinien mit Hilfe der folgenden zwei neuen Hypothesen möglich ist:
(1) Neben den drei bereits 1915 von Sommerfeld einge-

führten Quantenzahlen gibt es eine vierte Quantenzahl Q mit nur zwei möglichen Werten (Q = ± 1)
2) Jedes durch die vier Quantenzahlen definierte Orbital kann nur ein Elektron aufnehmen. Pauli hatte diese Annahmen rein formal eingeführt, um die Spektrallinien zu klassifizieren, seine Annahmen jedoch nicht näher begründet. Die zweite Annahme wurde in der Folge als „Paulisches Ausschließungsprinzip" bekannt, da sie die Möglichkeit ausschloß, daß sich mehr als ein Elektron in einem bestimmten, durch vier Quantenzahlen festgelegten Zustand aufhält. Paulis erste Annahme wurde im Jahre 1922 durch ein Experiment von Stern und Gerlach gestützt... Wir wissen heute, daß sie damit das magnetische Moment des Elektrons bestimmt hatten, dessen Existenz man im Jahre 1922 noch nicht einmal vermutete, da Paulis Entdeckung des Spins drei Jahre später kam. Der Stern - Gerlach-Versuch wird heute folgendermaßen erklärt: Elektronen existieren in zwei Zuständen, wobei ihr Spin entweder in die Richtung des magnetischen Feldes oder in die Gegenrichtung zeigen kann. Entsprechend weist auch das magnetische Moment zwei mögliche Richtungen auf ...
Franco Selleri in /8/ Das Spin-1/2-System in der Quantenmechanik

Attraktive Gestalten

Eli spekuliert gern und er geht sofort zur Sache. „Um diesen Konturen näher zu kommen, betrachten wir am besten ein einfaches Atom: Helium. Es hat nur zwei Elektronen und das K-Heliumorbital ist kugelförmig.

Die ersten drei Quantenzahlen sind relativ plausibel, denn es ist schließlich einleuchtend, daß in verschieden großen Orbitalschalen auch verschieden viele Elektronen Platz finden.

Rätselhaft ist aber die vierte Quantenzahl, das Pauli-Prinzip. Es fordert, daß die beiden Elektronen im Orbital des Heliumatoms eine entgegengesetzte Spineinstellung haben ..."

„Spin", fragt Paul nachdenklich. „Elementarteilchen haben SPIN? Ja. Ich glaube, ich habe schon mal davon gehört, Eli. Aber vorstellen kann ich mir Spin nur an einer Billardkugel."

„Oder einem Tischtennisball!" ruft Vasco lachend dazwischen. „Das ist doch dasselbe", wehrt Paul ab.

„Auf alle Fälle ist mir an einem Jonas-Teilchen noch nichts aufgefallen, was an *Spin* erinnern könnte. Deshalb ist ja Elis Hinweis interessant! Wenn Elektronen in zwei voneinander unterscheidbaren Einstellungen existieren, dann müssen diese Einstellungen ja auch in der Oszillationsgestalt zum Ausdruck kommen!"

„Hier!" unterbricht Eli und weist auf den Bildschirm.

„Is´n das, Eli?" fragt Paul leise.

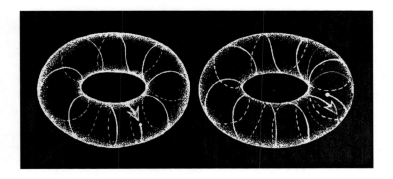

„Zwei Teilchen aus der Chaos-Büchse", murmelt Eli geheimnisvoll.

„Sehen trotzdem gut aus", meint Paul, „Erinnern mich an meinen Elektronen-Schwimmring."

„Schon möglich. Es sind Grenzzykelattraktoren", erläutert Eli. „Das sind mathematische Strukturen, die sich aus dem Chaos bilden können. Wir kennen viele solcher, oft vieldimensionalen Gebilde, die sich aber grafisch nur sehr selten korrekt darstellen lassen. Diese hier nennen die Mathematiker auch seltsame Attraktoren. Wirklich seltsam an ihnen ist aber nur die Tatsache, daß das von ihnen beschriebene Verhalten in der Natur sehr häufig zu finden ist. Die Natur hält offenbar vieles für natürlich, was unserer Mathematiker unter seltsam einordnen. Die Oberfläche dieser Schwimmringe entspricht der Attraktor-Fläche, das ist die Fläche im Phasenraum, welche anziehend - also attraktiv - auf das Verhalten eines im Nichtgleichgewicht befindlichen Systems wirkt."

„Nichtgleichgewicht ...", murmelt Paul. „Die Stabilität der Resonanzzustände bei Jonas ..."

„Genau die Herkunft dieser Stabilität ist ja das Interessante", bestätigt ihm Eli. „Nach Jonas ist der Schwebungszustand der Elementar-
teilchenoszillionen ein Nichtgleichgewichtsprozeß. Er sieht darin sogar das eigentliche Kriterium auf dem sich deren Stabilität begründet.

Ich glaube sogar, daß er seine Vermutung aus der erstaunlichen Stabilität dieser seltsamen Attraktoren abgeleitet hat. Im 20. Jahrhundert haben Mathematiker erkannt, daß ein Kriterium der Stabilität der seltsamen Attraktoren in der Art und Weise besteht, wie sie in sich rotieren.
Der Linke von den beiden hier rotiert so, daß die Schlängelkurve des
Attraktorpunktes nach einem Umlauf an genau der gleichen Stelle des
Korpus wieder eintrifft.

Man nennt diesen Attraktortyp deshalb einen rational schwingenden
Attraktor. Er hat nicht nur einen regelmäßige Oberfläche, sondern diese selbst ist in sich noch zyklisch strukturiert.

Die Schlängelkurve des anderen dagegen kommt nach einem Umlauf niemals am gleichen Punkt wieder an. Obwohl er die gleiche Oberfläche hat, ist die Innere Ordnung dieses Seltsamen Attraktors eben nicht
zyklisch, er wird deshalb auch irrational genannt.

Die Chaoten - wie die Chaoswissenschaftler sich selbst manchmal
humorvoll bezeichnen - haben nun ihrerseits erkannt, daß die stabilsten
und unempfindlichsten Strukturen, die in der Natur zu finden sind, irrationalen Attraktoren ähnlich sind. Ihre Stabilität gründet sich auf einem
irrationalen Zyklus, auf eine Art Unregelmäßigkeit. Und obendrein, Paul,
sind diese klar strukturiert erscheinenden Attraktorgestalten alle ausnahmslos Kinder des Chaos.

Im ersten Moment mag dich das überraschen, aber die Mutter der
stabilen Strukturen in der Natur heißt tatsächlich Chaos.

Schon lange verdächtigt man das nichtlineare Chaos - das man vereinfacht mit: unvorhersagbare Bewegung im Ungleichgewicht, umschreiben kann - die Quelle und der Urgrund aller Strukturen zu sein.
Das nichtlineare Chaos läßt nicht nur Ordnung aus dem Grauen Rauschen entstehen, sondern es stabilisiert vorhandene Strukturen ebenso,
wie sie wieder zerstört, wenn diese nicht mehr in die herrschende
Welt passen. "

Kehren wir zum Beispiel des Pendels zurück. In manchen modernen Uhren erfüllt das Pendel nur noch einen ästhetischen Zweck, und die Uhr wird in Wirklichkeit durch einen viel genaueren Quarzkristall angetrieben. Die elektrischen Komponenten im Innern der Uhr stoßen das Pendel periodisch an. Obwohl also die Kräfte der Reibung und des Luftwiderstandes das Pendel verlangsamen, bringen die periodischen Anstöße es immer wieder auf Trab. Deshalb schwingt das Pendel trotz Reibung und Luftwider-stand gleichmäßig. Es ist sogar so, daß auch nach einem zusätzlichen Anstoß oder nach einer kurzzeitigen Dämpfung das Pendel schließlich in seinen ursprünglichen Rhythmus zurückkehrt. Dann haben wir offenbar eine neue Art von Attraktor vor uns. Hier wird das Pendel nicht in einen festen Punkt hineingezogen, sondern in eine zyklische Bahn im Phasenraum. Diese Bahn nennt man einen Grenzzykel- oder einen Grenz-zykelattraktor.

Dabei sollten wir folgendes beachten: Ein Pendel im Vakuum schwingt zwar unverändert, aber diese Bewegung entspricht nicht einem Grenzzyklus, denn hier verursacht ja die kleinste Änderung eine bleibende Bahnänderung: Das Pendel schwingt nun ständig etwas weiter oder weniger weit aus. Ein mechanisch angetriebenes Pendel dagegen widersteht kleinen Störungen und versucht in seinem Grenzzyklus zu bleiben. Versuchen wir das System aus seinem Käfig zu befreien, so sehnt es sich nach Hause und läuft zurück. Die Fähigkeit von Grenzzyklen mit Hilfe von Rückkopplung einer Veränderung zu widerstehen, ist eines der Paradoxa, die die Wissenschaft vom Wandel entdeckt hat. Mehr und mehr wissen die Forscher zu würdigen, wie es der Natur gelingt, lauter ständig wandelbare Dinge zusammen zu koppeln, um dabei schließlich ein System zu erhalten, das effektiv dem Wandel widersteht ... /11/

Der Keim der Ordnung

„Nichtlinearität", flüstert Eli. „Auf Grund eines Ungleichgewichtes ausgelöste Vorgänge. Prozesse, die ein System von Zustand geringer Wahrscheinlichkeit in einen Zustand höherer Wahrscheinlichkeit treiben ..." Er wendet sich Pauli zu.

„Genau genommen gibt es nicht einen Vorgang in der Welt, der nicht auch ein Nichtgleichgewichtsprozess ist. Du erinnerst dich, Paul: Als wir vor drei Jahren nahe am Saturn vorüber geflogen sind haben wir die Lükken zwischen den Saturnringen mit bloßem Auge sehen können. Die Lage dieser Ringe ist seit Jahrmillionen die gleiche. Und dies obwohl sich im Lauf der Zeit zweifellos immer wieder ab und zu ein Körnchen Materie in diese leeren Bereiche verirrt hat. Die Lücken sind jedoch heute noch genauso leer wie früher. Die Mathematiker habe sich natürlich gefragt warum diese Lückenstruktur so konsequent erhalten bleibt und sich die Lücken eben nicht im Laufe von Jahrmillionen verwischen. Lange haben sie hin und her gerechnet, doch sie fanden keine klare Ursache für diese erstaunliche Stabilität der Lückenstruktur. Eines Tages haben sie dann auch die extrem schwachen Wirkungen aller inneren Monde des Saturn in ihre Betrachtungen einbezogen.

Sie ließen die Monde im Modell kreisen und berechneten deren Gesamtwirkung auf ein fiktives schweres Teilchen, das sich in eine Lücke verirrt haben sollte. Anfangs passierte nicht viel, doch dann wurde die Bahn des Teilchens plötzlich unruhig, schließlich raste es chaotisch im Lückenbereich hin und her wurde bald ganz hinaus katapultiert. Auch anderen Teilchen erging es so.

Die im Detail unvorhersagbare, andererseits aber auch unausweichliche Drift in's Chaos hing zweifellos mit den zwar schwachen, aber zyklisch wiederkehrenden gravitativen Störungen der inneren Monde zusammen. Die Rechnungen zeigten, daß sich die von ihnen ausgehenden Gravitationswirkungen in der Regel so diffus überlagern, daß sie sich nach ein paar Zyklen gegenseitig wieder vollständig aufhoben. Nur in kleinen Abschnitten der Ringebene konnte man eine möglich Akkumulation der Wirkungen nicht sicher ausschließen. Und gerade dort fanden sich die Lücken.

Die Bahn der dort befindlichen Materie wird von den Monden zwar nur Winzigkeiten, aber offenbar doch ausreichend verändert, um sie mit Sicherheit eines Tages in's Chaos zu treiben. Und", Eli zeigt auf den linken seiner Schwimmringe, „dieser *rationale* Attraktor hier, der ist das mathematische Abbild eines solchen Zusammenhanges. Sein Attraktorpunkt kehrt zyklisch immer wieder zur gleichen Stelle auf der Oberfläche zurück. Wenn ein solcher, rational umlaufender Punkt einem ebenso rational verlaufenden äußeren Einfluß unterliegt, dann können sich die von außen kommenden Wirkungen in ihm akkumulieren, bis sein Verhalten schließlich instabil wird, chaotisch. Das Körnchen Materie in einer Saturnlücke wird von den Mondeinflüssen ständig ein kleines bißchen in seiner Bahn gerüttelt - bis es plötzlich in´s Trudeln kommt und schließlich aus der Lücke hinaus katapultiert wird. Wann das genau geschieht und wohin es dann fliegen wird, das kann niemand vorher sagen. Aber, daß es im Laufe der Zeit einmal geschieht, das ist gewiß.

Saturn • January 4, 1998
PRC98-18 • April 23, 1998 • ST ScI OPO
E. Karkoschka (University of Arizona) and NASA

HST • NICMOS

„Auch in den Saturnringen fand man Bahnlücken. Hier ist die nichtlineare Wechselwirkung (eine positive Rückkopplung) durch die inneren Satelliten des Saturns verursacht. Die Lücken im Ringsystem entsprechen einfachen Verhältnissen zwischen den Rotationsperioden der Ringe und der Monde, die die Störung verursachen. Dies spricht sowohl für die relative Langzeitstabilität der Ringe als auch für die Instabilität einiger Bahnen. (Das Problem der Saturnringe ist aber höchst komplex, eine ganze Menge Theorien werden durch Computermodelle untersucht.)   *Briggs, Peat, in /11/ S 60*

Die Steinchen und der Staub in den Gebieten der alten Saturnscheiben dagegen sind scheinbar immun gegen die Gravitationseffekte der inneren Monde. Ihre Umlaufzeit steht in keinem rationalen Verhältnis zu deren Zyklen. Ihre Situation ähnelt dem eines irrationalen Attraktors," Eli weist mit dem Finger auf sein Bild, „dem rechten hier. Bei ihm verläuft der Attraktorpunkt irrational: Die Kurve kehrt nie an den gleichen Ort der Oberfläche zurück. Eine periodische Wirkung wird sich in diesem Torso nicht akkumulieren können - sie wird am Ende also auch keine bleibende Wirkung an ihm hinterlassen. Die Scheibenabschnitte des Saturn sind wohl deshalb so stabil wie seine Lücken. Beide Strukturen halten sich seit Millionen Jahren."

Paul reibt sich nachdenklich das Kinn und nickt anerkennend: „Die Lückenstruktur der Saturnringe - ein Produkt des Chaos. Das hätte ich nicht vermutet."

„Die Chaosforschung ist relativ jung, Paul. Und sie hat so manches Interessante an den Tag gebracht. Der klassischen Physik ging es naturgemäß um das Aufdecken determinierter, gesetzmäßiger Zusammenhänge. Deshalb hielten es ihre Vertreter zunächst auch für sinnlos das Chaos auf in ihm verborgene Gesetze zu untersuchen.

Chaos läßt schließlich per definitionem keine Prognose zu - ansonsten wäre es schließlich kein Chaos.

Doch Chaos ist nicht nur das Gegenteil von dem, was wir als Ordnung bezeichnen. Es ist an sich eine haltlose Behauptung, daß nur in ordentlichen Abläufen gesetzmäßiges zu finden sei. Sehr wahrscheinlich stecken auch in dem, das wir heute als Chaos bezeichnen verborgene Gesetze. Nur sind diese bisher nicht erkannt. Die Unterteilung von Vorgängen in chaotische und determinierte ist vom Menschen gemacht, und nur das Kriterium der Prognostizierbarkeit liegt ihr zu Grunde. In Wahrheit ist die Grenze zumindest fließend, denn das eine ist ohne das andere undenkbar!

Die Chaosphysik beschränkt sich natürlich nicht auf das, was man im Alltag unter Chaos versteht. Heute untersucht man vorbehaltlos alle nur denkbaren Parameter, welche am Entstehen von Strukturen, wie zum Beispiel den Bernardschen Inseln, beteiligt sein könnten. Das ist nicht immer einfach. Denn tatsächlich erwachsen diese Strukturen aus dem nichtlinearen Chaos. Iterationen und Rückkopplung spielen dabei eine wesentliche Rolle und ..."

„... dieses Chaos sollten wir uns für Nilsson aufheben." unterbricht ihn Vasco. Er schaut Eli mit leisem Vorwurf an. „Wir wollten doch die Zeit nutzen, um dem dynamischen Innenleben einer Elektronenoszillation auf die Spur zu kommen. Das da", Vasco winkt mit dem Kopf in Richtung der seltsamen Attraktoren, „das kann doch nur als allgemeiner Hinweis dienen. Deine Attraktorgestalten erinnern mich zwar an Pauls Elektronenschwimmring. Man könnte diesen Ring sogar noch etwas dehnen, um einer Kugelgestalt näher zu kommen - schließlich wirkt ein Elektron wie eine punktsymmterische Feldquelle.

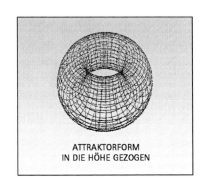

ATTRAKTORFORM
IN DIE HÖHE GEZOGEN

Doch wie sehr du diesen seltsamen Attraktorkörper auch dehnst oder stauchst, Eli: dieser Attraktor wird niemals wirklich punktsymmetrisch in seine Umgebung wirken. Immer wird er eine Achse und auch zwei Pole haben, und beide stören die Punktsymmetrie ein bißchen."

„Wie du es auch drehst, Eli", bestätigt ihm Paul, „das Ding da, das wird immer so etwas wie polartige Trichter besitzen. Und selbst, wenn man den gesamten Schwimmring rotieren läßt. Der Ring wird zwar zu einer Kugel, aber er hat nach wie vor eine Drehachse und damit zwei Pole."

„Was ist mit dem Spin? Der vierten Quantenzahl?" wirft Eli ein und schaut Vasco abwartend an.

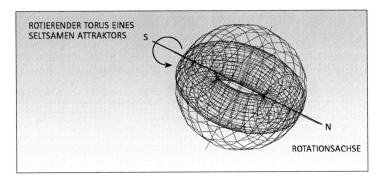

ROTIERENDER TORUS EINES
SELTSAMEN ATTRAKTORS   S

N

ROTATIONSACHSE

Vasco neigt skeptisch den Kopf. „Die vierte Quantenzahl,“ wiederholt er unschlüssig, „Der Spin ... “

„Du vermutest, daß diese Rotationsachse etwas mit dem ‚Spin‘ der Elektronen zu tun haben könnte?“ Paul staunt! Doch Eli hebt nur abwehrend die Hände und verweist auf den schweigenden Physiker.

„Macht ihr es aber spannend!“ beschwert sich Paul. „Wenn ihr euch wenigstens ansatzweise vorstellen könnt, daß dies da ...“ Er zeigt auf den Schwimmring in der jüngsten Ausführung und kratzt sich nervös am Kopf. „... daß dies da irgend etwas mit einer Elektronenoszillation zu tun haben könnte, dann müßten am richtigen Elektron zumindest Rudimente eines Nord- und eines Südpols zu finden sein. Und außerdem,“ setzt er mit erhobenem Zeigefinger hinzu, „könnten solche Gebilde da, in zwei Varianten schwingen:

Sie können als Linksspirale oder als Rechtsspirale umlaufen. Und wenn das da“, erneut zeigt Paul demonstrativ auf die Attraktoren, „in die engere Wahl kommen sollte, dann besitzt ein Elektron nicht nur eine magnetische Komponente, sondern diese kann auch unterschiedlich eingestellt sein!“

Bald nach der Veröffentlichung von Paulis Arbeit versuchte Goudsmith und Uhlenbeck in Holland die physikalische Natur von Paulis vierter Quantenzahl zu verstehen. In Sommerfelds Theorie war die Anzahl der Quantenzahlen gleich der Zahl der Freiheitsgrade des betrachteten Systems. Deshalb konnte ein Punktteilchen nicht mehr als drei Quantenzahlen aufweisen und eine innere Struktur des Elektrons mußte notwendigerweise angenommen werden. Goudsmith und Uhlenbeck vermuteten, daß das Elektron eine kleine, rotierende Kugel ist, die den gewünschten Drehimpuls, also Spin, aufweist. Zwar war dieses Modell nicht frei von inneren Schwierigkeiten, aber doch ein wichtiger Schritt zu einer realistischen Interpretation von Paulis neuer Quantenzahl. Denn auch hier wiederholte sich im kleinen der Widerstreit zwischen Positivismus und Realismus.

Pauli interessierte sich nur für eine formale Beschreibung der Struktur des Atoms, während Goudsmith und Uhlenbeck ...

ihre wirkliche Natur zu verstehen suchten. Der Sieg der positivistischen Ansichten ist hier daraus zu sehen, daß heute jedermann den Spinformalismus akzeptiert und benutzt, während die physikalischen Details an der Drehung des Elektrons nicht weiter ausgearbeitet wurden und heute zumeist nur als eine bestenfalls psychologisch nützliche Visualisierung betrachtet werden...
(Selbstverständlich kann die Drehung des Elektrons auch von realistisch eingestellten Physikern nicht wörtlich genommen werden, da sie beispielsweise den Dualismus Welle-Teilchen unberücksichtigt läßt).

Franco Selleri in /8/

Paulis Prinzip

„Das Elektron kann also unterschiedlich eingestellt sein?" fragend wiederholt eine leise, aber klare Stimme im Hintergrund Pauls Worte. „Mir scheint, ihr seid beim Spin!" mit diesen Worten tritt Nilsson näher und stellt seinen Koffer ab. Er schaut sich um. „Was ist nun?" wiederholt er. „Habt ihr´s nun mit Paulis Prinzip, mit der vierten Quantenzahl?"

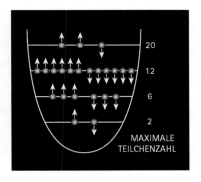

„Welchem Prinzip?" fragt Paul.

„Dem Paulischen Ausschließungsprinzip", wiederholt Nilsson geduldig und weist mit der Hand auf Elis Orbitale.

„Ihr habt doch gerade von unterschiedlichen Einstellungsmöglichkeiten gesprochen. Und auf dem Bildschirm sehe ich Orbitale. Also vermute ich, daß es um die möglichen und die unmöglichen Besetzungsvarianten in der Hülle eines Atoms geht. Und dabei spielt nun mal diese ominöse vierte Quantenzahl eine wichtige Rolle: Paulis Prinzip."

Paul wiegt zweifelnd den Kopf.

Nilsson sieht, daß er die Vierte etwas voreilig ins Gespräch gebracht hat. „Die vierte Quantenzahl hat Pauli," Nilsson zögert kurz bei der Suche nach einer passenden Formulierung. „**entdeckt.** Man kann es wohl so sagen. Die Physiker haben damals heftig gerätselt, welche Kriterien für die Verteilung der Elektronen auf den verschiedenen Schalen eines Atoms eine Rolle spielen könnten. Sie kannten bereits drei Quantenzahlen - doch mindestens ein weiteres Kriterium fehlte noch. Pauli führte irgendwann einmal versuchsweise dieses hypothetische Unterscheidungsmerkmal ein – seine vierte Quantenzahl. Mit ihrer Hilfe konnte man die Elektronen einer Schale in zwei Kategorien unterscheiden – und schon war die Sache rund: die wirklich vorzufindenden Schalenbesetzungen waren plötzlich berechenbar.

Mit Paulis These wurde das Besetzungsproblem zwar gelöst - doch wie so oft trat dafür ein bis dato unbekanntes, neues Problem zu Tage. Bisher galten Elektronen als absolut baugleich und sie waren deshalb a priori nicht voneinander unterscheidbar. Da sie aber in Paulis Rechnung unterschieden wurden, konnten sie nicht mehr wirklich baugleich sein. Die Vierte Quantenzahl schrieb somit den Elementarteilchen Elektron so etwas wie eine innere Struktur zu."

Nilsson holt tief Luft. „Paulis vierte Quantenzahl: das ist die Spineinstellung der Elektronen und, wie so vieles in der Quantenmechanik, so ist auch der physikalische Hintergrund des Spins nicht anschaulich darzustellen. Trotzdem ist Paulis vierte Quantenzahl das geeignete Mittel um die Verteilung der Elektronen korrekt zu berechnen. Paulis Prinzip gilt deshalb als ähnlich fundamental wie die Lichtgeschwindigkeit: Es ist eine auf nichts anderes zurückzuführende Erfahrung. "

Diese Situation (die Einhaltung des Ausschließungsprinzips in der Natur, Anm. d A.)) erschien mir in einer wichtigen Beziehung als unbefriedigend. Schon in meiner ursprünglichen Arbeit hatte ich den Umstand stark betont, daß es mir unmöglich war, für das Ausschließungsprinzip einen logischen Grund anzugeben oder es aus allgemeineren Annahmen abzuleiten. Ich hatte immer das Gefühl, und ich habe es noch heute, daß das ein Mangel ist.

W. Pauli in /16/ Das Ausschließungsprinzip und die Quantenmechanik

Klassisch tranchiert

Nilsson steht nun direkt vor dem Schirm und betrachtet Elis Orbitale. Gleich daneben prangen die *seltsamen Attraktoren.* Nilsson ahnt, weshalb sich die mathematischen Modelle der ‚Chaoten' neben den Orbitalen auf dem Kommuschirm tummeln. Doch er verspürt nicht die geringste Lust darüber zu diskutieren und sein Mienenspiel bringt dies unmißverständlich zum Ausdruck. Wohl deshalb stupst ihn Paul aufmunternd in die Rippen. „Wie war's im Keller?" Nilsson schaut sich um. „War nichts besonderes", murmelt er und wendet sich an Vasco. „Fedja hat mir vor ein paar Minuten angedeutet, daß du schon die Reservekanäle aktiviert hast?" Vasco erinnert sich. „Ja, richtig. Fedja hatte mir den Tip gegeben und ich habe zum Test gleich eine Anfrage an Jonas rausgehen lassen. Eine Antwort darauf habe ich aber noch nicht." Vasco schaut auf die Uhr. „Kann ich noch gar nicht haben!" verbessert er. „Vielleicht gibt er uns die Ehre und antwortet sofort. Dann würden wir frühestens morgen von ihm eine Begrüßung und vielleicht ein Bild seiner Elektronenwölkchen ..." „Elektronenwölkchen?" Nilsson verzieht prompt das Gesicht, als hätte er eine Kröte geschluckt und winkt mit dem Kopf in Richtung der seltsamen Attraktoren. „Na, ja", erklärt ihm Vasco. „Wir hatten gerade nichts besseres zu tun. Da haben eben ein bißchen gesponnen. Sei tolerant!"

Nilsson winkt nur mit der Hand ab. „Es hat bei mir im Keller leider ein paar Minuten länger gedauert", entschuldigt er sich. „Doch ihr seid ja nicht untätig gewesen. Was gibt es also sonst noch Neues hier? Habt ihr die Wurzeln des Planckschen Elementarquantums ausgegraben?" seine Augen blinzeln neugierig, aber auch ein kleines bißchen spöttisch. Nilsson hat mit den Wurzeln des Planckschen Wirkungsquantums einen Scherz machen wollen und er erntet tatsächlich Schmunzeln.

„Die Wurzeln des Planckschen Wirkungsquantum", wiederholt Eli genüßlich, macht eine Kunstpause und gähnt theatralisch, „diiie sind tatsächlich längst Geschichte!"

Nilsson legt den Kopf schief. Eli machte sonst keine Witze!

„Das Plancksche Quantum", erläutert Eli langsam, mit dem offensichtlichen Bemühen bei der Formulierung keinen Fehler zu machen, „ist die Portion **Energie** mal **Zeit**, welche zum Anstoß der elementarsten Resonanzfigur zwischen Urobjekten und der Hintergrundstrahlung erforderlich ist."

Einige Sekunden sucht Eli die Wirkung seiner Worte in Nilssons Gesichts zu lesen. Dann setzt er zu einem weiteren Erklärungsversuch an.

„Die gesamte wahrnehmbare Welt - und das sagt die Quantenmechanik - besteht aus dieser so schwer vorstellbaren Kategorie: Teilchen–Welle. Jonas beschreibt nun diese ‚Dinger‘ als offene oder geschlossene Resonanzen. Bei ihm gibt es keinen klaren Unterschied zwischen Welle und Teilchen, denn bei ihm beruht alles Existierende auf Resonanz. Und all diesen Resonanzerscheinungen beruhen auf einer allen gemeinsamen ‚kleinsten Einheit‘. Die zu dieser ‚kleinsten Einheit‘ gehörige Resonanzfigur ist energetisch nicht zu unterbieten. Diese Einheit ist etwas fundamentales, ein nicht weiter teilbares Energiequantum. Unterhalb dieser ‚untersten Grenzfrequenz‘ gibt es keinen Resonanzzustand mehr - und damit gibt es auch keine schwebende Form mehr. Ein kleines bißchen weniger als dieser Mindestwert – und das ‚Etwas‘ hat keine Figur mehr - und ohne Figur - **ist** es einfach nicht.“

Nilsson ist Realist. Und er hat gegen *grundsätzliche* Annahmen wie der, daß was wir sehen auch existiert, keine Vorbehalte. Sparsam versucht er nun seinerseits zu beschreiben, was er aus Elis Worten entnommen hat: „Bei euch beruht all das, was wir mit dem Begriff Materie umschreiben auf Resonanz. Ob offen oder geschlossen bleibt sich gleich, denn jede Resonanzschwebung geht bei Euch auf das ganzzahlige Vielfache der Elementarfrequenz des schwingenden Systems zurück. Hmmm!“

Nilsson überlegt und schaut in die Runde. „Die in der elementaren Frequenz steckende Energiemenge steht tatsächlich für ein Minimum. Der kleinsten Portion, die für das Auslösen einer Schwebung denkbar ist.“ Eli schaut Nilsson erwartungsvoll an. Doch der lauscht seinen eigenen Worten nach.

„Und da euer Jonas sagt, daß nur das existiert, was resonant zur Umgebung schwingt, steckt logischerweise in allem Existierenden mindestens dieser fundamentale Energiebetrag. Oder dessen ganzzahliges Vielfaches ...“

Nilsson legt den Kopf in den Nacken und schaut lange an die Decke. Er murmelt etwas unverständliches, schüttel den Kopf und senkt schließlich den Blick. „Ehrlich, Eli: Mir hat noch niemals jemand das Plancksche Wirkungsquantum so schön klassisch tranchiert vorlegt.

Ich werde es gut kauen, euch aber erst in ein paar Tagen mitteilen, ob und wie es mir bekommen ist.“

Die viergeteilte Welt

Das invariante Elektron

„Und mit diesem Derivat von Plancks *Quantum* glaubt ihr eine weitere Bastion des bis dato Unvorstellbaren gestürmt zu haben. Hab ich recht? " Auch Sylvia hat sich inzwischen wieder eingefunden und ihr Kommentar aus dem Hintergrund der Kabine hat einen ausgesprochen spöttischen Unterton. Vasco schaut sich langsam um. „Warum nicht?" fragt er trocken. Sylvia kommt langsam näher und schaut Vasco nachdenklich an. „Du hast mir gestern versichert, Vasco, daß ihr nur ‚Bilder' zeichnen wollt, die in den Grundzügen stimmen. Möglich, daß Nilsson euer Bild vom Quantum am Ende für akzeptabel hält. Euer Teilchenbild aber, das ist einfach nicht akzeptabel." Sie lächelt vielsagend. „Es sein denn, ihr habt inzwischen eine Antwort auf die Gretchenfrage: Wie hält´s Jonas mit der Invarianz?"

„Schon wieder diese Invarianz ..." stöhnt Paul gedehnt und verdreht die Augen. An Vasco gewendet setzt er dazu: „Sylvia will von uns erklärt bekommen, weshalb der mit dem Elektron verbundene Beobachter die Feldregion vor sich in gleicher Weise verkürzt sieht, wie dem im elektrischen Feld ruhenden Beobachter das herannahende Elektron verkürzt erscheint ..."

Nimmt man nun aber an, daß die relativen Abstände der das Elektron konstituierenden elektrischen Massen bei den Bewegungen des Elektrons ungeändert bleiben, (starre Verbindungen der klassischen Mechanik) so gelangt man zu einem Bewegungsgesetz des Elektrons, welches mit der Erfahrung nicht übereinstimmt. H. A. Lorentz hat als erster, geführt durch rein formale Überlegung, die Hypothese eingeführt, daß der Körper des Elektrons durch die Bewegung eine Kontraktion in der Bewegungsrichtung erfahre, proportional dem Ausdruck ...
Diese Hypothese, welche sich elektrodynamisch durch nichts rechtfertigen läßt, liefert dann dasjenige Bewegungsgesetz, welches die Erfahrung mit großer Präzision in den letzten Jahren bestätigt hat.

Die Spezielle Relativitätstheorie liefert dasselbe Bewe-
gungsgesetz, ohne daß sie irgendeiner speziellen
Hypothese über den Bau und das Verhalten des Elektrons
bedürfte.
A. Einstein in /14/; §16 Spezielle Relativitätstheorie und
Erfahrung

„Genau so ist es, Paul", entgegnet Sylvia. „In dieser Weise invariant
verhalten sich nämlich nicht nur die Elektronen, sondern alle Elementarteilchen. Unabhängig vom gewählten Beobachtungsstandort
und der Teilchenart gilt offenbar ein und dasselbe Verhaltensmu-
ster für die Beobachtung des jeweiligen Gegenüber."
    „Wenn man von klassischen, massiven Elektronenteilchen ausgeht..."
Paul nickt Sylvia eifrig zu. „Dann ist diese Invarianz für mich zumindest erstaunlich. Die Quantenmechanik sagt aber, daß es derartige massive Körperchen in Wahrheit gar nicht gibt. Auch bei Jonas gibt es keine solch massiven Teilchen. Wie alle schwere Materie, so sind auch
Elektronen bei ihm keine festen und unelastischen Korpuskeln, sondern anpassungsfähige, schwingende Molluskeln. Sieh her, Sylvia."
    Paul kramt seine Skizze vom Tisch und erläutert.

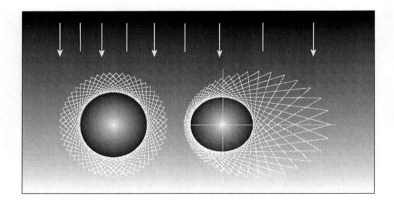

„Auf dem ersten Blick erscheint auch bei Jonas die Flankenlinie des
bewegten Elektrons geometrisch länger als die eines ruhenden
Elektrons. Wir stellen uns vor, daß die bahnablenkende Wirkung des

Feldes auf das Elektron auf einer Art ‚Druck' der seitlich anströmenden Feldpartikel zurückgeht.

Wenn man sich Elektronen als massive Teilchen denkt, dann würde eine Verlängerung der Breitseite des Teilchens auch zu einer stärkeren Bahnablenkung führen - das ist klar. Bei einem Jonas-Teilchen ist die Situation aber anders. Trotz verlängerter Breitseite bietet seine Schwingungsfigur den seitlich anströmenden Feldpartikeln weniger Angriffsfläche. Man sieht es daran, daß die Wechselwirkungspunkte zwischen Teilchenwolke und Umgebung nicht geometrisch gleichmäßig verteilt sind. Und außerdem ...", Paul hebt den Zeigefinger, „bewirkt die Geschwindigkeit des Elektrons gegenüber dem Feld, daß die Impulskomponente der seitlich einwirkenden Feldpartikeln eine immer geringere Rolle spielt, je schneller das Elektron wird." Paul nickt Sylvia ernst zu. „Ich denke sogar, daß bei Jonas ein bewegtes Elektron weniger empfindlich gegenüber seitlichen Ablenkversuchen ist als ein Ruhendes!"

„Hmmmm!" Nachdenklich schaut Sylvia auf Pauls Skizze.

„Wenn man zuließe, daß der Wechselwirkungsquerschnitt dieser Figuren über die Oberfläche veränderlich ist, dann könnten deine," nur zögernd kommt ihr Pauls Wortschöpfung von den Lippen. „Teilchenwolken tatsächlich einige invariante Züge aufweisen. Doch," sie reibt entschlossen die Hände, „ob man den bewegten Elektronenteilchen nun nur zuschreibt kürzer zu sein - wie das Lorentz und Fiz Gerald taten, oder ob man sie neben der veränderlichen Gestalt noch mit einem molluskösem Wechselwirkungsquerschnitt ausstaffiert: das bleibt sich am Ende gleich. Und vor allem bleibt es Hypothese. Die Bewegungsgleichungen selbst", resümiert Sylvia, „ich meine die Gleichungen mit denen wir rechnen, die sind unabhängig von dieser Hypothese.

Deine Wolken-Molluskeln, Paul, die sind mir einfach zu flexibel!" gibt Sylvia schließlich lachend zu. „Sie sind so flexibel, daß man mit ihnen nichts beweisen kann. Du kannst nicht beweisen, daß sie das richtige Bild für die gefundenen Bewegungsgleichungen sind - und ich kann im Moment nicht beweisen, daß sie das nicht sein können. Doch, Paul", Sie wiegt bedächtig den Kopf. „du bist dir hoffentlich im Klaren darüber, daß du damit das uralte Prinzip der Relativität der Bewegung in Frage stellst. Seit Aristoteles wären die Physiker dann sozusagen einer perfekten Täuschung der Natur auf den Leim gegangen."

Sylvia schaut nachdenklich in die Ferne und ergänzt schließlich leise. „Doch selbst das wäre verzeihlich. Schließlich ist eine wirklich perfekte Täuschung im Grunde gar keine Täuschung." Entschlossen richtet sie sich auf: „Trotzdem sehe ich gar nicht ein, weshalb ich eine Jahrtausende bewährte Vorstellung über Bord werfen sollte.

Dir wird es schließlich ausreichen, Paul, wenn ich den Teilchenmodell von Jonas zubillige sich bezüglich seiner Umgebung invariant benehmen zu können. Und damit wäre nicht nur die Bewegung, sondern auch die elektromagnetische Wirkung bei Jonas mit der Erfahrung der Invarianz vereinbar. Doch langsam kommt mir der Verdacht", flüstert Sylvia und schaut sich nach einem Stuhl um, „daß ihr die ganzen vier Wechselwirkungen während meiner Abwesenheit schon durchgekaut habt."

„Na, so schnell schießen die Preußen nun doch nicht!" antwortet Vasco leise, doch Paul hat es gehört: „Was meinst du mit den Vier Wechselwirkungen, Sylvia?"

„Das ist gar nicht so leicht gesagt", antwortet sie lachend und setzt sich. „Ich weiß nur, daß man schon im dem 20. Jahrhundert das Geschehen in der Welt in die Starke, die Schwache, die Elektromagnetische und die Gravitative Wechselwirkung unterteilt hat. Eben in die Vier Wechselwirkungen.

Für mich als Navigator ist natürlich die Gravitative Wechselwirkung die bedeutendste und sie wird von der Allgemeinen Relativitätstheorie beschrieben."

„Die Gravitation ist zwar für Navigatoren wichtig", ergänzt Vasco sofort, offenbar mit ihrer Wertung nicht ganz einverstanden, „aber sie ist die mit Abstand schwächste Wechselwirkung."

„Trotzdem bestimmt die Gravitation die Bewegungen der größten Objekte die wir kennen", verteidigt Sylvia ihre Position und es scheint, als würden die beiden sich in der nächsten Sekunde wieder in den Haaren liegen.

„Worin liegt eigentlich der Sinn", kommt Paul dazwischen, „das Geschehen in der Welt in vier Wechselwirkungen einzuteilen? Und weshalb soll es dann auch noch Wichtige und weniger Wichtige Wirkungen geben??"

Vier Welten

„Gute Frage!" lacht Nilsson. „Zum Ersten ist natürlich alles gleich
‚wichtig', Paul. Es gibt auch keinen höheren Grund das Geschehen in
der Welt vier verschiedenen Schubladen zuzuordnen. In der wirklichen
Welt findet schließlich alles Geschehen parallel zueinander statt. Prozesse aus verschiedenen Schubkästen überlagern einander und beeinflussen sich gegenseitig. Der einzige Sinn der Vierfach-Unterteilung ist
der, daß wir das Geschehen in der Welt heute nur so verstehen können.
Für jeden der Schubkästen haben wir uns ein spezielles Weltbild gebaut und mit Hilfe dieses Weltbildes und einem darauf aufbauenden
mathematischen Modell können wir das Geschehen in den einzelnen
Kästen jeweils korrekt beschreiben.

Drei der vier Schubkästen kann man heute bereits zusammenfassen
- zumindest glauben wir dem Gesetzeskomplex, der alle drei Teilwelten
regiert, sehr nahe zu sein. Doch das vierte Bild und die Gesetze des
vierten Schubkastens - er enthält die Gravitation - das tanzt nach wie
vor aus der Reihe.

Um nochmals auf deine Frage zurück zu kommen, Paul: Die Existenz der vier Kategorien hat keinen tieferen Sinn, sondern eine ganz
pragmatische Ursache: Wir haben einfach noch keine Super-Theorie,
welche alle vier Schubkästen in einer Kommode vereint."

Paul schaut Nilsson lange schweigend an. Nilsson hält dieses Schweigen für Zweifel und versucht es mit einem Beispiel: „Wenn du vier
verschiedene Fotografen beauftragst, alle drei Monate aus beliebiger
Perspektive ein und denselben Baum aufzunehmen, dann werden sich
ganz verschiedene Bilder ergeben, nicht wahr? Wenn dann die Fotografen zusammen sitzen und sich ihre Bilder zeigen, dann werden sie
nicht zwangsläufig erkennen, daß sie alle das gleiche Objekt fotogra-
fiert haben. Selbst wenn du es ihnen sagst, werden sie nur ungläubig
das Gesicht verziehen und auf ihre Bilder weisen. Und tatsächlich werden alle vier Bilder nur eines gemeinsam: einen Baum.

Im Detail stimmen nämlich weder die Bäume, noch die Hintergründe, noch die Farben oder das Aussehen der Blätter überein. Es gibt unendlich viele verschiedene zweidimensionale Abbildungen ein und desselben dreidimensionalen Objektes. Mit einem Hologramm des Baumes hätte man zwar bessere Chancen die Fotos zuzuordnen. Doch bliebe

das Problem der Koordinate Zeit. Einen Hologrammfilm - das wäre wohl die Lösung. Mit ihm hättest du auch das Problem der Zeit im Griff und könntest jeden Schnappschuß dem Puzzle zuordnen, gleichgültig wann und wo er gemacht wurde. Die Supertheorie – oft hört man auch das Kürzel GUT, von Great Unified Theory, wäre das diesem Hologrammfilm vergleichbare Universalmodell der Welt, das die Physiker aus den ihnen vorliegenden Puzzlestückchen -den Theorien - seit Jahrzehnten so gern zusammengezimmert hätten."

In den vorangegangenen Kapiteln habe ich die allgemeine Relativitätstheorie, also die Teiltheorie der Gravitation, und die Teiltheorien erläutert, welche die schwache, die starke und die elektromagnetische Kraft beschreiben. Die letzten drei lassen sich zu den sogenannten Großen Vereinheitlichten Theorien, den GUT's, zusammenfassen, die aber noch nicht sehr befriedigend sind, weil sie eine Reihe von Größen, z.B. die relativen Massen der verschiedenen Teilchen, enthalten, die sich nicht aus der Theorie ableiten lassen, sondern so gewählt werden müssen, daß sie mit den Beobachtungsdaten überein stimmen ...

Wie ich im Siebten Kapitel gezeigt habe, folgt aus der Unschärferelation auch, daß sogar „leerer" Raum mit Paaren virtueller Teilchen und Antiteilchen gefüllt ist. Diese müßten über eine unendliche Energiemenge und damit - nach Einsteins berühmter Gleichung $E = m \cdot c^2$ - auch über eine unendliche Masse verfügen. Ihre Gravitationskräfte würden das Universum folglich zu unendlich kleiner Ausdehnung krümmen.

Stephen Hawking in /6/
Die illustrierte Kurze Geschichte der Zeit Seite 213 f
Rohwolt Verlag GmbH Reinbeck Hamburg, 4. Auflage
Mai 2000

Paul schüttelt zweifelnd den Kopf. „Gibt es denn wirklich keine Merkmale, die den verschiedenen Bildern gemeinsam sind?"

„Doch, doch!" beruhigt ihn Vasco. „Es gibt klare Hinweise die zeigen, daß die Puzzlestücke der elektromagnetischen und der schwachen Wechselwirkungen, die den radioaktiven Zerfall steuert, vom selben 'Baum' sind. Seit dem Ende des 20. Jahrhunderts glaubt man auch im Bild der starken Wechselwirkung einige charakteristische Merkmale dieses Baumes gefunden zu haben. Doch der Baum der gravitativen Wechselwirkung, der sieht nicht nur anders aus, er scheint auch in einem ganz anderen Weltmodell zu wurzeln.

Während die genannten drei Bäume auf einem identifizierbaren Fleckchen Boden zu stehen scheinen, schwebt der Baum der Gravitation doch ziemlich orientierungslos im Leeren. Sein Foto sagt nichts über oben und unten und auch nicht, ob er sich dreht. Du erinnerst dich, Paul: die Allgemeine Relativitätstheorie definiert ihre Umgebung aus ihren Prinzipien heraus. Nirgendwo ist ihr Raum verankert und nirgendwo ist die Theaterbühne für das Geschehen eingebettet."

Die Physik steht heute aber vor einer geradezu paradoxen Situation. Während die Grundlagen der Quantenmechanik und Relativitätstheorie in letzter Instanz miteinander nicht vereinbar sein können und während ihre Begriffsbildungen allein nicht ausreichen, um die Physik der Elementarteilchen theoretisch zu erfassen, erwiesen sich alle aus Quantenmechanik und Relativitätstheorie ableitbaren Schlüsse als völlig zutreffend. Alles für den Kosmos und für die Elementarphysik Ableitbare wurde mit wachsenden experimentellen Möglichkeiten in immer größerer Genauigkeit experimentell verifiziert! Im Gegensatz zu der berühmten Krise der klassischen Physik um 1900, die mit einem experimentell nachgewiesenen Versagen von Mechanik, Elektrodynamik und Thermo-dynamik in neuen Dimensionen verbunden war, treffen alle Aussagen der Quantenmechanik und Relativitätstheorie uneingeschränkt zu. Dies bedeutet, daß neue Theorien die Grundprinzipien der Physik tiefer legen müssen, ohne die Errungenschaften von Quantenmechanik und Relativi-tätstheorie preiszugeben...
H.J. Treder in /3/ Die Einheit der Physik..

Eine Welt

Paul reibt sich nachdenklich das Kinn. „Vielleicht täusche ich mich, Vasco, aber bei Jonas sind diese vier Wechselwirkungen nur verschiedene Spielarten des Geschehens auf ein und derselben Theaterbühne. Um es in Nilssons Beispiel auszudrücken: Die verschiedenen Bilder gehören bei ihm ganz offenbar zu ein und demselben Baum!"

„Das mußt du mir genauer erklären." Nilsson ist skeptisch, auch Sylvia schüttelt heftig mit ihrem Kopf.

Paul holt tief Luft, kratzt sich am Ohr. „Da ist zunächst die Theaterbühne für das Geschehen", beginnt er zögernd, „Jonas hat sie in einen sich ständig erneuernden, aus dem Welthintergrund kommenden Strom von Impuls- und Drehimpuls tragenden Partikeln eingebettet. Im Kontakt mit schwerer Materie wird dieser Impulsstrom verändert. Dabei entstehen Gravitationswirkungen, elektromagnetische Wechselwirkung, starke und schwache Wechselwirkung. Beim Brennen von schweren Kernen wird zum Beispiel Impuls des Hintergrundes in die Materie ‚eingebunden'." Paul stockt einen Moment.

„Nicht ganz geklärt ist in diesem Bild nur die Frage, wie sich dieser Hintergrundimpuls laufend erneuert, welcher Mechanismus also den Kreislauf der Impulse unablässig aufrecht erhält.

Vorhin haben wir gesehen, daß das Stichwort für das Entstehen und die Stabilität von Resonanzfiguren ‚Nichtgleichgewichtsprozeß' heißt. Der Aufenthalt in Nichtgleichgewichts-Räume wirkt auf Resonanzen ‚stabilisierend'. Wer weiß, vielleicht zerfallen Teilchenresonanzen weit ab von Materie - also im glatten, gleichgewichtsnahen Raum - eher wieder in Impuls als Teilchenresonanzen, die sich im Bereich großer Materieanhäufungen - und damit in Nichtgleichgewichtsgegenden - befinden. Der frische Impuls entstünde dann ständig fern ab von Galaxien - im scheinbar wirklich leeren Raum. Auch ein solches Szenarium würde einerseits zu Jonas' Annahmen passen, und den Kreislauf der Impulse beschreiben."

„Jedenfalls verkörpert dieser stetige, von den fernen Massen zu kommen scheinende, frische Partikelstrom wohl ziemlich genau das, was man unter Minkoswki-Metrik versteht: die ‚fernparallele' Raumstruktur, die Einstein in seiner Allgemeinen Relativitätstheorie für weit abgelegene, von den Massen unbeeinflußte Weltgegenden beschrieben hat."

Abschätzend wiegt Paul den Kopf ein paarmal hin und her: „Und gerade wegen dieser Bilder ist Jonas' Modell so anschaulich. Außerdem gestattet es eine Verbindung zu Einsteins *Lambda*. Man kann das Lambda auch als einen Druck des Vakuums interpretieren und wenn man ..."

„Das wäre also die ‚Bühne' für die Gravitation!" unterbricht Nilsson und winkt, seine Ungeduld damit signalisierend, fordernd mit der Hand. „Ja, Nilsson. Aber bei Jonas gibt es nur eine Bühne. Auf ihr wirken sowohl die gravitierenden als auch die elektromagnetisch geladene Elementarteilchen aufeinander, indem sie die Impulsbilanz des Hintergrundes auf ihre spezifische Weise beeinflussen. Es ist ein und derselbe Raum, in dem sich die Photonen als offene Resonanzen fortpflanzen, und in dem sich die radioaktive Zerfälle ‚virtuell' anbahnen."

„Hmhmm, ich möchte eines wiederholen." Vasco wirft einen bedeutungsvollen Seitenblick auf Nilsson, der schon nervös auf die Uhr schaut. „Wir kennen die Gravitation als die in der Intensität schwächste der vier Wechselwirkungen. Dann kommt die Schwache Wechselwirkung; erheblich stärker als diese ist schon die elektromagnetische Wechselwirkung und noch sehr viel stärker ist die sogenannte Starke Wechselwirkung."

Paul versteht, er nickt Vasco zu: „Bei Jonas ist es so: Die attraktive Gravitation ist Resultat der geschwächten Impulse der Hintergrundpartikel, wenn diese mit geschlossenen Resonanzen, mit schwerer Materie zusammen trafen. Gravitation ist die Eigenschaft aller schweren Materie einen Teil des Impulses der Hintergrundpartikel in ungeordneten Drehimpuls zu verwandeln.

Kommt zur Schwere der Materie noch die Eigenschaft dazu elektrisch geladen zu sein, dann werden die Partikel des Hintergrundes von diesen Teilchenwolken nicht mehr ungeordnet, sondern geordnet in den Raum zurück geschickt. Bei dieser Wechselwirkung fällt die Impulsumwandlung am geladenen Elementarteilchen intensiver aus als bei der Gravitation. Dementsprechend stärker sind die Wirkungen derartig behandelter Partikel auf andere geladene Teilchen.

Wenn zwischen schweren Atomen oder Molekülen Energie ‚fließt', dann geschieht das in Form von elektromagnetische Wellen - man sagt auch Photonen. Bei Jonas sind Photonen offene Resonanzen, die als kompakte Formationen von Elementarwellen durch den Kosmos wandern.

Und dann gibt es bei ihm noch diese kurzreichweitigen, *virtuelle* Wellen.

Wie könnte sich aber eine Welle bemerkbar machen, die weder Energie noch Impuls überträgt? Dieses Problem könnte sich dadurch lösen, daß wir nicht nur energieverändernde Prozesse beobachten, sondern auch Wahrscheinlichkeiten. Eine energielose Welle könnte ihre Anwesenheit durch eine Modifikation der Zerfallswahrscheinlichkeit instabiler Systeme verraten. Mit Hilfe bereits bekannter Techniken kann ein derartiges Experiment ausgeführt werden. Dazu benutzt man eine Cäsiumquelle...

... Ein positiver Ausgang dieses Experiments würde definitiv die Existenz neuartiger Wellenphänomene nachweisen, die weder Energie noch Impuls tragen, aber doch Übergänge auslösen können. Dies würde die Entdeckung einer neuen Schicht der Realität bedeuten und die alte Kontroverse bezüglich der Natur des Dualismus Teilchenwelle erneut aufwerfen .

Franco Selleri in /8/

„Und diesen würde ich das Auslösen der schwachen Wechselwirkung, den radioaktiven Zerfall zuschreiben." Paul schaut inzwischen nur noch Nilsson an.

„Wie jedes schwere Teilchen, so ist auch ein radioaktives Isotop bei Jonas eine Resonanzschwingung, eine Schwebung. Zweifellos gibt es mehr oder weniger stabile Schwebungen. Die zum baldigen Zerfall neigenden radioaktiven Isotope gehören zu den weniger stabilen. In Gegensatz zu den stabilen Atomen reagieren sie vielleicht schon auf schwache Einflüsse empfindlich.

In der klassischen Physik gibt es derartig störende Einflüsse nicht, denn das klassische Vakuum ist per definitionem ‚leer'. Deshalb ist es im klassischen Weltbild auch sehr schwer die Gründe für den spontanen Zerfall der Isotope zu nennen: Schließlich kann das NICHTS keinen Einfluß auf ein Etwas, z.B. ein instabiles Isotop, ausüben.

Der Raum der Relativitätstheorie hat zwar eine Metrik - aber diese Metrik ist stetig, sie enthält nichts Substantielles, sie kann deshalb auch nicht am konkreten Zerfall eines Teilchens beteiligt sein. Erst in der Quantenfeldtheorie kommt wieder ein ‚Etwas‘ in den leeren Raum, daß man für ‚zuständig‘ erklären könnte. Das Vakuum der Quantenfeldtheorie ist gefüllt von Strömen virtueller Teilchen, die miteinander sogar virtuell agieren. Dabei kommt es zu virtuellen Turbulenzen und Fluktuationen, zu unvorhersehbaren Schwankungen des Vakuumdruckes.

Diese Schwankungen beeinträchtigen zwar ein stabiles Atom in keiner Weise, aber ein empfindliches radioaktives Isotop können sie zur Verzweiflung und schließlich zum Selbstmord treiben.

Dramatischer noch, als bei der von Eli vorhin beschriebenen Ionisie*rung*, werden dabei aber nicht nur Elektronen aus dem Verband gestoßen, sondern diesmal breitet sich das Chaos im *Kern* des Atoms aus,"

„Womit wir endlich bei den *Kernen* wären!" nimmt Nilsson erleichtert die Gelegenheit wahr. „Zur schwachen Wechselwirkung gibt‘s ohnehin nicht viel zu sagen. Wir können uns also in aller Ruhe des *Pudels Kern* widmen: der starken Wechselwirkung, den Quarks und ihrem Kleber!"

Von Quarks und deren Kleber

In manchen physikalischen Theorien stellt man sich vor,
daß auf dem tiefsten Niveau, an der Grundlage der
Materie, ebenfalls selbstbezügliche Iterationen eine Rolle
spielen. Elementarteilchen erzeugen sich selbst durch
einen ständigen Erzeugungs- und Vernichtungsprozeß
durch Iteration aus dem Vakuumzustand. Das würde
bedeuten, daß die letzte reduktionistische Wesenheit, die
sozusagen als Grundbaustein der Natur anzusehen wäre,
ihre Stabilität nicht einer felsenhaften Haltbarkeit oder
sonstigen statischen Größe verdankte, sondern einer
dynamisch schwingenden Qualität oder einem Prozeß, in
dem das Teilchen sich in seinem Quantenfeld unablässig
entfaltet und wieder verbirgt.

John Briggs, F. David Peat in /11/

Kernkräfte

„Die starke Wechselwirkung hat unbestreitbar etwas fundamentales
an sich", referiert Nilsson, „denn die ganze Welt besteht schließlich aus
ihren Produkten - den Elementarteilchen. Zu Beginn des 20. Jahrhunderts ahnte man jedoch von diesen noch gar nichts, ja man stritt sogar
darum, ob es Atome geben könne.

Heute finden es die Wissenschaftler zumindest zweckmäßig die Welt
mit Hilfe der modernen Atommodelle zu beschreiben.

Ob es echte ATOMOS - UNTEILBARE - tatsächlich gibt, das ist
nach wie vor vollkommen offen. Den Erfindern der anderen, der modernen Atome wurde nämlich schon zu Beginn des 20. Jahrhunderts
klar, daß ihre Atome mit dem griechischen Vorbild nicht viel zu tun
haben können. Diese Atome sind ganz sicher nicht unteilbar, denn sie
bestehen aus einem positivem Kern und einer negativen Hülle und diese haben ihrerseits wiederum Bestandteile.

Ursprünglich glaubte man, daß die negativen Bestandteile der
Elektronenhülle von der positiven Wirkung des Kerns zusammengehalten werden. Doch mit dem Kern selbst gab es dann ein Problem.

Schließlich besteht auch so ein winziger Kern aus mehreren positiv geladenen Teilchen, und diese müßten einander eigentlich heftigst abstoßen. Da aber selbst ionisierte Atomkerne nicht ohne weiteres zu platzen pflegen, blieb den Erfindern der neuen Atome gar nichts anderes übrig, als eine ebenso neue, bis dato aber unbekannte Kraft für deren Stabilität verantwortlich zu machen.

Diese Kraft nannten sie Kernbindungskraft und sie beauftragten sie per definitionem, die ungeheure elektrische Abstoßung unter den Kernbausteine zu kompensieren."

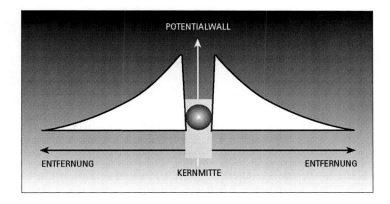

POTENTIALWALL

ENTFERNUNG   KERNMITTE   ENTFERNUNG

Nilsson weist auf den Bildschirm. „Dieses Diagramm hier -es erinnert mich immer wieder an den Querschnitt eines Vulkans- zeigt den Verlauf der Kräfte, die einem positiven Probekörper in der Nähe eines Atomkerns entgegen stehen.

Um den Kraterrand zu erklimmen muß der Eindringling einen ständig steiler werdenden Anstieg überwinden. Je weiter er nach oben klettert, desto stärker weisen ihn die elektromagnetischen Abstoßungskräfte des Kerns ab und ,am Berg' sieht es für ihn so aus, als würde dies bis zum Zentrum so bleiben.

Doch auf der Höhe des Walles setzt plötzlich diese neue, zwar kurzreichweitige, aber extrem starke Kraft ein: die Kernbindungskraft.

Sie kompensiert nicht nur die elektromagnetische Abstoßung zwischen dem Kern und dem Eindringling, sondern sie preßt die positiven Kernbausteine sogar fest aneinander.

Den Anstieg bis zum Kraterrand, denn nennt man Potentialbarriere.

Die Kraterkante selbst ist extrem schmal und kein Probeteilchen kann sich länger darauf halten. Unmittelbar hinter dem Rand übernimmt dann die Kernkraft das Regime und," Nilsson lächelt Paul zu. „Diese Kernkraft ist so unvorstellbar stark, daß ich sie im Bild nicht einmal annähernd richtig darstellen kann. Der Kraterschacht hier, der müßte dazu weit über den unteren Bildrand hinaus reichen!"

„Wo sind die elektromagnetischen Abstoßungskräfte geblieben? Werden sie von der Kernbindungskraft abgelöst - oder werden sie von ihr überlagert?"

„Schwer zu sagen." Nilsson hebt vage die Hände. „Das Diagramm zeigt zwar den Verlauf der Kräfte - es sagt aber nichts darüber wie sie zu Stande kommen.

Auch dieses Diagramm hier," Nilsson weist auf ein weiteres, „zeigt nur den Verlauf der Kernbindungsenergie. Aber es kann ihn nicht erklären. Die bei der Synthese eines Kerns freiwerdende Energie kann man zwar auch berechnen, aber ..." Nilsson hebt bedeutungsvoll die Schultern.

„Die Kernbindungsenergie ist die Energiemenge, die bei der Fusion von komplexen Kernen aus vorher freien Protonen und Neutronen abgegeben wird.

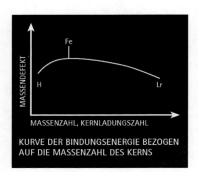

KURVE DER BINDUNGSENERGIE BEZOGEN AUF DIE MASSENZAHL DES KERNS

Das einfachste Atom ist das Wasserstoffatom. Es steht hier links, am Beginn der Kurve. Wasserstoff entsteht, wenn sich ein Proton und ein Elektron vereinigen. Die Protonen nennt man deshalb auch Wasserstoffkerne. Sie verkörpern die elementare Masseportion, die an der Fusion von Atomkernen beteiligt sein kann. Halbe Protonen gibt es nicht.

Bei der Fusion von mehreren Wasserstoffkernen zu einem Heliumkern wird bekanntermaßen Energie frei. Auch aus Heliumkernen können schwerere Kerne fusionieren, und auch dabei wird Energie frei.

Der Anstieg im linken Teil der Kurve wird aber mit zunehmender Massenzahl immer flacher. Das heißt, daß die bei Fusionen frei werdende Energie immer geringer wird.

Das Eisenatom kennzeichnet den Punkt der Kurve, in dem der Anstieg ‚0' beträgt. Jenseits des Eisens hat die Kurve einem negativen Anstieg. Bei der Fusion eines Eisenatoms aus leichten Kernen würde also viel Energie frei werden - doch um aus Eisenkernen einen noch schwereren Kern zu schmieden, wird wieder Energie gebraucht! Natürlich gibt es aber auch im zweiten Abschnitt der Kurve Prozesse, bei denen Energie freigesetzt wird. Zum Beispiel dann, wenn ein sehr schwerer Kern in leichtere Kerne, die in der Kurve links von ihm stehen, zerfällt. Im Gegensatz zur Kernverschmelzung -der Kernfusion, heißt dieser Prozeß Kernfission - Kernspaltung."

„Bei Eisen ist die Bindungsenergie am größten", erinnert sich Paul, „weil im Eisenkern die Packung von Protonen und Neutronen energetisch am günstigsten ist. Und, wenn Eli aufwacht," Paul streift ihn mit einem Blick „dann wird er uns schon sagen, weshalb wir das Eisen ..."

„...so häufig in der Natur vorfinden", setzt Eli fort. „Das liegt am Prinzip des kleinsten Zwanges. Der Kern des Eisens ist so optimal gepackt, daß er unter halbwegs normalen Bedingungen keinerlei Veranlassung hat, dieses Optimum an Bequemlichkeit zu verlassen. Deshalb bleibt er so, wie er ist und verändert sich nicht!"

„Da haben wir's!" ruft Paul lachend. „Das erste Prinzip, dessen Hintergrund ich vorbehaltlos akzeptiere: die Bequemlichkeit!

Deine Diagramme dagegen, Nilsson, die zeigen nur Erfahrungen. Die erklären mir zu wenig.

Auch diese Kernbindungskraft da," Paul weist nach vorn, „die kommt mir wie eine verwaschene Vision vor, die nur eingeführt wurde, um eine andere verwaschene Vision - die elektromagnetischen Kraft - kompensieren zu können.

Bei Jonas hat dagegen der Begriff Kraft einen vorstellbaren Hintergrund. Eine Kraft ist zum Beispiel der an einer Teilchenresonanz anstehende Impulsdruck. Das ist zwar auch nur ein Bild, aber dieses Bild sagt mir etwas über den Prozeß bei dem sich das, was wir Kraft nennen, entwickelt.

Bestimmt können wir auch die Kernbindungskraft auf einen solchen Prozeß zurückführen, Nilsson. Es muß ein extrem ‚attraktiver' Prozeß sein, da er die Kernbausteine so enorm zusammenpreßt, daß ihre elektromagnetisch bedingten Aversionen verschwinden. Hmmm!" Paul schiebt die Unterlippe nach vorn und überlegt.

„Bei Jonas registrieren wir Attraktion immer dann, wenn der Impulsdruck zwischen den Teilchen geringer ist als der Druck des Hintergrundes. Der Druck des Hintergrundes ist vergleichsweise konstant. Da die Attraktionskraft zwischen Kernbausteinen in dem Maße stärker wird, wie der Impulsdruck zwischen den Teilchen sinkt, wird sich die stärkste Attraktion dann herausbilden ..."

Paul steckt plötzlich siegessicher den Zeigefinger in die Höhe „Die stärkste Attraktion wird sich genau dann ergeben, wenn zwischen den betreffenden Teilchen überhaupt keine Urobjekte mehr unterwegs sind. Wenn sie sozusagen direkt aneinander liegen. Denn dann ist der Druckunterschied zum Hintergrund maximal!"

Eli hebt überrascht den Kopf. „**Abschirmung total ...**" kommt es leise über seine Lippen.

„Was ist total?" fragt Nilsson unwirsch dazwischen, rein akustisch hat er wohl nicht verstanden.

„Ich vermute", antwortet ihm Paul, „daß die Protonen eines Kerns einander so nahe sind, daß sich ihre Wolken gegenseitig vor dem Hintergrund abschirmen. Die Attraktionskraft zwischen direkt benachbarten Protonen ist dann am größten, wenn gar keine Partikel mehr zwischen ihnen ausgetauscht werden. Wenn also die Protonen einander so nahe sind, daß sich ihre Resonanzfiguren vereinigen, daß sie miteinander verschmelzen. Sie könnten dann zu einer vielleicht strukturierten, aber im Grunde schwer aufzulösenden Einheit werden."

„Abschirmung, Abschirmung," murmelt Vasco stereotyp vor sich hin.

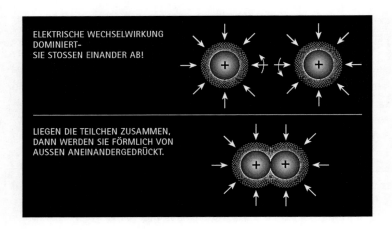

ELEKTRISCHE WECHSELWIRKUNG DOMINIERT-
SIE STOSSEN EINANDER AB!

LIEGEN DIE TEILCHEN ZUSAMMEN,
DANN WERDEN SIE FÖRMLICH VON
AUSSEN ANEINANDERGEDRÜCKT.

Rasch entwirft Paul eine Skizze. „Wenn es diesem Proton hier mit viel Schwung gelingt, dem anderen Proton sehr nahe zu kommen, dann wird es vom Druck des Hintergrundes ganz fest an das erste gepreßt. Wahrscheinlich verschmelzen die beiden Resonanzfiguren dabei und ihre Urobjekte werden sich gegenseitig den lokal fehlenden Hintergrundimpuls ersetzen. Natürlich müssen sie vorher die Potentialschwelle überwinden, das ist klar.

Sylvia hat mir einmal erklärt, daß Kernfusionen nur anlaufen können, wenn eine extreme Hitze für die kinetische Energie der Kerne, sowie ein enormer Druck für deren räumliche Nähe zueinander sorgt. Solche Bedingungen finden wir in einer Supernovae oder auch in einer Sonne. Wegen der wechselseitigen Verschmelzung sollte ein so entstandener Kern weniger Raum in Anspruch nehmen als die Ausgangskerne zuvor. Das Produkt einer solchen Fusion kann also ‚leichter‘ sein, als die Rohstoffe und dies paßt exakt zu Einsteins Prognose.

Der aus der Verschmelzung erwachsende Massendefekt - das ist nichts anderes als überschüssige Energie. Und wie üblich, wird diese während chaotischer Oszillationen im Verlauf der Fusion zu einem Photon geschmiedet und in den Raum gepulst.“

„Und“, meldet sich Eli mit erhobenem Finger. „da elektromagnetische Wechselwirkung auf dem Austausch von codierten Partikeln beruht, wird zwischen diesen Kernbestandteilen,“ er weist auf Pauls Skizze. „bestimmt nichts elektrisches mehr laufen.“

„Tatsächlich!“ Paul lacht zufrieden. „Sie sind so nahe beieinander, daß gar kein Austausch von codierten Partikeln zwischen ihnen mehr stattfinden kann! Die elektromagnetische Kraft wird demnach nicht von der Kernkraft kompensiert oder überlagert, sondern sie lösen einander ab! Beide können nicht gleichzeitig auftreten, denn das Wirken der einen schließt das Wirken der anderen aus.“

„Eine solche Interpretation der Kernkräfte“, gesteht Nilsson gelassen lächelnd, „ist mir im ganzen Leben noch nicht untergekommen. Aber sie ist nicht einmal unsympathisch.

Noch viel sympathischer wäre sie mir aber, wenn ich damit auch ein paar dieser verrückten Prognosen der Quantenchromodynamik veranschaulichen könnte.“

Bunt und fremd - Quantenchromodynamik

„Aufrichtig wie ich bin," Nilsson lacht gluckernd, „werde ich euch warnen. Die Quantenchromodynamik ist nämlich ein bißchen irre. Doch sie ist die einzige, die mit guten Aussagen zu Eigenschaften und Bau der Elementarteilchen glänzen kann. Und deshalb kommt niemand an ihr vorbei.

Die Quantenchromodynamik ist sowohl in der Quantenmechanik als auch in der Relativitätstheorie verwurzelt, sie ist sozusagen ein Ableger der beiden großen Theorien.

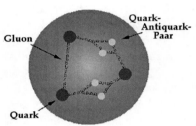

Leider hat sie von Ihren Eltern nicht nur die schönen Eigenschaften geerbt, denn sie ist auch in puncto Anschaulichkeit unverkennbar ein Kind der beiden.

Sie sagt zum Beispiel, daß Protonen und Neutronen gar keine richtigen Elementarteilchen sind, sondern daß sie wiederum aus **etwas** bestehen. Zuerst wurde **etwas** nur auf dem Papier errechnet, doch dann ist **es** auch tatsächlich **innerhalb** von Protonen und Neutronen entdeckt worden: die drei Zentren, die man als eine weitere Ebene der Elementarität interpretieren kann - die QUARKS.

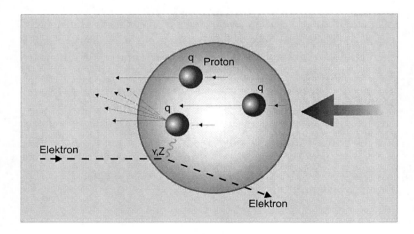

Elektronenablenkung
Beschreibung: Schematische Darsttellung der Kollision
eines Elektrons (von links kommend) mit einem Proton
(von rechts kommend). Das punktförmige Elektron dringt
in daas Proton ein und wird an einem der Quarks gestreut.
Die Streuung wird durch den Austausch eines Kraft-
teilchens der elektromagnetischen oder schwachen Wech-
selwirkung (gelbe Linie) vermittelt. Das getroffene Quark
ertzeugt ein enges Bündel von Teilchen (Jet).
H T T P : / / w w w - z e u t h e n . d e s y . d e / ~ a t s a t h l /
Zukunftsbereicht.Kap3.html

Ich könnte nun einfach sagen, daß Protonen und Neutronen jeweils aus drei Quarks zusammengesetzt sind - doch das wäre nicht exakt! Das Elementarteilchen Quark ist nämlich so extrem elementar, daß es sich weigert einzeln zu existieren.

In Protonen oder Neutronen treten Quarks zum Beispiel als Dreierpack auf, auch Zweierpacks gibt es, doch niemals hat man bisher eines einzeln erwischen können.

Modellrechnungen in der Quantenchromodynamik zeigen, daß das einzelne Quark - wenn man es irgendwie doch isoliert hätte, viel mehr Masse haben müßte, als das vormalige Proton. Obwohl dieses Proton aus drei Quarks besteht.

Die Theorie sagt außerdem, daß einzeln existierende Quarks ununterbrochen Energie verbrauchen oder ununterbrochen Energie abgeben werden. Einige würden also während ihres Lebens ständig Energie in sich ansammeln - natürlich ohne dabei schwerer zu werden.

Andere würden ununterbrochen Energie abgeben - natürlich auch ohne dabei leichter zu werden. Und außerdem,"

Nilsson grinst über seinen Brillenrand.

„Außerdem haben die Quarks noch exotische Ladungen, die im Dritteltakt zwischen 1/3 und 2/3 liegen können und natürlich sowohl positiv als auch negativ sein können.

Die Quarks haben also die verschiedensten verrückten Eigenschaften, und dementsprechend haben sie auch verschiedene Namen bekommen. Man unterscheidet sie in Normale und Antis, nach der Farbe und manche von ihnen sind nicht einmal eingebürgert, denn sie sind noch fremd.

Zu allem Überfluß besteht nun ein Proton nicht nur aus einer Dreier-
packung dieser bunten Objekte sondern, um als Dreierpack zusammen zu
bleiben, müssen die drei Quarks auch noch zusammen gehalten werden.
Diese anstrengende Aufgabe erledigen wieder andere Teilchen, die
Gluonen. Sie rasen ständig zwischen den unterschiedlich gefärbten
Quarks hin und her, verändern dabei unablässig selbst ihre Farbe, tun
das jedoch so geschickt, daß das ganze Gebilde nach Außen immer als
weiß erscheint ..."

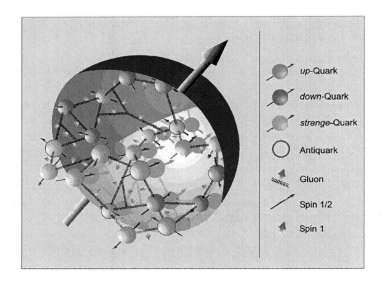

*Je genauer man in ein Proton hineinblickt, desto mehr
Teilchen werden beobachtet.: Es enthält eine komplexe
Struktur aus Quarks und Antiquarks, die von Gluonen
zusammengehalten werden. Alle tragen ihren eigenen
Drehimpuls („Spin"). Zudem entsteht durch ihre unabläs-
sige Bewegung ein Bahndrehimpuls, der ebenfalls zum
Gesamtspin des Protons beiträgt. Wie sich die einzelnen
Drehimpulse in diesem komplexen Zustand zum Gesamt-
spin des Protons zusammensetzen, wird im Hermes-
Experiment bei Hera in Hamburg und im Kompass-
Experiment am Cern untersucht. //www-zeuthen.desy.de/*

Nilsson wirft einen zufriedenen Blick in die Runde. „Ich weiß", gesteht er lachend, „das alles klingt vollkommen verrückt! Aber diese Quantenchromodynamik ist nun mal weit und breit die einzige Theorie, mit der wir die Elementarteilchen und ihre Familien beschreiben können."

„Drei Quarks sind eine Proton", flüstert Paul.

„Und wir können die Quarks niemals allein erleben. Sie haben gedrittelte Ladung und die Theorie sagt, daß sie unendlich viel Energie verbrauchen oder erzeugen, wenn sie allein existieren könnten."

Versonnen betrachtet Paul seine Spirale.

„Wenn nun ein Proton eine komplexe, vielleicht aus drei Teilen bestehende Schwingungsfigur hätte, Nilsson? "

Nilsson verzieht skeptisch das Gesicht. „Die Quarks wären dann verschiedene Segmente einer Schwingungsfigur. Hmm. Und wie soll es diesen Segmenten gelingen, als Ein- oder Zweidrittelladung in Erscheinung zu treten?"

„Das verblüfft mich ja auch", murmelt Paul und wirft wieder einen langen Blick auf seine Spirale. Dann greift er nach dem Skizzenblock, zeichnet aber nichts, sondern spricht leise vor sich hin: „In der Natur gibt es nur ganzzahlige elektrische Ladungen. Die Portion Elementarladung ist ebenso unteilbar, wie die Energiemenge im Planckschen Wirkungsquantum unteilbar ist. Und das ist plausibel, denn auch die geladenen Elementarteilchen sind Resonanzfiguren, die man nicht zerstückeln kann. Doch, wer sagt uns eigentlich, Nilsson, daß die interne Schwingungsgestalt geladener Elementarteilchen punktsymmetrisch sein muß?"

Nilsson hebt den Blick zur Decke. Flüsternd deklamiert er: „Naht ihr euch schon wieder, schwankende Gestalten?"

Doch Paul läßt sich nicht von seine Spur abbringen: „Wir erkennen doch Schwebungszustände nicht an einer besonders einfachen Gestalt, Nilsson, sondern daran, daß sich bei ihnen etwas zyklisch wiederholt.

Beim einfachen Pendel wiederholen sich zum Beispiel die gleichen Bewegungsabläufe." Paul hebt seine Spirale empor. „Auch mit dieser Spirale kann ich stehende Wellen simulieren, Nilsson. Und in der schwingenden Acht, der Ein-Knotenfigur, kann man den Zyklus gut erkennen. Den Startpunkt für diesen Zyklus kann ich im Grunde beliebig wählen, denn die Acht schwingt geschlossen. Nach jedem Zyklus wird ein auf der Spirale liegender Punkt wieder am gleichen Ort angekommen sein. Natürlich!" Paul winkt unwillig mit der Hand „Die liegende Acht ist eine Dimensionen zu arm, um als geladenes Elementarteilchen zu gelten. Doch wie die konkrete Gestalt, so ist auch die Zahl der Dimensionen nicht kennzeichnend für einen Schwebungszustand: Wichtig ist, daß eine

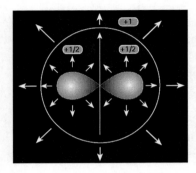

Schwebung ‚schwebt', daß sie zyklisch schwingt. Und deshalb kann ich mir eine räumlich schwingende Acht als Resonanzfigur für ein elektrisch geladenes Teilchen vorstellen." Paul beginnt seine Skizze.

„Diese räumliche Acht hier oben", murmelt er, „die erinnert mich an ein Orbital. Die gleiche Gestalt kann sich aus zwei verschiedenen Schwingungsverläufen bilden. Die beiden Modi sehen zwar auf den ersten Blick gleich aus. Der interne Bahnverlauf kann aber so - oder so dargestellt werden.

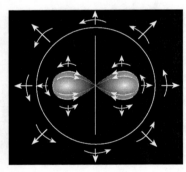

Und im zweiten Fall verläuft die interne Oszillation in den Keulen so, daß die Wirkung der Keulen auf ihre unmittelbare Umgebung nicht identisch sein wird.

Das heißt, daß die einzelnen Strukturen einer Schwingungsfigur unterschiedlich ‚in den Raum hinein wirken'. Obwohl," Paul verstummt einen Moment. „Obwohl dies ein relativ weit von der Figur entfernter Probekörper nicht unbedingt erfahren muß. Die von den beiden verschieden schwingenden Segmenten ausgehenden - möglicherweise unterschiedlich codierten - Partikelströme werden sich

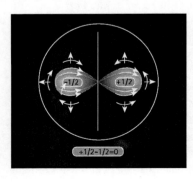

auf ihrem Weg durch den Raum überlagern. Sie werden sich vielleicht sogar auslöschen oder addieren. Der entfernte Probekörper würde in jedem Fall aber nur das Gesamtbild der von den einzelnen Segmenten kommenden Partikelströme erkennen. Er wird nur die Gesamt-Ladung der Figur ‚sehen'. Und das wäre dann beispielsweise die Elementarladung +1 oder -1. Oder gar keine Ladung, wenn sich die von den verschiedenen Segmenten ausgehenden codierten Partikelströme gegenseitig aufheben sollten." Paul wiegt unentschlossen den Kopf.

„Aber wenn ein Probekörper sehr nahe an einem bestimmten Segment meiner ACHT vorbeikommen würde, dann würde er vom Partikelstrom dieses Segmentes vielleicht stärker beeinflußt als vom benachbarten Segment. Und wenn man beim Passieren der Acht die Bahnablenkung misst, dann könnte dies zu seltsamen Schlußfolgerungen führen - bis hin zu der Vermutung, daß im Proton geteilte Ladungen drin stecken."

Eli ist näher gekommen und er betrachtet Pauls Skizzen. „Das ist plausibel. Wenn ein Probekörper hier vorbei fliegt, dann würde er anders abgelenkt als wenn er hier vorbei fliegt. Klar. Ein unterschiedliches Ablenkverhalten muß einem klassisch denkenden Experimentator an der Elementarität des Protons zweifeln lassen."

„Das sehe ich auch so." Vasco hat mitgehört. „Wer sich unter einem Proton ein homogenes, festes Partikel vorstellt, aus dessen Oberfläche überall gleichmäßig die positive Ladung *hervorquellen* soll, für den wird dieses Versuchsergebnis zu einem unlösbaren Rätsel. Ihm bleibt nur an der Elementarität des Protons zu zweifeln. Und dann muß er natürlich versuchen den Einzel-*Teilen* des Protons auf die Spur zu kommen."

„Was aber bisher noch niemandem gelungen ist", kichert Eli. „Wenn wir Paul Schwingungsfigur hier mit winzigen Probekörperchen bestrahlen könnten, dann sollte das Bild Konturen aufweisen. Die Schwingungsfigur ist ja nur äußerlich *rund*. In ihrem Inneren gibt es Bereiche, die elektrisches Feld in unterschiedlicher Intensität produzieren.

Da wir einem Proton eine strukturierte Resonanzfigur zugestehen, verwundert uns der Umstand nicht, daß bei dessen *Beleuchten* etwas von dieser Struktur zu finden ist. Und wir werden in diesen Strukturen auch nicht unbedingt separate Bestandteile sehen, oder sie in selbständige Teile aufzutrennen versuchen.

Für all diejenigen aber, die in einem Proton ein klassisches Elementarteilchen sahen, muß schon der schwache Anschein einer internen Struktur des Protons als Hinweis darauf gelten, daß es gar nicht *elementar* ist, sondern aus *noch* elementareren Teilchen besteht. "

„Die man nur zu gern isoliert sehen möchte." Paul nickt zufrieden. „Doch ganz bestimmt ist es schon schwer genug, die Inhomogenitäten der Protonenresonanz überhaupt zu erkennen. Man benötigt eine extrem hochauflösende Technik dazu und muß sehr, sehr nahe an das Objekt der Begierde heran.

Schon ein bißchen Distanz wird die Strukturen zu einem Punkt verschwimmen lassen - denn von außen gesehen ist ein Proton eine punktsymmetrisch erscheinende Quelle des elektromagnetischen Feldes mit der Stärke *PLUS EINS*."

„*Quarks* haben keine *halben* Ladungen", wirft Nilsson lakonisch ein, „sondern Vielfache von Drittel-Ladungen!"

„Das soll nicht das Problem sein." antwortet Paul nach kurzem Überlegen.„Meine *Acht* hätte zwar halbe Ladungen, denn sie ist bipolar, ist nicht *räumlich* genug. Ich mache einfach eine tripolare Figur aus ihr."

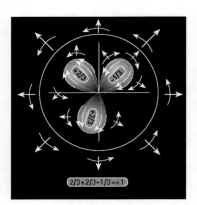

Nilsson winkt ab. „Ich hätte es wissen müssen," klagt er Vasco sein Leid.

„Sogar über die Quarks bekommt der Lümmel die Kurve zu seinen geliebten Schwingungsgestalten!

Warum habe ich nur davon angefangen?"

Steven Weinberg in /9/:
Der gelungene Nachweis
führte dann rasch zu einer
dieser Quantenfeldtheorien, zu der unter der Bezeichnung
Quantenchromodynamik bekannt gewordenen Theorie der
Quarks und Gluonen, die sehr schnell als die korrekte
Theorie der starken Kraft anerkannt wurde. Daraus wurde
gefolgert, daß die Kräfte zwischen Quarks und Gluonen,
wenn sie bei kurzen Entfernungen abnehmen, bei langen
Entfernungen zunehmen und möglicherweise so stark

werden, daß sie es prinzipiell unmöglich machen, Quarks oder Gluonen auseinander zu ziehen. Dies ist allerdings eine etwas zu stark vereinfachte Darstellung; man nimmt an, daß in Wirklichkeit folgendes geschieht: Wenn man etwa versucht, ein Meson auseinanderzuziehen, um das Quark und Antiquark, das in ihm enthalten ist, zu isolieren, nimmt die erforderliche Kraft in dem Maße zu, je weiter man das Quark und das Antiquark auseinanderzieht, und schließlich muß man so viel Energie aufwenden, daß genügend Energie verfügbar ist, um ein neues Quark-Antiquark-Paar zu erzeugen. Dabei taucht aus dem Nichts ein Antiquark auf, das sich mit dem vorhandenen Quark verbindet, und ein Quark das ebenfalls aus dem Nichts auftaucht, verbindet sich mit dem vorhandenen Antiquark, so daß man statt eines freien Quarks und eines freien Antiquarks einfach zwei Quark-Antiquark Paare erhält, also zwei Mesonen. Das entspricht etwa dem Versuch die beiden Enden eines Seils auseinanderzuziehen: Man Kann ziehen und ziehen, und wenn man genügend Energie aufbringt, wird das Seil schließlich reißen, doch hat man dann nicht nur die beiden Enden des ursprünglichen Seils, sondern zwei Seile mit jeweils zwei Enden. Der Gedanke, daß es prinzipiell unmöglich ist, Quarks und Gluonen isoliert zu beobachten. ist zu einer anerkannten Erkenntnis der modernen Elementarteilchenphysik geworden, was uns aber nicht daran hindert, Neutronen, Protonen und Mesonen als aus Quarks zusammengesetzt zu beschreiben. Ich kann mir nichts vorstellen, was Ernst Mach weniger gefallen würde. Die Theorie des Quarks war lediglich ein Schritt in einem langfristigen Prozeß, in dem die physikalische Theorie immer grundlegender formuliert wird und sich zugleich immer weiter von der Alltagserfahrung entfernt...

Unendlich große Energieressourcen?

Doch zu Nilssons Leid ist Vasco diesmal keine gute Adresse für seine Klage. „Ich glaube, Nilsson, du siehst das mit den Gestalten zu eng!" verteidigt er Paul.

„Diese Figuren sollen doch kein Beweis für irgend etwas sein! Wir entwerfen die Bilder doch nur, um **uns** die von der Quantenchromodynamik beschriebene Welt vorzustellen zu können. Sofern uns diese Bilder dabei helfen sehe ich keinen Grund, sie abzulehnen. Zumal auch du nicht einmal mit den Schatten eines anschaulichen Bildes dienen kannst. Und diese Skizze hier," er weist auf die tripolare Acht, „läßt mich wenigstens ahnen, weshalb einem Experimentator das Innere eines Protons strukturiert erscheinen könnte und, weshalb er zu der Vermutung kommt, daß es da drin verschiedene Regionen von gedrittelten Ladungen gibt. Und ich sehe sogar," Vasco streicht sich nachdenklich das Kinn, „Ich ‚sehe' in diesem Bild sogar das Energieproblem einzelner Quarks!"

„Oha! Da bin ich aber gespannt!" findet Nilsson seine Stimme wieder.

„Stellen wir uns einfach vor, das jemand diese drei hier," Vasco greift nach Pauls Skizze. „Diese drei Keulen voneinander zu trennen versucht. Bei Jonas- -das ist mir schon klar - wird das niemandem gelingen, denn nur zusammen sind die drei ein Zyklus, nur zusammen verkörpern sie sozusagen 360 Grad einer Schwebungsfigur. Einzelne Segmente dieser Schwebungsfigur sind nicht lebensfähig. Aber man kann natürlich versuchen sie zu zerschneiden.

Und bei Jonas würde ein derartig traktiertes Proton einfach ins Chaos abtauchen. Es würde als Kontur verschwinden, um aus dem Chaos heraus in ganz anderer oder auch ähnlicher Form wieder neu zu entstehen."

Vasco kratzt sich am Kopf. „Die Quantenchromodynamik hat sich auch dem Problem der einzelnen Quarks gestellt. Und ihre Lösung ist wohl, daß sie bereit ist, dem Energieerhaltungssatz ‚Ade' zu sagen. Die Theorie tut das, um den separat ‚gesehenen' Rumpf wenigstens rechnen zu können." Nilsson hüstelt vorwurfsvoll, schließlich hatte Vasco diese Weisheit erst vor kurzem von ihm vermittelt bekommen. Doch Vasco bohrt gnadenlos weiter:

„Tja, Nilsson! Der Hintergrund dieser Absage wird mir nun klar,

denn,“ Vasco macht es spannend und zwinkert Nilsson zu, „ein solcher
Rumpf kann nicht energieneutral existieren. Das sieht man auf den ersten Blick! Nur einem vollständigen Schwebungszyklus gelingt es, der
Umgebung Impuls zu entnehmen und im nächsten Moment genausoviel wieder an diese Umgebung abzugeben. Doch ein Teil des Zyklus‘
kann dies nicht. Die Hälfte oder ein Drittel einer Resonanzfigur, das ist
undenkbar, das ist,“ Vasco sucht nach einem passenden Vergleich. „Das ist wie ein
Schwerkraftpendel, welches von sich aus nur *halbe* Schwingungszyklen
ausführt. Kein Mensch kann sich so etwas vorstellen, Nilsson. Oder hast
du schon einmal gesehen, daß ein Pendel plötzlich und ohne Ursache in
seiner Mittellage stoppt, um danach wieder nach hinten zu schwingen?“

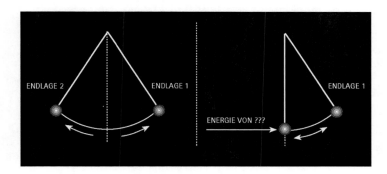

Anstatt einer Antwort macht Nilsson nur eine wegwerfende Handbewegung.

„Wenn man aber ein solches ‚geteiltes‘ Schwingungsbild partout mathematisch ‚abbilden‘ möchte, dann bleibt einem nichts anders übrig, als
dem Pendel bei jedem Zyklus einen ‚mysteriösen‘ Stoß zu verpassen ...

Nilsson räuspert sich und schaut mißmutig auf die Uhr. „Und das ist
deiner Meinung nach der Grund, den Energiesatz außer Kraft zu setzen. Hmmm!“ Er stöhnt laut, lehnt sich zurück und kichert schließlich.
„Langweilig ist es ja nicht gerade mit euch. Die unerschöpfliche Vielfalt eurer Schwingungsfiguren, die läßt die herrlichsten Verrücktheiten
zu. Und manchmal fällt es mir tatsächlich schwer spontan die Argumente dagegen zu finden.“

Eddington und die Magie

„Es ist ja nur ein Gedankenspiel", tröstet Sylvia Nilsson, denn sie kann sein Unbehagen gut nachvollziehen. „Diese vielen Visionen, Nilsson, sie wirken auf mich wie Astrologie oder Magie. Sie sind auf eine Art schon irgendwie anschaulich, aber ... "
„Magie?" staunt Vasco und wiederholt. „Du sprichst von Magie ??"
„Du hast ein schlechtes Gedächtnis", antwortet Sylvia spöttisch. „Wir haben schließlich schon eine ganze Nacht lang über magische Zahlen gesprochen! Eine davon ist die Eddingtonsche Zahl.

Damals waren wir uns sogar einig, daß die Herkunft der Eddington-Zahl genauso schwer vorstellbar ist, wie die Unendlichkeit des Universums. Wir haben sogar einen Zusammenhang zwischen beiden vermutet. Aber natürlich haben wir nicht heraus bekommen, worin der bestehen könnte."

Die Eddingtonsche Zahl (10 hoch 40) ist das Verhältnis zwischen den elektrischen und den gravitatorischen Kräften im Atom. Sie ist der Schlüssel für alle geologischen und kosmologischen Vorgänge. Um ihr Verständnis, das heißt die theoretische Begründung der mikrokosmischen Vernachlässigbarkeit der makroskopisch dominierenden Schwerkraft, bemühen sich diejenigen Weiterentwicklungen der Allgemeinen Relativitätstheorie, die ...
H.-J. Treder /3/ Neue Einsichten...

„Stimmt, Sylvia", erinnert sich Vasco. „Doch ich habe seither auch nichts neues zum Hintergrund der ‚magischen Zahlen' gehört. Vielleicht kommen wir den seltsam konstanten Verhältnissen näher, wenn wir sie aus einem anderen Blickwinkel betrachten?
Zum Beispiel ist es ein Charakteristikum von Jonas' Resonanzfiguren, daß sie sich bezüglich ihrer lokalen Umgebungsbedingungen unablässig selbst eichen. Diese Selbsteichung kommt dann in der Konstanz der Lichtgeschwindigkeit und in der Relativität der Bewegung zum Ausdruck. Aber auch darin, daß der schweren Materie das Verhältnis von Gravitation und elektromagnetischen Kräften - und dies ist ja Eddingtons Zahl - unter den verschiedensten Bedingungen als konstant erscheinen muß.

Dieses Konstant-Bleiben der Zahlenverhältnisse wäre damit nur eine Widerspiegelung der Existenzkriterien der Schwingungsfiguren. Eine logische Konsequenz der Annahme, daß alle zeitweilig stabilen Wechselwirkungsphänomene auf den gleichen ‚Mechanismus' zurückgehen, der sie wiederum unablässig aufeinander ‚eicht'. "
„Das paßt!" freut sich Paul. „Die Verhältniszahlen sind bei Jonas zeitlos. Obwohl natürlich den zeitlosen Verhältnissen immer der zeitweilige Charakter aller Produkte gegenüber steht.

Ich meine damit, daß bei Jonas die Ewigkeit den Verhältnissen, den Relationen zueinander vorbehalten ist. Aber den Schwingungsfiguren kommt sie ganz bestimmt nicht zu. Die stehenden Wechselwirkungsfiguren, das sind immer nur zeitweilige Kristallisationen, die unter bestimmten Bedingungen entstehen und uns dann eine Weile stabil erscheinen.

Andererseits: Da es prinzipiell unendlich viele Szenarien für diese Bedingungen gibt, muß man auch mit entsprechend vielen stabilen Schwebungsfiguren rechnen. Doch allen diesen Schwebungsfiguren sollte gemeinsam sein, daß sie entstehen, wenn die Bedingungen für das Entstehen günstig sind. Und sie werden vergehen, wenn die Bedingungen dafür günstig sind. Und da Bedingungen früher oder später garantiert wechseln, ist die Erscheinung Resonanzschwebung immer nur zeitweilig."

Die Zeit und ihr Gegenteil

„Apropos: Zeitweilig." Sylvia greift das Stichwort auf und stellt auch gleich eine Art Gretchenfrage: „Wie haltet ihr es bei Jonas eigentlich mit der ZEIT?"
„Seine Zeit ist eindeutig gerichtet", antwortet Vasco bestimmt. „Jonas Welt ist unendlich. Trotzdem sind alle Winkel in ihr über die Partikelströme miteinander verbundenen. Jeder Prozeß in Jonas' Welt ist ein Nichtgleichgewichtsprozeß. Er kann gar nicht anders, als von der Vergangenheit in die Zukunft gerichtet zu sein. Selbst überlichtschnelle Effekte wirken bei Jonas in die Zukunft."
„Interessant!" Sylvia klingt spitz. „In der Speziellen Relativitätstheorie ist Überlichtschnelles aber zwangsläufig mit einer Zeitumkehr verbunden. Einstein hat sich also geirrt! Oder wie soll ich das verstehen?"

„Ja und Nein", druckst Vasco herum und wendet sich Paul zu. „Sylvia stellt diese Frage zu recht. Das Überlichtschnelle kann in der Speziellen Relativitätstheorie tatsächlich nur mit einer negativen Richtung der Zeit erklärt werden.

Stell dir vor, Paul, daß es ein Etwas gibt, daß sich schneller als Licht im Raum ausbreitet und, daß dieses Etwas zum Beispiel bei einer Supernovae freigesetzt würde. Ein Beobachter fern der Novae wird nun dieses Etwas früher ‚sehen' als das Aufleuchten der Supernovae. Der Beobachter ‚sieht' damit die Wirkung zeitlich früher als die Ursache. Da es in der Speziellen Relativitätstheorie aus Prinzip nichts gibt, das Licht überholen könnte, bleibt zur Erklärung dieser scheinbaren Umkehr der Kausalität nur die Zeit ‚rückwärts' laufen zu lassen. Die negative Richtung der Zeit beim Auftreten von Überlichtschnellem, ergibt sich also direkt aus dem Prinzipien von Einsteins Theorie."

Vasco nickt Sylvia beruhigend zu.

„Im Weltbild von Jonas gibt es im Grunde kein Prinzip, das die Lichtgeschwindigkeit beschränkt. Bei ihm gibt es einen Zusammenhang der plausibel macht, weshalb Materie nicht beliebig schnell sein kann.

Seine Dimensionen sind abgeleitet aus der 4-dimensionalen Schwingungsfigur der Teilchen. Doch dieser Zusammenhang beschränkt die Geschwindigkeit von einzelnen Urobjekten in keiner Weise: sie können beliebig schnell sein. Die Frage ist nur, wie lange.

Doch die Eindeutigkeit der Zeitrichtung ist deshalb nicht gefährdet, Sylvia! Auch die Quantenmechanik sieht in den überlichtschnellen Effekten keine Umkehr der Zeit.

Wenn regional Überlichtschnelles die Photonen überholen sollte, so kann auch dieses Etwas die Wirkung der ‚nachkommenden' Photonen nicht beeinflussen! Auch bei Jonas sind es mindestens Photonen, die *wirken* können! Das Etwas kann es nicht.

Und deshalb kann **Etwas** auch die Abfolge von Ursache und Wirkung nicht umkehren. Bei Jonas *überholt* ganz einfach der überlichtschnelle, aber flüchtige Effekt das Licht, weil er schneller ist, als Licht. Das ist alles. Das Geschehen in der Welt wird doch nicht umgekehrt, Sylvia, nur weil Etwas mit Überlicht-Geschwindigkeit durch die Gegend tunnelt!" Zustimmung heischend schaut Vasco zu Sylvia.

Doch Sylvia bleibt skeptisch und weicht seinem Blick aus. Sie schaut zu Nilsson. Der kratzt sich betont nachdenklich am Kopf.

„Das scheint alles so aalglatt, so unangreifbar rund", knurrt er schließlich ablehnend - oder anerkennend ? Man kann es nicht heraushören.

Der Kernbegriff der Quantentheorie, so wie sie gewöhnlich formuliert wird, dürfte der Begriff der Wahrscheinlichkeit sein. Wahrscheinlichkeit hat in der Physik prognostische Bedeutung. Physik beruht auf Erfahrung; Erfahrung aber heißt aus der Vergangenheit für die Zukunft gelernt haben. Also tritt an die Spitze der Bedingungen der Möglichkeit von Erfahrung die Struktur der Zeit selbst, in ihren Modi der Gegenwart, Zukunft und der Vergangenheit. Damit sind wir am Anfang des Aufbaus der Physik.

Carl Friedrich von Weizsäcker in /7/

Zufälliges Schicksal

*Im Ptolemäischen kosmologischen System war die Erde
das Zentrum des Universums und die Planeten drehten
sich um sie in Epizyklen. Es ist wohl bekannt, daß diese
Kosmologie 1300 Jahre korrekt die Positionen der
Planeten, die Finsternisse usw. vorhersagte.
Erst in der Renaissance entwarfen Kopernikus, Kepler und
Galilei eine vollständig neue kosmologische Hypothese,
welche die begriffliche Grundlage des Ptolemäischen
Systems so stark schwächte, daß das geozentrische System
der Epizyklen aufgegeben wurde ...
Jahrhunderte vor Ptolemäus hatte Aristarch ein helio-
zentrisches System erfunden und damit bewiesen, daß es
dem menschlichen Geist nicht unmöglich war, ein anderes
Bild des Universums zu entwerfen. ...
R.Sexl, K. Baumann in /8/ Seite 36 Die Quantentheoretiker
und die physikalische Welt*

Von Informationen, Sprachen und ihrer Resonanz

Nilsson schaut nachdenklich in die Ferne. Sylvia beobachtet ihn eine
Zeit lang. „Glückwunsch, ihr drei", grummelt sie schließlich vorwurfsvoll in Vascos Richtung.

„Mit eurem mathematikfreien Jonas-Modell habt ihr den Quantenmechaniker ja richtig in´s Grübeln gebracht."

Nilsson kichert. „Daß ich über dieses Jonas-Ideen überhaupt nachdenke, Sylvia, das kannst du getrost als Positivum werten. Mich haben
dessen verrückte Spekulationen doch irgendwo fasziniert. Sonst hätte
ich mir die Mühe nicht gemacht. Es übt und es ist auch gar nicht ver-
kehrt, wenn man ab und zu eine neue Sichtweise kennenlernt.

Im Grunde wissen wir ja alle, daß es eitel ist von einem vollständigen Bild der Welt zu sprechen. Trotzdem versuchen wir es immer wieder. Alle Theorien, Thesen und Modelle, die von Physikern, Chemikern,
Verhaltensforschern usw. aufgeschrieben wurden, sind nur Abbilder der
Wirklichkeit. Es sind vereinfachte, an unsere Möglichkeiten angepaßte

Darstellungen einer unendlich komplexen Realität. Und oft sind sie von deren Erfindern in verschieden klaren ‚Sprachen' formuliert. Sie tun dies einerseits, um den jeweiligen Modellinhalt möglichst präzise, andererseits, um ihn möglichst allgemeinverständlich darzulegen.

Die Physik benutzt als Sprache im allgemeinen die Mathematik, der sie möglichst wenige Prinzipien voranstellt.

Die Mathematik ist eindeutig und präzise. Eindeutig und präzise - also unmißverständlich, sollten demnach auch die, in der Sprache der Mathematik formulierten Theorien sein. Unmißverständlich kann man auch kürzer ausdrücken: verständlich.

Nun liegen paradoxerweise aber Welten zwischen der präzisen - weil mathematisch formulierten - Darstellung einer Theorie, und ihrer allgemein verständlichen Darstellung.

Die Geschichte der Wissenschaft kennt dieses Phänomen bestens. Es gibt erstaunlich viel Beispiele für präzise formulierte und auch zutreffende Erkenntnisse, die aber nach wenigen Generationen aus dem Gedankengut der Menschheit verschwanden, weil sie von weniger zutreffenden, dafür aber populär aufgemachten oder in dogmatischer Weise verbreiteten Thesen verdrängt wurden. Aristarchs Heliozentrisches Weltsystem ist ein Beispiel.

Obwohl zutreffend, erwiesen sich tatsächlich oft ‚alte' Thesen als unbeständig, als flüchtig. Sie fanden in den Köpfen der Menschen keine Resonanz.

Man kann nun die verschiedensten Vermutungen über die Gründe für dieses unzweckmäßige Vergessen aufstellen. Eine ganz elementare Möglichkeit dabei ist, daß die guten Erkenntnisse zwar präzise, aber trotzdem zu unverständlich formuliert waren."

Nilsson lacht leise. „Einstein sagte:

Wissenschaft ist weiter nichts als die Verfeinerung des
alltäglichen Denkens.   *(aus /3/)*

Doch auch der feinste Gedanke unterliegt der Gefahr flüchtig zu sein, wenn er keine Resonanz in den Köpfen und damit im Verhaltensmuster der Gesellschaft findet. Und wenn eine Erkenntnis nicht so formuliert ist, daß sie klar verstanden und deshalb auch benutzt wird, besteht natürlich die Gefahr ..."

„Gerade dafür, " unterbricht Vasco und tut geheimnisvoll, „soll es vielfach getestete und für erfolgreich befundene Verfahren geben.

Einer meiner Mitstudenten löste einmal in einer Vorlesung einen be-
achtlichen Tumult aus, weil er als Beispiel für ein besonders erfolgrei-
ches Verfahren der Wissensvermittlung die Religionen nannte."
„Davon habe ich auch gehört", fällt Eli ein. „Die Gebote der einzelnen Religionen interpretierte man als Verhaltensempfehlungen, deren
Einhaltung die Überlebenschancen einer Gruppe unter den gegebenen
Bedingungen verbessern sollte ..."

„Was ist ein Naturgesetz?" Die Antwort scheint wirklich
nicht sehr schwer. Der Mensch findet sich beim Erwachen
des höheren Bewußtseins in einer Umgebung, deren
Veränderungen für sein Wohl und Weh von der allergrößten
Bedeutung sind.
Die Erfahrung anfangs die unsystematische des täglichen
Lebenskampfes, später die systematisch planvolle des
wissenschaftlichen Experiments zeigen ihm, daß die
Vorgänge in seiner Umgebung nicht mit kaleidoskopartiger
Willkür einander folgen, sondern daß darin erhebliche
Regelmäßigkeit zutage tritt, deren Erkenntnis mit Eifer
von ihm gepflegt wird, weil sie ihn in seinem Lebenskampf
sehr fördert.
Erwin Schrödinger in /10/

„Mich hat damals weniger der Inhalt der Gebote beeindruckt", erinnert sich Eli, „denn der ist leicht nachvollziehbar. Mich hat vielmehr
die Art und Weise beeindruckt, wie man die in den Geboten enthaltenen Botschaften ‚vermittelte'. Es gibt viele Religionen, doch keine führt
ihre Gebote auf etwas so alltägliches und bezweifelbares zurück, wie
die Erkenntnis eines Menschen - kurz: auf menschliche Erfahrung.
   Um die Gebote über jeden Zweifel erhaben - und dadurch wirksam -
zu machen, schrieb man sie Autoren zu, die jenseits aller möglichen
Kritik standen. Da ein jeder Mensch sich bekanntermaßen gelegentlich
irrt, ist selbst der Perfekteste als Quelle von a priori Wahrheiten nicht
wirklich geeignet. Ergo ließ man die Gebote von ‚Autoritäten' verkün-
den, die sich gar nicht irren können. Und auf diesem Wege -so meinten
jedenfalls einige unserer Historiker", schränkt Eli vorsichtig ein, „gelang es große Teile der Bevölkerung zu einem, dem täglichen Lebens-

kampf sehr förderlichen Verhalten zu bewegen." Eli hebt lakonisch die Schultern, „Ich kann mir jedenfalls schon vorstellen, daß die gleichen Botschaften auf dem klassischen Wege der Wissensvermittlung dargebracht, keine derartige RESONANZ gefunden hätten."

„Das hast du wunderbar gesagt, Eli", spottet Nilsson. „Im wahrsten Sinne des Wortes - wunderbar. Und, da du mir diese Erkenntnis offenbarst, solltest du für die resonante Plazierung eures Jonas-Modells in meinem Gedankenspeicher ein anderes Verfahren wählen.

Unsere Erfahrung sagt eben, daß es zweckmäßig ist, ein und dieselbe Welt in verschiedenen Sprachen zu schildern. Denn sowohl beim Formulieren als auch beim Lesen besteht die Gefahr von Mißverständnissen. Daran wird auch kein Prophet je etwas ändern können.

Tatsächlich ist die plausible Vermittlung von Erkenntnis nicht mit einer gleichermaßen präzisen Darstellung zu verbinden. Das ist wie bei der Unschärfe. Doch ich gebe zu: im letzten Jahrhundert wurden diese beiden Kategorien vielleicht nicht gleichwertig behandelt.

Plausible Darstellungen sind lange aus der Mode. Hier gibt es zweifellos Nachholbedarf und ich glaube, daß das Nachdenken über plausible Modelle auch für den Spezialisten einen Nutzen haben könnte. Natürlich müssen die in jedem Modell enthaltenen Hypothesen, Zusatzannahmen und Vereinfachungen zulässig sein. Sie dürfen der Erfahrung nicht widersprechen. Aber ansonsten, Sylvia, freue ich mich wirklich über jede Vision die dazu beiträgt ein Stück unserer Wirklichkeit plausibel darzustellen."

„Du hast gerade wieder einmal betont", wechselt Eli das Thema, „daß nach deiner Auffassung die Menschheit niemals ein vollständiges Bild der Welt kommen kann, Nilsson.

Andererseits gibst du zu, daß unsere mathematischen Methoden ständig feiner und genauer werden. Wir können das Geschehen vielfach bis in die achte Stelle nach dem Komma exakt vorhersagen.

Auch an den Prinzipien der großen Theorien gibt es kaum noch etwas zu basteln, denn noch elementarer und noch allgemeiner kann man sie kaum formulieren. Woher, so frage ich mich, nimmst du also die Sicherheit, daß wir niemals eine Supertheorie haben werden, die alles genau beschreibt?"

Nilsson lächelt unergründlich. „In einem solchen vollständigen Bild der Welt sollten alle von der Natur bisher verwirklichten und auch alle von ihr noch verwirklichbaren Erscheinungen enthalten sein. Wenn nun jemand aber behauptet, die Supertheorie für die Welt zu haben, dann möchten wir, daß er seine Behauptung beweist.

Der einzig denkbare Beweis dafür bestände darin, die von uns gesammelte, vollständige Erfahrungs-Statistik des Geschehens in der Natur zu nehmen und diese Daten mit den Aussagen der neuen Supertheorie zu vergleichen. Und, so verrückt es klingt, Paul: die Statistik ist dabei das eigentliche Problem: Sie ist logischerweise erst dann vollständig, wenn in der Welt gar nichts mehr passiert - bei Ladenschluß des Universums."

Wie frierend, aber zufrieden lächelnd, reibt sich Nilsson die Hände.

„Und auf diesen Zustand, Eli, würde ich gern verzichten!"

„Ich auch." Eli verzieht betroffen die Mundwinkel.

Vascos freier Wille

„Deshalb", ruft Vasco dazwischen und streckt seinen Zeigefinger in die Luft, „wird noch **vor** Ladenschluß ganz bestimmt etwas passieren. Und diesem etwas geht mein Marsch in die Messe voraus. Ich werde nämlich schleunigst zur Nahrungsaufnahme schreiten."

Als hätten alle nur auf dieses Stichwort gewartet, kommt Bewegung in die Menschen in Nilssons Kabine.

Paul ist als erster durch die Tür, doch Vasco schafft es trotzdem irgendwie noch vor ihm am Speiseautomaten zu sein. Er wirft einen Blick auf die Karte, zögert kurz und gibt dann seinen Menüwunsch ab.

„Hast du dir schon einmal Gedanken darüber gemacht", fragt Eli von hinten,„weshalb du dich heute für diese und an anderen Tagen für jene Speise entscheidest?"

„Du bist doch Biologe!" knurrt Vasco patzig zurück. „Sicher wirst du mir gleich erklären weshalb ich heute diesen Falschen Hering mit Salat essen möchte und eben nicht auf Grießbrei mit Vanillesoße abfahre."

„Selbstverständlich kann ich meinen Senf dazugeben", kontert Eli.

„Ich befürchte nur, daß dir dieser Senf nicht schmecken wird: Denn deine Willensentscheidung ist gar keine, sie ist nämlich vorbestimmt!"

„Du kannst mir mit deinen Erklärungen nicht den Appetit verderben", antwortet Vasco gleichmütig, „aber beeil dich: mein Essen wird sonst kalt."

„Deine Entscheidung für Hering ist nur scheinbar spontan, denn sie beruht primär auf deinem Bedürfnis heute etwas Salziges, also mineralhaltiges zu essen. Dieses Bedürfnis wiederum geht auf eine Aktivierung verschiedener Rezeptoren in deinem Körper zurück, mit deren Hilfe dein Stoffwechsel Bedarf nach Mineralen meldet. Das Bedürfnis als solches ist also klar determiniert und ich könnte dir das sogar auf analytischem Weg beweisen."

Vasco knurrt leise und rückt seinen Teller auf dem Tablett zurecht.

„Der zweite Abschnitt beim Zustandekommen deiner Willensentscheidung ist ebenfalls determiniert", doziert Eli, „denn er geht auf deine Erfahrung zurück, wie Hering schmeckt. Der Name Hering hat ja keinen Geschmack. Erst die in deinem Hirn abgelegte Erfahrung wie das Zeug schmeckt, das wir Hering nennen, gibt dir die Möglichkeit diesen Hering als die zu deinem Bedürfnis passende Speise zu erkennen." Eli schaut Vasco forschend an und triumphiert: „Du siehst, Vasco, deine Willensentscheidung ist gar keine. Es sei denn, du kannst mir sagen worin das Spontane, das Nichtvorhersehbare liegt, das wir mit dem Begriff ‚freie Willensentscheidung' üblicherweise verbinden."

Wortlos stellt Vasco das Kompott neben seinen Teller, schnappt sich das Tablett und zieht ab. „Bis gleich, Eli", knurrt er im Gehen. „Ich habe Hunger. Wir sehen uns am Tisch."

Sylvia blickt Eli unsicher an. „Trotzdem ist es doch eine Willensentscheidung, oder?"

„Sicherlich", antwortet Eli nebenher. „Das heißt: sofern der Physiker überhaupt eine freie Willensentscheidung für ‚prinzipiell' möglich hält."

Als sie am Ecktisch ankommen werden sie von Vasco schon ungeduldig erwartet.

„Natürlich ist der Hering meine Willensentscheidung!" wirft er ihnen mürrisch entgegen „Ihr spinnt doch!

Es ist doch nicht vorbestimmt, was ich zu Mittag wähle! Das weiß ich doch selbst nicht vorher - und wer sollte mehr darüber wissen, als ich?"

„Das kann ich dir auch nicht sagen", antwortet Nilsson gelassen, hält aber Vasco sofort dessen Sünden unter die Nase: „Aber ich erinnere mich ganz genau, daß einer von uns nichts, aber auch gar nichts vom ‚wirklichen Zufall' wissen wollte. Warst du es nicht, der partout an die Determiniertheit allen Geschehens in der Welt glaubt?"

Es handelt sich um folgendes: Demokrit hatte in der
Physik der Atome an strengem Determinismus festge-
halten, wenn ihm auch die bekannte fatalistische
Schwierigkeit kaum entgangen ist, zu der dies führt; zumal
er ja (wie auch Epikur und Lukrez) auch die Seele aus
materiellen, wenn auch sehr feinen und leichtbeweglichen
Atomen bestehend ansah. Von Lukrez erfahren wir nun,
daß Atome eben doch beständig in ganz, ganz kleinen,
nach Ort und Zeit völlig unbestimmten Anwandlungen
(clinamen) von ihren mechanisch vorauszusehenden
Bahnen abweichen und daß daraus allein die wahlfreien
Willkürbewegungen der Tiere und des Menschen zu
verstehen sind.

Erwin Schrödinger in /8/

„Das ist doch Quatsch!" tönt Vasco gereizt und legt, sein kompro-
mißloses Engagement in dieser Sache unterstreichend, tatsächlich seinen Löffel beiseite.

„Erst vor ein paar Tagen hat mir Eli beizubringen versucht, daß die Chaoten längst wissen wie Willensentscheidungen entstehen. Er hat mir dabei
etwas von der zukünftigen Entwicklung eines Systems erzählt, welches von
unvorhersehbaren Verhalten an Bifurkationspunkten bestimmt wird."

„ Oha!" Kauend hebt Eli seinen Kopf. „Habe ich das?"

„Natürlich!" blafft Vasco zurück, denn er fühlt sich auf dem Arm
genommen. „Die Entscheidungen an diesen Bifurkationspunkten sind
grundsätzlich nicht vorhersehbar - das hast du gesagt! Und ich habe es
auch begriffen. Kein normaler Mensch wird zum Beispiel versuchen
das Zustandekommen eines Taifuns in allen Details als Kausalkette darzustellen. Trotzdem kennt jeder von uns das Sprichwort vom
Schmetterlingsschlag in der Karibik.

Wir akzeptieren alle die diesem Sprichwort zu Grunde liegende
deterministische Idee, daß sich selbst riesige Taifune aus winzigen Ursachen heraus entwickeln. Sozusagen Stück für Stück stärker werdend,
sich aufschaukelnd, bis sie ..."

„Resonanz, ick hör dir tapsen!" kichert Sylvia spöttisch.

„Meinetwegen. " Vasco schüttelt unwirsch den Kopf. „Dann entstehen sie eben über Resonanz. Doch auf alle Fälle ist ihre konkrete Ent-

stehung genausowenig nachvollziehbar wie meine Entscheidung für Hering. Weder für meinen konkreten Appetit noch für die langfristige Entwicklung der Luftwirbel eines Schmetterlingsschlages gibt es vernünftige Prognosen!" Eli lächelt und hält sich ansonsten zurück.

„Na also!" knurrt Vasco zufrieden mit seinem vermeintlichen Sieg und zerteilt mit einem kräftigen Schnitt seinen Hering.

Bifurkationen
Briggs/Peat; Chaos nach Abb 023
Erzeugung eines baumförmigen Fraktals - auf dem Computer des britischen Wissenschaftlers Michael Batty. Jeder Ast verzweigt sich bis eine Art Schirm entsteht. Nach der dreizehnten Iteration (rechts) beginnt der Baum realistisch auszusehen.

„Natürlich beruht meine Wahl unter anderem auch auf nachvollziehbaren Gründen. Doch alle an meiner Entscheidung beteiligen Einflüsse kann niemand erfassen. Und mit Daten die wir nicht kennen, können wir auch nicht kalkulieren. Also ist meine Entscheidung an so markanten Bifurkationsstellen wie Speisekarten unvorhersagbar, spontan und frisch, wie hoffentlich auch mein falscher Hering!" für Vasco ist die Sache nun abgeschlossen.

Er schnappt sich seine Gabel und spießt sie energisch in den falschen Fisch.

„Bifurkationen", fragt Paul in die Stille, „was ist das, Eli?"

„Bifurkationen bezeichnen die instabilen Punkte im Verlauf eines ansonsten stabilen Prozesses. An diesen Punkten werden schwache Einflüsse, die im stabilen Bereich der Kurve keine Chance haben Wirkung zu hinterlassen, entscheidend für den weiteren Verlauf des Prozesses." Paul widmet sich wieder dem Gericht seiner Wahl. Doch bald legt er das Besteck wieder beiseite.

„Sind nun Willensentscheidungen determiniert oder nicht?" trifft es diesmal Nilsson.

Nilsson schluckt. „Zu einem gewissen Teil sind sie nachvollziehbar - würde ich sagen. Ich werde mich aber schwer hüten zu behaupten, daß irgend etwas, das dem Bewußtsein ‚entspringt', determiniert ist.

Einen Physiker interessieren natürlich die Parameter und Kriterien, die ihm gestatten eine Prognose über die Zukunft aufzustellen - also darüber, wohin die Reise jenseits des Bifurkationspunktes gehen wird. Wenn aber im Voraus schon klar ist, daß weder die Anzahl noch die Wichtung der beteiligten Einflüsse in Erfahrung zu bringen ist, dann erübrigt sich für den Physiker jede weitere Überlegung."

Strukturen im grauen Rauschen

„Das ist es Nilsson!" bestätigt Vasco zufrieden kauend. „Meine Entscheidung für Hering beruht auf einer Unzahl von Einflüssen, die in meiner Persönlichkeit verborgen sind. Unsichtbar liegen sie darin auf der Lauer - erst an Bifurkationspunkten springen sie hervor und modulieren meinen Entschluß. So ist es, Nilsson: Determiniert - aber unvorhersagbar!"

Sylvia lacht spöttisch. „An Bifurkationspunkten hervorspringende Motive", echot sie. „Ein Thema habt ihr heute wieder! Aber, weshalb macht ihr es euch eigentlich so schwer? Für mich ist sonnenklar was bei Vascos Auswahl heute den Ausschlag gegeben hat. Ich weiß, daß ihm der Hering letztens schon sehr gut geschmeckt hat!"

Fast eine ganz Minute herrscht Stille.

„Seine persönliche Erfahrung", flüstert Paul. „Es war ganz sicherlich unbeabsichtigt, Sylvia, aber du hast gerade einen Volltreffer gelandet:

Der spontane und unvorhersagbare Charakter von Vascos Entscheidung beruht auf der Beteiligung seines Bewußtseins. Das Bewußtsein ist unerhört komplex - ist es doch das Abbild all dessen, was Vasco in seinem Leben - bewußt oder unbewußt - erlebt hat. Bewußtsein, Bifurkationen, Chaos!" Eli zieht aus seiner Tasche einen Artikel: „Schon lange machen sich Wissenschaftler Gedanken, auf welche Weise die Erfahrungen in einem Gehirn abgelegt und bei Bedarf wieder hervorgeholt werden. Das Chaos scheint eine wesentliche Rolle dabei zu spielen." er zeigt auf den Text.

Wie sich dieses chaotische Feuern der Neuronen in Ordnung verwandelt, deutet sich in den Untersuchungen echter Gehirne an, die von Walter Freeman und Chistine Skarda an der University of California in Berkeley durchgeführt wurden. Die beiden Wissenschaftler... zeichneten die Hirnwellenmuster auf, während die Tiere ein paar verschiedene Moleküle zu riechen bekamen. Die Forscher fanden, daß sich bei der Entdeckung eines Geruchs der chaotische Untergrund im Riechzentrum des Gehirns augenblicklich selbst organisierte - das Feuern aller beteiligten individuellen Neuronen verkoppelte sich zu einem kollektiven System. Genaugenommen benahm sich das ganze System wie in einem Grenzzykel, wobei zu jedem Geruch ein verschiedenes Grenzzykelmuster gehörte. Bot man dem Kaninchen einen Geruch an, der ihm nie zuvor begegnet war, so ließ das Riechzentrum Ausbrüche chaotischer Aktivität erkennen. Erschien der neue Geruch jedoch mehrmals, so wurden diese Ausbrüche allmählich durch erkennbar geordnete Wellenmuster verdrängt. Möglicherweise wird der vertraute Geruch im fraktalen Muster des schwachen chaotischen Untergrundes im Riechzentrum eingebettet, wo er zur Verfügung steht, um durch neuronale Rückkoppelung wieder » abgerufen« zu werden. Der Grenzzykel, der das »Wiedererkennen« vertrauter Gerüche darstellt, war in diesen Experimenten ein augenblicklich organisiertes Kräuseln, ähnlich jenem um den ins Wasser geworfenen Stein. Hier war der Teich das normal brodelnde Chaos neuronalen Feuerns. Die Ordnung zu schaffen, die sich in

*solchen momentanen Grenzzyklen ausdrückt , das ist es
ja eben, wofür das Gehirn da ist. Wird aber diese
Gehirnordnung für allzu lange Zeit allzu regelmäßig, dann
gibt es die von Prigogine erwähnten Probleme.*

Briggs /Peat /11/ S 252

„Und beim Durchlesen der Speisekarte bilden sich im Meer des grauen Rauschens die Antwortstrukturen." flüstert Paul und lächelt versonnen in die Ferne.

„Aus dem Teich des normal brodelnden Chaos ‚neuronalen Feuerns'", wiederholt Sylvia halblaut, „entsteht die Ordnung der Denkstrukturen."

Dann schüttelt sie kurz den Kopf:„Meinen die tatsächlich, daß alle an der Entstehung unserer Persönlichkeit beteiligten Erfahrungen in diesem Chaos-Teich, in einem immerwährenden grauen Wellenrauschen unserer Hirnaktivität herumpaddeln? Daß sie solange strukturlos plätschern, bis sie von äußeren Reizen zu einer Form stimuliert werden?

Sylvia schaut zunächst nachdenklich und mit eher ablehnender Miene auf ihren Teller. Doch dann lächelst sie, als ob ihr diese Vorstellung plötzlich sympathisch wird. Sie kichert sogar. „Für Vasco wäre das jedenfalls tröstlich. Das Graue Rauschen kann niemals jemand dechiffrieren. Nicht, weil der Code zu schwierig wäre, sondern weil Graues Rauschen per definitionem keine Informationen enthält.

Es wäre wirklich sinnlos jemandem -sozusagen insgeheim- in´s Bewußtsein schauen zu wollen, wenn dort alles grau ist. Das Chaos in unseren Köpfen würde auch erklären, weshalb es eben manchmal nicht zweckmäßig ist für sich selbst oder gar für einen Anderen die Hand in´s Feuer zu legen. Selbst wenn man sich nach Kräften bemüht:manche Entscheidung kann man eben nicht wirklich vorhersehen. Und dieser Zusammenhang macht es nachvollziehbar, das viele Physiker es kategorisch ablehnen sich mit der Prognose von Bewußtseinsentscheidungen abzugeben. Wenn sich das Zünglein an der Waage aus dem Chaos heraus strukturiert," Sylvia lächelt Vasco zuversichtlich an, „dann gibt es schließlich nichts vorherzusagen."

„Ich wußte es!" mummelt Vasco mit vollem Mund, „Irgendwann kommt selbst ihr dahinter!"

Janus

Janus - röm. Schutzgott des Ein- u. Ausgangs; mit zwei nach entgegengesetzten Seiten blickenden Gesichtern (Januskopf«) dargestellt.

aus: Bertelsmann Universallexikon 1995

„Hab ich dich endlich, Vasco!" ruft plötzlich jemand vorwurfsvoll durch den Raum. Am Eingang zur Messe steht Fedja, wedelt mit ein paar Blatt Papier und grinst spöttisch. „Na klar: wenn man Vasco sucht, sollte man zuerst in der Messe nachschauen!" Er tritt heran und packt zwei Seiten auf den Tisch. „Dein Jonas hat geantwortet." Vasco knurrt ein leises Danke und rückt die Blätter so, daß sie auch von den anderen eingesehen werden können.

Vielen Dank für Eure Nachricht,
Da ihr mich darin auch nach Neuigkeiten zu ,meinem Modell' fragt, möchte ich zunächst betonen, daß ich es nicht als mein Modell betrachte. Es ist schließlich nichts weiter als eine Gemisch aus ein paar modernen und vielen jahrtausende alten Erkenntnissen. Im Grunde ist alles nur geklaut. Lediglich für das Zusammenfügen der Bilder war ein wenig Phantasie erforderlich.
Das Modell ist im Grunde sehr einfach, und trotzdem sind die darin möglichen Erscheinungen unendlich vielfältig. Dieser komplementäre Zug ist wohl auch ein Grund, weshalb manche meinen Namen seither modifizieren. In Anlehnung an die antike Persönlichkeit, die sich durch zwei Köpfe auszeichnet, nennen mich manche Freunde auch Janus. Sie sehen darin eine Eselsbrücke für die ebenfalls in zwei Gesichtern auftretenden Erscheinungen des Chaos, die **Welle** *und das* **Teilchen.***
Ansonsten ist dieser zweite Name leider das einzig wirklich Neue, was es in den letzen 20 Jahren von mir zu berichten gibt. Einerseits ist zwar heute nichts mehr wie es war - aber im Grunde ist Alles beim Alten.
Es gibt immer noch genügend Dinge über die es sich zu

*wundern lohnt. Gegenwärtig beschäftige ich mich mit dem Entropiesatz, dem Zweiten Hauptsatz der Wärmelehre. Der Satz verursachte einmal erhebliches Mißbehagen, weil er das Ende der Menschheit prognostizierte. In einer geschlossenen **Welt** würde die Menschheit demnach die für ihre Existenz erforderlichen Umgebungsbedingungen eines Tages nicht mehr vorfinden.*

Andererseits stand der Entropiesatz als einziger im Kontrast zur restlichen klassischen Physik, denn nur er legte den unumkehrbaren Aspekt allen Geschehens nahe: nur sein Zeitbegriff paßte zur Erfahrung.

Ich versuche nun - wie andere auch - die klassische Entropie mit einem ebenso zeitlich gerichteten Prozeß in Verbindung zu bringen: der Selbstorganisation, welche aus dem nichtlinearen Chaos heraus Strukturen entstehen läßt. Vielleicht ist diese Selbstorganisation das Zweite Gesicht des Entropiesatzes, das gerade dann augenscheinlich wird, wenn ein hinreichend kräftiges Nichtgleichgewicht ein vorher scheinbar im Gleichgewicht befindliches System ‚stört'. Ich vermute, daß in einem offenem System die Genese von Ordnung aus dem Chaos heraus, durchaus mit einer Zunahme der Entropie verbunden sein könnte. Und das wäre dann die andere Seite des Januskopfes der Entropie.

Ich spekuliere auch über eine Parallele zu den Evolutions- prozessen. Längst hat man die Vermutung, daß man die Evolution nicht nur als passive Selektion aus zufälligen Mutationen auffassen sollte, sondern, daß auch scheinbar zielgerichtete, aktive Anpassungen an veränderte Bedin- gungen stattfinden. Mit der klassischen Interpretation des Entropiesatzes können solche zielgerichteten Anpassungen nicht erklärt werden.

Hätte die Entropie aber zwei Gesichter, dann wäre die zielgerichtete Anpassung an veränderte Bedingungen die natürlichste Sache der Welt. Die Selektion aus zufälligen Mutationen stünde dann gleichberechtigt neben der zielgerichteten Anpassung an neue Umgebungsbedingungen. Doch das alles ist ein sehr weites Feld. Vascos Vermutung zu dem, was sich hinter meinen UROBJEKTEN verbergen könnte, ist interessant - aber nicht gerade neu. Doch darüber können wir uns demnächst persönlich unterhalten. Wenn ihr diese Nachricht empfangen habt, seid ihr der guten alten Erde schon wieder ein gehöriges Stück näher gekommen. Ich bin sicher, ihr freut euch auf unseren blauen Planeten. Er liegt zwar nicht unbedingt in der Mitte der Welt - aber er ist der schönste Ankerplatz, den Menschen sich denken können. Hier erwarte ich Euch.

Jonas-Janus

Nilsson knurrt überrascht, hebt langsam den Kopf und schaut Vasco eindringlich in die Augen. „Was hast du denn da für Urobjekte im Hinterkopf?"
Vasco lächelt betroffen und klopft Nilsson besänftigend auf die Schultern. „Ich habe Jonas-Janus nur nebenher etwas gefragt", weicht er aus. „Was hast du gefragt?" Nilsson läßt nicht locker.

„Ich habe ihn gefragt, ob er seinen Urobjekten eine winzig kleine Masse zubilligt - oder er sie lieber als masselos bezeichnen würde. Oder ob er besonders schwere in Verdacht hat." Vasco kichert. „Was meinst du eigentlich, Nilsson: Hat ein Jonas-Urobjekt nun Masse oder hat es keine?"
Nilsson ist verwirrt. „Darüber habe ich mir bisher nun wirklich keine Gedanken gemacht! Jonas-Urobjekte haben Impuls. Ja. Aber Masse?" Er zögert. „Schließlich wäre es keine richtige, keine vollwertige Masse. Der Trägheitskompass sollte fehlen. Oder?"
Er schaut nachdenklich in die Ferne. „Ist das nun Masse oder ist das keine Masse?" wiederholt er leise. Und dann scheint ihm ein Licht auf zu gehen. „Nachtigall, ick hör dir tapsen!" flüstert er und wendet sich vertraulich an Vasco: „Das hätte sich nicht einmal Dirac getraut. Das ist nun wirklich **zu** verrückt!"
Paul schüttelt den Kopf. „Was orakeln die da? " beklagt er sich leise bei Sylvia. „Vasco hat eine Ahnung, was als Urobjekte in Frage käme. Nilsson glaubt es wohl auch inzwischen zu wissen. Nur ich weiß nicht, wovon die beiden da reden!"
„Ich weiß auch nichts Genaues, Paul. Doch es gibt tatsächlich lange schon Spekulationen über leichte und besonders schwere - und auch kleine, schwächliche Objekte." bekennt Sylvia lächelnd. „Aber ich werde mich hüten mit darüber zu spekulieren. Wer weiß: Vielleicht sehen

wir alle den Wald vor lauter Bäumen nicht?" Und seltsam theatralisch
kichert sie noch: „Hi, Hi, Higg."

Paul schaut sich die inzwischen eifrig schwatzende Gesellschaft am
Tisch der Reihe nach an und - resümiert schließlich leise für sich selbst:
„Ob ihr mir nun dabei helft oder nicht: Ich werde meine Gedankenexperimente weiter treiben, ich werde weiter probieren, verwerfen und
weiter suchen! Mir ist dabei schon klar, daß dies niemals ein Ende haben wird. Aber mein Bild von dem, was die Welt zusammenhält, wird
dabei bestimmt immer ein bißchen genauer werden.
Ich **muß** einfach suchen. Ich kann nicht anders. Ich bin eben neugierig."

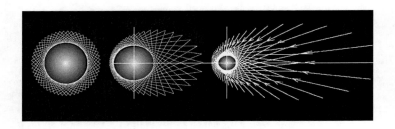

*Titus Lucretius Carus, * um 97 v. Chr., † 55 v. Chr. röm.*
Dichter; vertrat die Lehre Epikurs, daß sich die ewigen
Gesetze des Weltgeschehens ohne göttl. Zutun vollziehen.

Lukrez zur Begründung der ständigen Bewegung der
Atome:
Für die Bewegung der Atome schwebt mir ein Bild vor
Augen. Betrachte einmal einen Sonnenstrahl, der durch
ein kleine Öffnung in ein dunkles Zimmer fällt. Du wirst
feststellen, daß viele winzigen Teilchen im Strahl der Sonne
in mannigfacher Weise durch den leeren Raum tanzen und
gleichsam im unablässigem Streit miteinander kämpfen,
getrieben durch unaufhörliche Vereinigung und Trennung.
Daraus kannst Du schließen, daß die Ursprünge der Dinge
immerzu herumgestoßen werden in dem großen leeren
Raum, sofern freilich ein Vorgang im kleinen für einen
großen ein Beispiel und eine Spur für Erkenntnis sein kann.

Die Wirbel der Körper im Sonnenstrahle zeugen aber auch von verborgenen und unsichtbaren Bewegungen der Materie. **Denn zunächst bewegen sich von selbst die Atome, von Ihnen werden die nächst kleineren Körper durch unsichtbare Stöße vorangetrieben, und sie wiederum bringen etwas größere in Bewegung. So steigt die Bewegung von den Ursprüngen auf und gelangt allmählich bis zu unseren Sinnen, so daß dann auch jene Körperchen sich bewegen, die wir im Lichte der Sonne zu erblicken vermögen, ohne das sichtbar wird, durch welche Stöße sie das tun.** " *Roman Sexl in 13/Der Weg zum Atom*

Literaturverzeichnis

/1/   Roman U. Sexl, Was die Welt zusammenhält
       Physik auf der Suche nach dem Bauplan der Natur
       3. Auflage, Deutsche Verlagsanstalt Stuttgart 1983

/2/   Beiträge von Helmholtz und Hertz; Zur Grundlegung der
       theoretischen Physik, Wissenschaftliche Taschenbücher,
       Hrsg. von R. Rompe und H. J. Treder, Akademieverlag Berlin
       1984

/3/   Hans Jürgen Treder, Große Physiker und ihre Probleme;
       Studien zur Geschichte der Physik, Akademie Verlag Berlin, 1983

/4/   Albert Einstein, Leopold Infeld, Die Evolution der Physik
       Weltbild Verlag Augsburg,1991

/5/   Albert Einstein, Grundzüge der Relativitätstheorie,
       5. Auflage, zugleich 7., erweiterte Auflage der „Vier Vorlesun-
       gen über Relativitätstheorie" der Ausgabe des Verlages Friedr.
       Vieweg & Sohn, Braunschweig

/6/   Stephen W. Hawking, Eine Kurze Geschichte der Zeit; Die
       Suche nach der Urkraft des Universums, Rowohlt Verlag
       Reinbeck bei Hamburg.

/7/   Carl Friedrich von Weizsäcker, Der Aufbau der Physik
       Carl Hanser Verlag München Wien 1985 / DTV 1994

/8/   Franco Selleri, Die Debatte um die Quantentheorie,
       Reihe: Facetten der Physik; Hrsg. R. Sexl 1883
       Friedr. Vieweg & Sohn Braunschweig/Wiesbaden

/9/   Steven Weinberg, Der Traum von der Einheit des Universums
       C. Bertelsmann Verlag München 1993

/10/ Erwin Schrödinger, Was ist ein Naturgesetz? Beiträge zum
      naturwissenschaftlichen Weltbild, Scientia Nova Oldenburg
      Verlag München/Wien 1987

/11/ John Briggs, F. David Peat, Die Entdeckung des Chaos, Eine
      Reise durch die Chaostheorie, Carl Hanser Verlag München /
      Wien 1990

/12/ Barrow, John D., Die Natur der Natur, Wissen an den Grenzen
      von Raum und Zeit mit einem Vorwort versehen von Wolfgang
      Neuser, 1993
      Spektrum Akademischer Verlag GmbH, Heidelberg Berlin
      Oxford

/13/ Geo Nr 4/ 97, Das Reportage-Magazin, Gruner + Jahr AG &
      Co. Druck und Verlagshaus

/14/ Albert Einstein, Über die spezielle und die allgemeine
      Relativitätstheorie,
      Verlag Friedr. Vieweg & Sohn, Braunschweig/WTB Akademie-
      Verlag Berlin

/15/ Simon Goodwin, Mission Hubble, Das neue Bild des
      Univerums, Bechtermünz Verlag 1996

/16/ Wolfgang Pauli, Physik und Erkenntnistheorie
      Reihe: Facetten der Physik, Hrsg. R. Sexl,1984
      Viehweg& Sohn Braunschweig/ Wiesbaden

/17/ Gravitatitationstheorie und Theorie der Elementarteilchen
      Wiederabdruck ausgewählter Beiträge des Einstein-Symposi-
      ums 1965 in Berlin, Hrsg. H.-J. Treder, Akademie Verlag
      Berlin 1979

/18/ Issac Asimov, Sternstunden der Forschung
      Rowohlt Taschenbuch Verlag, 1973

/19/ Achilles Papapetrou, Spezielle Relativitätstheorie,
Deutscher Verlag der Wissenschaften 1955

/20/ Ilja Prigogine Isabelle Stengers, Das Paradox der Zeit, Zeit
Chaos und Quanten, R. Piper GmbH München 1993

/21/ Frigyes Karolhazy, Elektronenzauber, Der Dualismus von
Teilchen und Welle - ein Einstieg in die Quantenmechanik
Reihe: Wir und die Natur, Urania Verlag Leipzig Jena Berlin
1985

/22/ http://www-zeuthen.desy.de/~atsathl/
Zukunftsbereicht.Kap3.html

/23/ http://iff.physik.unibas.ch/~florian/HATOM/HATOM.html

Inhaltsverzeichnis